# बारबाला

(एक होटल-गायिका का आत्मकथन)

# बारबाला

(एक बार सिंगर की आपबीती)


वैशाली हळदणकर

अनुवाद

पद्मजा घोरपड़े



वाणी प्रकाशन

प्रकाशन के उत्कृष्टतम 63 वर्ष

सजिल्द प्रथम संस्करण : 2009

vaniprakashan.com

वाणी प्रकाशन

4695, 21-ए, दरियागंज, नयी दिल्ली-110 002

फ़ोन : + 91 11 23273167, 23275710

**शाखाएँ**

अशोक राजपथ, पटना-800 004, बिहार

कॉफ़ी हाउस कैम्पस, महात्मा गांधी मार्ग, प्रयागराज-211 001, उत्तर प्रदेश

महात्मा गांधी अन्तरराष्ट्रीय हिन्दी विश्वविद्यालय, वर्धा-442 001, महाराष्ट्र

sales@vaniprakashan.in

vaniprakashan@gmail.com

Barbala

*by* Vaishali Haldankar

*Translated by* Padmaja Ghorpade

ISBN : 978-93-8702-470-0

Autobiography



मूल्य : ₹ 495



जी.एस. ऑफ़सेट, दिल्ली-110 095 में मुद्रित

वाणी प्रकाशन का लोगो मक़बूल फ़िदा हुसैन की कूची से

# ‘बारबाला’ के बहाने...

‘बारबाला’ का यह आत्मकथ्य तथाकथित ‘मिलियन डॉलर बेबी’ बारबाला का नहीं है। यह आत्मकथ्य है एक मराठी, महाराष्ट्रियन बारबाला—वैशाली हळदणकर का। वैशाली ने लगभग सत्रह वर्ष मुम्बई के करीबन डेढ़ सौ बार में काम किया। अब वह चालीस वर्ष की है। उसका नाम याने उपनाम वैशिष्ट्यपूर्ण है। हळदणकर नाम उच्चारित करते ही मराठी आदमी को चौंकते हुए मैंने देखा है। पिंकी, सिमरन, डॉली, तमन्ना, आरजू आदि नामों के बाद यादव, ठाकुर, सिंह, खान, शेख उपनाम सुनने के आदी बने हमारे कानों के लिए ‘हळदणकर’ नाम धक्का दे जाता है।

वैशाली! सही मायने में मुझसे मिली हुई पहली बारबाला! दिसम्बर 2003 से मई 2004 इन छह महीनों की कालावधि में लगभग हर रात मैं मुम्बई की तीनों उपनगरी रेल लाइनों पर यात्रा करती रही! संजोग से मुझे डान्स बार, बारबाला के बारे में संक्षिप्त जानकारी मिली थी। बारबाला गरीब बस्ती में रहने वाली स्त्रियाँ हैं और उनकी संख्या अत्यधिक है—मैं इस बात को जान चुकी थी! बारबालाओं से मिलने के सभी प्रयास मैं करती रही थी। इन्हीं प्रयासों के दौरान रात की आखिरी लोकल से यात्रा करने वाली कुछ महिलाओं की ओर मेरा ध्यान गया। उन्हीं दिनों मैं उन बस्तियों से सम्पर्क स्थापित करने की कोशिशें कर रही थी। जहाँ बड़ी संख्या में बारबालाएँ रहती हैं। आरम्भ के कुछ महीने ऐसे बीते कि मेरी एक भी कोशिश कामयाब नहीं हो सकी। एक भी बारबाला मुझसे बात करने के लिए तैयार न थी। मैंने कुछ कहने की कोशिश की नहीं कि उल्टे जवाब सुनने पड़ते। अक्सर वे इसी बात को नकारती थीं कि वे बार में काम करती हैं। इससे संवाद यहीं पर खत्म हो जाता था।

एक रात मध्य रेल की आखिरी लोकल में मुझे वैशाली हळदणकर मिली! वैशाली के साथ मेरा संवाद आरम्भ हुआ। उन्हीं दिनों अनेक गरीब बस्तियों की बारबालाओं के साथ भी मेरा संवाद आरम्भ हो गया था। मैं लोकल में पागल की तरह ढूँढ़ती फिरती रहती थी। वहाँ कई लड़कियाँ मुझे चेहरे से पहचानने लगी थीं। बारबालाओं को संगठित करने की वह शुरुआत थी।

जून 2004 में सैकड़ों बारबालाओं से मैं परिचित हो गयी। मुम्बई के कई डान्सबार में जाकर बार मालिक और बारबालाओं के साथ मेरी चर्चाएँ आरम्भ हुईं। इन चर्चाओं की परिणति स्वरूप भारतीय बारगर्ल्स यूनियन की नींव डाली गयी। इस यूनियन का सदस्यत्व तीन सौ बारबालाओं ने स्वीकारा। उसके बाद एक महीने में तीस डान्सबार में यूनियन की स्थापना हुई और अब तक मेरे लिए डान्सबार्स का अभेद्य इस्पाती दरवाज़ा खुल जा सिमसिम की तरह सहसा खुल गया।

जुलाई 2004 के आस-पास डान्सबार्स संचालक, मालिक और कर्मचारियों की एक रैली आयोजित की गयी थी। इस रैली में यूनियन का अस्तित्व दिखाने का अवसर मिलने वाला था। हमने जगह-जगह सभाओं का आयोजन आरम्भ किया था। ये सभाएँ यूनियन के भविष्य काल के लिए काफी सहयोगी सिद्ध हुईं। इन सब में जो अधिक महत्त्वपूर्ण बात हुई थी—वह यह कि अनगिनत बारबालाओं के साथ निजी स्तर पर संवाद स्थापित हो गया था। इन संवादों के कारण जानकारी का महासागर नज़र आने लगा। इन घटित घटनाओं की गति कल्पना के परे की थी। अनगिनत लोग, अनगिनत किस्से, कहानियाँ। मैं लगभग बीस वर्षों से प्रगतिशील सामाजिक आन्दोलनों का हिस्सा रह चुकी हूँ। फिर भी जो जानकारी मुझे बारबालाओं से प्राप्त हुई, वह सर्वथा नयी थी। वह एक बिलकुल भिन्न दुनिया थी—हमारी दुनिया का हिस्सा होते हुए भी! उस दुनिया के सारे तफसील चौंकाने वाले, मति कुंठित करने वाले थे।

उसी वक्त डान्सबार और लेडीज बार के बारे में प्रचार-प्रसार माध्यमों के ज़रिये जो जानकारी दी जा रही थी, वह एकांग थी। 'समाचार' रूप में भले ही यह जानकारी तत्कालीन स्वरूप की रही हो लेकिन इसके दूरगामी परिणाम होने जा रहे थे। लोगों के मन में पूर्वग्रह धँस-उभर रहे थे। उनका नज़रिया बदल रहा था। लेडीज बार के सन्दर्भ में जो समाचार थे, उनके केन्द्र में थी 'बारबाला'। इन सबको एकांग रूप में प्रसारित करने का कार्य प्रसार माध्यम कर रहे थे लेकिन बारबालाओं के बारे में गलतफहमियाँ, पूर्वग्रह दूषित मनोवृत्ति पनपने का मुख्य कारण मात्र प्रसार माध्यम न थे बल्कि डान्सबार और आम जनता-समाज के बीच खड़ी अभेद्य दीवार, अपारदर्शी पर्दा मुख्य कारण था।

नैतिकता के मुद्दे को लेकर आमतौर पर कॉमन मैन ने डान्सबार को अपनी सोच की सरहद पार कर दिया हो तो कोई खास बात न थी लेकिन महाराष्ट्र जैसे प्रगतिशील राज्य में स्वयं को प्रगतिशील, स्त्री-मुक्तिवादी घोषित करती रहने वाली संस्थाओं ने, संगठनों और व्यक्तियों ने भी डान्सबार की महिलाओं के प्रति छुपी अस्पृश्यता धारण की थी। यही कारण था लगभग पच्चीस वर्षों से ऐसे बार और बारबालाएँ मुम्बई में थीं लेकिन किसी भी संस्था, संगठन, व्यक्ति को इनकी दखल लेने की आवश्यकता महसूस नहीं हुई।

मैंने चार साल पहले बारबालाओं को संगठित करना आरम्भ किया। तब कदम-कदम पर 'जानकारी का अभाव' आड़े आता रहा। वेश्या व्यवसाय को लेकर भले ही मतभिन्नता हो लेकिन हर किसी ने उनकी दखल ली थी। बारबालाओं के बारे में लेकिन 'उपभोगवाद', 'स्त्री शरीर का प्रदर्शन', 'मनोरंजन का साधन' आदि लेबल लगाकर हर किसी ने अपना पिंड छुड़ा लिया था। स्वयंसेवा भावी संस्थाओं का दृष्टिकोण बड़ा अजीब था। एच. आइ. व्ही. के हेतु विदेशी निधि न मिलने वाला प्रोजेक्ट का लेबल लगाकर बारबालाओं के समूह को देखा जाने वाला यह दृष्टिकोण था।

कइयों की नज़र में तो अपने को वेश्या न समझने वाली, शराबी पुरुषों का मनोरंजन कर खूब पैसा कमाने वाली बारबाला स्त्रियों के प्रश्न-समस्याएँ, प्रश्न-समस्याएँ थीं ही नहीं। 'मनोरंजन' अक्सर घृणा का विषय! तिस पर शराबी पुरुषों का मनोरंजन स्त्रियाँ करें? ये सारी बातें खारिज करने योग्य ही मानी गयी थीं! अतः आरम्भ का प्रदीर्घ अवधि जानकारी और सहयोग के अभाव से संघर्ष करने में ही व्यतीत हुआ।

मैंने बारबालाओं को जानकारी का स्रोत मानकर काम का आरम्भ किया। बार बालाओं की ट्रेड यूनियन बनाने में मिली सफलता का कारण वही था। बारबाला ही जानकारी का स्रोत था अतः अब तक न बूझी गयी पहेलियाँ पल में बूझी जाने लगीं। मैंने अपना तथाकथित वामपन्थीय प्रगतिशील स्त्री मुक्तिवाद का ऐनक उतारकर फेंक दिया और मेरे सामने जानकारी का भण्डार खुल गया। किसी भी प्रकार के विश्लेषण-समीक्षा के निकष न लागू करते हुए मैं सिर्फ वह जानकारी ग्रहण करती गयी। आत्मसात करती गयी।

यूनियन निर्माण के समय वैशाली के साथ संवाद आरम्भ हो गया।

आरम्भ में वह जो कहती थी असम्बद्ध, उखड़ा-उखड़ा-सा लगता था। इसका मुख्य कारण था मेरा इस क्षेत्र का अज्ञान या जानकारी का अभाव। और दूसरा कारण था वैशाली के जीवन की भयावहता। वैशाली का जीवन तर्कातीत घटनाओं की खंडित न होने वाली शृंखला है। उसे जीवन में जिन भयावह अनुभवों से गुज़रना पड़ा, उनके कारण वह असन्तुलित-सी लगती थी। एक साथ वह दो बिलकुल भिन्न, एक-दूसरे की विरोधी भूमिकाओं को धारण कर बोलती रहती थी। एक छोर था पवित्रता की कल्पनाओं का और दूसरा छोर था उसकी नज़र में अतिशय अपवित्र घटनाओं से भरा हुआ! उसकी बातों में काला और सफेद दो ही रंग थे जो प्रकर्ष से सम्मुख आते थे। लगता था मानवीय जीवन के विविध रंगों की छटाएँ कहीं खो गयी हैं।

वैशाली से प्रश्न पूछना ख़तरे से खाली न था। हर प्रश्न का जवाब उसके पास नुकीला हथियार-स्वरूप हुआ करता था और जवाब का यह हथियार चलाते समय उसका चेहरा गहरी उदासी में तबदील हो जाता था। उसके भीतर उफनता गुस्सा, खौलती निराशा मेरे मन को झकझोर देती थी।

वैशाली का विवाह पूर्व जीवन और विवाहोत्तर जीवन इनमें ज़मीन-आसमान का अन्तर था। हाँ, एक बात इन दोनों जीवन में समान थी—वह यह कि पुरुषों से उसका किया जाने वाला लैंगिक शोषण, अत्याचार वैशाली के बचपन से लेकर अब तक सतत उसे इस दुश्चक्र में पिसना पड़ा था। बचपन में लैंगिक अत्याचार का शिकार बने व्यक्तियों की अपनी एक विशिष्ट विचार-पद्धति विकसित हो जाती है। यदि उन्हें समझने वाले लोग, उनको सँभालने वाले, उन्हें भावात्मक सहारा देने वाले लोग उनके आस-पास न रहें तो ये व्यक्ति अपनी सोच को पत्थर की लकीर बना लेते हैं। ऐसे व्यक्ति अपने पर हुए अत्याचार को अत्याचार समझते नहीं। मैं इन अत्याचारों का शिकार क्यों हुआ? इस प्रश्न का उत्तर वे किसी से पूछते नहीं। स्वयं ही इस प्रश्न का उत्तर तलाशते रहते हैं। कई बार खुद को ही दोष देते रहते हैं। या एक साथ उन्हें लगता रहता है कि वे लैंगिक दृष्टि से अनाकर्षक हैं और यह भी कि लैंगिक दृष्टि से वे काफी प्रगल्भ हैं। इसका परिणाम यह होता है कि न केवल उनका लैंगिक व्यवहार बल्कि आम व्यवहार भी संकटों की मालिका बुनता जाता है। ऐसे व्यक्ति अक्सर दुष्ट चक्र में फँस जाते हैं। वैशाली भी अपने जीवन का प्रदीर्घ समय ऐसे चक्रव्यूह में फँसती रही।

वैशाली अब एक बारबाला है। लेकिन बचपन में ही लैंगिक अत्याचारों का शिकार बनी बच्ची है। निराश कलाकार पति-पत्नी की, जातीयता के बलि चढ़े बाप की वह बेटी है। नाबालिग उम्र में भागकर विवाह की बेदी पर चढ़ी हुई परिणीता है। अल्पवयीन माता है। वह घरेलू औरत है, गरीब बस्ती की निवासी है। परित्यक्ता है, विधवा है, ओशो आश्रम की संन्यासी है। वह बलात्कारित स्त्री है।

इन अवस्थाओं में से गुजरते हुए सभी स्तरों पर वह हाँफ रही है। जीवन की ऐसी कशमकश झेलते हुए उसमें कुछ अवगुण पैदा हुए हैं। दरअसल वह बेहद गुण सम्पन्न लड़की है। आयु बढ़ती जाने पर भी उसमें एक बच्ची लगातार ज़िन्दा रही है। रौंदा गया बचपन आज भी कई बार बाहर छलाँग लगाता है। जीवन के असहनीय बोझ तले दबी होते हुए भी वह अल्हड़ है। उसका यह सर्वाइवल मैकॅनिज़्म विस्मयकारी है। उसे ज्ञान प्राप्ति की ललक है। वह सत्य की पक्षधर है। वह उत्तम व्यंजन बनाती है। सुन्दर गाती है। वैशाली में दृष्टिगोचर होने वाले ये सभी गुण-अवगुण लगभग सभी बारबालाओं में पाये जाते हैं।

हर बारबाला की अपनी एक कहानी है। लेकिन उसे सुनने के लिए न हमारे पास वक़्त है और न ही उसे सुनाने के लिए बारबालाओं के पास वक़्त है। दो बिलकुल भिन्न स्तरों पर चलने वाली यह जीवन-यात्रा है। बारबालाओं के प्रति—उनकी कहानी सुनने के प्रति जितनी सहानुभूति की आवश्यकता है, उतनी भी शायद हममें नहीं है।

बारबालाओं की कहानियाँ सुनने में रस लेने वाले कुछ व्यक्ति ज़रूर हैं। वे

यानी उनके कस्टमर्स, पुलिस, बार, ओनर्स, पत्रकार, उनके नाम पर विदेशों से धन बटोरने वाले सेवक! ये सभी खास उद्देश्य से उनसे बातें करते हैं। बारबाला आपस में अपने बारे में बातें करती हैं। लेकिन सुनने वालियाँ आहें भरने के अलावा कुछ नहीं कर सकतीं! एक तो उनके व्यवसाय की अनिश्चिति उन्हें इतना खाली समय मिलने नहीं देती। इस अनिश्चिति के साथ-साथ व्यावसायिक होड़, प्रतियोगिता जानलेवा होती हैं। ऐसे में समय भले ही हो, मौका मिलेगा सो बात नहीं। यह व्यवसाय है तो वैध और कानूनन लेकिन समाज मान्यता का अभाव और अनैतिकता का लेबल इन कारणों से एक तरह की गुप्तता रखने के लिए हर कोई बाध्य हो जाता है। इसी छिपाने के कारण उनके बारे में अन्यों की या उनमें, आपसी में भी गलतफहमियाँ पैदा होती रहती हैं।

बारबालाओं के अब तक जितने भी अनुभव-कथन लोगों तक पहुँचे हैं, उनका विशेष यह कि वे अपनी कथा कहते समय सामने वाले व्यक्ति के प्रति अपना एक नज़रिया विकसित करती हैं। एक अन्दाज! और उसके अनुसार कहती रहती हैं। दूसरा यह कि उनकी कहानी सुनने वाले अक्सर व्यसनाधीन पुरुष रहते हैं। उन पुरुषों की प्रतिक्रियाओं का प्रभाव भी बारबालाओं के अनुभव-कथन पर होता है। तीसरा विशेष यह है कि उनका अनुभव कथन अत्यधिक आत्मकेन्द्री रहता है क्योंकि 'स्वयं ही स्वयं को प्रमोट करना' उनके व्यवसाय का अटूट अंग है। इन तीनों बातों से दूर-दूर तक का सम्बन्ध न रखने वाले व्यक्ति को उनसे संवाद साधने के लिए मिलना निहायत ज़रूरी है।

आत्मकथ्य के रूप में ऐसा संवाद स्थापित करने की दिशा में पहली बार एक बारबाला पहल कर रही है। यह पहला कदम है। वैशाली के लिए आत्मकथन लिखना यानी सन्त्रासों से, वेदनाओं से पुनः-पुनः गुज़रना था। यह वेदना भरी अनुभूति पाठकों को भी होगी। इस ज़रिये डान्सबार्स के बारे में काफी जानकारी हमारे सामने आयेगी। आत्मकथ्य में बार के सन्दर्भ में आने वाली तफसील प्रातिनिधिक हैं। मुम्बई की 'नाइट लाइफ' का अटूट हिस्सा बने ये लेडीज बार, डान्स और आर्केस्ट्रा बार। इन्हें समझने के लिए यह आत्मकथन पर्याप्त सहायता करेगा। इन बार्स में स्त्रियों का प्रवेश कैसे होता है? क्यों आती हैं वे यहाँ? कैसा रहता है यहाँ का माहौल? मुम्बई के बार और अन्य जगहों के बार में क्या अन्तर होता है? विदेशों के डान्सबार्स में भारत से लड़कियाँ कैसे जाती हैं? उनके निजी जीवन में वे किन-किन, कैसे-कैसे हादसों-संघर्षों से गुज़रती हैं? आदि कई मर्मान्तक प्रश्नों के उत्तर, जानकारी वैशाली के इस लेखन से प्राप्त होती है। इनकी जीवन-यात्रा कैसे आगे बढ़ती है। इसका मर्मस्पर्शी चित्र इसमें है। वैशाली बार में गायिका रह चुकी है। अतः इस कथन में ऑर्केस्ट्रा बार की जानकारी अधिक विस्तार से मिलती है। बार के गायक, वादक, बैंड लीडर्स, ऑर्गनाइज़र्स और समय-समय पर कौन-कौन-सी

फिल्मों के कौन-कौन से गाने हिट हो चुके थे—बजते रहे थे, फर्माइशों पर फर्माइशें आती थीं, आदि बारीकियाँ यह आत्मकथन अपने में सँजोये हुए हैं। वैशाली गायिका थी लेकिन उसने कई बार डान्सबार के आर्केस्ट्रा में भी काम किया है। इसी कारण डान्सर, वेटर, बारबाला आदि के वर्णन भी प्राप्त होते हैं।

वैशाली का जीवन समझना यानी मुम्बई के विशिष्ट सामाजिक, सांस्कृतिक, जीवन से परिचित होना ज़रूरी है। मुझे लगता है कि मद्याधारित इस मनोरंजनपरक संस्कृति कैसे आकार धारण करती गयी, विस्तार पाती गयी, इस संस्कृति में कैसे-कैसे परिवर्तन आते गये, इनकी पार्श्वभूमि जिन्हें थोड़ी-बहुत क्यों हो लेकिन ज्ञात है, वे पाठक वैशाली के जीवन में घटित इन घटनाओं को अधिक न्याय दे सकते हैं। अतः आवश्यक है कि हम संक्षेप में क्यों न हो लेकिन इस बार संस्कृति का वर्तमान जानने के पूर्व उसके इतिहास का भी अवलोकन करें।

महाराष्ट्र में लगभग लाख रेस्तराँ ऐसे हैं जो तारांकित नहीं हैं। इनमें से लगभग आठ हजार रेस्तराँ ऐसे हैं जिनके पास विदेशी शराब बिक्री का लाइसेन्स है। महाराष्ट्र के मध्य एवं कनिष्ठ वर्ग की खान-पान संस्कृति का यह स्थूल परिचय है। खान-पान के अन्य अड्डों और शराब के अड्डों की गिनती इनमें सम्मिलित नहीं है। यदि हम इन अ-तारांकित खान-पान एवं शराब के स्थानों के सन्दर्भ में ही बात करें तो यह सच्चाई सामने आती है कि आठ हजार रेस्तराँ में से चौदह सौ रेस्तराँ एवं बार मुम्बई में हैं। शेष लगभग छह हजार छह सौ बार महाराष्ट्र में मुम्बई के अतिरिक्त अन्य शहरों में है। आठ हजार रेस्तराँ और बार में से बारह सौ पचास बार के पास परफॉर्मन्स लाइसेन्स हैं। आमतौर पर इनको 'डान्सबार' कहा जाता है। इन बार के बाहर कहीं भी 'डान्सबार' लिखा नहीं रहता। डान्सबार की पहचान-निशानी यह है कि ऐसे बार पर 'बार एण्ड रेस्टोरेंट' बोर्ड रहता है।

ऐसे 'बार एण्ड रेस्टोरेंट' महाराष्ट्र में बारह सौ पचास हैं, जिनमें से पाँच सौ पचपन बार एण्ड रेस्टोरेंट सिर्फ मुम्बई में हैं। सात सौ बार मुम्बई के आस-पास यानी नयी मुम्बई, ठाने, रायगढ़ में हैं। पुणे, सांगली, सोलापुर, लातूर, औरंगाबाद, नागपुर में इनकी संख्या कम है।

ये 'बार एण्ड रेस्टोरेंट' चर्चित होने का कारण यह है कि यहाँ काम करने वाली स्त्रियाँ नृत्य करती हैं, गायन के प्रोग्राम देती हैं। बार एण्ड रेस्टोरेंट के लाइसेन्स पर 'परफॉर्मन्स लाइसेन्स-नृत्य बार या आर्केस्ट्रा बार' इस तरह लिखा रहता है। कई बार वालों के पास ऐसा लाइसेन्स नहीं रहता, फिर भी यहाँ स्त्रियाँ काम करती हैं। इन बार्स को 'लेडीजबार' कहते हैं। इनमें स्त्रियाँ वेट्रेसेस का काम करती हैं। मुम्बई में कुछ कैब्रे बार भी थे। इनके परफॉर्मन्स लाइसेन्स पर 'कैब्रे बार' लिखा रहता था। यहाँ स्त्रियाँ कैब्रे डान्स करती थीं। 2002 में बार में कैब्रे करने पर और 2005 में बार में डान्स पर, काननून पाबन्दी लायी गयी।

ये दोनों कानून मुम्बई उच्च न्यायालय ने भारतीय संविधान के तहत खारिज कर दिये।

इस सन्दर्भ में हमें मूलतः 'डान्सबार', 'ऑर्केस्ट्रा बार' का इतिहास देखना है। सबसे पुराना है बार कैब्रे बार। मुम्बई और भारत के अन्य शहरों में पाया जाने वाला। यह विदेशी नृत्य प्रकार है। बदन पर के कपड़े एक-एक कर उतारते हुए नाचने की कला। स्वतन्त्रता पूर्व काल में अंग्रेजों के साथ कैब्रे बार भी भारत में आये। इनमें काम करने वाली नृत्यांगनाएँ विदेशी और एंग्लो इंडियन हुआ करती थीं। उनकी वेशभूषा पाश्चात्य थी। कैब्रे बार की संख्या सीमित थी। इनमें प्रवेश फ्री था और शराब ऊँची कीमत पर बेची जाती थी। स्वतन्त्रता-प्राप्ति के बाद, आज तक भी कैब्रे बार की संख्या बढ़ी नहीं। जो कुछ पाँच-छह कैब्रे बार थे, वे कुलाबा और नरीमन प्वाइंट में थे। इन बार्स के मुख्य कस्टमर विदेशी हुआ करते थे। मुम्बई उपनगरों में सिर्फ घाटकोपर में (मध्य रेल का स्टेशन) एक कैब्रे बार था। कैब्रे प्रकार भारतीय पुरुषों ने अधिक पसन्द किया ही नहीं। अतः उसका प्रचार-प्रसार भी साठ-सत्तर के दशकों में मात्र हिन्दी सिनेमा तक ही सीमित रहा। ब्रिटिशों के जमाने में ही मुम्बई के कैब्रे बार की स्टाइल को थोड़ा-बहुत परिवर्तित करते हुए अन्य जगहों पर डासिंग स्कूल्स या डान्स क्लब के ज़रिये मनोरंजन किया जाने लगा। मुम्बई में मुज़रा फर्माने वाले कोठे थे लेकिन कुछ ही स्थानों पर!

लेडीज बार कैब्रे बार इतना ही पुराना है। इनमें स्त्रियाँ मदिरा सर्व करती हैं। उन्हें वेट्रेसेस या लेडीज वेटर कहते हैं। ये स्थानिक, गरीब स्त्रियाँ होती हैं। वे भारतीय कपड़ों में, पंजाबी ड्रेस में होती हैं। लेडीज बार में प्रवेश फी नहीं रहती। बार मालिक वेट्रेसेस को मामूली-सी तनख्वाह देते हैं और ग्राहक टिप्स। स्त्रियों के साथ पुरुष वेटर्स भी रहते हैं। वे सामने वाले कमरे या जगह पर शराब सर्व करते हैं। आरम्भ में लेडीज बार में काम करने वाली स्त्रियाँ रेड लाइट एरिया से आती थीं। यहाँ काम करने पर वे मुम्बई के रेड लाइट एरिया से निकलकर गरीब बस्तियों में रहने लगीं। इनकी देखा-देखी गरीब बस्तियों की स्त्रियों ने भी मज़दूरी की आशा से इस व्यवसाय में प्रवेश करना आरम्भ किया। लेडीज बार के लिए किसी तरह के विशेष लाइसेन्स की आवश्यकता नहीं रहती। 'दुकान एवं आस्थापन' कानून के अंतर्गत किसी भी सार्वजनीन जगह पर नौकरनामा मंजूरी प्राप्त कोई भी स्त्री-पुरुष यहाँ काम करते हैं। महिला मज़दूरों के लिए जो समय-सीमा है। बस उसी के अलावा बाकी कोई कानून इन पर लागू नहीं होता। लेडीज वेट्रेस के ऐसे कई बार हैं जहाँ ना तो ऑर्केस्ट्रा है और ना ही डान्स। ये लेडीज बार महाराष्ट्र में ही नहीं पूरे भारत में हैं।

ऑर्केस्ट्रा बार भी ब्रिटिशों के समय से यहाँ है। बार में एक छोटे-से स्टेज पर वाद्य वृंद के साथ गाने वाले स्त्री-पुरुष यानी ऑर्केस्ट्रा बार। कैब्रे बार की तरह पहले यहाँ भी विदेशी, एंग्लो-इंडियन, पाश्चात्य स्त्रियाँ गायिकाएँ थीं। ऑर्केस्ट्रा बार में

स्थानिक भारतीय स्त्रियों का प्रवेश शीघ्र हुआ।

स्वतन्त्रता-प्राप्ति के बाद 'मुजरा परम्परा' से कई स्त्रियों ने इसमें अपना भाग्य आजमाना चाहा। गाने की मामूली शिक्षा पायी हुई स्त्रियाँ, स्टेज शो या फिर सिनेमा में कोरस में गाने वाली स्त्रियाँ यहाँ गायिका का काम करने लगीं। इन्हें वेटर स्त्रियों से अधिक तनख्वाह मिलती थी। तनख्वाह के अलावा टिप्स मिलती थी। अतः कनिष्ठ मध्य वर्ग और मध्य वर्ग की स्त्रियाँ इसमें आने लगीं। इनके कपड़े भारतीय होते हैं। लेकिन मेकअप वेटर-स्त्रियों से अधिक भड़कीला किया जाता है।

मुम्बई के अलावा भारत के अनेक शहरों में आर्केस्ट्रा बार हैं। आरवाती देश, अमेरिका, इंग्लैंड, यूरोप, नेपाल, सिंगापुर, कुछ अफ्रीकी देशों में ऐसे बार हैं। यहाँ भी मुम्बई की तरह हिन्दी, पंजाबी, बंगाली, मराठी, गाने गाये जाते हैं। डान्सबार्स के खुलने पर मुम्बई के ऑर्केस्ट्रा बार की संख्या घटने लगी। ऑर्केस्ट्रा के आखिरी दिनों में बड़ी तादाद में मराठी स्त्रियाँ यहाँ गायिकाएँ थीं। अब पुनः इनमें पारम्परिक मनोरंजन क्षेत्र की स्त्रियों की संख्या बढ़ गयी है। ऑर्केस्ट्रा बार की संख्या भले ही घट गयी हो लेकिन कई डान्सबार में ये लाइव बैंड दोपहर-शाम के समय रहते हैं। यहाँ ऑर्केस्ट्रा के लिए अलग कमरा रहता है। 2005 में जब बार के डान्स पर पाबंदी लगायी गयी तब पुनः एक बार ऑर्केस्ट्रा बार की संख्या बढ़ गयी। ऑर्केस्ट्रा बार के परफॉर्मन्स लाइसेन्स पर 'ऑर्केस्ट्रा' या 'लाइव बैंड' लिखा रहता है। ऑर्केस्ट्रा बार पर कभी भी पाबन्दी लगायी नहीं गयी थी।

इस 'बार इतिहास' में 'डान्सबार' बिलकुल आधुनिक प्रकार है। 1980 में नरीमन प्वाइंट के मेकर्स चेंबर की पहली मंज़िल पर 'सोनिया महल' नाम का पहला डान्सबार शुरू हुआ था। 1980 से 1983 के दौरान लाल बाग, परल, ताड देव, कुलाबा में 'सुगन्ध बार एण्ड रेस्टोरेंट', 'फन एण्ड फूड बार एण्ड रेस्टोरेंट', ऐसे कुछ इने-गिने डान्सबार थे। भारतीय पुरुषों द्वारा पसन्द किये ये डान्सबार 1983 के बाद दिन-दूने रात-चौगुने बढ़ते ही गये और 2005 तक इनकी संख्या बारह सौ पचास तक पहुँच गयी।

यह आरवाती देशों के डान्सबार का अनुकरण था। कैब्रे बार, ऑर्केस्ट्रा बार, मुजरा इनके मिले-जुले रूप का यह नया रूप कभी-न-कभी साकार होना ही था, सो हो गया। 1970-80 के दशक में दुबई, मस्कत आदि देशों में कामधन्धे के सिलसिले में गये हुए भारतीय, एशियाई पुरुषों के मनोरंजन हेतु अरबी, पाकिस्तानी, भारतीय बैंड वहाँ के बार्स में बजाये जाते थे। साथ में नृत्य भी हुआ करता था। इसी में से प्रेरणा पाकर मुम्बई में ऐसे डान्सबार की नींव डाली गयी थी।

आरम्भ से ही ऑर्केस्ट्रा में भी ग़ज़ल, मिमिक्री, नृत्य हुआ करता था। इन माँगों की आपूर्ति हेतु 'ऑकेजनल' रूप में इन कार्यक्रमों का आयोजन किया जाता था। सबसे अधिक नृत्य के लिए फर्माइश रहती है, इसे मालिक लोगों ने देखा था। इन

ऑकेजनल नृत्य कार्यक्रमों के लिए मुम्बई के कांग्रेस हाउस, फोरास रोड, प्ले हाउस आदि जगहों पर स्थित कोठों से मुजरा करने वाली स्त्रियों को आमन्त्रित किया जाता था। ये 'खानदानी' नृत्यांगनाएँ चनिया चोली, साड़ी आदि वेशभूषा में नाचती थीं। उन्हें मेकअप का अच्छा ज्ञान था। हिन्दी सिनेमा के गानों पर नाचने का भी उन्हें अभ्यास था। रेकॉर्डिड म्युज़िक पर नाचने का अभ्यास सभी का न था। डान्सबार की संख्या बढ़ती गयी और 'डान्स ऑन रेकॉर्डिड म्यूज़िक' शुरू हुआ। आरम्भ में आर्केस्ट्रा जैसा ही हॉल के किनारे होने वाला स्टेज अब हॉल के बीच में आया।

आरम्भ के काल में डान्सर को खुद ही कैसेट बजाना, रिवाइंड करना, फॉरवर्ड करना पड़ता था। कैसेट्स उन्हें लाने पड़ते थे या बार मालिक को संचय करना पड़ता था। धीरे-धीरे सभी बार्स में कम्प्यूटर आये। आरम्भ में डान्सर्स को तनख्वाह दी जाती थी तब उन्हें 'एण्ट्री फी' देनी पड़ती थी। धीरे-धीरे कस्टमर्स की टिप्स में बढ़ोतरी होती गयी। डान्सर्स ने टिप्स में 50 प्रतिशत हिस्सा माँगना शुरू किया। 1997 में तनख्वाह नहीं टिप्स में 70 प्रतिशत हिस्से की माँग की गयी। माँग को स्वीकारा गया और डान्सबार्स की 'एण्ट्री फी' रद्द हुई।

आकर्षक भारतीय चनिया चोली, काफी साज-सिंगार, नृत्य, दिलकश अदा आदि के साथ ये पारंपरिक नृत्यांगनाएँ डान्सबार में आने लगीं। इनमें मुजरा करने वाली लड़कियाँ और स्त्रियाँ अधिक थीं। ये उत्तर भारत के विविध राज्यों की थीं। अतः मुम्बई के डान्सबार का विज्ञापन अपने आप हुआ। उत्तर भारत का मुजरा भी अंतिम साँसें गिन रहा था। वे नृत्यागनाएँ मजबूरी में वेश्या व्यवसाय का आश्रय ले रही थीं। वे स्त्रियाँ सहजता से डान्सबार की दिशा में अग्रसर होती गयीं। एक साथ डान्सबार की संख्या और बार में पारम्परिक नृत्यांगनाओं की तादाद बढ़ती गयी।

बार्स की संख्या जब बारह सौ पचास थी तब डान्सर्स की संख्या पचास हजार से अधिक थी। गुजरात, महाराष्ट्र, गोवा, आन्ध्र प्रदेश से भी स्त्रियाँ आती रहीं। बार में वेटर का काम करने वाली स्त्रियाँ भी नृत्यांगनाएँ बनने लगीं। उनमें कला सम्बन्धी व्यावसायिकता का अभाव था।

डान्सबार का चलन सफलता की तमाम सीढ़ियाँ तय करने लगा था। ग्राहक, बार मालिक, नृत्यांगना आदि की मात्र संख्या भी देखें तो इस बात का प्रमाण मिल सकता है। आरम्भ में लाइसेन्स फी कुछ हजार रुपये थी। सरकार ने वह अब कुछ लाख कर दी है। हर दिन डान्स फ्लोअर के लिए स्टेज फी पुलिस स्टेशन में भरी जाने लगी। परफॉर्मन्स लायसेन्स और स्टेज फी में जैसे ही विधिवत् बढ़ोतरी होने लगी मुनाफे के सपने देखते हुए कई बार मालिक इस क्षेत्र में आने लगे। पहले मात्र परफार्मन्स लाइसेन्स के लिए कतार में लगने वाले इन बार मालिकों ने अब डान्स फ्लोअर्स की संख्या बढ़ाना शुरू किया। कुछ बार्स में दो से अधिक होल सदृश्य कमरे फ्लोअर के रूप में इस्तेमाल किये जाने लगे। इन कमरों की स्टेज फी का आलेख

कमाल का उन्नत हुआ। दो रुपये औसत (प्रतिदिन प्रतिस्टेज) फी अब प्रतिदिन, प्रतिस्टेज पाँच सौ रुपये हुई।

यह रोज की फी स्थानिक पुलिस स्टेशन पहुँचानी पड़ती है। अतः पुलिस और बार मालिकों की दोस्ती और गहरी हो गयी। बार मालिकों के सांस्कृतिक विभाग के गृह मंत्रालय के साथ सम्बन्ध नज़दीकी बनने लगे। हॉटल व्यवसाय के लिए लगभग बीस प्रकार के लाइसेन्स स्थानिक स्वराज संस्थाओं से लेने पड़ते हैं। उनके साथ पहले से ही इन मालिकों के दोस्ताना सम्बन्ध थे। इससे कई सहूलियतें आसानी से मिलती थीं। जैसे आरम्भ में डान्सबार का समय रात के 11.30 बजे तक ही था। वह अब बाकायदा रात के 1.30 बजे तक किया गया।

कई नियमों को नज़रअन्दाज़ लिकर और परफॉर्मन्स लाइसेन्स की खैरात की गयी। रिश्वतखोर अधिकारी, उच्च मध्यवर्गीय व्यावसायिक, ठेकेदार, सरकारी आश्रय से बड़े-बड़े घोटाले करने वाले और उनके चेले आदि ने इस खाद्य-मद्य, मनोरंजन की सुविधा उपलब्ध करा देने वाले डान्सबार्स पर अपनी मेहर नज़र रखी। इसके परिणाम स्वरूप अधेड़ उम्र के पुरुष ग्राहकों और उनसे प्राप्त टिप्स का सागर उछलने लगा।

व्यवसाय हेतु अन्य शहरों-गाँवों, राज्यों से, विदेशों से आने वाले व्यावसायिक या पर्यटक दिल बहलाने के साधन ढूँढ़ते रहते हैं। ऐसे पुरुष अकेले या समूह में डान्सबार के ग्राहक बन आते हैं। यही कारण है डान्सबार ने मुम्बई के बाहर भी समूचे महाराष्ट्र में अपनी जड़ें फैलाना शुरू किया। भारत में हैदराबाद, कोलकाता, पांडिचेरी, बंगलोर में डान्सबार खुल गये। आरवाती देशों के साथ-साथ इंग्लैण्ड, अमेरिका, नैरोबी, नेपाल, सिंगापुर में भी भारतीय डान्सबार खुल गये।

डान्सबार की नृत्यांगनाओं की वेशभूषा में कमाल का परिवर्तन आया। मूल चनिया चोली वैसी ही रही लेकिन उसमें तरह-तरह के फैशन आये। हिन्दी सिनेमा का भी प्रभाव हुआ। कपड़े, नक्काशी में नयापन आया। उनके कपड़े भारतीय होते हुए भी आधुनिकता के सभी रूप उसमें समा गये। उनकी कमाई बढ़ गयी सो रहन-सहन बदला। नृत्यांगनाओं के मेकअप, आइ लेन्सेस आदि में सुधार हुआ। आरम्भ में कांग्रेस हाउस, फोरास रोड में रहने वाली लड़कियाँ उपनगरों में घर लेकर रहने लगीं। मुम्बई के मुज़रा कोठे, खाली होते गये और गाँव से आने वाली नयी लड़कियों को ये कोठे रहने के लिए किराये से दिये जाने लगे। जगह की कमी के कारण ये लड़कियाँ गरीब बस्तियों में समूह से रहने लगीं। वरली के नेहरू नगर, कोलीवाडा, मालवणी, चेंबूर कैम्प, नेराय, अन्टाप हिल आदि गरीब बस्तियों में इनकी संख्या बढ़ती गयी। प्रत्येक घर की दूसरी पीढ़ी भी इन डान्सबार में काम करने लगी। वह पीढ़ी स्थिर, आदी थी इस सारे माहौल की। उनके परिवार में इस व्यवसाय में स्थिर हुए। इनकी तीसरी पीढ़ी में शिक्षा का प्रसार भी होने लगा।

डान्सबार मालिकों में से कई मालिक 'रेस्टोरेंट' चलानेवाले शेट्टी हैं। आरम्भ

में बार मालिक ही बार का संचालक हुआ करता था। 'रेस्टोरेंट का 'बार एण्ड रेस्टोरेंट' में परिवर्तन हुआ करता था। बाद में कई लोग समूह में पार्टनरशिप में डान्सबार चलाने लगे। अतः संचालक और मालिक पद अलग-अलग लोगों के पास गया। संचालकों को 'कंडक्टर्स' के रूप में जाना जाने लगा। आरम्भ में शेट्टी लोगों में 'डान्स बार' अप्रतिष्ठा का व्यवसाय समझा जाता था। इसलिए रेस्टोरेंट के मालिक शेट्टी लोग 'डान्सबार' चलाने वाले शेट्टी लोगों से चार हाथ दूर रहते थे। धीरे-धीरे ये दोनों बातें एक-दूसरी में घुल-मिल गयीं। व्यवसाय अधिक संगठित हो गया और उसे प्रतिष्ठा भी प्राप्त होने लगी। डान्स मालिक अक्सर पंजाबी, सिंधी, मराठी, गुजराती, पारसी, हिन्दी, केरली, कन्नड़, शेट्टी के अलावा अन्य जातियों के भी हैं। यहाँ काम करने वाले पुरुष कर्मचारियों में सभी राज्यों के लोग पाये जाते हैं।

महाराष्ट्र में के ऑर्केस्ट्रा बार और डान्सबार को आरम्भ में मुम्बई मनोरंजन शुल्क अधिनियम 1923 के अंतर्गत आने वाले सभी नियम लागू थे। महाराष्ट्र शासन ने इनमें मुम्बई मनोरंजन शुल्क अधिनियम (परिवर्तित) 2000 के अंतर्गत काफी परिवर्तन किया। इन परिवर्तित अधिनियमों को राजपत्र 3 जनवरी 2001 में विधि एवं न्याय प्रभागों के मुख्य सचिवों के हस्ताक्षरों से ज़ारी किया गया। महाराष्ट्र राज्य विधिमण्डल के पारित किये गये अधिनियम में (2 जनवरी 2001) जो कि राज्यपाल महोदय ने सम्मत किया था–

बार में किये जाने वाले नृत्य को परिभाषित किया गया था। इस अधिनियम में नृत्य की परिभाषा को रेखांकित करते हुए कहा गया था कि पाश्चात्य देशों के लोकनृत्य, संगीत एवं नृत्य, रास, गरबा, दांडियाँ, डिस्को दांडिया या पर्जन्य दांडिया, भारतीय लोकनृत्य, किसी भी संगीत प्रकार या धुन पर किया जाने वाला नृत्य अर्थात् बार नृत्य कहलाएगा।

2005 के वर्षा कालीन अधिवेशन में महाराष्ट्र सरकार मुम्बई पुलिस कानून की धारा डब्ल्यू 33 में परिवर्तन कर बारडान्स पर पाबन्दी लगायी गयी। और गत सभी राजपत्रित सुधार खारिज किए गये। सभी यानी 288 विधायकों के हस्ताक्षर यानी एकमत से पारित हुए, इस कानून को मुम्बई उच्च न्यायालय ने रद्द किया। महाराष्ट्र शासन ने इस निर्णय की अपील सर्वोच्च न्यायालय में की लेकिन सर्वोच्च न्यायालय ने भी इसे खारिज किया। इस निर्णय तक कुछ समय के लिए बार में डान्स पर पाबन्दी रखी गयी।

जहाँ महिलाएँ काम करती हैं, ऐसे सभी बार आज भी अपनी सभी गतिविधियाँ सम्पन्न किए जा रहे हैं। सिर्फ यहाँ की डान्सर स्त्रियों का काम ठप्प पड़ा हुआ है। इसे डान्सबार बंदी नाम देने से इसका सही रूप समझ में आता नहीं है। लेडीज वेटर और गायिकाएँ आज भी बार में अपना-अपना काम कर रही हैं। ऑर्केस्ट्रा की संख्या बढ़ने से पारम्परिक मनोरंजन कला नृत्य-संगीत में माहिर अनेक स्त्रियाँ अब संगीत

कार्यक्रम दे रही हैं। कुछ स्त्रियाँ मजबूरन वेट्रेसेस बनीं। डान्सबंद के कारण बार में काम करने वाली 35% स्त्रियाँ पूर्णतः बेरोजगार बनीं। लगभग 45% स्त्रियों की आर्थिक स्थिति डाँवाडोल होने से अनेक परिवार पुनः आर्थिक तंगी का सामना करने लगे। सिर्फ 10% स्त्रियाँ इस परिवर्तित स्थिति में भी स्थिर रहने योग्य थीं। वे ऑर्केस्ट्रा बार में टिकी हुई हैं। जो स्त्रियाँ पूर्णतः बेरोजगार हुई थीं और उनमें अधेड़ उम्र की स्त्रियाँ और मराठी सिंगर्स थीं। जिन स्त्रियों ने मजबूरी में वेट्रेसस का काम स्वीकारा, उनकी आय इतनी अधिक घट गयी थी कि उनके परिवार की अल्पायु लड़कियों को वेश्या व्यवसाय में जाना पड़ा। स्वयं वेट्रेसेस भी साइड बिज़नेस के रूप में वेश्या व्यवसाय करने लगीं। सिर्फ 2% लड़कियाँ अपने आपको इन सबसे बचा पा सकी हैं। कुछ लड़कियों ने अपना व्यवसाय शुरू किया है। लगभग 8% लड़कियाँ विदेशों के डान्सबार में साल के कुछ महीने काम कर पैसा कमा रही हैं।

डान्सबार पर पाबन्दी लाने के पूर्व लेडीज बार और डान्सबार के नाम पर अवैध रूप में वेश्या-व्यवसाय करने वाले लगभग 70-80 बार मुम्बई में थे। इन्हें फ्री बार साइलेन्स सर्विस, डिस्को बार, पिक-अप-प्वाइंट नामों से जाना जाता था। पाबन्दी के कारण यह व्यवसाय काफी चल निकला। अनेक युवा, सुन्दर लड़कियाँ बिना सायास मिलने लगीं। उनके जिन लॉज वालों के साथ वेश्याव्यवसाय के संदर्भ में गठबंधन था, उन लॉजेस को भी बड़े पैमाने पर लड़कियाँ और स्त्रियाँ उपलब्ध होने लगीं।

बार में जन्म डान्स होते थे तब भी और पाबन्दी आयी तब भी सभी के आकर्षण का केन्द्र बिंदु थीं—बारबालाएँ! 'बारबाला' शब्द कैसे बना, एक पहेली है। कुछ भी अंग्रेजी और भारतीय शब्द-युग्म में और एक शब्द-युग्म दाखिल हुआ। पुलिस रिकॉर्ड में पुलिस छापे के संदर्भ में बार-बार 'बारबाला' शब्द का उल्लेख मिलता है। शायद पुलिस रिकॉर्ड से मीडिया में गया होगा या मीडिया से पुलिस रिकार्ड में।

बारबालाओं की संख्या लगभग 75 हजार औसत मानी गयी है। उसमें से 72 प्रतिशत बारबाला डान्सर थीं, 25 प्रतिशत वेट्रेसेस और 2-3 प्रतिशत सिंगर। डान्सर बारबालाएँ पचास से पचपन हजार तक थीं। इसमें 90 प्रतिशत स्त्रियाँ पारम्परिक मनोरंजन क्षेत्र से आयी थीं।

उत्तर प्रदेश, राजस्थान, मध्यप्रदेश, पंजाब, बिहार, पश्चिम बंगाल, गुजरात राज्यों में रहने वाली कुछ जातियाँ पीढ़ियों से मनोरंजन का काम करती आयी हैं। मुस्लिम डेरेदार, गंधर्व, बडिया, नट, कंजर, साँसी ऐसी कई घुमंतू जातियों—लगभग बारह जातियों—में स्त्रियों के हिस्से मनोरंजन करने का काम आया है। आता रहा है। मध्ययुगीन भारत में मुस्लिम शासन काल में कुछ स्त्रियाँ मुजरा करने लगीं। राजाश्रय के कारण यह कला दिन-दूनी रात-चौगुनी बढ़ती गयी लेकिन राजा-महाराजा -नवाबों के पतन के साथ इस कला का भी पतन होता गया। दस्तकार लोग ग्राहक बनते गये। मशीनीकरण के युग में ये ग्राहक भी मुहाल हो गये और इन स्त्रियों को

वेश्या व्यवसाय अपनाना पड़ा या स्थानांतरित होना पड़ा। इन जातियों की जो स्त्रियाँ गायन क्षेत्र में थीं, वे शराब बनाने-बेचने लगीं या फिर संगीत के ताल पर शारीरिक कसरत।

इन जातियों में रोटी-बेटी व्यवहार होते थे। अलग-अलग राज्यों में इन जातियों को अलग-अलग नामों से जाना जाता है। इन्होंने एक-दूसरे के व्यवसाय अपनाये हैं। जहाँ गये वहाँ की स्थानीय भाषा-कलाओं को भी अपनाया है। इनका हजारों वर्षों का पुराना इतिहास है। उनकी अपनी सांकेतिक भाषा भी है। क्षेत्रीय भाषा के साथ-साथ जगह-जगह की बोलियों का मिश्रित रूप इनकी भाषा में पाया जाता है। कई बंजारा किस्म की जातियों में स्त्री प्रधान समाज रचना थी। उन्हें गाँव में प्रवेश था। उनके पास घर, ज़मीन, कुछ भी न था। सामाजिक-सांस्कृतिक धारा से वे कटी हुई जातियाँ थीं। शराब, हल्के किस्म का मनोरंजन, स्त्रियों आदि के कारण इनकी उपेक्षा होती रही। ब्रिटिश शासन काल में शासनकर्ताओं के अत्याचारों का भी उन्हें शिकार होना पड़ा। उनके पारम्परिक काम, स्थलांतर आदि पर पाबन्दी लगायी गयी। उन पर 'गुनहगार' का लेबल लगाया गया। ब्रिटिशों ने इनमें से कुछ जातियों को पंजीकृत करार कर इन्हें सेटलमेंट कालोनी में भेज दिया। तारों के बाड़े और पुलिस नज़र कैद से बाद में भले ही उन्हें मुक्ति मिली लेकिन भारतीय समाज-व्यवस्था ने उन्हें स्वीकारा नहीं। अतः उनमें शिक्षा-प्रसार हुआ नहीं। वे जातियाँ पिछड़ी हुई ही रहीं। कुछ जातियों ने परम्परागत कला प्रकार जीवित रखे, कुछ इनसे अलग हुईं। ऐसी जातियों ने भारत की अन्य प्रतिष्ठित जातियों में स्वयं का अस्तित्व समा दिया। उनकी विवाह संस्था को और पुरुष प्रधान समाज को अपनाया।

कला की परम्परा को जीवित रखने वालों में ही परिवर्तन प्रक्रिया आरम्भ हुई थी। अभिनय, नृत्य, वादन आदि में नयी धारा समाविष्ट हुई थी। कई लोग इसमें प्रतिष्ठित हो गये थे। परम्परा से उन्होंने अपना नाता तोड़ा था। इनमें से कुछ लोगों ने भारत के सामाजिक-राजनीतिक आन्दोलनों में हिस्सा लिया था। लेकिन स्वतन्त्रता के बाद पुनः इनका अस्तित्व खतरे में पड़ा।

बारबालाओं में लगभग 90 प्रतिशत स्त्रियों की यही रामकहानी है। घर-परिवार की जिम्मेदारी सँभालने वाली ये स्त्रियाँ हजारों की संख्या में हैं। शिक्षा का अभाव, आर्थिक अस्थिरता के कारण ये वेश्या-व्यवसाय में ढकेल दी जाने की सम्भावनाएँ नज़रअन्दाज़ नहीं की जा सकतीं। इनका शहरों में आना भोगवाद नहीं है। बल्कि देहातों का अपना बदनाम जीवन छिपाकर नये प्रतिष्ठित जीवन का आरम्भ करना है। नृत्य और संगीत से अधिक कुछ न जानना इसके लिए वे स्वयं नहीं बल्कि स्वतंत्रता-प्राप्ति के बाद के भारतीय समाज द्वारा उनकी की गयी उपेक्षा कारण रही है। आज वे स्त्रियाँ बार में नृत्य, संगीत का काम कर रही हैं। हो सकता है कल ऐसा ही कोई और दूसरा काम करने के लिए बाध्य की जाएँगी। सवाल यह है कि खोखली नैतिकता और

सांस्कृतिक पाखण्ड के नाम पर हम इनके शोषण को और कितना बढ़ावा देने वाले हैं। गम्भीर, गहन, बुनियादी सामाजिक प्रश्नों के ऊपरी-बाह्य, अल्पकालीन हल निकालकर हम कब तक अपने आपको सन्तुष्ट करते रखने वाले हैं?

बार के डान्स पर लायी गयी पाबन्दी को 'डान्सबार पाबन्दी' कहकर उसका स्वागत करने वालों के पैरों तले की नैतिकता की बालू पर देशी-विदेशी शराब के महासागरों के महासागर उमड़ रहे हैं, क्या यह नज़र नहीं आता? दारूबंदी, मद्यार्क शुल्क, अब राज्य उत्पाद शुल्क प्रभाग में विलीन हुआ है। इस संदर्भ में अपनायी गयी सरकारी नीति की चर्चा करने के बजाय बारबालाओं के नृत्य की चर्चा करने में अपने आपको धन्य मानने वाले भारतीय समाज के क्या कहने! हाँ, यह हमारे यहाँ पहली बार तो नहीं हुआ है। बुनियादी समस्याओं को अपनी सहूलियत के लिए नज़रअन्दाज़ कर स्त्रियों को व्हिलेन बनाने का षड्यंत्र इसके पहले भी कई बार रचा गया है। अब की बार भी जो हुआ है, वह पहली बार थोड़ी हुआ है?

बारबालाएँ सचमुच व्हिलेन हैं क्या? धोखा देने वाली, भोगवादी, बदचलन, अश्लील, व्यभिचारी, चरित्रहीन स्त्रियाँ हैं क्या? वेश्याएँ हैं क्या? इनके बने-बनाये उत्तर या लेबल—वे भी अपनी सुविधा से—चिपकाने के बजाय क्या यह अच्छा नहीं होगा कि उनकी आपबीती उनकी जबानी सुनकर अपनी सदसद् विवेक बुद्धि के हाथों फैसला करें? यह आत्मकथा इसी प्रयास का पहला कदम है। इससे प्रेरणा प्राप्त कर अन्य बारबालाएँ भी कहने-लिखने लग रही हैं। हाँ, इसका बराबर ध्यान रखा जा रहा है कि इनके कथन शब्द प्रचारकी न हों, वे अनुभव समृद्ध और निडर हों। वे समाज के पाखण्ड, दोहरे बर्ताव के सम्बन्ध में मानवीय रूप में प्रतिक्रियाएँ व्यक्त करें। इस सबके लिए आत्मचरित या आत्मकथा सबसे सुन्दर और उपयोगी साहित्य विधा है। वैशाली हळदणकर की यह आत्मकथा स्वयं इसकी साक्षी है।

वैशाली के इस आत्मकथ्य में व्यक्त जानकारी सभी—अध्येता, पत्रकार, शोधकर्ता, एच. आइ. वी.—से लड़ने वाले सुधारक, स्त्री-आंदोलन से जुड़ी महिलाएँ, स्वयंसेवी संस्थाएँ, बार मालिक, पढ़ी-लिखी बारबालाएँ, डान्सबार, लेडीज बार के बारे में उत्सुकता धारण किये हुए और कभी वहाँ न जा सकने वाले स्त्री-पुरुष, सिने-कलाकार, निर्देशक, साहित्यकार, मनसोपचार विशेषज्ञ—के लिए उपयोगी है। पुलिस, महिला आयोग, शासनकर्ता, नीतियाँ तय करने वाले विधि-न्याय-व्यवस्था से सम्बन्धित अधिकारी सभी को चाहिए कि वे यह पुस्तक ज़रूर पढ़ें। बाल मजदूर या गुनहगारों के लिए कार्यरत, गरीब बस्तियों में कार्यरत व्यक्ति इस पुस्तक से बहुत कुछ पा सकते हैं।

जब कि डान्सबार और बारबाला विषय वाद-विवादों के घेरे में अपनी चरम सीमा पर पहुँचा हुआ है, तब एक बारबाला का लिखा यह आत्मकथ्य प्रकाशित करने का निर्णय साहस भरा और जोखिम से युक्त है। जब इस आत्मकथन के सन्दर्भ में

प्रसार माध्यमों में समाचार आ रहे थे, तब महाराष्ट्र के अलावा अन्य राज्यों से, भारत के बाहर से भी कई प्रकाशकों के फोन आ रहे थे। और हम प्रतीक्षा कर रहे थे कि महाराष्ट्र से कोई प्रकाशक हमें फोन करे। 'द हिन्दू' में जिस दिन समाचार आया था, उस दिन मैं दिन-भर मन में 'मेहता पब्लिशिंग हाउस' से फोन आने की प्रतीक्षा कर रही थी। मेरे इस आत्मविश्वास पर वैशाली से लेकर सभी हँस पड़े थे। और उसी दिन शाम के छह बजे मेरा फोन खनखनाया। उस ओर से श्री सुनील मेहता बोल रहे थे। मैंने फोन रखा। मैं शान्त थी और अब बारी थी बाकी लोगों के चौंकने की। मैं जानती थी कि श्री सुनील मेहता जैसा सुधी प्रकाशक 'बारबाला' आत्मकथा छापने का जोखिम भरा कदम उठा सकता है। अन्यों के लिए भी यह सच सामने आ गया था।

वैशाली की इस आत्मकथा की पाण्डुलिपि लगभग बारह सौ पन्नों की है। उसकी स्मरण-शक्ति के सामने मैं सिर झुकाये बिना नहीं रह सकती।

एक-एक घटना अपनी समूची बारीकियों के साथ उसके दिमाग में बरकरार है और पाई-पाई का हिसाब भी! इन बारह सौ पन्नों पर उतरे हुए मजमून को अपनी पूरी गरिमा के साथ, न्याय दिलाते हुए सम्पादित करना यानी आकाश को दो बाँहों में समेटना था। इतना चुनौती भरा कार्य श्री अविनाश पण्डित जी ने बड़ी लगन और आत्मीयता के साथ ही व्यावसायिक कुशलता से सम्पन्न किया। और उनकी संवेदनशीलता का चरम-बिंदु मैंने उस क्षण देखा, जब उन्होंने पाण्डुलिपि की संशोधित-संपादित-संस्कारित प्रति मुझे सुपुर्द की। उनकी वह ओस-भीगी संवेदनशीलता मैं कभी नहीं भुला पाऊँगी।

वैशाली का यह आत्मकथन लिखकर पूरा होने पर और मेहता पब्लिशिंग हाउस के पास दिये जाने को अब करीबन डेढ़ साल हो चुका है। इस दौरान श्री सुनील मेहता जी के साथ चर्चा के कई दौर हुए। हर चर्चा में उनके व्यवहार में लगन, उत्साह, संयम, व्यावसायिक अनुभव, अनुशासन और समझदारी-सूझ-बूझ के दर्शन हुए। अतः मेरे मन में आदर वृद्धिंगत होता गया। मेहता पब्लिशिंग हाउस यानी समूची व्यावसायिकता को समर्पित टीम वर्क है। मैंने इसे अनुभूत किया है। अतः इस समूची टीम के प्रति हार्दिक धन्यवाद।

**–वर्षा काले**

# मन्तव्य

किसी ने कहा है 'वाह छपती है, आह छुपती है।' लेकिन आज मेरी 'आह' छपने जा रही है। मेरा समूचा जीवन ही एक 'हाय' बनकर रह गया है। आत्मकथा लिखते समय लग रहा था—मेरे जीवन की ये चिंदियाँ! हर प्रसंग-घटना की याद मरण वेदनाओं को ढोना होता था। और लिखना उससे भी अधिक तकलीफदेह! लेकिन मैंने ठान ही लिया था इन सभी वेदनाओं का अन्तिम संस्कार करने का!

मैंने जीवन में खूब पैसा या प्रतिष्ठा प्राप्त करने के लिए कभी दौड़-धूप नहीं की। मुझे तो जीवित रहने के लिए आवश्यकता भर पैसे कमाने के लिए, छोटी-सी गृहस्थी सँवारने के लिए खून-पसीना एक करना पड़ा।

मैं जन्मतः बारबाला न थी। कोई भी बारबाला जन्मतः बारबाला नहीं होती। मुझे किसी ने जबरदस्ती बार में काम करने के लिए विवश नहीं किया। आयु के सत्रह साल मैंने बार में काम किया। अपने बच्चों का पेट भरने के लिए, अपना छोटा-सा घर बनाने के लिए मुझे पैसे कमाने की आवश्यकता थी। और पैसे कमाने के सभी प्रयास असफल होने के बाद मैंने बार का रास्ता पकड़ा। बार में गायिका का काम करना मुझे मन से अच्छा लगता था फिर भी मैंने वह काम छोड़ने की चेष्टा कई बार की। लेकिन आखिर परिस्थितियों के सामने झुकना पड़ा।

आत्महत्या के विचारों पर मैंने कई बार विजय पायी। अतः बहुत कुछ घटित होने पर भी मैं जिन्दा रही। जीवित रहने का कारण प्राप्त करने में ओशो के बाद वर्षा ने मेरी सहायता की अतः मैं उसे वर्षो कहती हूँ। आत्मकथा लिखने का उसका आग्रह मैं तीन साल टालती रही। लिखने की प्रेरणा बन नहीं रही थी। भले ही मैं अपने आप को बारबाला कहती थी लेकिन मैं बारबाला की मुहर लगा लेना नहीं चाहती थी। बार में जब डान्स पर पाबन्दी लगा दी गयी थी, तब मेरे जीवन में काफी उथल-पुथल हो गयी।

मैं जड़ से हिल गयी थी। तब मैंने थोड़ा-सा समय निकाला और आत्मकथा लिखना आरम्भ किया। इस आत्मकथा ने मुझे बहुत कुछ दिया। मेरी आत्मकथा

पाठकों को क्या देगी, यह मैं नहीं जानती लेकिन मेरी जैसी अनगिनत बारबालाओं की ओर और हजारों पीड़ित स्त्रियों की ओर देखने का कुछ लोगों का ही क्यों न हो, दृष्टिकोण यदि परिवर्तित होगा, तब भी बहुत कुछ होगा।

**–वैशाली हळदणकर**

# बारबाला

# एक

'यह कुलटा जन्मी और समूचा अस्पताल थर्रा उठा! भुक्कड़ कहीं की! एक लीटर दूध पिया इसने तब कहीं चुप हो पायी।' पिताजी इन शब्दों में मेरी जन्म-गाथा सुनाया करते थे।

एक जुलाई उन्नीस सौ सड़सठ को मेरा जन्म हुआ। मेरे जन्म लेने के कारण पिताजी नाराज हुए थे। उनकी यह नाराज़गी आरम्भ में पता नहीं चली लेकिन मेरे छोटे भाई के जन्म के बाद उनकी नाराज़गी साफ दिखने लगी। जब मैं पेट में थी तब माँ को हिस्टीरिया का दौरा पड़ गया था। पिताजी तभी माँ से अलग होना चाहते थे लेकिन हो नहीं पाये थे। यह गुस्सा वे मुझ पर उतारते थे।

मेरे जन्म के समय ही उनकी महिन्द्रा एण्ड महिन्द्रा की नौकरी छूट गयी। यह बात अलग थी कि वहाँ वे कुलीगिरी ही करते थे। तिस पर चौधरी नामक इस्टेट एजेंट ने उनके चार हजार रुपये गबन किये। बदलापुर में बंगला बाँधने की जगह के कुछ पैसे पिताजी के साथ और छह-सात लोगों ने चौधरी के पास दिये थे। वह सभी के पैसे गबन कर चलता बना था। इस कारण से भी मैं 'करमजली' थी।

पिताजी मुझ पर कितने भी बरस पड़े, माँ के मन में मेरे लिए खूब लाड़-प्यार था। जब मैं पैदा हुई तब मैं आठ पौंड की थी। मेरा नाम 'चित्रलेखा' रखा गया। पिताजी को बेटा चाहिए था। मुझे ही लड़के के कपड़े पहनाये जाते रहे।

मेरे माँ-पिताजी का अन्तर्जातीय प्रेम-विवाह! पिताजी दलित समाज से और माँ देशस्थ ब्राह्मण! माँ का मायका दादर के डिसिल्वा हाईस्कूल के आगे की पालन सोजपाल बिल्डिंग में और पिताजी का घर डिसिल्वा के सामने वाली इलम-महल में। इस इमारत में जगह मिलने के लिए बाबूजी के परिवार वालों को अपनी जाति छिपानी पड़ी थी। मेरे बाबूजी दस वर्ष के थे तब उनके दादा-दादी मुम्बई में रहने आये। उस जमाने में जातिभेद की तीव्रता के कारण उन्होंने अपनी जाति 'नाई' बतलाना शुरू किया। इसी ग्रंथि के मारे उन्होंने स्कूल में मेरी जाति 'मराठा' लिखी।

बचपन में मैं सुना करती थी—बाबूजी माँ को 'बम्मन' कहकर और माँ बाबूजी को 'शूद्र' कहकर अपमानित किया करते थे। मुझे अचरज होता था। जातिभेद के

कारण बाबू जी कई बार मुसीबत में फँस जाते थे। अंततोगत्वा उन्होंने अपजा 'देवाडे' उपनाम बदलकर 1984 में दिवाडकर उपनाम अपनाया और माँ के रिश्तेदारों से कहने लगे... अब तो हो गया न मैं सारस्वत?'

बाबूजी का नाम राम देवाडे और दादा जी का नाम अमरनाथ देवाडे। बाबूजी के कथन से पता चलता था कि दादाजी नासिक जिले के रहने वाले। मेरे बाबूजी दस साल के थे, तब वे मुम्बई रहने आये। तब वे ताजमहल हॉटेल में बाल काटने का काम करते थे। मुम्बई आने के पहले उनकी तीन शादियाँ हुई थीं। उनकी पहली पत्नी किसी बीमारी में चल बसी। दूसरी पत्नी से उन्हें दो बच्चे हुए। एक लड़का और एक लड़की। वह पागल बनकर मर गयी। उनका बेटा आठ साल की आयु में और बेटी पाँच साल की आयु में चल बसी। तब दादाजी ने मेरी दादी से यानी शान्ताबाई सोनावणे के साथ ब्याह रचाया। शांताबाई मेरे दादाजी की तीसरी पत्नी थी। उन दोनों की आयु में काफी अंतर था। मेरे बाबूजी का जन्म भी दादाजी की ढलती उम्र में हुआ था। मैंने अपने दादा-दादी को नहीं देखा।

दादाजी पाँच सितारा होटल में काम करते-करते फिल्म इंडस्ट्री में नायिकों की वेशभूषा करने लगे। उस समय उन्हें चालीस रुपये तनख्वाह मिलती थी। दादाजी शराब खूब पीते थे। शराब के कारण ही वे बीमार हुए और चल बसे। दादाजी की जान-पहचान से मेरी दादी को हिन्दी सिनेमा की अभिनेत्रियों के यहाँ काम मिल गया था। दादी मालिश किया करती थी। उस जमाने की अभिनेत्रियाँ नसीम बानो, चंदा बनर्जी, रेणुका देवी आदि के यहाँ दादी काम करती थी। रेणुका देवी, चंदा बनर्जी हमारे घर भी आयी थीं। चंदा जी हमारे यहाँ दो दिन रही थीं। उनके साथ दादीजी की तस्वीरें भी हैं। इन सबकी तरफ से दादी को खूब भेंट-वस्तुएँ मिलती थीं। दादी वे सभी वस्तुएँ आस-पड़ोस वालों में बाँट देती थीं। कबूतरखाने के पास वाला रामदास फूलवाला और हमारी बिल्डिंग की कुष्टे आजी मेरी दादी की हमेशा प्रशंसा करते थे।

दादी के मायके में उनका सिर्फ एक फुफेरा भाई था। इस नाते वे भी मेरे फुफेरे दादाजी हैं। युवावस्था में उन्हें एक लड़की से प्यार हो गया। वह लड़की सोलह वर्ष की आयु में मर गयी। उसके बाद मेरे उन दादाजी ने ना किसी से प्यार किया और न ही शादी। वे बिल्कुल विरक्त हो गये। संन्यासी बन गये। कभी-कभी रात में दस-ग्यारह बजे घर आते थे। दिखने में वे बहुत सुन्दर थे। ललाट पर लाल कुंकुम का लम्बा टीका लगाया करते थे। उन्होंने जोगेश्वरी में कहीं चार मन्दिर बाँधे थे। उन मन्दिरों में ही वे रहा करते थे।

दादा के पिताजी लक्ष्मण सोनावणे पुणे में बसे थे। वे यानी मेरे परदादा सुप्रसिद्ध पहलवान थे। मेरे पिताजी ने बचपन में उन्हें देखा था। पिताजी परदादा की वीरता के कई हिस्से सुनाया करते थे। उनके खान-पान के, स्वास्थ्य के वर्णन किया करते थे। वे लगभग नब्बे वर्ष जीवित रहे। जब वे चौवन साल के थे, तब

चौबीस साल के एक लड़के ने उन्हें मारा था और वह भाग गया था। आगे यही आदमी कभी उनसे टकराया था तो उन्होंने लड़के को फर्श से मारा था। परदादा की मृत्यु कैसे हुई, इसका जिक्र पिता ने कभी नहीं किया।

पता नहीं क्यों, पिताजी ने अपने रिश्तेदारों से सम्बन्ध बिल्कुल ही न रखे थे। इसी कारण हम कभी पुणे या नासिक नहीं जा पाये थे। एक-दो बार मैंने पिताजी से कहा भी कि हम नासिक चलेंगे लेकिन पिताजी ने यह कहकर कि—'वह हवेली अब खँडहर हो गयी होगी'—बात टाल दी! हो सकता है कि उस हवेली का वारिस सिर्फ मेरे दादा-अकेले थे, इसलिए हवेली की हिफाजत ठीक से हुई न हो।

मेरे पिताजी पाँच साल के थे, तब उन्हें लकवा मारा था। शरीर का बायाँ हिस्सा निकम्मा हो गया था। मात्र बुखार का बहाना था कि जन्म भर के लिए उन्हें अपाहिज कर गया था। तब वे नासिक में रहते थे। उसके चार-पाँच वर्ष बाद वे अपने माँ-बाबू जी के साथ मुम्बई में आये। दादाजी के गुज़र जाने के बाद दादी और पिताजी दोनों ही रह गये। मेरी दादी एक अजब रसायन थीं। खूब शराब पीती थीं। पक्की शराबी।

अपना मालिश का काम कर-कर वे मेरे पिताजी को खूब लाड़-प्यार किया करती थीं। वे थीं तो पैलवान की बेटी! घर में खान-पान एकदम सही। कभी किलो भर मटन तो कभी पापलेट। बीस-पच्चीस गेहूँ की रोटियाँ। खूब खाते थे। पिताजी संगीत सिख रहे थे। गवैया और खवैया भी। पिताजी पेट से गाते थे, रियाज़ करते थे। ग्वालियर घराने की गायकी थाने पेट से गाना। वे गायक पटियाला या जयपुर घरानो की तरह गले से या नाक से नहीं गाते।

पिताजी ने चौथी में स्कूल का त्याग किया और पंडित रामकृष्णबुवा जोशी के शिष्य बन गये। जोशी किराना और ग्वालियर घराने के गायक थे। तब पिताजी की उम्र थी चौदह साल की। कुछ ही दिनों में पिताजी मनहर बर्वे संगीत विद्यालय में संगीत सिखाने लगे। दादी ने उन पर किसी तरह का कोई बन्धन नहीं रखा। उन्हें गायक बनने दिया। दादी संगीत का सा, रे, ग, म, प तक नहीं जानती थीं।

पिताजी जी की आयु कुल सोलह-सत्रह वर्ष की रही होगी। दोस्त की बीड़ी पीने की आदत पिताजी में संक्रमित हुई। किसी ने यह बात दादी को बतायी। दादी के तेवर क्या कहने। लिया झाड़ू हाथ में और पिताजी को झाड़ू से पीटते-पीटते घसीटते हुए दादी घर ले आयी। घर आते ही

दादी ने पिताजी के सामने शराब की बोतल और बीड़ी का पैकेट पटका। और कहा, 'तुम्हारी आयु इक्कीस साल की होने दो। फिर जो मर्ज़ी करना। शराब पी, रंडीबाजी कर, गुण्डागर्दी कर लेकिन इस आयु में मैं यह सब होने नहीं दूँगी।' मेरी दादी बिल्कुल अनपढ़ थीं। पता नहीं इतना सब कैसे सोचकर बोल पायी थीं। दादी प्यार से पिताजी को राम नहीं, तुकाराम कहा करती थीं।

दादी ने अपने महा प्रयाण की 'तैयारी' पहले ही कर रखी थी। एक दिन वे

खूब शराब पी गयीं। घर आने के पहले गंगू नाम की एक औरत के घर गयीं। वहाँ पता नहीं कैसे एक कील उनके सिर में धँसी। काफी गहरा ज़ख़्म हुआ। उन्होंने ध्यान नहीं दिया। दूसरे दिन सोमवार था। उनका व्रत रहता था। इसलिए पिताजी के मना करने के बावजूद वे सिर पर पानी उँडेलकर नहाई। इसी से जख़्म और बढ़ता गया। चेहरे पर सूजन आयी। बदन में भी! पिताजी उन्हें डॉक्टर के पास ले गये। डॉक्टर ने कहा—मामला गम्भीर है। उन्हें के.ई.एम. अस्पताल में भर्ती किया गया। पाँच-छह दिनों में उनकी तबीयत अच्छी होने लगी। वे उठ बैठीं। पिताजी से कहा, 'तुकाराम, मुझे थोड़ा पानी पिलाओ। अब मैं चलती हूँ। मुझे जलाने में तुम अपने पैसे खर्च मत करो।' बस! इतना कहकर वे सो गयीं। उस जमाने में उन्होंने पाँच हजार रुपये जमा किये थे। बहू के लिए मोतियों जड़ित बालियाँ, गले की माला आदि गहने बनाये थे।

मैं अपनी दादी की एक भी अच्छाई अपने में उतार नहीं पायी। हो सकता है परिस्थितियों के तकाज़े कुछ इस कदर थे या फिर मेरी गलतियाँ। मैं माँ तो बनी लेकिन मैं अपने बच्चों को काबू में नहीं रख पायी। मेरी दादी शराबी थी फिर भी वह अपना मातृधर्म अन्त तक निभा पायीं। उनमें और एक गुण था—आत्मनिर्भरता। जब पिताजी से मुझे दादी के इन गुणों का पता चला तब मैंने भी तय किया कि अपनी अन्तिम यात्रा के खर्चे के लिए मैं खुद अपने पैसे जमा कर रखूँगी। दादी की मृत्यु के दो महीने बाद पिताजी की शादी हुई।

मेरी माँ का पूर्वाश्रमी का नाम शकुन्तला तडसरे। उनके पिता यानी मेरे नाना दिगम्बर तडसरे उस जमाने में रेल में नौकरी करते थे। माँ की माँ का यानी मेरी नानी का नाम भी शान्ता था। वे शुद्ध अंग्रेजी बोलती थीं। मेरा ननिहाल मुम्बई में—दादर में था। मेरी नानी सातवीं तक पढ़ी थीं। लेकिन ससुराल में बड़ा परिवार था। चचेरे रिश्तेवाले भी साथ रहते थे। वे मूलतः सातारा के थे लेकिन तीन पीढ़ियों से दादर में बसे थे।

मेरे ननिहाल में एक कहानी अक्सर दोहरायी जाती थी। मेरे परदादा के चचेरे भाई ने दादर में काफी बड़ी जगह खरीदी थी। बाद में मेरी माँ की चचेरी दादी ने चार आने, आठ आने इकट्ठा कर-कर उस जगह पर बड़ा-सा होटल बाँधकर बच्चों को दिया। वह होटल यानी दादर का होटल—'विसावा'।

उस बेचारी ने इतने कष्ट में पाई-पाई जमा कर होटल बनवाया—बेटे के लिए लेकिन बेटे को माँ फूटी आँख न सुहाती थी। शादी के बाद उसने अलग गृहस्थी बसायी और अपनी माँ को पूरी तरह से भूल गया। एक दिन भरी दोपहरी में यह माँ अपने बेटे के घर गयी। धूप में झुलसी हुई। बेटे ने माँ को पानी तक के लिए न पूछा और माँ ने बेटे को शाप दिया—'तू अपने बेटे का मुँह तक देख न पाएगा।'

और यही हुआ। जिस दिन मेरी माँ के इस चचेरे चाचा के बेटा हुआ, उस

दिन बच्चे की माँ ने अस्पताल में दम तोड़ दिया और बाप बच्चे को देखने अस्पताल जा रहा था। लेकिन होटल विसावा के पास मारुती मन्दिर के नुक्कड़ पर भयावह दुर्घटना में मर गया। वहीं पर ढेर हो गया। उस माँ की शाप वाणी सच हुई।

मेरी नानी की तब शादी हुई थी। इस अनाथ बच्चे को नानी ने ही पाल-पोस कर बड़ा किया। बाद में मेरी नानी के पाँच बच्चे हुए। मेरी माँ का वह दूर का चचेरा भाई भी इन बच्चों के साथ खेलकर बड़ा हुआ। वह दो दिन का था, तब से मेरी नानी ने उसे पाला था और जब वह बड़ा बना, उसके सगे रिश्तेदार उसे ले गये। मेरी नानी उसे लेकर दुखी हुई! मेरे इस चचेरे मामा का नाम दत्ता तडसरे था।

मेरी माँ के दो सगे भाई थे—बड़ा नारायण मामा और सबसे छोटा दिलीप मामा। माँ की दो बहनें—बड़ी ताई मौसी और छोटी यमू मौसी। मेरी माँ यमू मौसी से छोटी थी।

मेरी माँ जब तेरह साल की थी तब नानाजी रिटायर हो गये। उनकी पेंशन में घर चलाना मुश्किल था, सो मेरी नानी संकीर्तन-भजन के कार्यक्रम करने लगीं। बड़ी खड़ी आवाज और शुद्ध उच्चारण। पता नहीं वे कब, कहाँ सीखी थीं। लेकिन बहुत मधुर आवाज़ थी उनकी। नरेन्द्र बाबा हाटे मेरी नानी के शिष्य थे। नानी का संकीर्तन आकाशवाणी से भी प्रसारित होता था और वे थीं कि कुर्ला की झुग्गियों वाली बस्ती में भी संकीर्तन करती थीं।

मेरी माँ के अंतरजातीय विवाह से नानी नाराज़ थीं। उन्होंने ना हमारी परवरिश की ना लाड़-प्यार। हाँ, उन्होंने हमसे नफरत भी नहीं की। वे मुझे गुल्लू नाम से पुकारती थीं। माँ जब अकेली मायके जाती थीं तब नानी पूछती थीं, गुल्लू साथ नहीं आयी? जब मैं नानी के यहाँ जाती थी, तब वे मुझे भक्तिगीत सिखाती थीं—

'मैं गुलाम, मैं गुलाम तेरा तू ही मेरा सच्चा साईं, नाम लेऊ तेरा'—

नानी कई बार मुझे अपने साथ संकीर्तन करने ले जाया करती थीं। उनके पीछे खड़ी होकर मैंने कई बार करताल बजाकर उनकी संगत की है।

नानी पैसों की बचत करने में माहिर थीं! उनका रहन-सहन बिल्कुल सुचारु था। बड़ा मामा नौकरी में लग गया, तब भी उन्होंने संकीर्तन नहीं त्यागा। वे आत्मनिर्भर, स्वावलंबी थीं। नवरात्रि महोत्सव में पूरे नौ दिन उनके संकीर्तन-कार्यक्रम हुआ करते थे।

एक साल हुआ यह कि नवरात्रि महोत्सव के दिनों में ही नानी गटर में गिर गयीं। तब गटर के गोल लोहे के ढक्कन हुआ करते थे। मारुती मन्दिर के पास कहीं वह ढक्कन खुला था। उन दिनों उनका मोतियाबिंद का ऑपरेशन हुआ था। तिस पर गटर में गिर पड़ना। नानी ने ऐसी स्थिति में भी नौ दिन संकीर्तन किया। मैंने कभी नानी को परिस्थितियों के सामने घुटने टेकते हुए नहीं देखा। मेरे दोनों मामाओं के ब्याह हुए। वे अलग रहने लगे। नानी बीमार पड़ीं और चुप हो गयीं।

जब पिताजी और हम सब दादर में रहते थे तो अक्सर नानी के पास जाते

रहते थे। बाद में हम अँधेरी में रहने गये। नानी से मुलाकातें कम हो गयीं। मेरी शादी के नौ महीने बाद मेरी नानी चल बसीं। और मेरी याद में हमेशा रह गया नानी का वह सिंगारदान—आईने वाला। ठीक वैसा ही सिंगारदान मैंने डान्सबार की डान्सर लड़कियों के पास देखा। फर्क इतना ही था कि नानी का वह बक्सा लकड़ी का था और इनका फायबर का।

मेरी बड़ी मौसी ताई मौसी संगीत विशारद थीं। उनके पति श्री ओझरकर अफसर थे। मैंने कभी उन्हें देखा नहीं। ताई मौसी का संगीत घर की चारदीवारी में घुटता रहा। वे दिखने में बहुत सुन्दर थीं। नाक-नक्श बिल्कुल सुचारू। माँ की और उनकी आवाज़ इतनी मिलती-जुलती थी कि मैं जान नहीं पाती थी कि मुझे किसने पुकारा। मेरी माँ खूब बकबक किया करती थीं अतः मौसी उन्हें 'चबड़' नाम से पुकारती थीं।

मेरी छोटी मौसी—यमू मौसी। दिखने में अति सुन्दर। ऊँचा कद। लम्बे बाल—कमर तक। हँसमुख। उनके पति जोशी काका उन्हें खूब मारते थे। वे शराबी थे। ब्राह्मण जाति को कलंकित करने वाले सभी गुण उनमें थे। इतनी मार सहकर भी यमू मौसी का चेहरा हमेशा हँसमुख होता था। हर तरह के घरेलू काम कर पैसे कमाकर उन्होंने अपने बच्चों को शिक्षा दी। उनके तीनों बेटे—प्रकाश, उदय, किरण, स्कॉलरशिप पाते रहे और अपनी पढ़ाई पूरी करते रहे। यमू मौसी का अन्त बड़ा दुर्दान्त था। उन्होंने खुद को जला लिया था।

मेरी माँ शकुन्तला चौथे क्रमांक की सन्तान थीं। उनका बचपन बेहद कष्टों में गुजरा। शादी के बाद भी उन्हें मानसिक दुःख झेलने पड़े। मेरी माँ सात्त्विक स्त्री थीं लेकिन उपेक्षित! मेरे पिताजी उन्हें जिद्दी और पागल समझते थे। सच तो यह था कि वे सत्य की पक्षधर थीं। उनका मानसिक सन्तुलन ढहता गया। मुझे बाद में धीरे-धीरे पता चलता गया कि ऐसा क्यों और कैसे हुआ! माँ दादर के 'सरस्वती राणे के स्कूल' में पढ़ रही थीं। मैट्रिक क्लास में वे गयी भी नहीं थीं कि उन्हें प्रेम हुआ राम देवाडे से—कक्षा के ठीक सामने वाली इमारत में रहने वाले राम देवाडे से! जब तक माँ स्कूल में थीं, तब तक उन्होंने अपने प्रेम को ज़ाहिर होने नहीं दिया। वे सिर्फ उन्हें सुनती थीं, देखती थीं, उनके गाने के रियाज़ से और आवाज़ से माँ बड़ी प्रभावित हुई थीं। दो साल माँ उन्हें सिर्फ सुनती थीं और मन ही मन प्रेम करती थीं। जब वे मैट्रिक में पढ़ रही थीं तब उन्होंने राम देवाडे से ख्याल गायकी सीखना आरम्भ किया। तीन साल वे उनसे ज्ञान प्राप्त करती रहीं। पिताजी की माँ यानी मेरी दादी जब गुज़र गयीं, तब आस-पड़ोस वालों ने पिताजी पर दबाव डाला—शादी करने हेतु पिताजी वैसे भी अपाहिज थे। उनको सँभालने वाला कोई चाहिए था।

मेरी दादी ने पिताजी के लिए दो लड़कियाँ पसन्द कर रखी थीं। लेकिन उनमें से एक मंगली थी और दूसरी को नींद में चलने की बीमारी थी। जब पड़ोसियों से

इन बातों का पता चला तब पिताजी कोई लड़की पसन्द करने की सोच ही रहे थे कि माँ ने अपना प्रेम ज़ाहिर किया। मैं शादी के लिए और आपकी पूरी जिम्मेदारी उठाने के लिए तैयार हूँ—यह भी कहा! फिर क्या था! और किसी भी अनुमति की ज़रूरत न थी फिर भी रस्म-रिवाज़ निभाते हुए कुष्टे आजी, आकू, आपा मौसी से अनुमति लेकर पिताजी ने 'हाँ' कही।

दादी को गुजरे हुए दो ही महीने हुए थे। तिस पर पिताजी ब्राह्मण न थे। अंतर्जातीय विवाह था वह अतः माँ-पिताजी ने घर से भाग कर 1966 में (तारीख याद नहीं) विवाह किया। विवाह की विधि मेरे नानाजी के दोस्त पाल्ये शास्त्री जी ने सम्पन्न की। विवाह के बाद कुछ दिनों के लिए क्यों न हो, माँ का मायका छूट ही गया। कुछ दिनों बाद नानीजी ने खुद माँ को घर बुलाया।

पिता के दोस्तों में से सिर्फ सुधा काका और अरविंद काका ही माँ के साथ सम्मानपूर्वक बात करते थे। औरों की नज़र में माँ का मोटे काँचवाला चश्मा ही बाधा बन गया था। सच कहें तो माँ के नाक-नक्श बड़े सुडौल, कमनीय थे। बिना चश्मा पहने उनकी एक तस्वीर थी। उसमें वे बिल्कुल पुरानी मराठी फिल्मों की अभिनेत्री की तरह दिखती थीं।

माँ को कई पहलुओं से अपमान सहना पड़ा था। एक ज़िल्लत भरी जिन्दगी गुज़ारनी पड़ी थी। शारीरिक सम्बन्ध, घृणा, स्त्री-पुरुष भेद, जातिभेद, दोषारोपण इनका वे शिकार बनी थीं। दूसरी स्त्रियों के साथ तुलना कर माँ को हमेशा नीचा दिखाया जाता था। इससे वे और बेचैन हुआ करती थीं। इस तरह माँ के अपमान का चरम बिन्दु उस दिन हुआ, जब माँ और पिताजी दोनों का एक दिन बी.बी.सी. लन्दन के लिए ऑडिशन था। माँ परीक्षा में उत्तीर्ण हुईं और पिताजी सिर्फ पाँच अंकों से अनुत्तीर्ण हुए। पिताजी ने रेडियो स्टेशन में ही माँ के गालों पर चाँटा जड़ दिया—सबके सामने। चाँटे की वह गूँज मेरे बचपन को चकनाचूर कर गयी। मैं काँप रही थी। माँ पेट से थी। मुझे रोना आ रहा था और मेरा वह रोना आज भी बरकरार है। इसका कारण यह है कि मैं यादों से जूझ रही हूँ न? इस घटना से पिताजी भी आहत हुए थे। अपने जीवन की बहुत भारी हार जो सहनी पड़ी थी उन्हें।

जहाँ तक मेरा खयाल है यही वह घटना है जहाँ से पिताजी के जीवन में कालिमा छानी आरम्भ हो गयी थी। माँ का जीवन तो पहले से ही अन्धकार-मय था। अब उन्हें हिस्टीरिया का अटैक आया। माँ की मनःस्थिति डाँवाडोल हो गयी। जिसके साथ समूचा जीवन बिताना था वह साथी, प्रियकर कलाकार होने के बावजूद ऐसा? माँ के जीवन का यह पहला और गम्भीर हादसा था।

मन में बिखरा हुआ आदमी कभी सुस्थित सुचारु रूप से रह नहीं पाता। ज़ख़्म पर मरहम लगाने पर भी उसे चिढ़ आती है। अन्य स्त्रियों के हवाले दे-देकर माँ को हीनता का अहसास कराया जाता रहा। माँ का ब्राह्मण-जात का होना उसके दुर्भाग्य

को बार-बार आमन्त्रित करता रहा। 'तू बम्मन की' कहकर उसे अपमानित किया जाता था।

इतना होने पर भी माँ ने संगीत-साधना को त्यागा नहीं। मेरी परवरिश, घर की सारी जिम्मेदारियाँ निभाते हुए वह रियाज़ करती रहती थीं। वे संगीत विशारद परीक्षा उत्तीर्ण हुईं। स्त्रियों को प्रथम, सर्वोच्च स्थान पर रहना पुरुषों के लिए असहनीय होता है। तब भी और आज भी! सामाजिक संस्कारों के ऐसे कुचक्र में मेरी माँ पिसती चली गयी। आस-पड़ोस वालों को, तमाशबीनों को यही तो चाहिए होता है। इन दोनों के आपसी झगड़ों से लोग लाभ उठाते रहे! उनकी माँगें बढ़ती गयीं और चुगलियाँ भी।

पिताजी सुबह उठकर 'ओम्' का रियाज़ किया करते थे। फिर मनहर बर्वे संगीत विद्यालय में अध्यापन करने जाते थे। फिर दस और बारह के बीच दूसरे विद्यार्थियों की कक्षाएँ। एक बजे घर आते थे। दोपहर में विश्राम कर ढाई-तीन बजे बाहर चले जाते थे और रात में नौ के बाद घर लौटते थे। सुबह उनका रियाज़ चलता था। दस बाइ दस के कमरे में! मैं ज़मीन पर सोयी रहती थी। छोटा लक्ष्मीकांत भी वहीं पर लेटा रहता था। संगीत-वाद्यों पर एक बूँद पानी क्या गिरा कि माँ-पिताजी में झगड़ा शुरू हो जाता था। तानपुरे का कद्दू एक बूँद पानी से भी सड़ने लगता है। उस ज़माने में उसकी कीमत आठ सौ से एक हजार रुपये इतनी हुआ करती थी। माँ की मनःस्थिति ठीक नहीं रहती थी। उनका चेहरा टेढ़ा-मेढ़ा हो जाता था। वे जानबूझकर ऐसा नहीं करती थीं। आज समझ में आता है कि वे सत्य की पक्षधर थीं। कभी-कभी माँ-पिताजी का झगड़ा जाति के मुद्दे तक पहुँच जाता था।

## दो

चार मार्च उन्नीस सौ बहत्तर को मेरे भैया का जन्म हुआ। पिताजी मुझे लेकर प्रभा देवी अस्पताल में भाई को देखने गये। उन्होंने मुझसे पूछा, 'पहचानो तो सही, तुम्हारा भैया कौन-सा है?' मैंने ठीक पहचाना। सभी ने मेरी प्रशंसा की। वहाँ आठ-नौ शिशु थे। पास-पास लेटे हुए। मैंने पाँच नम्बर के शिशु की उँगली पकड़कर कहा, 'यही है हमारा लक्ष्मीकान्त!' सभी ने दिल खोलकर प्रशंसा की 'बिटिया होशियार है।'

मेरे और मेरे भैया के नामों के साथ बड़ी महत्त्वपूर्ण यादें जुड़ी हैं। मेरा नाम चित्रलेखा। यह नाम रखा पाल्ये शास्त्री जी ने—जिन्होंने मेरे माता-पिता का विवाह-विधि सम्पन्न किया था। और मेरे भाई का नाम सुझाया था स्वर्गीय मनहर बर्वेजी ने—पिताजी के सपने में आकर। तब मनहर बर्वेजी का स्वर्गवास हुआ था। विद्यालय और अपने परिवार की जिम्मेदारी मेरे पिताजी पर सौंपकर वे चल बसे थे।

भैया के जन्म के पूर्व ही इस कदर उसे सम्मान मिला था। गुरुजी का आशीर्वाद प्राप्त हुआ था।

मेरे जन्म के समय जिस इस्टेट एजेंट ने पिताजी के चार हजार रुपये लूटे थे वही एजेंट श्री चौधरी 1973 में अचानक आया—मेरे भैया के प्रथम जन्मदिन पर। और पैसे देकर चला गया। 'सभी पैसे थोड़े-थोड़े कर चुकाऊँगा'—वादा कर गया। इसका मतलब जानते हैं आप? मैं अशुभ और भाई लक्ष्मीकान्त शुभ। आगे चलकर जीवन ने भी इसी को सच कर दिखाया।

मेरे भाई के जन्मते ही मेरे साथ सभी का बर्ताव बदल गया। भाई जन्मतः दुबला था। उसे सुखंडी हो गया था। उसमें से वह बाल-बाल बच गया। उसके लिए हर कोई आँखें बिछाता था। सहज स्वाभाविक था क्योंकि वह बेटा जो ठहरा। मुझे भूख कुछ ज्यादा ही लगती थी। आज भी लगती है। एक बार मैं उसके लिए लाया गया टॉनिक का बोतल पूरा पी गयी। तब कहा गया, 'अरे यह राक्षसी कहाँ से पैदा हुई?'

स्कूल में भाई ने मिया मल्हार राग में एक बंदिश गाकर सुनायी। उसकी भी आवाज़ मीठी थी। क्या तारीफ हुई उसकी। उसे तुरन्त एडमिशन मिल गया। उस साल और बाद में हर साल परीक्षा में उसका प्रथम क्रमांक आता रहा। ऐसे ढेरों किस्से हैं।

पेट की भूख मिटाने के मेरे प्रयास आयु के पाँचवें वर्ष से ही आरम्भ हुए। हमारी चाल में रहने वाले भास्कर चाचा मेरे शरीर से खेलते थे या उनके शरीर से खेलने के लिए मुझे मजबूर किया करते थे। वे मुझे टेरेस पर बुला लेते थे। एक-दो बार मेरी दो सहेलियाँ भी थीं। बाद में उन्होंने आना बन्द किया। भास्कर चाचा की दाढ़ी मुझे चुभती थी। उन्हें रोज दिन में कम से कम तीन बार मौज-मस्ती करनी होती थी। मुझे कुछ न कुछ खाने को मिलता रहता था। दिन बीत रहे थे। यह सिलसिला चलता रहा—'इलम-महल' का हमारा घर छूटने तक।

स्कूल में भी यही चलता था। मेरी क्लास-मेट रोहिणी। एकदम दुबली। वह मेरे लिए सब्जी-रोटी ले आया करती थी। उसके बदले में मैं उसका चुम्बन लेती थी। स्त्री-स्त्री के बीच का प्रेम। आज के जमाने में इसे समलिंगी—लोस्बीयन कहेंगे। वह चौथी कक्षा तक मेरी सखी थी। हम पेशाब के बहाने बाथरूम में भी प्रेम करती थीं।

पेट की भूख के साथ-साथ मैं प्रेम की भूख भी मिटा रही थी। शरीर-स्पर्श का यह खेल मेरे लिए मनोरंजक था। एक साथ मेरे जीवन में दो भिन्न प्रकार से प्रेम आया था—स्कूल में रोहिणी और घर में भास्कर चाचा। एक बार मेरी कक्षा में पढ़ने वाली मनीषा भी इस कदर नज़दीक आयी थी लेकिन बाद में स्कूल छोड़कर वह बोर्डिंग में रहने चली गयी।

ये दोनों प्रकार की भूख मैं तृप्त कर रही थी। मेरी सहेली रश्मि यह सब जानती थी लेकिन उसने कभी चुगली नहीं की और न ही मुझसे मुँह मोड़ा। मेरे माँ-पिताजी

का मेरी उपेक्षा करना मुझे एक नयी दृष्टि देता गया। यह सहज दृष्टि मुझे जीवन के हर मोड़ पर, हर काँटे-गड़े को पार करते समय काम आयी।

घर में मुझे अकेलेपन के अलावा कुछ नहीं मिला। खूब पिटाई और ताने मेरे नसीब में कायम थे। भाई के जनमने के पहले कम से कम पिताजी मुझे अपने पास सुलाते तो थे। बाद में यह नसीब न हुआ। भाई लेकिन हमेशा माँ-बाप की गोद में सोता था। किसी छात्र की माँ ने मेरे बारे में भविष्य कथन किया था 'यह लड़की तुम्हारा नाम रोशन करेगी।' उसने पता नहीं किस भाव से कहा था लेकिन जब तक मैं पिताजी के घर में थी तब तक हर वक्त ताने के रूप में मुझे यह वाक्य सुनाया जाता था। पिताजी ने उसका गलत अर्थ निकाला था।

हाँ, यह सच है मुझ पर किसी तरह की कोई पाबन्दी न थी। कम से कम ग्यारह वर्ष की आयु तक! तब के बाद मुझे अच्छी तरह से समझने लगा था। लेकिन बहुत देर हो चुकी थी। संस्कार नामक किसी चीज़ का अब सवाल ही न था। संस्कार के नाम पर सिर्फ था—शाम के वक्त हनुमान या गणेश स्तोत्र पाठ करना, पद गाना, पढ़ाई करना। बत्ती जलने के पहले घर आना। 1972 में टी.वी. का जन्म हुआ। चाल में सबसे पहले वह नाईक जी के घर आया। और मैं उन्हीं के घर अधिकांश समय बिताने लगी।

पड़ोसियों का बर्ताव मेरी माँ के साथ बेहद बुरा रहा। माँ की गृहस्थी ख़ाक में मिलती गयी। रास्ते पर आयी। चुगलियाँ, गालियाँ आदि के षड्यन्त्र में उसे पीसा गया। फिर भी पिताजी उनसे कहते रहे कि पड़ोसियों के साथ अच्छा बर्ताव रखो। तुम्हारी माँ भी सामने रहती होगी लेकिन पड़ोसी उससे भी नज़दीक के होते हैं। पड़ोसी रिश्तेदारों से श्रेष्ठ होते हैं। यह कथन मैंने आज भी मन में ऐसे सँजोये हुए रखा है जैसे कोई जौहरी कीमती रत्न सँजोकर रखता है। जब किसी भी घर में पुरुष काम से लौट आते हैं, तब वहाँ रुकना नहीं है। किसी के घर में मेहमान आते हैं, वहाँ से हमें चले जाना चाहिए। यह औरत बुरी, वह मर्द बुरा, इस तरह कभी कहना नहीं चाहिए। ये सारे उपदेश-वचन मैंने आज भी मन में ताज़ा रखे हैं।

बचपन में मेरे भाई के जन्म के पहले मुझे लड़के के कपड़े पहनाये जाते थे जो मुझे बिलकुल अच्छे नहीं लगते थे और आज स्थिति यह है कि मुझे स्त्रियों के कपड़े बिलकुल पसन्द नहीं। गहनों का शौक बचपन से आज तक कभी नहीं रहा। बीच में कुछ वर्ष गहनों से लगाव हो गया, बस उतना ही।

मेरे माता-पिता का दृष्टिकोण सकारात्मक था। बचपन में प्राप्त संस्कार, सीख और उपेक्षा के कारण मुझे हर मोड़ पर रास्ता मिलता गया। कुछ बातें मैं जाने-अनजाने सीख गयी। पिताजी माँ से अक्सर कहते रहते, 'तुम साड़ी अच्छी-सी पहना करो। तुम जान बूझकर अच्छी नहीं रहती हो।' सच बात तो यह है कि वे रोमांस करना चाहते थे।

और मेरे मन में बात बैठ गयी कि पुरुषों को यह सब मन से अच्छा लगता है। शादी के बाद जब मैं दिलीप के घर आयी, तब दिन-भर का काम खत्म कर उसके घर आने के वक्त मैं अच्छी तरह सज-धज कर तैयार हो जाती थी। उसकी बाँह पकड़कर चलती थी। मैं चाहती थी कि वह भी मुझे पास ले। प्यार से एक-दूसरे को खिलाये। पास बैठकर गप्पें लड़ाये। या कोई चुटकुला सुनाये।

सफाई, सुव्यवस्थित रहना मैं पिताजी से सीख गयी थी। जब हम अँधेरी में रहने आये तब पिताजी बीमार रहने लगे थे फिर भी वे बाथरूम, टायलेट साफ करते थे। फर्श पोंछते थे। पिताजी पढ़ने के शौकीन थे। वे लायब्रेरी जाया करते थे। पुस्तकें पढ़ने के लिए हमें भी पैसे देते रहते। घर में टी.वी. न था। तब हर रविवार को वे हम सबको शिवाजी पार्क या समुंदर किनारे ले जाते थे। दो रुपयों का फलों का बड़ा-सा डिश खिलाया करते थे। हम साथ भोजन किया करते थे। मायके का घर छोड़ने पर यह सुख मुझे नहीं मिल सका। बबलू छोटा था, तब मैं दिलीप के साथ झगड़ती थी—साथ भोजन करने के लिए, साथ घूमने जाने के लिए।

मेरे मायके में गरीबी थी लेकिन अलग तरह की अमीरी भी थी। दिन-भर चाहे जितने झगड़े हों, रात में झगड़े बिलकुल नहीं। रात सुख-चैन में बीतती थी। पिताजी सब को सँभालते हुए रॉकेल, गेहूँ की लाइन में खड़े रहते थे। स्कूल में टीचर्स से मिलने आते थे। मेरी टीचर्स के लिए कभी-कभार मेरे साथ फूल या गजरा भेजते थे। स्कूल से मुझे लेने आते थे। भोजन के लिए मेरी राह देखते थे—चाहे अधपेट भोजन हो। उनकी ये बातें, उनके ताने, उपेक्षा भुलाने को मुझे बाध्य कर देते थे। इसी से मुझे सहनशीलता के पाठ मिले। और यह आशावाद भी सिखाया गया कि आज नहीं तो कल सब कुछ ठीक होगा।

माँ श्रद्धालु थीं। सावन महीना तो उनके व्रत का महीना होता था। सोमवार का व्रत। धार्मिक ग्रन्थों का पठन! वे अंधश्रद्धालु न थीं बल्कि भक्ति भाव से उनका मन सराबोर था। मेरे माता-पिता का एक अनोखा स्वभाव-विशेष था जो मुझमें भी ठूँस-ठूँसकर भरा है। वह यह कि वे दोनों आपस में चाहे जितने झगड़ें लेकिन कोई अन्य उनमें से किसी के बारे में भला-बुरा कहता था तो वे बर्दाश्त नहीं करते थे। यही बात मेरे साथ भी होती है। यदि मेरे बच्चों के बारे में, पति के बारे में या मेरे सगे-सम्बन्धियों के बारे में कोई चुगली करता है, गाली-गलौज करता है तो मैं इसे कतई बर्दाश्त नहीं कर सकती। लगता है उसका खून पी जाऊँ। खैर! ऐसे किसी को मैं शब्दों से ही आहत करती हूँ।

मेरे माँ-पिता आजन्म गरीबी में जीये और मरे भी गरीबी में। मेरे पिता जब स्कूल में पढ़ते थे तब शरद पिळगावकर (सिनेमा क्षेत्र का सुपरिचित नाम—सचिन के पिता) और मेरे पिता दोस्त थे। पक्के दोस्त! शरद पिळगावकर जी दो-तीन कक्षाएँ आगे थे। मेरे पिताजी चौथी में और शरद जी सातवीं में। वे शरद जी की प्रशंसा किया

करते थे। लेकिन इस पहचान का उन्होंने कभी नाजायज फायदा नहीं उठाया।

पहली कक्षा में मुझे म. न. पा. के स्कूल भेजा गया और जब मैं दूसरी कक्षा में गयी तब मुझे छबीलदास लल्लूभाई स्कूल में दाखिल किया गया। वहाँ मैंने चौथी कक्षा तक शिक्षा पायी। इस स्कूल में मुझे दो टीचर मिलीं–जो आज भी यादों में बसी हैं। जोशी टीचर और मोने मैडम। जोशी मैडम ब्राह्मण थीं। बड़ी मिलनसार। नौ गज साड़ी पहना करती थीं। बालों का जूड़ा। उस पर फूलों का गजरा। चेहरा हमेशा हँसता-मुस्कुराता। वे दिलोजान से आशीर्वाद देती थीं। मोने मैडम भी बिलकुल ऐसी ही। वे बाद में माध्यमिक स्कूल में भी पढ़ाती थीं।

मेरे घर का माहौल संगीत भरा। ग्वालियर घराने की परम्परा का मेरे पिताजी ने निर्वाह किया। साथ ही किराना घराने की परम्परा का भी। घर में हमेशा संगीत का मौसम रहा करता था। माँ को भी ग्वालियर घराने से लगाव था। माँ सुधीर फड़के का गाना मन से सुना करती थीं।

पिताजी ब्राह्मण विरोधी थे क्योंकि उन्हें अनुत्तीर्ण करने वाले परीक्षकों में एक परीक्षक ब्राह्मण था। पिताजी का यह गुस्सा मात्र इसी कारण से न था। पिताजी पर अन्याय हुआ ही था लेकिन एक ऐसे व्यक्ति को उत्तीर्ण किया गया था जिसे संगीत-साधना की बारहखड़ी भी ज्ञात नहीं थी। फॉर्म पर लिखी जाति से परीक्षकों को जाति पता चल गयी थी। बचपन में मुझे लगता था शायद गलतफहमी हुई है। लेकिन बाद में लोगों ने उस परीक्षक के नाम पर जो कीचड़ उछाला उससे बात साफ जाहिर हो गयी।

पिताजी को लगता था कि अपना नाम हो। पत्नी, बच्चों को मान मिले। शिष्यों के वे आराध्य बने। उनका यह सोचना न्याय्य था क्योंकि चौदह वर्ष की आयु से उन्होंने संगीत साधना को जीवन समर्पित किया था। अपनी प्रत्येक साँस संगीत को दे डाली थी। अतः प्रतिष्ठा, मान-सम्मान पर उनका अधिकार था। खैर! वह सब नहीं मिला लेकिन पिताजी अपनी शान से रहे! लेकिन इसका प्रतिशोध उन्होंने हमसे लिया। मैं चौथी कक्षा में पढ़ रही थी। मुझे स्कूल से बुलाया गया–गाना गाने। सुलभा देशपांडे की मैं लाड़ली थी। यह मौका उन्हीं के कारण मुझे मिला था। 'चलती जाए देखो रे पंडित बाबा की चोटी चलती जाए' यह वह गाना था। रोज प्रैक्टिस की थी। मैं प्रधान गायिका के रूप में थी। और ठीक रिकॉर्डिंग के दिन पिताजी ने मुझे भेजने से इनकार किया। सब खत्म! मैं रोयी, चिल्लायी। माँ ऑडिशन में पास हुई थीं, उन्हें पिताजी ने गाने नहीं दिया और अब मेरे साथ भी वही किया गया था।

पिताजी के शिष्य उन्हें भूल गये। कई शिष्य साधना में पिछड़ गये थे। और जिन्होंने नाम कमाया था वे अपने गुरु को भूल चुके थे। मजबूरी में उन्होंने किसी भी ऐसे को शिष्य बनाया जो संगीत की बारहखड़ी भी नहीं जानता था। हाँ, लेकिन माँ का अस्थमा संगीत के कारण ही ठीक हो गया था। माँ सितार बजाना चाहती

थीं। पिताजी ने उसे सीखने दिया। माँ पर उन्होंने कोई पाबन्दी न रखी थी और न ही कभी आशंका से देखा था। पड़ोसियों की ईर्ष्या का यह भी एक कारण था। पिताजी ने अपनी माँ के बचाये हुए पैसों से मेरी माँ के लिए गहने बनाये थे। हर बुधवार के दिन वे फूलों का अच्छा-सा गजरा लाते थे। उन्हें अच्छी साड़ियाँ खरीदकर देते थे। पड़ोसियों की जलन और बढ़ जाती थी। रेडियो पर गाना बजने लगा कि पिताजी और माँ में रागदारी, सुर आदि को लेकर चर्चा छिड़ जाती थी। पिताजी का कोई कार्यक्रम रहता था तो पहले रियाज़ होता था। मैंने अपने बचपन में पिताजी को सलिल चौधरी, मदन मोहन, नौशाद, हुस्नलाल-भगतराम, सचिनदेव बर्मन, एम. पी. शंकर, जयकिशन आदि संगीतकारों के गाने सुनते हुए देखा है। सभी वाद्यों में उन्हें सेक्सोफोन प्रिय था।

माँ भी इतनी ही संगीत-भक्त थीं। दोनों के जीवन में संगीत-साधना, संगीत-ध्यान केन्द्र में था। पिताजी दो शब्दों में स्थित स्वरों में कई तरंग सुना करते थे और अपने-आप उनकी आँखों से आँसू बहते थे। पुरुष होते हुए भी वे मन की अतलता से रोते थे। कृष्ण मन्दिर में नंद जी जब मारवा राग गाये थे, तब वडाला स्थित संन्यासिनियों के विशाल आश्रम में तार स्वर लगाते हुए वे रोये थे। माँ हमेशा शब्दों के पीछे जाती थीं। हाँ, लेकिन उसमें प्राकृतिक प्रेम की संवेदनशीलता हुआ करती थी।

मुझे याद है बचपन में ही मेरी और संगीत की दोस्ती हो गयी। जब मैं पाँच साल की थी तब पिताजी मुझे मनहर बर्वे संगीत विद्यालय ले गये। वहाँ मैं घंटों बैठा करती थी। मेरी रागों से पहचान न थी। पिताजी ने मुझे भूप, यमन, बागेश्री के स्वर सिखाये थे। भूप राग का अभ्यास करने को वे मुझे मजबूर करते थे और यह मुझे कतई अच्छा न लगता था। यह बात नहीं थी कि मुझे भूप पसन्द न था। लेकिन मेरे प्राण तो मानो यमन की सेवा करना चाहते थे। उसमें भी यमन कल्याण मुझे इस कदर अतल से आंदोलित करता था कि क्या कहूँ। उसके स्वर नि, रे, ग, म, ध, नी, सा के आरोह लगता था कि पंचमभूत क्रीड़ाएँ कर रहे हैं। पिताजी ने मुझे चीज सिखायी—'येरी आली पियाबिन' और उनके शिष्य मुझे चिढ़ाने लगे 'येडी आली' (पगली आयी)। मैं खीज जाती थी लेकिन उतने भर के लिए।

पिताजी ने बाद में दो-तीन बार मुझसे भूप राग के रियाज के लिए कहा। मैंने ना 'हाँ' कहा और ना ही 'ना'। उन्होंने पूछना बंद किया। बाद में मुझे पता चला कि लोग स्वरों का शुद्ध और कोमल रूप जीवित रखने के लिए रियाज़ करते हैं। मैं रोज देखा करती थी कि लोग किस तरह रागों का अभ्यास करते रहते थे। भूप राग एकदम शुद्ध राग। सा-रे-ग-प-ध-सा—सा-ध-प-ग-रे-सा। पिताजी ने सिर्फ दो ही राग मुझे उँगली पकड़कर सिखाये, बाद में मुझे ऐसी जरूरत महसूस नहीं हुई। बागेश्री राग जानबूझकर उन्होंने मुझे सिखाया नहीं लेकिन 'कौन करत तोरी बिनती

पिहरवा, मानो न मानो हमरी बात' यह चीज़ ज़रूर सिखायी। मैं पिताजी से कभी यह कह न सकी कि आप मुझे रागों का परिचय या विस्तार मत सिखाइए बल्कि रागों की शुद्धता और तीव्रता, गहराई से उनका हृदय तक पहुँचाना सिखाइए। यदि यह बात मैं कहती भी तो वे ना समझते और न ही मानते। ऊपर कही हुई जो चीज उन्होंने मुझे सिखायी उसमें का थोड़ा-सा विस्तार—जैसे सा-नि-ध-म-ग-रे-सा—नि-सा-रे-सा-नि-ध-म-ध-नि-सा—ध-नि-सा-म-ग-रे-सा इतना मात्र सिखाया। अतः मैंने यह सब त्याग दिया लेकिन आस, लगन जरूर बरकरार रखी।

बाद में सूरसंगम की परीक्षा हेतु पिताजी ने मुझे आसान-सा भजन सिखाया—'ए गोबिन्द राखो शरण, अब तो जीवन हारे।' बागेश्री राग का। मैंने पिताजी से बार-बार कहा—इसके बजाय कोई पद तैयार करने के लिए। पर वे नहीं माने। जब से मुझे संगीत समझने लगा तब से मुझे यमन, बागेश्री, नीलांबरी, मारवा, पुरिया, झिंझोटी, भैरवी ये भाव प्रधान राग बहुत भाने लगे। इनमें से कई राग बाद में मैंने रेडियो के संगीत सरिता कार्यक्रम में सुने, गुने।

पिताजी को दो बार सिनेमा के लिए बुलाया गया। 'आप भले ही संगीत मत दीजिए लेकिन सहायक की जिम्मेदारी निभाइए' कहा गया लेकिन शास्त्रीय गायन के दुराग्रह के कारण उन्होंने मना कर दिया। दो बार अनिल मोहिले (अनिल-अरुण में के) उनके साथ गये। अनिल मोहिले कई बार विद्यालय आये पिताजी को बुलाने लेकिन पिताजी नहीं गये सो नहीं गये। वे अपनी जगह सही थे। उनके अनुभव, उनकी श्रद्धा, सही थी। वह भंग नहीं हुई। हाँ, माँ भजन, पद-गायन कार्यक्रमों में जाती थीं। उन्हें कई आमंत्रण आते रहते थे।

पिताजी के कई शिष्यों, विद्यार्थियों में प्रकाश नाईक, हरीश थोरात, शकुंतला जाधव, उषा उत्थुप, नैना, नीतिन, जोसेफ, सुरेश, राव काका, वंदना गद्रे, वंदना पंडित, नीलम थे। प्रकाश नाईक कुछ अलग ही रसायन था। संगीत पर जान छिड़कता था। मेरे पिताजी यानी उनके सर जान से भी प्यारे थे उनके लिए। आरम्भ से उन्होंने पिताजी से ही शिक्षा ग्रहण की थी। कार्यक्रम में वह संगत भी किया करता था।

हरीश धूत को सिखाते-सिखाते पिताजी थक जाते थे। उसकी आवाज़ मोटी थी और स्वभाव बेहद अपनत्व भरा। उसकी शादी चर्चगेट के एम्बेसडर होटल में हुई। तब मैं सत्रह गिलास कोकाकोला पी गयी थी। वे गुरु पूर्णिमा के दिन, मिठाई, गुरुदक्षिणा के रुपये 101 दे जाते थे। हमारे मुसीबतों के दिनों में इन्होंने काफी मदद की। जब हमने दादर का घर बेचा और अंधेरी में घर का पज़ेशन मिलने में देरी होने लगी तब इनकी फैक्टरी में हमारा सामान रखा गया। थोरात साहब तो सात बच्चों के पिता थे। गवर्नमेंट सर्वेंट थे। इन सभी व्यवधानों के बीच उनकी संगीत-साधना चलती थी। वे तब बांद्रा में क्वार्टर्स में रहते थे। इन्होंने भी पिताजी की तानपुरा पर काफी संगत की।

शकुंतला जाधव इस सुप्रसिद्ध गायिका के गाये बाबा साहब अम्बेडकर के गीत बहुत ही लोकप्रिय और चर्चित हुए। पिताजी हमेशा इन्हें याद किया करते थे। उषा उत्थुप शास्त्रीय संगीत के पाठ पढ़ने क्लास में आयी थीं। उन्होंने चार महीने तानपुरा के साथ अभ्यास-रियाज़ किया था। उन्हें स्वयं पर अतिरिक्त विश्वास था। वे बड़ा-सा कुंकुम का टीका लगाती थीं और बड़ी-बड़ी अँगूठियाँ पहनती थीं।

नैना गुजराती परिवार से थीं। सांताक्रूज़ एअर पोर्ट से सटकर उनका बंगला था। उनके माता-पिता मेरे पिताजी के भक्त थे। वे मूलतः मराठी थीं। उनके पति गुजराती थे। वे कॉलेज के दिनों से लेकर चार-पाँच साल बच्चे के होने तक गाना सिखाती थीं। नवीन वर्मा होटल में वेटर थे। हम अंधेरी में रहने आये और वर्मा पिताजी के पास संगीत सीखने आये। काफी साल सीखते रहे।

जोसेफ की आवाज़ जसपाल सिंह जैसी थी। वे येसूदास के शो किया करते थे। क्रिश्चियन होने से घर से इनके संगीत सीखने का विरोध होता रहा लेकिन इनकी बहन ने इनकी मदद की। वे दिखने में खूबसूरत थे।

राव काका हमारे परिवार के महत्त्वूपर्ण सदस्य थे। पिताजी ने उनकी काफी सहायता की। उन्हें भी पिताजी से काफी प्रेम, लगाव था। वे अविवाहित थे। उनका किसी यूरोपियन लड़की से प्रेम था लेकिन उससे शादी हो नहीं पायी। वे टाइम्स ऑफ इण्डिया में थे। पिताजी का नाम इन्होंने सैंतीस बार समाचार पत्र में छापा। पिताजी के कार्यक्रम की प्रशंसा छापी। वे पिताजी को अंग्रेजी सिखाते थे।

पिताजी से लंबे अर्से तक कई डॉक्टर्स, इंजीनियर्स, बिल्डर्स, अन्य क्षेत्रों के लोगों ने संगीत शिक्षा पायी लेकिन पिताजी की परम्परा का निर्वाह प्रकाश जी ने किया।

1993-95 मेरे होटल के सिंगर का भाई मिलिंद पिताजी से संगीत सीखा था। जब मैं उनके घर गयी थी तब उन्होंने स्वयं बड़े आदर के साथ मुझे बताया। पिताजी का नाम बड़े आदर से लिया। मुझे बहुत अच्छा लगा। मैं आनन्द विभोर हो गयी।

पिताजी के शिष्य चोर्डेकर जी के घर हम ग्यारह दिन रहे थे। अंधेरी के घर का पज़ेशन मिलने तक गिरिधर अंकल भी ऐसा ही एक नाम। जतीन ठक्कर ने सूरसंगम प्रतियोगिता में हार्मोनियम बजाया था और चाँदी की लक्ष्मी जीती थी। इस प्रतियोगिता में मैंने भी भजन गाया था। परीक्षकों के कारण मुझे रोना आया। मैं घर आकर भी रोयी लेकिन पिताजी ने न मेरे रोने की ओर ध्यान दिया और न ही समझाया-बुझाया। बल्कि जतीन की प्रशंसा कुछ अधिक ही की और मुझे नीचा दिखाया।

मनहर बर्वे विद्यालय दादर के खोदादाद सर्कल के चंदू हलवाई की दूसरी मंज़िल पर था। मनहर बर्वे के शिष्यों में संगीतकार रोशन भी थे। मनहर बर्वे की मृत्यु के बाद विद्यालय की जिम्मेदारी पिताजी पर आयी। पिताजी के साथ धैसास,

पन्हाळकर काका, उत्तमराव पाटील (भीमसेन जोशी के शिष्य) विद्यालय की जिम्मेदारी निभा रहे थे।

इन यादों में और एक याद है–शिष्या सुमन कल्याणपुर की। उन्होंने अपनी भांजी को पिताजी का नाम सुझाया और शुभदा कल्याणपुर पिताजी की शिष्या बनी। काफी साल वे पिताजी से सीखती रहीं। सुमन कल्याणपुर पिताजी का आदर करती थीं।

इतने शिष्य होने पर भी पिताजी के भाग्य में सफलता, यश नहीं था। वे वहीं के वहीं रहे। मुझे माँ-पिताजी का इस 'जैसे थे' स्थिति से दुख होता रहता। पिताजी शिष्यों के लिए, पेट-परिवार के लिए दर-दर भटकते थे। वे एक पैर से अपाहिज थे। इतनी दौड़-धूप करने पर उन्हें बड़ी मुश्किल से 250-300 रु. मिलते थे। तानपुरा सिखाने की फीस 100 रु. बताने पर शिष्य आते ही नहीं थे। नैना और राव काका 75-75 रु. देते थे। हरीश काका ने शादी के बाद संगीत सीखना बंद किया था। भारत पारेख डॉक्टर 50 रु. देते थे। बाकी सब 30, 25 या 15 रु. देते थे। बारिश के दिनों में वे बेहाल हो जाते थे। परिवार में हम तीन लोग थे।

पिताजी का बागलकोट में गाने का एक कार्यक्रम हुआ और उसके 5000 रुपये मिले। उन्होंने वे सारे पैसे बैंक में रखे। अप्पा की देखादेखी पिताजी भी लॉटरी का टिकट लेते रहते थे। एक बार उन्हें ग्यारह हजार रु. की लॉटरी लगी। दादर की खोली (कमरा) बेचा तो लेकिन इलम-महल के मालिक ने 6000 रु. काट लिये–पगड़ी के पैसे। पिताजी के पास 13,000 रु. जमा थे। 24,000 रु. जमा कर अंधेरी का फ्लैट बुक किया। उसकी कीमत 33,000 रु. थी। माँ ने अपने दो जेवर बेचे और बाकी पैसे चार महीनों में देना तय हुआ।

## तीन

मेरे बचपन के आरम्भ के ग्यारह वर्ष दादर की 'इलम-महल' बिल्डिंग में बीते। मैं बहुत छोटी थी तब लेकिन कई बातें मेरी याददाश्त में आज भी जीवित रह गयी हैं। दादर स्टेशन के पश्चिम में कबूतर खाने के थोड़ा आगे डिसिल्वा हाईस्कूल है। डिसिल्वा हाईस्कूल के रास्ते के उस पार ठीक सामने इलम-महल इमारत है। उस जमाने में इस इमारत में अधिकांश महाराष्ट्रियन परिवार रहते थे। पूरा मराठी माहौल था। तीज-त्योहार सब कुछ महाराष्ट्रियन रीति से सम्पन्न होते थे। शिवाजी पार्क, दादर चौपाटी, प्लाझा थियेटर, स्कूल मार्केट, स्टेशन सब कुछ नज़दीक चलते जाने की दूरी पर थे। इलम-महल अंग्रेजी 'सी' अक्षर की तरह लेकिन 90° के कोण में 'C' अक्षर की तरह थी। बीच की खुली जगह खेलने के लिए मैदान की तरह

इस्तेमाल की जाती थी। हर मंजिल पर बड़े-बड़े गलियारे भी खेलने की जगहों का काम किया करते थे। ये गलियारे सबके लिए कॉमन थे। टॉयलेट भी कॉमन। हमारा घर दूसरी मंजिल पर था। दादा जी ने 'पगड़ी' पर लिया था। बचपन कहते ही मुझे याद आता है इलम-महल का यह हमारा घर और माँ-पिता का सुर। माँ अक्सर 'मेहरबाँ लिखूँ? हैरान हूँ मैं इस खत में क्या लिखूँ?' गीत गुनगुनाती रहती थीं और पिताजी 'जा ऽ ऽ रे जारे रे ऽऽ उड़ जा रे पंछी' गाते रहते थे।

हमारी इस बिल्डिंग की तीसरी मंज़िल पर रहने वाली रश्मि रणदिवे मेरी क्लासमेट थी। उसके पिताजी सुधाकर रणदिवे मेरे पिता के अच्छे दोस्त थे। उनका और एक घर इसी इमारत की पहली मंज़िल पर था। रश्मि के माँ-बाबूजी दोनों नौकरी करते थे। मैं अक्सर स्कूल की विविध परीक्षाओं, प्रतियोगिताओं में भाग लेने हेतु फी भरने के लिए घर से पैसे चुराया करती थी। रश्मि यह बात जानती थी लेकिन उसने कभी किसी से चुगली नहीं की। एक बार रश्मि की दादी ने मुझे किसी परीक्षा फी के लिए पैसे दिये थे। रश्मि से मेरी बहुत गहरी दोस्ती थी। एक बार बारिश के दिनों में पैर फिसलकर वह गलियारे में गिर पड़ी। पैर में फ्रैक्चर हुआ। अस्पताल में भर्ती करना पड़ा। उसके बिना मैं उदास, बेचैन हुआ करती थी। ऊब जाती थी। वह भी अस्पताल में 'गुल्लू को भेज दीजिए' की रट लगाये रहती थी। मैं उसे देखने अस्पताल जाती रहती थी। अस्पताल से लौट आने पर भी दो महीने वह स्कूल आ न सकी थी। उसे पहली मंजिल पर के घर में दिनभर रखते थे। उन दिनों मेरा भी स्कूल में मन नहीं लगता था। मैं दिन भर उसके साथ घर में रहती थी। इससे उसे अच्छा लगता था। रात में उसे तीसरी मंज़िल के घर में ले जाया करते थे। जब फिर से उसने स्कूल आना शुरू किया। तब वह शुरू-शुरू में लँगड़ाकर चलती थी। मैं उसके साथ घर से साढ़े छह बजे निकला करती थी। रश्मि मेरे साथ एक-दो बार भास्कर काका के घर भी आयी थी। फिर उसने मुझसे कहा, 'मैं नहीं आती, तुम ही जाओ।' उसके कुछ दिनों बाद वे पढ़ाई पूरी करने अपनी नानी के यहाँ चली गयी।

इलम-महल में एक परिवार रहता था—नाईक काका। उनके परिवार में काक-काकी, काका की बहन—आकू बुआ और नाईक काका की दो बेटियाँ—जया और सुषमा आदि सदस्य थे। आकू बुआ क्रिकेट की शौकीन थीं। वे रेडियो की नज़र उतारकर तब कॉमेंट्री सुनने बैठ जाती थीं। हम लड़कियाँ स्कूल न जाते हुए या बीच के अवकाश में भाग आकर, बस्ते सीढ़ियों के नीचे छिपाकर नाईक काका के घर में मैच की कॉमेंट्री सुनने बैठ जाती थीं। जब बिल्डिंग में टेलीविज़न आया तब टी.वी. पर मैच देखने। मैं स्कूल न जाते हुए नाई काका के घर जाती रहती थी। नाईक काका की सुषमा एक-दो बार भास्कर काका के पास मेरे साथ आई थी। नाईक काका के मन में आशंका उत्पन्न हुई और सुषमा का मेरे साथ आना बन्द हुआ।

इस इमारत की पहली मंज़िल पर कान्हेरे परिवार रहता था। कान्हेरे काका-काकी

के तीन बेटियाँ थीं। वे तीनों बेहद सुन्दर और होशियार थीं। आयु में मुझसे बड़ी थीं। कान्हेरे काका बेटा न होने से हमेशा दुखी रहते थे। वे काकी की बहुत पिटाई करते थे। काकी शांत और धार्मिक थीं। मेरे माता-पिता के पास कान्हेरे काकी अपना मन खोला करती थीं। काकी ग्रेजुएट थीं। संगीत की अच्छी ज्ञाता थीं। सुबह उठने पर वे अभंग, दोहे, भावगीत गाती थीं। कान्हेरे काकी ब्रेन ट्यूमर के कारण चल बसीं। काका ने डेढ़ महीने में ही दूसरी शादी की। इस पत्नी से उन्हें साल भर में ही बेटा हुआ। कान्हेरे काका की तीनों बेटियों—ताई, उज्ज्वल, भावना को सौतेली होने से बेहद यातनाएँ सहनी पड़ीं।

हमारी बिल्डिंग में कुष्टे आजी रहती थीं। जाति से सुनार थीं। वे हमेशा और परिवारों का अपमान किया करती थीं। और हुआ यह कि उनकी दोनों बेटियों—वंदना और पुष्पा ने घर से भागकर शादी की। दूसरी मंजिल पर चन्द्रकान्त काका-काकी का परिवार रहता था। उनके कोई सन्तान न थी। काका की माँ और मामा उनके साथ रहते थे। चन्द्रकान्त काका के मामा को हम 'भास्कर काका' कहते थे। वे आयु में बूढ़े और अविवाहित थे। चन्द्रकांत काका की माँ में देवी सवार होती थी। गणपति के दिनों में जब आरती आरम्भ हो जाती थी तब वे अपनी धुन में ट्रान्स में जाती थीं। और आरती समाप्त होने-होने तक उनके हाथ से कुकुम आने गिरने लगता था। यह करिश्मा देखने हम बच्चे कम्पनी उनके घर जाते थे। हमारी बिल्डिंग में सबसे पहले टी.वी. उन्हीं के घर आया। टी.वी. देखने की लालसा से मैं उनके घर जाने लगी और भास्कर काका की हवस का शिकार हो गयी। बचपन में बच्चे विष-अमृत का खेल खेलते हैं। उनमें जहर का अनुभव भास्कर काका ने मुझे जीवन में पहली बार करा दिया।

चन्द्रकान्त काका के पड़ोस में आंपा मौसी रहती थीं। वे विधवा थीं। उनके ब्रजेश और गिरीश दो बेटे थे। गिरीश बहुत होशियार था और ब्रजेश एकदम ऊधमी। वह पूरी बिल्डिंग को तंग करता था। आंपा मौसी से समूची बिल्डिंग डरती थी। वे कांग्रेस की सदस्या थीं। उनके साथ हमारे घर में अक्सर राजनीति पर बहस छिड़ जाती थी। मेरे पिताजी को कॉमरेड डाँगे कतई अच्छे नहीं लगते थे। वे आंपा मौसी से कहते रहते; 'इस आदमी ने समूची राजनीति को बर्बाद कर छोड़ा है।' मेरे माँ-पिताजी कांग्रेस को वोट देते थे। आंपा मौसी के कारण एक बार हमें इन्दिरा गाँधी की सभा का पास मिला था। मैंने इन्दिरा जी को बहुत करीब से देखा। वे मुझे खूब अच्छी लगीं। उनके काले छोटे बाल और एक ही सफेद लट, बिस्किट कलर की धारीवाली साड़ी आज भी मुझे याद है। उनकी आवाज़ से मेरा दिल धड़कने लगा था। शिवाजी पार्क मैदान लोगों से खचाखच भरा था। मैं माँ के साथ गयी थी। शाम को देर तक उनका भाषण चला। बाद में ऐसी भीड़ उमड़ पड़ी कि मैं और माँ भीड़ में खो गयीं। माँ भीड़ के समुंदर में न जाने कहाँ बहती गयीं। मेरी चप्पल खो गयी।

मैं देर से घर पहुँची। माँ की जान में जान आ गयी। पिताजी इन्दिरा जी की मुक्त कंठ से प्रशंसा किया करते थे। उन्होंने रतन खत्री और अन्य स्मगलर्स को कैसे पकड़ा इसका रसभरा वर्णन सुनाते थे। उस वक्त हमारे दादर एरिया में बाला साहब ठाकरे का नाम चर्चा में आने लगा था। बच्चे लोग आपस में बात करते समय उन्हें ठाकरे चाचा कहते थे। मुझे वे फौलादी लगते थे। आंपा मौसी के कारण हमारे घर में राजनीतिक चर्चाओं में उफान आता था।

आंपा मौसी के पड़ोस में नाडकर्णी काका का घर था। वे बाँसुरी वादक थे और पन्ना लाल घोष के शिष्य। छोटा गन्धर्व जब-जब नाट्य प्रयोग के लिए आते थे तब-तब नाडकर्णी काका के घर में रहते थे। मेरे पिताजी और छोटा गन्धर्व भी दोस्त थे। वे घंटों बतियाते रहते थे। मेरे पिताजी को उन्होंने ही सलाह दी थी—पुत्र-प्राप्ति के लिए 'ग्यारह सफेद बुधवार का व्रत' रखने की। हमारे बन्धुराज के जन्म के साथ ऐसी कई कहानियाँ जुड़ी हुई हैं।

हमारी मंज़िल पर हेमा मौसी रहती थीं। वे बहुत बड़ी-बड़ी सुन्दर रंगोलियाँ बनाती थीं। एक रंगोली बनाने में उन्हें तीन-चार घंटे लगते थे।

उनका रंगोली खींचना मैं मन लगाकर देखती रहती थी। नाईक काका के पास नितिन कांबकी नाम का रंगोली एक्सपर्ट आता था। उन रंगोलियों की प्रदर्शनियाँ लगती थीं। मैं वे देखने जाती थी। दादर में नाटक, प्रदर्शनियाँ, सिनेमा देखने के अवसर अक्सर उपलब्ध होते थे। उन दिनों प्लाजा में वी. शांताराम के सिनेमापाठी आते थे। मैंने प्लाजा में तब 'कृष्ण सुदामा', 'रामशास्त्री', 'माणूस', 'जगाच्या पगिवर', 'रोजारी', 'कुंकू', पेडगावचे शहाणे' आदि सिनेमा देखे हैं।

इलम-महल की तीसरी मंज़िल पर डॉ. वाघ का क्लिनिक था। डॉ. वाघ का व्यक्तित्व उमदा था। वे हँसमुख, सबमें घुलमिल जाने वाले थे। मेरी माँ उनसे गप्पें लड़ाती थीं। मेरे माँ का मानसिक संतुलन बिगड़ गया था। यह भी एक कारण था कि बातें करने से उनका मन हल्का हो जाए, सोचकर डॉ. वाघ उनसे खूब बातें करते थे। कुष्टे आजी और नाईक काकी बाबा के कान भरती थीं। 'वे आप हमेशा चिल्लाती हैं और डॉ. वाघ के पास जाती हैं।' यह सुनकर पिताजी के मन में संशय घिर जाता था। पिताजी के मन में इस कदर ज़हर घोलकर कुष्टे आजी और नाईक काकी ऐसे बर्ताव करती थीं मानो वे उस गाँव की हैं ही नहीं।

मेरा दादर में बचपन बहुत अच्छा बीत रहा था। बारिश के दिनों में मैं और रश्मि टेरेस पर जाकर भीगती थीं। पानी में कागज़ की नावें तैराती थीं। टेरेस की दीवार से झाँककर नीचे की भीड़, रंग-बिरंगी छतरियाँ लेकर जाने वाले लोगों को देखा करती थीं। रास्ते पर गुज़रने वालों की छतरियों के रंगों को लेकर हम दोनों ने शर्तें बदी थीं।

जब मेरे माँ-पिताजी इलम-महल घर छोड़ने का निर्णय किया। इसका मतलब

यह था कि हम दादर से भी विदा लेने वाले थे। बचपन की यादों का घर, स्कूल, आस-पास, सहेलियाँ, माँ-पिताजी का साथ गाना, यह सब छूटने वाला था। माँ-पिताजी की सुखभरी गृहस्थी पर विराम-चिह्न लगने वाला था।

## चार

अंधेरी के घर का पज़ेशन 13 जून को मिलने वाला था। लेकिन मिला नहीं और दादर का घर खाली कर देना पड़ा। धूत चाचा हमारा सामान टेम्पो से वडाला ले गये। और जरूरी सामान लेकर हम डोंबिवली चले गये—चोर्डेकर काका के घर। हमारे स्कूल दादर में। मेरा छबीलदास लल्लूभाई महिला माध्यमिक स्कूल माटुंगा में था। मुझे स्कूल पहुँचने, घर आने में बड़ी देरी हुआ करती थी। सुबह पाँच बजे घर से निकलना पड़ता। घर लौटते-लौटते दोपहर में डेढ़-दो बजे जाते थे। पिताजी भी बेहाल होने लगे। तब डोंबिवली में गोपी टॉकीज के पास मच्छरों का जैसे राज था। पिताजी ने तय किया कि कुछ दूसरी पर्यायी व्यवस्था की जाए।

विद्या विहार में पिताजी के शिष्य गिरिधर काका रहते थे। हम वहाँ रहने गये। तब पिताजी के बेहद बुरे हाल हुए। उन दिनों को याद कर आज भी रोंगटे खड़े हो जाते हैं। सोमैया कॉलेज से लेकर तिलक नगर की 108 नं. की बिल्डिंग तक चलते जाना। उफ़्! वे बरसात के दिन थे। दो बार पिताजी पाइप लाइन पर से फिसलकर गिर गये। लेकिन उन्होंने उफ़् तक न की। ट्यूशन्स पढ़ाना ज़ारी रखा। विद्यालय जाना भी ज़ारी था। यहाँ आने पर मेरी भोजन व्यवस्था ठीक हो गयी। गिरिधर काका के घर बासी खाना या कुछ न कुछ खाने की चीज़ मिल ही जाती थी। यहाँ माहौल नया था और मेरी सूझ-बूझ विकसित होने लगी थी।

गिरिधर काका का घर बहुत बड़ा था। एक रूम, एक किचन, बड़ी-सी बाल्कनी। पड़ोस में कोई खास न था। पड़ोस के दो लोग आज भी याद हैं। एक केरल वाली आंटी और दूसरा मुश्ताक—उसका परिवार। मेरा स्कूल दोपहर का करा दिया था। केरल वाली आंटी हिन्दी जानती न थी। मुश्ताक दसवीं कक्षा में था और मैं पाँचवीं में। हमारी पहचान प्रेम में बदल गयी। उसकी माँ की समझ में मेरी नज़र में अपने बेटे के प्रति प्रेम आया था शायद!

एक बार दीपावली में मैं माँ की साड़ी पहनकर उसे दिखाने गयी। हमारे घर के सभी सोये थे। उसके घर में कोई न था। उसने सहजता से मुझे कमरे में खींच लिया। मुझे शर्म आयी। चुंबन आदि तो ठीक था लेकिन उसने जो बीभत्स बर्ताव किया उससे मुझे मितली आने जैसा लगा। प्रेम इस कदर किसी पर थोपा नहीं जा सकता। बच्चा भी या जानवर भी अनचाहा निवाला थूक देता है। उसके बाद मैंने

उससे बात करना, मिलना तो क्या उसे देखना भी बन्द किया। कुछ दिनों बाद हमने वह जगह छोड़ दी।

विद्या विहार में टैक्सी पकड़ी और सीधे अंधेरी के घर के सामने आके धमके। सामान न के बराबर था। टैक्सी में ही साथ लाये थे। पिताजी ने मुझसे गृह-प्रवेश कराया। पानी से भरा कलश, हल्दी-कुमकुम की नक्काशी। बस, हो गया गृह-प्रवेश।

यह घर यानी पते की भाषा में फ्लैट नं. 109, सी-विंग, बिल्डिंग क्रमांक 41, मनीष नगर, अंधेरी। हम रहने तो आये लेकिन घर की दहलीज का काम शेष था। बाकी लगभग घर बन गया था। बिल्डिंग में कुछ ही लोग रहने आये थे। हमारे पड़ोसियों में हिन्दू, मुस्लिम, यहूदी, क्रिश्चियन विविध धर्मों के लोग थे। मराठी, गुजराती, पंजाबी आदि बहुभाषी लोग थे। अमीर थे, अमीरी का स्वाँग रचने वाले थे। किसी के जीवन में दखलअंदाजी करने वाले भी थे और तटस्थ लोग भी थे। कई मंथरा, कैकेयी थीं, संगीत में रुचि रखने वाले थे और पिताजी को 'रियाज़ न करें' कहने वाले भी थे। मध्यवर्गीय थे, कार वाले धनवान थे, बुद्धिशील लोग थे और निर्बुद्ध भी थे। सुन्दरियाँ थीं तो सामान्य स्त्रियाँ भी थीं। रीमा लागू वहीं रहती थीं। गूफी पेंटल की पत्नी और बेटा हैरी वहीं रहते थे। अलका आह्लाद के घर जैकी श्रॉफ, सुधीर पाण्डे आया करते थे। अलका एअर होस्टेस थी। यह 1980 के दशक की बात है। तब ये लोग चर्चित नहीं हुए थे। शशि कपूर को मैंने एक बार यहाँ रहने वाले किसी परिवार में देखा था।

पड़ोसियों में 'प्रेम वीर' थे। एक-दूसरे पर जान छिड़कने वाले युवा थे। महिलाएँ भी थीं जिन्होंने कई किस्से-कहानियों को जन्म दिया था। एक पड़ोसी ने मुझे भी गन्दा अनुभव दिया था। वह हद से बढ़कर मेरे शरीर तक पहुँचने की कोशिश करता था।

ऐसे पड़ोसी दादर में भी थे। लेकिन वहाँ एक सुविधा थी। वह यह कि पिताजी खुलकर रियाज़ कर सकते थे। इसका मतलब यह नहीं था कि वे सभी संगीत प्रेमी थे लेकिन वहाँ हर कोई अपने-अपने जीवन संघर्ष में निमग्न था। वहाँ हमारा कमरा इतना छोटा था कि चार फीट जगह तानपुरा ही घेर लेता था। यहाँ सभी कुम्भकर्ण थे। अहिरावण-महिरावण बन एक-दूसरे पर हमला करते रहते थे। सभी मगरूर थे।

यहाँ महिलाएँ भी वैसी ही। हाई सोसायटी वाली, वहाँ चाल में रहने वाली महिलाएँ परिस्थितियों के साथ जूझते-जूझते थक जाती थीं। ये दोनों स्थानों की स्थितियाँ, स्वभाव देखकर मेरी माँ कहा करती थीं—कहीं भी जाओ ढाक के तीन पात!

इसी समय मुझमें परिवर्तन होने लगा था। और मैं आग में झोंक दी गयी थी। एक बार जो मेरी मानसिक स्थिति बिखर गयी सो जीवन भर बिगड़ती ही गयी। और उसकी सज़ा भी मैंने जीवन-भर पायी। अंधेरी में रहने आये हम 1979 में। आरम्भ के कुछ दिन अच्छे बीते। अंधेरी में आने पर भी पिताजी का रोज़मर्रा का जीवन वैसे

ही चलने लगा था। रोज एक लीटर दूध लाना! ट्यूशन्स! कुछ ही लोगों से पैसे मिलना! थोड़ी आपाधापी कम हुई थी। अंधेरी स्टेशन से घर आने का बस का टिकट बीस पैसे था। माँ-पिताजी का एक-दूसरे के प्रति भावात्मक लगाव बड़ा गहरा था और वह जीवन भर बना रहा। माँ ने पिताजी की खस्ता हालत में काफी सहारा दिया था। निभा लिया था।

इन दोनों का मानसिक सन्तुलन गड़बड़ा जाने में पड़ोसियों का 99% हाथ था। समाज कैसे जिम्मेदार होता है किसी को बिगाड़ने में, इसका नमूना था हमारा घर। तथाकथित सभ्यता, दिखावा, मुँह में राम बगल में छुरी, ये सारे अनुभव देने वाले लोगों ने पिताजी को तोड़ दिया था। निराशा के दौर से वे भले ही सँभल गये थे लेकिन कुष्टे आजी ने दादर के घर में जो ज़हर पिताजी के मन में भर दिया था, उससे पिताजी उभर नहीं पाये और इससे माँ के मन का सन्तुलन बिगड़ता चला गया। उसका झगड़ा करना, माथे पर शिकन लाना, मुँह बनाना, जोर-जोर से चीखना चलता रहता। दादर छोड़ते हुए उन्होंने चैन की साँस ली थी। यहाँ आने पर नब्बे प्रतिशत वह अच्छी हुई थीं फिर भी पुराने जख़्म अक्सर ताज़ा हो जाते थे।

एक दिन ऐसा ही सोने की चूड़ियों को लेकर झगड़ा हुआ। घर में झूमर लाने के लिए पिताजी ने माँ से सोने की दो चूड़ियाँ माँगीं। माँ ने देने से इनकार किया। झगड़ा हुआ। इस झगड़े के पहले भी सावन महीने में काफी झगड़ा हुआ था। घर में वास्तुशान्ति पूजा थी। तीस लोगों का खाना बना था। उस दिन ऐसी धुआँधार बारिश थी कि कोई आ नहीं पाया। हम तीन दिन वही खाना खाते रहे और काफी खाना फेंक देना पड़ा। पिताजी कहने लगे, 'तुम ही नहीं चाहतीं कि कोई आये।' माँ अच्छी तरह जानती थी कि कौन आयेगा कौन नहीं आयेगा। हरीश काका, प्रकाश आये थे। राव काका रात के दस बजे आये। यानी जो शिष्य गुरु को हृदय से सम्मान देते थे वे आये थे, कुछ लोग सचमुच बारिश में फँस गये थे। माँ सच्चाई अच्छी तरह से जानती थीं। पिताजी यह जान लेना चाहते ही न थे और झगड़े बढ़ते जाते थे।

लेकिन जो झगड़ा 1979 में हुआ उसने घर की सूरत ही बदल दी। माँ मक्खीचूस न थीं। लेकिन बचत का महत्त्व जानती थीं। यह बात अब मेरी समझ में आयी है। माँ ने चूड़ियाँ देने से इनकार इसलिए किया था कि वह सोचती थीं जब अपनी परिस्थिति कमज़ोर है तो यह दिखावा करने की ज़रूरत क्या है? इस झगड़े में वह रूठ गयीं और बड़े तड़के उठकर अपने सारे गहने लेकर मौसी के यहाँ चली गयीं। पिताजी पूजा कर रहे थे। वे मुझ पर ही बरस पड़े, 'तुमने रोका क्यों नहीं?' बाद में मुझे ताने देने लगे? 'तुम्हारी माँ यहाँ रहना चाहती ही न थीं।'

माँ जब घर में थीं तब भी मुझे क्या मिला? मेरे मन में शुरू से लगातार पुरुषों के प्रति जो आकर्षण बना रहा, उसका कारण ही स्त्रियों द्वारा मुझ पर लादे गये मानसिक, शारीरिक अत्याचार थे। शुरुआत माँ ने की। मैं पाँच साल की थी कि माँ

ने मेरी चोटियाँ गूँथना छोड़ दिया। हुआ यह कि मुझे लंबे बाल रखने का शौक था लेकिन बाल काटने पड़े। जब वे मुझे सिर से नहलाती थीं तब ऐसी पिटाई, खिंचाई करती थीं कि क्या कहूँ। सातवीं कक्षा तक मेरा बॉबी कट करवा लेती थीं। हर बार बाल काटते हुए मैं रोती-चीखती थी। पिताजी के कान भरती थीं। वे भी मुझे डाँटते थे और एक बार तो सरौता फेंककर उन्होंने मेरा सिर फोड़ा था। मारने की धमकी दी थी।

मेरा लड़की होना ही मेरे लिए शाप था। स्त्री! सृष्टि का वरदान लेकिन मानवी जीवन का शाप! माँ मेरी साँस रुकने तक मेरी पिटाई किया करती थी। दीवार पर मेरा सर पटक-पटक कर मारती थी। हर आठ दिन बाद ललाट पर, सिर पर पिटाई के ज़ख़्म उभरते थे। मैं खूब रोया करती थी!

रोने के कारण बदले लेकिन आँसुओं ने मेरा साथ कभी नहीं छोड़ा। मैं पढ़ाई में तेज़ थी फिर पिटाई होती थी। बारह खड़ी लिखते-लिखते मेरे हाथों, पैरों पर सूजन उभरी थीं—मार खा-खाकर।

साल में एक ही बार कपड़े मिलते थे। दस वर्ष की होने तक मेरे पास सिर्फ दो फ्रॉक थे। वही पहनने पड़ते थे। गहनों की बात तो दूर! पचास पैसों वाले एयर रिंग्स मैंने दो साल कान में रखे। फिर लायी पचास पैसे के ही एयर रिंग्स! अंधेरी में आने पर पिताजी के छात्र शैलेन्द्र ने पिताजी को गिफ्ट दिया था—तीन जोड़ी कान के एयर रिंग्स और रोलगोल्ड का चेन। मैंने वह पहना। मेरी ममेरी बहन भी मुझे कान का सुन्दर गहना दे गयी थी लेकिन माँ ने वह कभी मुझे पहनने नहीं दिया। उसमें सुन्दर गुलाबी पत्थर जड़े हुए थे।

मैं सात साल की थी। स्कूल में किसी लड़की का छाता कोई और लड़की ले गयी थी। इल्जाम मुझ पर आया कि मैंने छाता बेचकर पैसे कमाये। वह छाता आठ दिन के बाद कोई लड़की दे गयी लेकिन माँ-पिता ने मुझे ऐसा तंग किया, भूखा रखा, खाते समय पिटाई की कि मुझे भोजन करने से ही डर लगने लगा। मैं भूखी रहने लगी। कम खाने लगी। कारण यह नहीं तो वह! मेरे पैर, जाँघ पर मार पड़ती थी। दस साल तक यानी दादर में जब तक हम थे तब यह सब चलता था—पिटाई का दौर! ज़ख़्मों की सौगात। अंधेरी में आये और दूसरे प्रकार की तकलीफों का दौर शुरू हुआ।

माँ के रहते हुए भी मैं वह सब कुछ कर लेती थी। अब उसमें नवीनता का दौर आया। मैं साढ़े दस साल की थी। और दो घटनाएँ एक साथ घटित हुईं। अंधेरी में रहने आने पर किसी ने कहा, 'बोरिवली की कान्हेरी गुफाएँ देख आइए।' पिताजी हम दोनों—भाई-बहन को लेकर गुफाएँ दिखाने ले गये। दोपहर तक हमने सब देखा। पिताजी ने एक चम्मच मिलिटरी रम में पानी मिलाकर पीने को दी। जीवन में पहली बार मैंने शराब पी।

उसके दूसरे दिन अशोक सूर्यवंशी नाम के आदमी ने मुझे भोगा। अपनी संतुष्टि के लिए उसने मेरे बदन के साथ जो खिलवाड़ किया, मैं ठीक से जान नहीं

पायी लेकिन मुझे घिन आयी थी। शायद उसने मेरी नज़र में देख लिया होगा—एक तलाश को! और उसका नाजायज फायदा उठाया। पहली मुलाकात में उसने कुछ नहीं किया लेकिन एक बार उसने मुझे अपने रूम पर बुलाया। बातें करता रहा। मैं किसी में अपनेपन की तलाश करती थी। कैसा अपनापन चाहिए था मुझे? कोई पास बैठे। खूब बातें करे। ना तो मेरी कोई सहेली थी ना ही दोस्त। हमारी हालत एकदम खस्ता। अशोक सूर्यवंशी ने इसी का नाजायज फायदा उठाया। मेरे साथ यौन सम्बन्ध रखा। अश्लील हरकतें कीं। मैं बेचैन होती रही।

और मेरा जीवन तूफान में घिरे तिनके-सा दिशाहीन भटकता रहा। मैं उसे पति समझ बैठी। उसके घर जाकर बाल्टी भर कपड़े धोती रही क्योंकि वह मुझे अपने सीने पर सिर रखने देता था। उसका मित्र शशि यह सब जानता था।

ऐसे ही एक बार अशोक के घर की सफाई करते हुए उसके कपड़ों में किसी लड़की का प्रेम पत्र मिला। एक बार उसकी पत्नी का पत्र मिला। तब मैंने उसके घर जाना बंद किया लेकिन तब तक हफ्ते में दो-तीन बार यौन सम्बन्ध चलता रहा। यह सिलसिला दो महीने चला। वह मुझसे दूर जाने के बहाने ढूँढ़े, इसके पहले मैंने ही अपने आपको उससे दूर हटाया। और वह मेरे घर आ नहीं सकता था।

इसके तुरन्त बाद यानी आठ-दस दिनों में वह वहाँ से खिसका। उसके जाने से मुझे दुख नहीं हुआ बल्कि राहत मिली। उसने मुझे सच्चाई क्यों नहीं बतायी? इस बात का दुख मुझे होता रहा। जिस दिन उससे पहली बार मेरा शरीर सम्बन्ध हुआ था, उस दिन से व्हाइट वॉश रिसने की तकलीफ मुझे बर्दाश्त करनी पड़ी थी।

अशोक गया और शशि ने मेरा नाजायज फायदा उठाना शुरू किया। मुझसे शादी करने का वादा किया। और एक बार घर बुलाकर जबरदस्ती की।

मनीष नगर में बस्ती बढ़ने लगी थी। भीड़ बढ़ने लगी। मेरे नसीब में लेकिन दोस्त-सहेली का होना न था। माँ घर छोड़कर चली गयी थी। इमारत के लोगों के छोटे-मोटे काम मैं किया करती थी। किसी का आटा पिसा लाओ, किसी का राशन कार्ड बनवा लाओ, किसी के पेड़ों को पानी दो। बिल्डिंग क्रमांक 40-41 में कोई भी चित्रा को पुकारे। चित्रा तुरन्त हाजिर! इन कामों के मुझे कुछ पैसे भी मिलते थे!

मनीष नगर की कई इमारतें उन दिनों बन रही थीं। वहाँ काम करने वाला करीम मुझे अच्छा लगने लगा। करीम मेरी ओर देखता तक न था। 'मैं तुम्हें करीम से मिलवा दूँगा' एक अधेड़ उम्र के कडिया नाम के आदमी ने मुझसे कहा। और वह मुझे अधूरी बनी इमारतों में लेकर जाने लगा। वहाँ वह मुझे ऐसी किताबें पढ़ने देता था जिनमें आसनों के रेखाचित्र हुआ करते थे। यौन सम्बन्ध कैसे करें? की जानकारी देने वाले चित्रों की किताबें थीं वे!

कडिया के साथ मैं जाती थी उसके कई कारण थे। करीम से मिलने का कारण तो बस बहाना था। करीम के नाम के कारण शशि ने मेरा पीछा करना छोड़ दिया

था। शशि काफी तंग करता था। कहीं भी जाओ शशि हाज़िर! वे मेरे दिन क्या थे! बस, लोगों के काम करते हुए और कडिया की वासना को झेलते हुए उगने और डूबने वाले दिन थे वे!

और एक दिन विक्की जीवन में आया। पंजाबी लड़का था। मासूम भी। टेरेस पर मुझसे दो बार मिला। मेरा चुंबन लिया। स्तनों को दबाया। हाँ, उसने यौन सम्बन्ध नहीं रखा। तब मेरे मेन्सेस भी शुरू नहीं हुए थे। उसके चुम्बन में प्याज की तेज गन्ध आती थी। वह प्रकरण वहीं समाप्त हुआ। उसने मेरा पीछा नहीं किया। वह घटिया लड़का न था। पिताजी के घर बदलने पर काफी वर्षों बाद मुझसे मिला था। सभ्यता से पेश आया था। और बाद में मिला होटल में कस्टमर बनकर आया था तब! वह नहीं जानता था कि मैं उस होटल में सिंगर हूँ।

विक्की का दोस्त निक्कू पीछे पड़ गया था लेकिन मैं उसके हाथ न आयी। बाद में मन्सूर मिला। बड़ा घमण्डी! ऐसे चलता था मानो कोई गुंडा हो। सच कहूँ तो उसकी वे अदाएँ मुझे अच्छी लगती थीं। दरअसल मैं सभी के साथ दोस्ती के नाते बातें करने जाती थी और होता था कुछ और ही!

जब हमारी कालोनी में सार्वजनीन रूप से गणपति उत्सव मनाया जाने लगा, तब ये सारे मेरे परिचित हुए। मुझे बचपन से गणपति की पूजा, आरती, प्रार्थना आदि में रस था। तब मैं केवल प्लाजा मार्केट में होने वाले सार्वजनीन गणेशोत्सव को जानती थी। अपनी कालोनी के गणेशोत्सव ने मुझे खूब आनन्द दिया। मैं स्तोत्र, आरती, प्रार्थना सब कुछ करती थी। सिनेमा शुरू होने के पहले गाने गाती रहती थी। गणपति की सजावट में मदद करती थी। लेकिन यह सब करने वाली पब्लिक थी तो आवारा बदमाश!

अब के गणेशोत्सव में मैं सयानी हो गयी। इसके पहले वाले गणेशोत्सव में माँ घर में थीं सो वे हरदम मेरे साथ रहती थीं। इस बार माँ घर छोड़कर चली गयी थीं। मन्सूर, दिनेश, रवीन्द्र, लॉरेन्स डिसूज़ा (साजन सिनेमा का निर्देशक), दिलीप, अल्कन, रॉनी, रॉकी एक साथ होते थे। मन्सूर, दिनेश, लॉरेन्स, दिलीप ने कई प्रकार से मेरे शरीर से खेलने की चेष्टाएँ कीं। हद से बाहर मेरे शरीर को छेड़ा। गणपति उत्सव के कार्यक्रमों की ओट में यह सब करते थे। मेरे ध्यान में उनके इरादे आ चुके थे। मैं रात्रि की आरती में आती थी लेकिन उनके साथ केवल मुस्कुराकर चल देती थी। हैलो-हाय तक के सम्बन्ध मैंने रखना शुरू किये थे। क्योंकि उन्होंने मेरे विश्वास पर ही प्रहार किये थे।

एक दिन रॉनी हमारे घर आया। लॉरेन्स का भांजा भी आया था। बैठा रहा और चला गया।

लेकिन एक दिन रॉनी, अल्कन, रॉकी, सभी हमारे घर आये। मुझे बेहद खुशी हुई क्योंकि अल्कन को मैं अच्छा दोस्त समझती थी। वह तुतलाकर बोलता था

इसलिए कोई लड़की उसे चाहती न थी। उस दिन वे तीनों गप्पें लड़ाने हेतु घर आये और मुझे बेडरूम में ले गये। फिर मेरे शरीर से खेलने लगे। हमारे सामने रहने वाली प्रभु चाची के मन में आशंका उभरी। उन्होंने अपने बेटे को—बड़े भैया को बताया। उसने हमारे घर की बेल बजायी। बेल बजते ही सब की हवा टाइट हो गयी। सभी भाग गये।

लेकिन पिता के घर आते ही भैया ने चुगली की। मुझे बहुत बुरा लगा। उन तीनों को बुलाकर धमकाया—कि देखो 39 नं. की बिल्डिंग में क्या, कंपाउंड के पास भी दिखोगे तो याद रखना। उसके बाद भैया जल्दी घर आने लगा। उसके मोटर साइकिल की आवाज़ सुनते ही मुझे चैन आता था। लेकिन चाची हर बार मेरे पिताजी की महानता याद दिलाकर ताने दिया करती थी।

इस चंडाल चौकड़ी से राहत क्या मिली कि दीपावली के दिनों में देवेन प्रकरण आरम्भ हुआ। वह खुद को हीरो समझता था। मैं भी पागल! कुछ क्षणों के लिए बहक गयी। उसे मेरा हमबिस्तर होना चाहिए था। मैंने इनकार किया। चंदू मेकैनिक का भाई रवि भी इसी जाति का! उस पर तो मैंने दो बार डी.एन. नगर पुलिस स्टेशन में पुलिस केस दर्ज़ किया। बाद में उदय के साथ मेरा दो बार शरीर सम्बन्ध हुआ। वह भी आयु में बड़ा था। इलेक्ट्रिशन था। मुझे कुछ अच्छा लगता था। उदय के साथ सम्बन्ध होने तक हमारे परिवार की स्थिति बेहद खराब हो गयी थी। घर में आटा तक न रहता था। एक बार तो यह हुआ कि पिताजी वडाला से किसी का तानपुरा ठीक करने लाये थे। उस शिष्य ने टैक्सी के लिए पच्चीस रुपये दिये थे। मैंने जब पिताजी से कहा कि घर में आटा तक नहीं है। तो उन्होंने वे पच्चीस रुपये मुझे गेहूँ लाने के लिए दे दिये।

उन दिनों वहाँ एक केले वाला आता था। उसने मुझसे केले खरीदने का आग्रह किया। मैंने खरीदे। लेकिन उसके मन में अलग ही बात थी। फिर क्या! रोज आधा दर्जन केले और 10-12 रुपये खर्च के लिए मिलने लगे। मेरे घर में बीस मिनट तक वह रुकता था। वह बूढ़ा था। कभी करने न करने जैसा भी होता था लेकिन उफ्। उससे जो आग भभकती थी वह झुलसाकर रख देती थी। ये सिलसिला दो साल तक चला। उसके दिये हुए पैसों से मैं रोज सुबह एक ब्रेड, एक अंडा या कभी-कभी दो अंडे, चार पाव खरीदती थी।

हमारी इमारत के सामने वाली इमारत में मिस्टर विल्सन और उनका परिवार रहता था। उनके यहाँ फिलोमिना नाम की नौकरानी थी। फिलोमिना ने मुझे सैंडल और उसकी मालकिन ने फ्रॉक दिया था। मैंने बहुत सालों तक पहना! प्रभुचायी सिर्फ मुँह चिढ़ाने के काम भर के लिए थीं और उनका बेटा मारुति दादा भी तमाशबीन था। उसे कभी नहीं लगा कि एक बहन की लाज रखने के लिए दूसरी बहन के कपड़े दिये जाएँ।

आशुतोष घाग नाम का आदमी था। मैंने उससे स्नेह रखा था। उसकी आँखें

ऐसी मुखर थीं कि बस। वह दो बार घर आया था लेकिन मुझसे सम्बन्ध नहीं होने दिया। वह मुझे टालता रहता था। बाद में मुझे इसका कारण पता चला। वह अमीर था और किसी और से उसके सम्बन्ध थे।

आशुतोष के बाद किसी को मन में बसाने की इच्छा ही नहीं हुई। कई प्रेम-कहानियों ने जन्म लिया। लेकिन वे सब अच्छे लगने तक की सीमा में भी बद्ध थीं। आशु आशु था। मेरे ननिहाल से था। यानी सातारा का रहने वाला। वह मुझे अपना लगता था और सब अच्छा, अपनत्व से भरपूर लगता था। छह-सात साल पहले विक्की मिला था। उससे पता चला कि आशु ड्रग्ज का शिकार हो गया और उसी में चल बसा! आशु से मैंने बिना किसी कारण प्रेम किया था।

जगदीश मोटा था! मारवाडी! उसकी मिठाई की दुकान थी—नवरंग टॉकीज से सटकर। झूठ बोलकर वह मुझे 38 नंबर की बिल्डिंग की सातवीं मंज़िल के टेरेस पर ले गया और मैं गयी थी।

मैंने हर किसी को मौका दिया—मुझसे मिलने का। सिर्फ आशु को छोड़कर! उसका कारण एक ही! कोई मेरे पिताजी से कुछ न कहे! कोई हंगामा, बखेड़ा खड़ा न हो जाए। मैं बखेड़ों के आतंक से बचना चाहती थी। और इसकी कीमत चुकाती रही—उन्हें मेरे शरीर से खेलने देती थी। मैंने अपनी भावनाओं को पीड़ाएँ पहुँचायीं। मेरे माँ-पिता को कोई तकलीफ न पहुँचे, इस कारण मैं झुलसती रही। बहुत बड़ी कीमत अदा करती रही। सुरक्षित जीवन की चाह सँजोते-सँजोते सुरक्षा को ही दाँव पर लगाती रही।

जगदीश की इमारत में जसविंदर नरूला रहती थी। वह मुझे दो बार मिली। मेरी ही हमउम्र थी। उन दिनों वह टी.वी. पर रुना लैला के गाने गाती थी। बेहद घमण्डी लड़की।

रवीन्द्र अधेड़ उम्र का। तीस से ज्यादा आयु का। उसने मुझे 'ञाहलो भजन आम्ही नमितो तव चरणा' पद गाना सिखाया और गणपति विसर्जन के दिन गंदा प्रश्न पूछा, 'आती हो क्या...करने?' मुझे बेहद गुस्सा आया लेकिन मैं गुस्सा व्यक्त भी नहीं कर सकी?

ये सारे शरीर के पुजारी थे। शरीर भोगने पर दूर हट जाने वाले! उदय ने तो सीमा पार की। मनीष नगर के शॉपिंग सेंटर का काम चल रहा था। मैं कहीं से आ रही थी। मुझे लेकर टेरेस तक भी न गया। पहली मंज़िल की सीढ़ियों पर ही खड़े-खड़े भोग लिया और चल पड़ा। मेरा समूचा गाउन गारे-चूने से भर गया। उसी क्षण मेरे मन में उदय के लिए जो इज्जत थी, वह मटियामेट हो गयी।

अशोक सूर्यवंशी चार साल के बाद आया। मैंने दरवाज़े की आँख से देखा। मेरे हाथ-पाँव काँपने लगे। मैंने दरवाज़ा खोला। माँ-पिताजी बेडरूम में थे। उसने बाहर से ही पूछा, चित्रा यहाँ रहती है क्या? कितना खराब हुआ था वह। पहले वाले

रोब के नामोनिशान न थे। फटीचर-सा था। वह मुझे पहचान न पाया था। पर मैंने उसे पहचाना था। 'कौन चित्रा?' मैंने प्रतिप्रश्न किया! मैं उसके सामने खड़ी थी—मोटी मांसल! और जान चुकी थी कि उसने मुझे पहचाना नहीं है। मेरा प्रश्न सही काम कर गया। उसके बाद वह फिर कभी नहीं आया। बात खत्म हुई।

मनीष नगर में अच्छे लोग भी मिले। आसाराम, गुलाब, सुशीला। आसाराम ने बाल्कनी में हमारा किचन फिट कर दिया था। तब उससे परिचय हुआ था। वह एक सीधा, सच्चा आदमी था। इमारत बनाने वाले मजदूरों की झोंपड़ियों में रहता था। उसने सुशीला नाम की मज़दूरन की बहन से ब्याह किया। शाम के समय वह लड़की आसाराम के साथ मुझे भी गरमागरम रोटियाँ खाने के लिए परोसती थी। मैं रोटी खाने वहाँ जाती थी। सुशीला सीधी, भोली, प्यारी-सी लड़की थी। वह हैदराबादी ढंग से मराठी बोलती थी। उसकी नाक दोनों तरफ से बिंधी थी। मैं चाहती थी कि मेरी नाक भी बिंध जाए। मैं पिताजी से ज़िद करती थी। लेकिन नाक बिंधना तो दूर, पिताजी ने मेरे कान बिंधकर उनमें जो तार डाले थे, वे भी हटा दिये।

गुलाब के साथ भी घर के काम के कारण परिचय हुआ। वह घर में काम करता था। तब घर में माँ नहीं थीं। लेकिन उसने कभी मेरा नाजायज फायदा नहीं उठाया। घंटों पिताजी के साथ रहता था। पिता जी के बाहर जाने पर भी घर में रहता था। एक बार मेरे पैर में काले पत्थर का नुकीला टुकड़ा चुभ गया। दिन-ब-दिन पैर में सूजन बढ़ती रही। मैं रेंगते हुए दूध लाने जाती थी। घर के सारे काम, रसोई भी रेंगते हुए करती थी। सभी हँसते थे। इस बात को दस दिन हो गये। गुलाब सहज ही आया था। उसने देखा तो ज़ख़्म में पानी भरा था। इमारत में रहने वाली चाची ने हल्दी, प्याज, नमक गर्म कर बाँधा। दूसरे दिन गुलाब ने हाथ से दबाकर देखा और कहा काफी पानी हुआ है। मैं पैर में हाथ तक लगाने न देती थी। लेकिन बातों-बातों में मुझे उलझाकर उसने ज़ख़्म फोड़ा। उसमें से सेप्टिक, काला-नीला खून निकला। यह गन्दगी उसके चेहरे पर भी उड़ी। वह पत्थर चुभी जगह उसे दिखी। वह बारीक टुकड़ा उसने खींचकर निकाला। जैसे ही यह गंदगी उसने हटायी, मैं तुरन्त चलने लायक हो गयी। हाँ, इस उपकार की कीमत उसने किसी भी रूप में वसूल नहीं की। बस! समय रहते कभी-कभार आता था। बैठता था। बातें करता था। पिताजी ने भी यह पूछना छोड़ दिया कि वह क्यों इतना समय यहाँ बिताता है?

गरीब लोगों ने मुझे अच्छे अनुभव दिये हैं। गरीबों के पास कुछ नहीं होता। हाँ, एक चीज़ ज़रूर होती है। और वह चीज़ है—इन्सानियत! दुख, गरीबी मनुष्य को सामान्य बना देती है और इसीलिए वे सहज, मीठी बात बोल सकते हैं।

## पाँच

अब मेरी स्कूल यात्रा शुरू हो गयी थी—अंधेरी से दादर। मेरी कई सहेलियाँ थीं। कालोनी में, स्कूल में देविका, उसकी बहन पूनम, शीला, बॉबी, रेशमा, सुनीता परदेसी, सुनीता पवार, नन्दा, अर्चना, शैलजा शेळके, नूतन कुलकर्णी आदि। हर एक का स्वभाव, आदतें अनोखी। देविका जेब में पैसे न रहते हुए भी मौजमस्ती करती थी। पूनम के और आशु के शरीर सम्बन्ध थे। बॉबी और जिगर एक ही जाति के थे लेकिन उनमें पटती थी सो दो-तीन बार अपनी भूख मिटाने जिगर मेरे पास आया। नंदा मेरी निकट सहेली थी। सुनीता की माँ और भाई ईश्वर समान थे। उसकी माँ गरमागरम रोटियाँ, सब्ज़ियाँ, परोसती थी। वह मुझे ब्यूटीपार्लर ले गयी थी। उसी से पहली बार मुझे आई ब्रो को आकार देना ज्ञात हुआ। उसकी माँ को देखकर अक्सर मेरे मन में विचार उभरता, यदि इसकी माँ इतनी कृश, दुर्बल होकर भी सभी की चिंता ढोती है, इतना सुन्दर भोजन बनाती है, हर काम करती है तो मेरी माँ इतनी आलसी क्यों है? जसविंदर नरूला से दो-चार बार ही बातचीत हो पायी। वह वैसे भी ग्रुप में कम ही रहती थी। मेरे कपड़े अतिसामान्य हुआ करते थे। इसलिए ग्रुप में मुझे उपेक्षित रखा जाता था।

स्कूल की टीचर्स—टास्ते मैडम, गोखले मैडम (विद्याधर गोखले की द्वितीय पत्नी), रांगणेकर मैडम, पद्मा विद्वांस (राधा ठाकुर), मोने मैडम मुझे कई कारणों से याद आती हैं। राधा ठाकुर ने घर से भागकर कैसे विवाह किया, मुझे अच्छी तरह से पता था क्योंकि विद्वांस ब्राह्मण थे और मेरे माँ के नजदीकी रिश्तों में से थे। ठाकुर मेरे सामने वाली इमारत में रहते थे। घर से इजाजत न मिलने पर उन्होंने भागकर शादी की और अपनी सास की सेवा भी न की। उनकी बूढ़ी सास मेरी नानी की सहेली थी। वे अपना मन हल्का करती थीं। इसलिए मैं सब जान चुकी थी। वे कहती थीं, 'उनके नाम में ही विध्वंस है।' यह बात मैंने क्लास में बतायी इसलिए उन्होंने मुझे बेहद अपमानित किया था।

स्कूल और मनीष नगर की कालोनी के बीच मेरी ज़िन्दगी हिचकोले खा रही थी। माँ घर छोड़कर क्या गयी, मेरी ज़िंदगी बिखर गयी। बचपन खो गया। खेल-कूद छूट गया। और मैं नियति के हाथ का खिलौना बनकर रह गयी। मेरा जीवन होश और बेहोशी के बीच भटकता रहा और मैं लहरों से थपेड़े खाती नौका की तरह चरमराती रही। खुद को सँवारने की बेकार कोशिशें करती रही। परिस्थितियाँ बदतर से बदतर होती गयीं और मेरी समझ में नहीं आया कि इन सबके लिए कारण कौन है? कौन गुनहगार है? मैं? या परिस्थितियाँ?

आयु के ग्यारहवें वर्ष में अशोक सूर्यवंशी नामक पुरुष ने मुझसे शारीरिक

सम्बन्ध रखे जब कि मेरे शरीर का विकास भी नहीं हुआ था। झूठे अपनत्व की खातिर मैंने उसकी हरकतें बर्दाश्त कीं और उसके परिणाम भोगती रही। जिस दिन यह शरीर सम्बन्ध हुआ था, उसके दूसरे दिन से श्वेत प्रदर की बीमारी ने मुझे धर दबोचा। बेहद तकलीफ होती रहती। पिताजी बेचारे इलाज कराते रहे। मेरे समूचे बदन से, कपड़ों से दुर्गंध आती रही। इसी कारण मुझे स्कूल में आखिरी बेंच पर बिठाया जाता था।

और मेरा अकेलापन बढ़ता गया। एक बार तो मैंने अपने छोटे भाई को समूचे बदन पर रगड़ लिया था। वह भी छोटा था। उसे मेरे प्रति गुस्सा आया। वह मुझे धमकाने लगा—यह सब पिताजी से कहूँगा। रजोधर्म की शुरुआत हुई, तब वह केलेवाला था ही! फिर से तकलीफ आरम्भ हुई। उठते-बैठते मुझे शर्म आती थी। मेन्सेस आने के पहले ही अशोक चला गया था लेकिन मेरे साथ एक बीमारी छोड़ गया था। मैं थक गयी थी और मेरी कमर टेढ़ी बन गयी थी।

मैं चौदह वर्ष की हो गयी थी। ज़िंदगी चिंदियों में बँट गयी थी लेकिन शरीर आकार धारण करने लगा था। माँ के घर में न रहने से मैं ही घर का हर काम करने लगी थी। स्कूल के लिए इतनी दूर जाना, थककर घर आना, भाई-पिताजी और मैं—तीनों के लिए खाना बनाना। तिस पर पैसों की कमी! मुझे अपने पेट की भूख मिटानी होती थी और पुरुष अपनी लैंगिक भूख मिटाने के लिए मेरा इस्तेमाल करते थे। ना मैं यह बात किसी से कह सकती थी और ना ही पाप-पुण्य, अच्छे-बुरे का फर्क समझ सकती थी।

पुरुषों के प्रति घृणा बढ़ने लगी थी लेकिन जब कोई पुरुष आकर्षित होता था तो मन में भाव उभरने लगता था कि मैं उसकी भूख मिटा रही हूँ। अपनी पेट की भूख मिटाने वाले की लैंगिक भूख मिटाना व्यवहार्य होगा। मैंने मन को इस कदर समझाया भी और उसी वक्त मन में हीनता भाव भी धँसता चला गया। धीरे-धीरे ग्रंथि बनती गयी। लगने लगा—मैं काली हूँ। आर्थिक स्थिति बहुत ही निम्न है। माँ-पिता की दुतकारी हुई हूँ। मन में चुभन होती रहती थी। और मैं प्रेम, स्नेह, अपनत्व, वात्सल्य ढूँढ़ती फिरती रहती थी। यह सब तो कभी नहीं मिला लेकिन हर बार किसी न किसी की वासना की बलि चढ़ती गयी मैं।

यह सब ढोते हुए भी मैं शाम के समय रोज दो घंटे तानपुरा लेकर रियाज़ करती रही। सुबह रोटियाँ बेलते-बेलते संगीत सरिता सुना करती थी और रात्रि में उसी का रियाज़ किया करती थी। फिलोमिना और आशा हमारी बिल्डिंग में ही काम करती थीं। उनसे मेरी खूब पटती थी लेकिन मुझे आशा के साथ बातें करते देख पिताजी बड़ी भद्दी बातें करते थे। वह हमारे घर में भी काम करती थी। मैं और फिलोमिना रोज घूमने जाती थीं। वह मुझे अपने कपड़े, जूते देती थी। मुझे वह अच्छी लगती थी। वह अपने मन की बातें मुझसे बताती रहती थी।

हमारे एरिया का दिलीप फिलोमिना को बेहद अच्छा लगता था। वह दिखने में काला था। सीधी नाक वाला मिथुन चक्रवर्ती जैसा दिखता था। उसका नाम था दिलीप वासुदेव हळदणकर। दिलीप मनीष नगर में मन्नु भाई के यहाँ साइन बोर्ड पेंटिंग का काम करता था। मैं और फिलोमिना रोज उसी रास्ते से घूमने जाती थीं जहाँ वह काम करता था। आँखों-आँखों में परिचय हुआ था। वह फिलू को पसन्द था। हमने मराठी में चिट्ठी लिखकर उसे खिड़की में से दी। वह हमारी बिल्डिंग के नीचे मिलने आया। कुर्ता, नीले रंग का पैंट, मुँह में हमेशा पान।

मैंने बिचौले की भूमिका निभाते हुए कहा, 'भैया, यह तुमसे प्यार करती है।' उसने पूछा, 'किस जाति की है?' फिलोमिना उसके प्रेम में ऐसी पागल थी कि दिन-रात उसी के नाम की माला जपती थी। जैसे ही उसने अपनी जाति क्रिश्चियन कहीं दिलीप ने झट से उसके प्रेम को नकारते हुए कहा, 'मैं तुम्हें अपने गाँव ले के नहीं जा सकता। लोग हमारे परिवार को बहिष्कृत कर देंगे।'

मैंने लाज-शर्म छोड़कर पूछा, 'तो तुम मुझसे ब्याह करोगे? मैं मराठा हूँ' देखा जाए तो वह मुझसे दस साल बड़ा था। लेकिन मुझे शादी कर इस घर से चले जाने की इतनी जल्दी हुई थी कि बस! मैं पलभर भी इस घर में रुकना नहीं चाहती थी। घर के वातावरण से मैं ऊब गयी थी। आशु के प्रेम में असफलता आने से तो मुझे और ही निराशा का दौरा-सा लगने लगा था।

बाबू दिलीप का मित्र था। बाबू मुझसे प्रेम करता था। मेरे पीछे पड़ा था लेकिन उसके इशारे सिर्फ शैया साथ तक के लिए थे। मैंने तरकीब से उसे भाई माना और जाहिर किया। इसका भी नाजायज फायदा उसने उठाया। दिलीप के ज़रिए उसने फिलोमिना को पटाने पर जोर दिया। दिलीप के कहने से उसने बाबू से सम्बन्ध रखा। उससे उसके बेटा भी हुआ लेकिन बाबू ने उससे विवाह नहीं किया। करता भी कैसे? क्योंकि उसकी पहले ही शादी हो चुकी थी।

तब तक मैं तो ठीक से यह भी नहीं जान पायी थी कि शादी क्या होती है। लेकिन मुझे शादी की जल्दी थी क्योंकि मुझे भाई, पिताजी से मुक्ति चाहिए थी। मैं प्रेम चाहती थी! और मेरा भाई मेरे सारे वीक प्वाइंट्स जानता था। मुझ पर हमेशा डर मँडराता रहता था कि कहीं भाई ने सब कुछ पिताजी से कह दिया तो? मैं हमेशा डरी सहमी-सी रहने लगी थी।

दिलीप से प्रेम (?) होने के आठ ही दिनों बाद उसका और मेरा शरीर सम्बन्ध बना। शरीर सम्बन्ध में उसने कई बार घृणास्पद, भद्दी हरकतें कीं। अ-प्राकृतिक सम्बन्ध किये। उससे मुझे बेहद शारीरिक तकलीफें हुईं। हर साँस में वेदना की अनुभूति मैंने ली। मुझे कभी स्त्री-पुरुष सम्बन्धों की नजाकत, अच्छाइयाँ पता ही न थीं। यही सब कुछ यानी स्त्री-पुरुष सम्बन्ध। यह मानकर मैं इन बीभत्स अनुभवों की शरण में गयी। दिलीप की अपमानास्पद, भद्दी हरकतें सहती रही। यह सिलसिला

दो-ढाई साल चलता रहा। अब मैं प्रेम के कुछ रंगों को जानने लगी थी। प्रेम में आतुरता, व्याकुलता का अहसास मुझे होने लगा था। कम से कम इतना तो संतोष था कि दिलीप मेरे अलावा और किसी की ओर देखता तक न था। अब तक उसके सभी रिश्तेदार मुझे जानने लगे थे। उसकी बहन से मेरी अच्छी दोस्ती हो गयी थी। मैं उसके घर आने-जाने लगी थी।

मेरे घर का परिवेश जैसा था वैसा ही था बल्कि दिन-ब-दिन और बदतर होता जा रहा था। माँ यह घर अनाथ कर चल दी थीं। हो सकता है उनकी सहनशीलता ने भी जवाब दे दिया होगा। दादर में उन्होंने काफी कुछ सहा होगा। तब मैं छोटी थी, नासमझ थी लेकिन इतना जान गयी थी कि सभी ने उन्हें पागल करार कर दिया था। सभी को उनकी पागलपन की हरकतें—जैसे वस्तुएँ फेंकना, अपने आप से ही हँसना, बोलना दिखाई दी थीं। लेकिन उसके पीछे के कारण दिखे न थे। बाद में काफी वर्षों बाद उन्होंने मुझसे बताया था—उसे पाँच बार अबॉर्शन्स करने पर मजबूर होना पड़ा था। इससे मुझे अन्दाज़ हो गया था कि उन्हें क्या-क्या झेलना पड़ा होगा। आज मैं उनकी खामोशी को जान चुकी हूँ। जो बातें वे किसी से कह नहीं पायी होंगी उन्हें जान चुकी हूँ। लेकिन उस वक़्त मैं भी उनसे उतनी ही नफ़रत करती थी जैसे कि दूसरे!

माँ घर त्यागकर चली गयी थीं। पिताजी के पास कोई साथी न रहा था। उन्होंने मुझे दोहरे रूप में तंग करना आरम्भ किया। माँ चली गयी थीं तब उन्होंने कहा था, 'अब तुम्हारे लिए मैदान साफ हो गया।' एक दिन अपनी शारीरिक भूख मिटाने वे मेरे पास आये। मेरे बेडरूम में आकर पूछने लगे, 'तुम्हारे सीने का नाप क्या है?' और मेरे वक्षस्थल पर हाथ फेरने लगे। मुझे आने वाले खतरे का आभास मिल गया और मैं बाहर भाग गयी। एक बार उन्होंने मेरी सहेली आशा के स्तन भी जोर से दबाये थे और वह बेचारी थरथराती बुत बन खड़ी रही।

आशा ने और मैंने ठाणे में स्थित मौसी के घर जाकर माँ को समझाया। और हम माँ को घर वापस ले आयीं। पिताजी ने ताने देना शुरू किया, 'देखो, यह कुलटा माँ को ले आयी।' ऐसे शाप मुझे मिलते गये और मेरा खून जमता चला गया। भावनाएँ मरती चली गयीं।

दिलीप पेंटर की नौकरी करते हुए कादरखान प्रदीपराय चौधरी के यहाँ स्क्रिप्ट लिखने जाता था। इसका उसे काफी घमण्ड था। लेकिन क्या फायदा ऐसे घमण्ड का कि जो आगे क्या-क्या सहने के लिए रखा है, उससे अनभिज्ञ ही रखता है। माँ के घर लौट आने के पहले कई बार मैंने केलेवाले के दिये हुए पैसों से दिलीप को होटल में नाश्ता कराया था। क्योंकि घमण्ड पैसे नहीं दे पाता।

हमारे शरीर सम्बन्धों के कारण मेरे पाँव भारी हो गये। अब मुझे कुछ भी बर्दाश्त करना था। महीने पर महीना बीत रहा था। दिलीप की बुआ गुज़र गयी थी

और वह गाँव गया था। वहाँ बीमार हो गया। पिताजी को मेरी हालत का पता चला। माँ से बात करते हुए मैंने उन्हें सुना था।

बस क्या था। हमेशा की तरह मेरी पिटाई! गुस्से में उन्होंने मेरे पेट पर लात मारा। 'उस कलूटे का पाप पेट में पाल रही हो? वह एक दिन धोखा देगा, तब समझेगी।' आदि कहने लगे। पिताजी मेरे ही गुनहगार थे सो मैं उन्हें मन से नकारती थी। उनकी बातों में भी मुझे कुछ सच्चाई लगती न थी। लेकिन हाँ, इतना सच है कि चोर-चोर मौसेरे भाई होते हैं। एक-दूसरे को खूब जानते हैं।

मेरा सातवाँ महीना चल रहा था। अब तक दिलीप गाँव से लौटा न था। मैंने उसे पत्र भेजा। वह मिलते ही वह लौट आया। माँ का विवाह जिस पंडित जी ने सम्पन्न किया था, उन्हीं के शिष्य ने मेरा विवाह 23 मार्च 1983 को सम्पन्न किया और मैं इस दिन श्रीमती वैशाली दिलीप हळदणकर बनी।

## छह

मेरे विवाह के बाद का पहला दिन। खूब याद रहा। शादी में मेरे पिताजी नहीं आये थे। विवाह के बाद दिलीप मुझे अपने काका के घर ले जाने वाला था। दिलीप के पिताजी वासुदेव हळदणकर, दिलीप का छोटा भाई चंदू वहीं रहते थे। दिलीप के काका दामोदर हळदणकर और काकी सरिता हळदणकर, उनके चार बच्चे, ऐसे नौ लोग उस घर में रहते थे। अब मैं भी! मेरे पेट में बच्चा था! विवाह के बाद जब मैं पहली बार घर आयी तब घर में अँधेरा था। सिर्फ मिट्टी के तेल की एक बत्ती जल रही थी। चचेरी सास ने बढ़िया भोजन बनाया था। रात के ग्यारह बजे थे। बढ़िया रस्म, दाल-चावल सब कुछ। मैं, ससुर जी, दिलीप सभी ने साथ भोजन किया। आते समय टैक्सी में हम गद्दी, मिट्टी का तेल, स्टोव आदि सामान लाये थे।

दूसरे दिन सुबह मैं अपने पतिराज को जगाने गयी और गालियों की बारिश में भीग गयी। घर के सभी लोग जाग गये थे। तैयार हो गये थे। मेरे पतिदेव ने छुट्टी ले रखी थी। सुबह के पौने आठ बज चुके थे। मैंने इनके पैर को हिलाकर इन्हें जगाना चाहा। और माँ पर से गाली मिली। मैं चौंक गयी। इस घर में आते ही यह उपहार पाकर मेरे पैरों तले की ज़मीन खिसक गयी। शादी के बाद का पहला दिन। दिन की शुरुआत! झगड़े के साथ उगना था इस दिन को भी। मैंने विनती की, 'कृपा कर माँ पर से गाली मत दीजिए।' बस! मेरा इतना कहना काफी था। घंटे भर गालियों की बरसात होती रही।

इसके तीसरे दिन होली थी। दिलीप कान का बड़ा कच्चा था। ऊपर से पिटाई भी करता था। हमारी पहली होली पिटाई-धुलाई में मनायी गयी। बच्चे के जन्मने

के समय तक वह मुझसे शारीरिक सम्बन्ध की माँग करता रहा और यह माँग भी इतने अश्लील शब्दों में कि उफ्! एकान्त में पत्नी से क्या कहा जाए? इतने भद्दे शब्दों में? मैं दुखी होती रही। मेरे सामने अन्य स्त्रियों के बरबाद जीवन थे। मेरी माँ, मेरी सास। उन्हें देख-देख मुझे जीने के लिए बल मिलता गया। दुख पचाकर दिलीप के दिये इन संत्रासों का सामना करने की ताकत मिलती थी।

दिलीप शादी के पहले भी अजीब-सा बर्ताव करता था। अब शादी के बाद घर में भी उसी तरह का बर्ताव करने लगा। कहीं सिनेमा देखने, घूमने जाते थे तब कहता था, 'तुम आगे जाओ। मैं पीछे से आता हूँ।' मैं इस बात को लेकर काफी झगड़ती। शादी के पहले उसने मेरे पिताजी से कहा, 'मैं आपकी बेटी के शरीर से खेल चुका हूँ।' पिताजी इस वाक्य से उसे अच्छी तरह से जान चुके थे। उसका एक भाई मेरे भाई की क्लास में पढ़ रहा था। फिर भी वह मेरे साथ कहीं आने से कतराता रहता था। उसे शर्म आती थी।

अब उसने और एक नयी पद्धति अपनायी—मुझे तंग करने की! 'मैं हूँ जो कि शादी की! कोई दूसरा होता तो छोड़कर चला गया होता।' यह कहकर वह बार-बार मुझे नीचा दिखाता था। जब मैं पेट से थी तब और एक किस्सा वह मुझे बार-बार सुनाता था। वह यह कि 'मेरे मामा की लड़की का रिश्ता आया था। इन्दु नाम था उसका! पाँच तोला सोना भी देने वाले थे वे लोग' सच तो यह था कि मैंने उसे इसलिए बुला लिया था क्योंकि मुझे फैसला करना था। आमने-सामने बैठकर कि क्या किया जाए? लेकिन उसे अपने आप पर घमण्ड था कि मैंने उसे शादी करने के लिए विनती की थी। यह किस्सा कहकर यह कविता के चरण की तरह पंक्ति दोहराता था, 'तुम्हें शर्म नहीं आती।' अंत तक इस वाक्य से ही वह अपनी हर बात समाप्त करता रहा।

दिलीप की सगी बहन का नाम कल्पना था। प्यार से उसे सभी पप्पू कहकर पुकारते थे। उसकी मौसेरी बहन का नाम भी कल्पना था। कभी एकांत में उन दोनों की भेंट हुई थी तब इसने उसका चुंबन लिया था। शर्माकर वह भाग गयी थी। शायद वह भी इससे प्रेम करती होगी लेकिन मौसेरी बहन होने से यह रिश्ता हुआ न था। दिलीप ने उसका नाम 'छुईमुई का पेड़' रखा था। हरदम उसे 'छुईमुई का पेड़' कहते हुए, उसका उदाहरण रखते हुए वह मुझे ताने देता रहा।

मामा की लड़की से शादी करने के लिए दिलीप भी उत्सुक था। मुँह से भले ही मुझसे कहता था कि, 'तुम्हें छोड़कर नहीं जाऊँगा।' अक्सर उस वॉचमैन का किस्सा सुनाया करता था जिसने अमीर लड़की से भागकर शादी कर ली थी और कैसे अमीर बना था। उसकी अमीरी का वर्णन कर मुझसे पूछता था, 'तुम मायके से क्या लेकर आयी हो?'

और इस बात को लेकर मुझे तंग करने लगा। मैं सचमुच कुछ लेकर आयी

न थी। लेकिन इस बात का मुझे कभी पछतावा भी नहीं हुआ था। हाँ, बुरा इस बात का लगता था कि मेरे माँ-बाप मामूली शब्दों से भी कभी मेरी पूछताछ करते नहीं थे।

उनके लिए वैसे भी मैं बोझ थी। लेकिन दिलीप जब उनके बारे में भला-बुरा कहता था तो मुझे लगता था उनका दोष भी क्या है। दिलीप सुबह उठने को लेकर एकदम आलसी था। जगाने जाओ तो माँ पर से भद्दी गालियाँ। माँ ने इसका क्या नुकसान किया था? कभी एकाध बार इनके घर की चाय पी होगी लेकिन उसके नाम को रोज उछाला जाता रहा।

मेरे ससुर भी अजीब शख़्स थे। शादी के पहले 20 मार्च तक कहते रहे कि खोली (कमरा) लेने के लिए मैं तुम्हें दो हजार रुपये दूँगा। अचानक 21 मार्च को बताया कि मेरे पास पैसे नहीं हैं। वे गवर्नमेंट प्रेस में काम करते थे। तब उनकी 4500 रुपये तनख्वाह थी। उसमें से सिर्फ सात सौ-आठ सौ रुपये गाँव भेजकर बाकी पैसे शराब में बरबाद करते रहे।

दिलीप की तनख्वाह सिर्फ सात सौ चालीस रुपये थे। मेरे बच्चे के जन्म के समय उसने नौकरी छोड़ दी। वैसे भी वह काम के पूरे दिन कभी काम करता ही न था। अब तो नौकरी छोड़कर बैठ गया था। पहले ही उसके पैसे घर का सामान जुटाने में खर्च हो गये थे। इतनी कम तनख्वाह में घर लेने को पैसे बचाना सम्भव न था। ससुर जी के पैसे देने से इनकार करने पर वह डर गया।

ससुर जी का बर्ताव भी कम तकलीफदेह न था। सुबह मैं मर-खप कर सब के लिए डिब्बे बनाती थी और ये थे कि बारह बजे घर लौट आते थे। आते ही पहला प्रश्न, 'खाना क्या बना है?' ये सारे लोग कोंकण के। मच्छी के भोजन के आदी! मैं पक्की मांसाहारी न थी। मायके में शाकाहार ही था। मैं मांस-मच्छी ठीक से बना नहीं पाती थी। बस! ताने शुरू! 'हमारी शालिनी, हमारी कल्पना देखो कितना अच्छा भोजन बनाती हैं।' ये ताने सुनकर भी उन्हें शराब के लिए पैसे देने पड़ते थे।

अच्छी-खासी नौकरी छोड़कर वे भी बैठ गये। अब पेंशन सिर्फ आठ सौ चालीस रुपये। घर में बता दिया था कि पेंशन पाँच सौ चालीस है। बाद में किसी प्राइवेट प्रेस में नौकरी मिली थी उन्हें। सोलह सौ रुपये तनख्वाह पर! दिलीप काम पर गया कि इनके ताने देना शुरू होता था। कभी-कभी दिलीप की भी खूब बुराई करते थे।

मेरे हँसने को लेकर मेरा मज़ाक उड़ाते रहते थे। वे आपस में कोंकणी में बात करते थे। मैं समझ नहीं पाती थी। हाँ, मैं इतना समझ गयी कि हर एक ने मेरा मन दुखाया है। मुझे वेदनाएँ दी हैं। रात में दिलीप के आते ही चुगली करते थे। पहले ही दिलीप कान का कच्चा। उसमें इनका उसे भड़काना। रोज रात में झगड़े! नाटक! रात में पति के झगड़े! दिन में ससुर जी की दादागिरी! 'तुम जैसी छप्पन ले आता मैं उसके लिए। अच्छी-खासी मामा की लड़की का रिश्ता आया था।' यह तो सुन-सुनकर मेरे कान पक गये।

इन झगड़ों से दूर रहने के लिए मैं दिलीप के पास सिनेमा देखने जाने की ज़िद करती थी। सुबह झगड़े। रात में सिनेमा! कभी घूमना। ससुर जी को हमारा इस तरह अच्छा रहना फूटी आँखों न सुहाता था। बच्चे के जन्म के बाद जब मैं अस्पताल से घर आयी, तब ससुर जी ने कहा, 'ये तेरे बच्चे तेरे कभी नहीं होंगे।' मैंने मन में सोचा, पापी को अपने खून पर कितना भरोसा रहता है। दिलीप का बाप यानी जीवन पर लुढ़की हुई चट्टान थी। दिलीप कितना भी नीच हो, घटिया हो मेरे मन ने समझ-मान लिया था कि वह मेरा सुहाग है। और यही भाव अंत तक रहा।

मेरे बड़े बेटे का जन्म 10 जून 1983 को हुआ। पहले मेरा नाम प्राइवेट में लिखाया था लेकिन डिलीवरी मालाड में गोविंद नगर के म. न. पा. के अस्पताल में हुई। सीज़र नहीं हुआ। मेरे लिए यही संतोषप्रद बात थी। मैं अपने बच्चे का नाम प्रशांत रखना चाहती थी। लेकिन दिलीप और ससुर जी ने पहले से ही तय कर रखा था उसका नाम श्रीधर रखना, सो रख दिया बिना किसी नामकरण संस्कार के। मैंने इसे भी आनन्द से स्वीकारा। पर किसी ने उसे कभी श्री या श्रीधर नाम से पुकारा नहीं। सभी 'बबलू' कहते रहे सो कहते ही रहे। सिर्फ छठी की पूजा हुई। नवजात शिशु पर और कोई संस्कार नहीं हुए।

मेरी चचेरी सासुजी—सरिता काकी—ने मेरी डिलीवरी के दिनों की सभी ज़रूरतों को प्यार से पूरा किया। उन्होंने मुझे माँ की तरह प्यार दिया। वे हमेशा कहा करती थीं, 'हमें और कुछ नहीं चाहिए। बस तुम दोनों खुश रहो। अच्छे रहो।' सरिता काकी दिखने में सुन्दर न थीं। लेकिन मेहनती थीं। दामू ताऊ खूब सुन्दर थे। नाक-नक्श एकदम सुन्दर। रसिकता से उनका मन भरा-पूरा था। सरिता काकी रसिक न थीं लेकिन बेहद दयालु थीं। उनका मायका अमीर था। ससुराल में उन्होंने काफी वनवास भोगा। वे अस्थमा की मरीज़ थीं। फिर भी थैलियाँ बनाकर बेच-बेच कर महीने में पाँच-छह सौ रुपये कमाती थीं।

उनका बड़ा बेटा दीपक बहुत भला लड़का था। दूसरा बेटा राजू। उसे बचपन में ही मैननजायटिस हुआ था। उसकी आँखें तिरछी हो गयीं। हाथ-पाँव टेढ़े-मेढ़े हुए। वह ठीक से खड़ा नहीं रह सकता था। मुँह से हमेशा लार टपकती थी। अस्थमा भी था। वह साँवला था पर दिखने में सुन्दर था। मेरी शादी में उसकी उम्र दस साल की थी। उसकी जूठन कोई खाने को तैयार न होता था। मैं खाती थी। वह मुझसे बहुत स्नेह करता था। अपाहिज होने के कारण वह सतत घर में ही रहता था। सरिता काकी के घर आते ही उनसे कहता था, 'आज भैया ने भाभी को खूब गालियाँ दीं।' 'आज भैया ने भाभी को मारा।' जब मेरा बेटा रोने लगता तब वह पलना हिलाकर उसे चुप कराता था।

राजू से छोटा था जितू। हळदणकर परिवार का सबसे छोटा बच्चा। सभी का लाड़ला। उसके दोनों कान बहते रहते थे। बैंगन या चावल जैसे पदार्थ खाने-से उसे

तकलीफ होती थी। जब मेरा विवाह हुआ, तब वह नर्सरी में था। खूब जिद्दी था। मेरी चचेरी ननद भारती मेरी ननद नहीं, सहेली थी। वह बबलू से बड़ा प्यार करती थी। दिलीप के सामने मुझसे कहती थी, 'भाभी, यह आपको कहाँ मिला? आपने इस मेरे भाई में ऐसा क्या देखकर इससे शादी की?' दिलीप जब झगड़ता था तब वह मेरे भूतकाल का नंगा प्रदर्शन करता था। सास-ससुर के सामने उन घटनाओं की चिंदियों को लटकाता था। ज़ख़्म पर नमक छिड़कता था। तब भारती उससे कहती थी, 'जब भाभी का चाल-चलन तुम्हें पता था तो तुमने उससे ब्याह क्यों रचा?' भारती के इन शब्दों से मुझे सहारा मिलता था। गर्म हवाओं के झोंकों में शीतल बयार का हल्का-सा झोंका लगता था जो मरहम का काम कर जाता था।

भारती से मैंने बहुत सीखा। एक गुण उसका यह था कि वह मालाड के सोमवार में लगने वाले पुराने बाज़ार से सस्ती साड़ियाँ खरीद लाती थी और वे ही साड़ियाँ पहनकर ऑफिस जाती थी। उस वक्त उसे तेरह सौ रुपये तनख्वाह मिलती थी। नौकरी करके भी घर के कामों में मेरा हाथ बँटाती थी।

मेरे चचेरे देवर भी बहुत भले थे। बेटे को सँभालते थे। राजू हमेशा कहता था 'पहले भाभी को दो!' घर में दस लोग थे। ससुर और दिलीप को छोड़कर सभी ने मेरे साथ बहुत अच्छा बर्ताव किया। दिलीप हमेशा संशय से देखता था। उसके शक्की स्वभाव के शिकार दामू ताऊ भी थे। दामू ताऊ रसिक थे। औरतों के बारे में भी। लेकिन घटिया या अश्लील न थे। जो भी स्त्री-पुरुष मुझसे अच्छा बर्ताव करते थे, वे सभी दिलीप के शक्की मिजाज के बलि चढ़ जाया करते थे। हमारे एरिया के शब्बीर भाई, सल्लाउद्दीन चाचा, मुमताज चाचा, दिलीप के मामा, मेरे देवर, चाचा, फुफेरे देवर सभी को लेकर दिलीप मुझे आतंकित करता था। उसकी नज़र में सभी बुरे थे। बस वह अकेला ही भला था। सभी स्त्रियाँ कुलटाएँ थीं और बस वही गौतम बुद्ध था। कबीर था।

## सात

चचेरी सास के घर में मैं लगभग दस महीने रही। यह घर 'मालवणी' में अठारह नंबर का था। याने मालवणी की अठारह नंबर की झोंपडपट्टी! बड़ी अजीब बस्ती थी वह! सँकरी गलियाँ। चाल जैसी झोंपड़ियाँ। घर के दरवाज़े बिल्कुल एक-दूसरे घर के आमने-सामने। खिड़कियाँ भी! इन गलियों में सिर्फ लोग आ-जा सकते थे। कहीं-कहीं साइकिलें ले जाने भर की जगह थी लेकिन कसरत करनी पड़ती थी। सधा हुआ आदमी ही यहाँ साइकिल चला सकता था। लोग गरीब थे। घर की औरतें कुछ न कुछ काम ला-लाकर घर में किया करती थीं। सभी पेट-पालने के लिए काम-धन्धे

करते थे। मालवणी अठारह नंबर कशीदाकारी और पीतल की अँगूठियाँ बनाने में मशहूर था। हमारे घर के ठीक पास ही कशीदाकारी और अँगूठियाँ गढ़ी जाती थीं। यहाँ बंगाली, मद्रासी, भैये लोग और मुसलमान अधिक थे।

ये घर भी क्या घर थे। असुविधाओं का अधिराज्य! एकदम तंग! कम जगह! जिनके अपने घर थे उनके पास फोटो पास हुआ करता था। हमारे जैसे कई लोग किराये पर रहते थे। फोटो पास नहीं यानी गैर कानूनी। फोटो पास हो तो सब कुछ ठीक! हम पर लगातार लटकती तलवार। फिर इसे हफ्ता दो, उसे हफ्ता दो! गुंडे, पॉकेटमार, ताड़ीपार सभी इन बस्तियों में अपना राज स्थापित करते थे। उनके सिर पर राजनीति वालों का हाथ रहता था। बस्ती के लोगों का कभी राजनीति वालों से पाला नहीं पड़ता था। उनके लिए ये गुंडे, तड़ीपार ही काफी हो जाते थे।

मैं जब मालवणी में रहती थी तब सात-साढ़े सात बजे ही अँधेरा हो जाता था। हमारे घर में लाइट न थी। मालवणी नं. एक से पाँच के बीच एक बड़ी मस्जिद थी। छह और उन्नीस के बीच भी कई मस्जिदें थीं पर छोटी थीं। वहाँ नॉनवेज होटल थे। रास्तों पर भुर्जीपाव, मच्छिफ्राय मिलता था। दारू के अड्डे थे। लोग घर में भी शराब बनाते थे। पुलिस का हफ्ता समय पर देने से सब कुछ आराम से चल सकता था।

इस झोंपड़पट्टी में काफी हिजड़े रहते थे। बबलू के जनमने पर ये हिजड़े हमारे घर आये। उन्होंने बच्चे की लिंग पर चुटकी बजायी। लिंग की नस तन जाने पर 'यह पुरुष है हिजड़ा नहीं' का ऐलान कर, कुछ पैसे लेकर, गाने गाकर वे चले गये। मैं यह सब पहली बार देख रही थी। आश्चर्य लगा। अजीब-सा लगा।

मेरे चचेरे ससुर जी के इस घर का मालिक भोजपुरी ब्राह्मण था। मालकिन अनीता टिप-टॉप रहती थी। अच्छी-अच्छी साड़ियाँ पहनती थी। उसकी कमर में छल्ला हुआ करता था। आशिकाना मिज़ाजवाली थी वह। उसके दो बेटे थे। मायके से उसे काफी मदद मिलती थी। एकदम नकचढ़ी थी। और पति एकदम लल्लूपल्लू। लेकिन दोनों बड़े अच्छे थे। किराये का मकान था यह। मेरी शादी के पहले से यानी चार साल से ये लोग यहाँ रहते थे। अनीता का पति कभी हमारे घर नहीं आता था। पहले यह घर आम की लकड़ियों से बना एकदम ठिगना था। हमने अच्छी लकड़ियों से इसे ठीक किया और थोड़ा ऊँचा भी!

हमारे घर के सामने नूरी भाभी रहती थी। उनके पति का नाम फिरोज था। वे मौसेरे भाई-बहन थे। मुस्लिमों में मौसेरे भाई-बहनों में शादियाँ होती हैं। उस वक़्त मुझे इस बात का बड़ा अचरज लगा था। अच्छी बात यह थी कि उन दोनों में झगड़े न के बराबर थे और कभी होते भी थे तो तुरन्त रात में वे दोनों एक ही थाली में भोजन करते थे।

नूरी भाभी के पड़ोस में शांताक्का रहती थी। मोटी-सी, काली-कलूटी। नायलॉन की साड़ियाँ पहनती थी। कभी माथे पर बिंदी न लगाती थी। उसकी आवाज़ से

मालवणी का पूरा अठारह नंबर खौफ़ खाता था। वह विधवा थी। खूब पीती थी। उसकी इस पीने की आदत के कारण उसका इकलौता बेटा अपनी बीवी को लेकर मालवणी आठ नं. में रहने गया था। शांताक्का के अनेक पुरुषों के साथ सम्बन्ध भी उसके अलग रहने का कारण था। शांताक्का का शराब छानने का धन्धा था। हफ्ता न देने पर पुलिस की धौंस! धन्धा बंद। बेचारी संकट में पड़ जाती थी। शराबी होने के कारण उसे कोई काम पर भी न रखता था। शांताक्का के पुरुष मित्र उसे पचास-सौ रुपयों में भोगते थे।

शांताक्का का जीवन चाचा से सम्बन्ध था। जीवन चाचा पंजाबी था। दिखने में गोरा-चिट्टा। सुनहरे बाल! हट्टा-कट्टा! उस पर रॉबरी, मर्डर के चार्ज थे। कई बार उसकी जमानत कराने के लिए भी शांताक्का अपना शरीर बेचती थी। मेरी शादी के तीसरे ही दिन होली थी। मैंने जीवन में पहली बार देखा—जीवन चाचा ने शांताक्का की पिटाई की थी। भरे चौक में! उसकी नाक से खून बह रहा था। उनके झगड़े के बीच पड़ने की किसी की हिम्मत न हुई। मुझे आश्चर्य हुआ। बाद में तीन-चार बार शांताक्का की ऐसी पिटाई होते हुए मैंने देखा था। वह राक्षस की तरह उस पर टूट पड़ता था और वह गरीब, अनपढ़, औरत! जीवन चाचा से सच्चा प्रेम था उसका। इतनी मार सहकर भी वह उसे छोड़ नहीं देती थी बल्कि उसे जेल से छुड़ाने के लिए तरह-तरह की कोशिशें किया करती थी।

शांताक्का ने ही मेरी डिलीवरी में मेरी और बच्चे की मालिश की थी। दिलीप को वह बिल्कुल अच्छी नहीं लगती थी। उसके आते ही दिलीप अँगूठे से पीने का एक्शन करता था। शराबी कहकर उसकी उपेक्षा करता था। मुझे बुरा लगता था। मालिश करने पर उसे सत्तर रुपये देते हुए भी दिलीप ने खिटपिट की थी। साड़ी देना तो दूर!

हमारे घर की बायीं ओर राजाराम टेलर रहता था। पहले वह अपनी पत्नी सुमन के साथ रहता था। कुछ ही दिनों में वह अपनी पहली पत्नी रंजना को लेकर आया। सुमन के लिए यह हादसा था। हम सभी को भी आश्चर्य लगा। रंजना एकदम गँवार, नौ गज साड़ी पहने हुए, सिर पर पल्लू डाले हुए थी। दिखने में एकदम सुन्दर! सुमन और रंजना मेरी ही हमउम्र थीं। सुमन मेरे साथ खूब बतियाती रहती थी। राजाराम रंजना के साथ अधिक समय बिताता था। सुमन जलती रहती थी। राजाराम सुमन को भी ब्याह कर लाया था।

दो महीने में ही रंजना के पाँव भारी हो गये। फिर राजाराम उसे मारने लगा। रंजना के तीसरा महीना चल रहा था। राजाराम ने उसके पेट पर ऐसा पंच मारा जैसे कोई रेत के बोरे पर बॉक्सिग की प्रैक्टिस करता हो और उसका गर्भ गिराया। मैंने यह सब देखा था। डर के मारे मेरी घिग्घी बंद हो गयी थी। मैंने किसी से कुछ कहा नहीं। कुछ दिनों में सुमन ढिंढोरा पीटने लगी कि रंजना पागल हो गयी है। उसे भूत ने पछाड़ा है। रंजना को अटैक आता रहता था लेकिन उसका असली कारण मैं

जानती थी। कुछ ही दिनों में फिर वे तीनों वहाँ से चले गये। न जाने कहाँ?

पड़ोस के एक परिवार में शहनाज नाम की लड़की रहती थी। उसके परिवार वालों से मेरा कोई खास परिचय न था लेकिन शहनाज को मैं भली-भाँति जानती थी। वह मासूम युवती थी। सुन्दर! उसे सब छमछम कहते थे। उसके कारण हमारी गली 'छमछम की गली' के नाम से जानी जाती थी। छमछम का मुमताज भाई नाम के युवक से प्रेम हो गया। लेकिन वह सुन्नी था। घरवालों का विरोध हो गया। उन्होंने रिश्ते में ही किसी लड़के से छमछम का ब्याह रचाया। कुछ भी हो जाए हँसमुख छमछम की हँसी में कभी बाधा न पड़ी।

हमारे पड़ोसियों में एक भंगी परिवार था। काठियावाड़, गुजरात से थे ये लोग। उस घर की औरत को लोग बदी की माँ कहकर पुकारते थे। यह औरत रोड के रफटफ दादा की तरह रहती थी। हमारे घर आकर मेरे ससुर से अक्सर कहती थी, 'यह कैसा नाम रखा है बहू का? पैसे वाली, पैसे वाली! यह भी कोई नाम हुआ? मेरा वैशाली नाम उसके पल्ले नहीं पड़ता था। वह मुझे पैसे वाली कहकर पुकारती थी। वह दादी बन चुकी थी लेकिन दिखती थी एकदम युवा। क्योंकि उनमें शादियाँ बहुत कम उम्र में हो जाती हैं इसलिए बच्चे भी जल्दी होते हैं।

गली के दूसरी छोर पर सदाशेट्टी का परिवार रहता था। उनके घर के एक कमरे में किरायेदार रहता था। उसकी बीवी खूब सुन्दर थी। एकदम राखी जैसी गोरी और खूबसूरत! उसके एक बेटा और एक बेटी थी। हम उसे 'मनोज की माँ' कहकर पुकारते थे। वह बार में काम करती थी। सभी कहते थे इसने तीन बार धर्मान्तर किया है। वह हिन्दू थी! मुस्लिम बनी और फिर क्रिश्चियन! पुनः हिन्दू! कुछ भी हो। तब मैं यह नहीं जानती थी कि वह ग्रेजुएट थी और बार में काम करती थी।

इसी गली में एक दारूवाली आक्का रहती थी। पुलिस उससे डरती थी। उसका बहुत बड़ा दारू का धन्धा था। वह केरली थी। एकदम शीलवती और स्नेहिल! आदर से, अपनत्व से बात करती थी। लगता ही नहीं था कि उसका इतना बड़ा दारू का धन्धा होगा। उसके एक लड़का था। सभी को आपा या भाभी कहकर सम्बोधित करता था। मुझसे जब बात करता था, तब गर्दन झुकाकर! लोग उसे गुंडा कहते थे। कहते थे उस पर मर्डर केसेस हैं।

उनके पड़ोस में एक मछुआरन क्रिश्चियन महिला रहती थी। सभी उसे मम्मी कहते थे। वह खुले आम दारू, सिगरेट पीती थी। उसका पति पंजाबी हिन्दू था। उनके गिल्रॉय नामक बेटा और पिंकी नाम की बेटी थी। उनके परिवार में सभी धर्मों के त्यौहार मनाये जाते थे। और कई जरूरतमंद बच्चे अनाथ आश्रम की तरह उनके घर में रहते थे। वे सभी को मन से सँभालते थे। गली के झगड़ों में ये मम्मी-पापा जान की बाजी लगाकर समझौता कराते थे। मुझे ये लोग बहुत अच्छे लगते थे। लेकिन मैं इनसे कभी ज्यादा घुल-मिल नहीं पायी। सास-ससुर की निगरानी में जो थी।

सरिता चाची, दामू तात्या, देवर, ननद आदि लोग मुझसे बहुत अच्छा बर्ताव करते थे। स्नेह करते थे। सिर्फ मेरा पति दिलीप और ससुर मुझे तंग करते थे। उन्हीं के कारण झगड़े होते रहते थे। दिलीप के शक्की मिजाज और ससुर के ताने को लेकर दामू तात्या भी परेशान होते थे। फिर वे भी ताने देते थे। भले ही वे मन के साफ थे। वे स्थितियों के मारे निराश हुए थे। संक्राति-पर्व पर मैं तिल के लड्डू बना रही थी। दामू तात्या शराब पीकर आये और बकबक करने लगे, 'कई बार दिलीप से कहा है कि घर ढूँढ़ो अपने लिए। मानता ही नहीं है।' मुझे गुस्सा आया! कुछ भी लेकिन अपने पति के खिलाफ कुछ सुनना मेरे संस्कारों में न था। मैं सीधी बाहर निकली और घर ढूँढ़ने लगी।

शब्बीर भाई से मैंने कहा। वे मालवणी उन्नीस नंबर में रहते थे। मालवणी में उनका गोदाम था। वे मुझे 'सायराबानो' कहते थे। क्योंकि इनका नाम 'दिलीप' जो था। शब्बीर भाई ने तुरन्त मुझे एक झोंपड़ा दिया। बीस रुपये महीना किराया। झोंपड़ा बोरे से बना था। सब आर-पार दिखता था। लाइट न थी। बबलू मच्छरों से परेशान होता था। कुछ भी लेकिन मेरी गृहस्थी की यह शुरुआत थी। यह झोंपडी मेरा घर था। मेरे पति का, मेरे बच्चों का घर! मैं खुश थी। दिलीप भी सद्बुद्धि से पेश आता था। उसे घर पसन्द न था पर वह शान्त था। चन्दू और ससुर जी भी देखकर चले गये। आते समय चन्दू झूमते-गाते आया था। लेकिन उल्टे पाँव लौट गया।

मालवणी उन्नीस नंबर में तड़ीपार लोगों की भर्ती थी। सत्तर प्रतिशत लोग तरह-तरह के गुनाहों के कारण तड़ीपार हुए। मुसलमान लोग ज्यादा थे। वैसे समूची मालवणी में ही मुसलमान अधिक थे। यहाँ इप्पो नाम की एक लड़की अपनी दो बहनों के साथ रहती थी। वह सुन्नी थी। कशीदाकारी करती थी। हमेशा 'रंडी लोक', 'हम पाक हैं' के नारे लगाती रहती थी। बड़े-बड़े ब्लैंकेट धोने बैठती थी—पूरा नल काबिज किये हुए। खूब दादागिरी करती थी। उसे लगता था उसके जैसा अमीर कोई नहीं। रोब जताती रहती थी। इप्पो की माँ ने किसी अरब से शादी की थी और वह विदेश में रह रही थी। वहाँ के 'रियाल' के भारत में खूब पैसे बनते थे। इप्पो की माँ यहाँ आती थी तो बेटियों के लिए सामान, पैसे दे जाती थी। उस अरब से उसके एक बेटा भी हुआ था। इप्पो की भी शादी हुई थी लेकिन उसके आदमी ने उसे तलाक दिया था। इप्पो के भी एक बेटा था। अपनी माँ के बेटे से दो साल छोटा। इप्पो की माँ जब आकर जाती थी तब इप्पो की दादागिरी और बढ़ जाती थी।

हमारे घर के पास एक सैलून था। सैलून के बाहर पान की टपरी। सैलून सलीम नाम के मुसलमान का था। वह खूब हीरोगिरी करता था। उसने दो बच्चों के बाद अपनी बीवी को तलाक दिया था। स्टाइलिश रहता था। टपरीवाला सलीम को लेकर अपनी बीवी पर शक करता था।

इस टपरी वाले की बीवी सुन्दर थी। उसके काले, घने, घुँघराले बाल कमर तक

लंबे थे। वह मुझसे रोज अपने पति के बारे में बताती थी। टपरी वाला सलीम को लेकर उस पर ताने कसता था। पीटता था। औरतों के साथ बीवी की बात करना भी उसे पसन्द न था। बर्दाश्त की हद होने पर उस औरत ने खुद को अपनी ही झोंपड़ी में जला लिया। आस-पास की दो झोंपड़ियाँ भी झुलस गयीं। कुछ ही दिनों में सलीम किसी के पैसे चोरी कर गायब हो गया।

हमारे और पड़ोसी के घर में प्लास्टिक का पार्टीशन था। वह उधड़ गया था, फट गया था। वहाँ एक मुस्लिम परिवार रहता था। दोपहर की नीरवता में उस घर से अजीब-सी आवाज़ें आती रहती थीं। कभी-कभी मैं फटे पार्टीशन से झाँकती थी और वहाँ का दृश्य देखकर हक्का-बक्का रह जाती थी। वह मुसलमान बीवी के हाथ, पैर बाँधकर, मुँह में कपड़ा ठूँसकर उसे पीटता रहता था। तब उस औरत के मुँह से अजीब आवाज़ें निकलती थीं। उसे पीटकर वह भोजन करता था और बाद में उसके पैर सफेद रस्सी से ऊपर के खंबे से बाँधकर संभोग करता था। संभोग की वह आवाज़ दोपहर की खामोशी को चीरकर जाती थी। वह दृश्य और वह आवाज़ मुझे डरा जाते थे। वह औरत इस मार से काली पड़ जाती थी लेकिन अपने पति के बारे में कभी किसी से कुछ कहती न थी। उनके बच्चा न था इसलिए भी वह आदमी उसे तंग करता था। एक ही बार उस औरत ने मुझसे कहा कि उसके पति ने मामूली पैसों की खातिर नसबंदी करा ली थी। इसके बाद कुछ ही महीनों में यह परिवार कहीं और चला गया।

उसी खाली झोंपड़े में नया किरायेदार आया। बंगाली मुसलमान परिवार। उस आदमी की दो औरतें थीं। एक से निकाह किया था। एक रखी थी। वह कलकत्ता के कोठे से थी। दोनों औरतें स्नेहमयी थीं। कोठे वाली यहाँ कभी-कभी ही आती थी। वह दूसरी जगह रहती थी। यह आदमी कशीदाकारी करता था। हमारी चाल के सामने बड़ी-सी खाली जगह थी—आँगन जैसी! वहाँ खटिया बिछाकर काम करता रहता था। ऑर्डर आने पर रात-रात जागकर काम करता था। जब काम नहीं रहता था तब खाना, पीना, आराम करना और बीवी की पिटाई करना, यह उसका तयशुदा कार्यक्रम रहता था। यह बंगाली भी बीवी के हाथ पीछे बाँधता था। मुँह में कपड़ा ठूँसता था और पीटता था। यह परिवार पक्का मांसाहारी था। वे रोज मच्छी, मटन खाते थे। उस औरत को हिन्दी ठीक से नहीं आती थी फिर भी मैंने उससे बंगाली व्यंजन सीखे। थोड़ी बंगाली भी सीखी।

यहाँ के मुसलमानों में शिया लोग अधिक थे। दो-चार सुन्नी। यहाँ आकर मुझे शिया-सुन्नी का भेद समझ आने लगा था। इनमें भी पठान, सय्यद, कसाई आदि उप सम्प्रदाय थे। कुछ मुसलमान शोलापुर के थे। वे 'नको गे', 'जा गे', 'मैं नै आती' जैसी मराठी मिश्रित हिन्दी बोलते थे। मालवणी में मैं भी आपा, खाला, अम्मा आदि शब्द सीख गयी।

हमारे पड़ोस में एक गरीब परिवार रहने आया था। वह औरत यू.पी. की थी। पहले नौटंकी में काम करती थी। पति हिन्दू था। वह मुसलमान! उनके घर में कभी खाने को कुछ नहीं रहता था। तब वे नमक, मिर्ची के साथ रोटी खाते थे। कभी प्याज के साथ तो कभी आटे को गूँधकर चावल में बड़े की तरह पकाकर नमक डालकर खाते थे। लेकिन कभी झगड़ते न थे। ना ही पीटते थे।

इस बस्ती में देवी के नाम पर भिक्षा माँगने वाली बूढ़ी औरत और उसके बच्चे रहते थे। बुढ़िया का एक बेटा मतिमंद था। वह उसे घर के आँगन में बाँधकर भिक्षा माँगने जाती थी। वह लड़का वहीं पर टट्टी-पेशाब करता था। बुढ़िया यल्लमा देवी के नाम से सबको कोसती रहती थी।

हमारे मकान मालिक शब्बीर भाई बड़े अच्छे स्वभाव के थे। उनके चार भाई थे। माँ-बाप थे। वे सभी लोग मुझसे हमेशा अच्छी तरह पेश आते थे। दिल से मुझे बेटा कहते थे। शब्बीर भाई ने अपनी पहली बीवी को तलाक दिया था। उनकी दूसरी बीवी का नाम ज़रीना था। शब्बीर भाई के बाहर भी सम्बन्ध थे, इससे ज़रीना उन पर शक करती थी। शब्बीर भाई हँसोड़ थे। मुझसे कहते थे, 'सायराबानो, जरा ज़रीना को समझाओ कि मैं किसी के चक्कर में नहीं आता। वे लोग खुद ही चलकर मेरे पास आती हैं।' यह सच भी था। स्त्रियाँ ही शब्बीर भाई के प्रति आकर्षित होती थीं। एक बार तो शब्बीर भाई के दो बहनों के साथ सम्बन्ध थे—एक साथ! और दोनों बहनों को पता नहीं था कि वे एक ही पुरुष के पास जा रही हैं।

जब शब्बीर भाई खूब शराब निगलते थे तब खुलकर बातें करते थे। मुझसे और दिलीप से कहते रहते, 'तुम दोनों इतने अच्छे लगते हो। दिखते हो अच्छे! पढ़े-लिखे हो। समझदार हो। क्यों रात-दिन झगड़ते रहते हो?' उनकी बातों में सच्चाई थी। सुबह होते ही हमारे झगड़े शुरू हो जाते थे। मार-पीट भी।

एक बार शब्बीर भाई ने दिलीप को खूब खरी-खरी सुनायी। कहा, 'बीवी पे शक करके, उसे मार के बुरा हाल करना, फिर भी अपने साथ रखना था तो शादी ही क्यों की? तुम्हारा तो उसके साथ प्यार का चक्कर था। ऐसे ही रख लेते। शादी क्यों की?' शब्बीर भाई जब नशे में नहीं होते थे तो कुछ बोलते न थे। सिर्फ सलाम, दुआ कर आगे बढ़ जाते।

शब्बीर भाई का छोटा भाई तनवीर टेलर मास्टर था। वह मेरे साथ अच्छा बर्ताव करता था। मुझे अक्सर एक गाना सुनाया करता था—

'बरबादे मुहब्बत की दुआ साथ लिये जा
तपती हुई राहों से तुझे आँच ना पहुँचे
दीवाने के अश्कों की घटा साथ लिये जा'...

मेरे जीवन का गीत खो रहा था। नहीं, खो गया था। मैं गाती न थी पर सुनती थी। तनवीर मीठी आवाज़ में गाता था। वह गाना सुनकर मैं रो पड़ती थी।

दूसरी बार मेरे पाँव भारी हो गये। आठवाँ महीना चल रहा था। बबलू हमेशा बीमार रहता था। वह सवा साल का हो गया था। खाने-पीने का कष्ट तो था ही। मेरी कमर दुखने लगी थी। मुझे इंजेक्शन लेने दवाखाने में जाना था। वहाँ लम्बी लाइन होती थी। बबलू गोद में उठा लेने की ज़िद करता था। उस दिन दिलीप घर में था। मैंने चावल पकाये थे। उससे कहा, 'पाँच रुपये की सब्जी होटल से मँगवाओ और भोजन करो।' मैं अस्पताल गयी। वहाँ से आते-आते दो-सवा दो बजे। घर आते ही बबलू ने मुझे पकड़ लिया और रोने लगा। 'भूख लगी है' कहने लगा। दिलीप ने खुद खाया था पर बबलू को कुछ खिलाया न था। हो सकता है उस वक्त बबलू को भूख नहीं होगी। दिलीप कहता था, 'मैंने उसे बुलाया था पर वही नहीं आया।' मैंने एक ही वाक्य कहा—'खुद पाँच रुपये की सब्जी लाकर खाये लेकिन बच्चे के लिए साठ पैसों का बिस्किट पैकेट नहीं ला सके?' फिर क्या होना था? दिलीप ने मुझे जोर से खींचा। मैं खटिया से नीचे गिर गयी। खटिया पर चटाई बिछायी थी। उस पर से फिसल गयी। दिलीप ने मेरी पीठ पर लातें मारीं। मेरे मुँह-नाक से खून बहने लगा। मैं चीखी! चाल के सेक्रेटरी, इतर लोग इकट्ठा हुए। उन्होंने दिलीप को गालियाँ दीं। 'अरे उसका आठवाँ महीना चल रहा है। तुम्हें तो कुछ नहीं होगा लेकिन उस बच्चे का क्या होगा? उसका क्या होगा?'

ऐसे ही एक सुबह दिलीप ने मुझे बाथरूम से बाहर खींचा, फिर ढकेला। चीखते हुए मुझे नोचता रहा। आज भी उसके नाखून के निशान हैं। मेरी डिलीवरी के पन्द्रह दिन पहले तक यह नाटक चलता रहा। दिलीप घर से बाहर निकल जाता था, तभी मैं चाय पीती थी। तब तक कुछ कर ही नहीं सकती थी। उसका डिब्बा तैयार करते-करते मैं खा लेती थी। भोजन मुझसे क्यों रूठा है पता नहीं? तिस पर मेरी भूख भी अधिक! अब खाने की कमी नहीं है लेकिन एसिडिटी! इच्छा नहीं होती खाने की। दो-दो डिलीवरी! मैं ऊब चुकी थी। ज़हरीला वातावरण! मटमैला माहौल! दिलीप दरवाज़े पर खड़ा पैरों की एक्शन करता रहता था—मुझे कुचल देने की एक्शन! मैं क्या करती?

यहाँ आते ही दिलीप ने नौकरी छोड़ दी थी और धन्धा करने लगा था। लोगों से पैसे पहले ही लेता था और बाद में उन्हें लटकाये रखता था। बबलू बीमार रहता था। यह दूसरी डिलीवरी थी। हमारे झगड़े बढ़ते गये थे। दिलीप के पास आने वाले सल्लाउद्दीन भी ऊब गये थे। दिलीप के शक्की मिजाज से उन्होंने भी घर के बाहर खड़े रहकर ही बात करना शुरू किया था। दिलीप का धन्धा खूब चल निकला था। घर में पैसे आ रहे थे। घर का सामान जुट रहा था। पहली बार दिलीप ने मुझे मैक्सी, ड्रेस, साड़ी खरीदकर दी थी।

डिलीवरी के लिए गाँव से मेरी सास आयीं। आते समय वे काजू, बर्फी, लायी थीं। मुझे खुशी हुई लेकिन तुरन्त पता चला कि नाम मेरा था पर वे सारे व्यंजन थे

अपने पति और मेरे पति के लिए। बच्चों में सब बाँटा गया। उनके आने से मुझे राहत मिलने की बजाय मेरी परेशानियाँ और बढ़ती गयीं। दिलीप के साथ मेरा घूमने जाना, सिनेमा देखना बंद हो गया था। दिलीप माँ से कहता रहता, 'माँ तुम्हारे हाथ का बना खाने का बड़ा मन है। आज यह बनाओ तो कल वह।' वह खुद के चोंचले पूरे कर लेने लगा था। धन्धे के कारण देर से घर आता था। उसकी राह देखते रहना और भूख बर्दाश्त करना मेरे लिए असहनीय था। उसके पहले मैं भोजन करने बैठी तो सास की सासगिरी शुरू हो जाती, 'पति के पहले भोजन कर रही हो? शर्म नहीं आती?' उन्हें नहीं लगता था कि ये पेट से है। समय पर इसे खिलाना चाहिए। घर में जब मांस-मच्छी बनती थी तो पहले दिलीप के लिए निकालकर रखा जाता था और मैं अधपेट रह जाती थी। खूब गुस्सा आता था पर क्या करती? जब मेरा पति ही मुझे समझ नहीं सकता था तब मैं शिकायत किसके पास करती?

इस बार मुझे अहसास होने लगा था कि दिलीप और मुझमें दूरियाँ बढ़ने लगी हैं।

## आठ

सोलह अप्रैल 1985 के दिन मेरे दूसरा बेटा हुआ। सुन्दर-सा बच्चा। उसके एक उँगली ज्यादा थी, करांगुली के पास। कइयों ने तारीफ की, 'कोई महान आत्मा जन्मी है।' कहा, तो मेरे ससुर ने उसे 'राक्षस' कहकर घृणा व्यक्त की।

मैं अस्पताल में थी। दिलीप बबलू के बगैर मुझसे मिलने आया। पहले तीन दिन बबूल को साथ लाता था। मैंने पूछा, 'बबलू क्यों नहीं आया,' तो उसने जवाब दिया, 'तुम तो बच्चों की देखभाल कर नहीं सकोगी इसलिए बबलू को पिताजी के साथ गाँव भेज दिया।' माँ से पूछे बगैर बच्चे को कहीं भेज देकर ये लोग अपने उत्तरदायित्व से मुक्त हो गये थे।

अस्पताल से घर लौटने पर सास को मेरी देखभाल का नाटक सहन करना पड़ा। दिलीप को भी मौका मिल रहा था—झगड़े-फसाद करने का। पहली डिलीवरी में मेरी चचेरी सास ने मुझे जिस नज़ाकत से सँभाला था उसे याद कर मैं आँसू बहाती थी। अब ये मेरी सगी सास—शालिनी हळदणकर! सात दिनों में ही इसने मेरी मालिश आदि समाप्त कर दी। मैं ही बच्चे को नहलाती थी।

मेरे पहले बच्चे का नाम मुझसे पूछे बगैर मेरे ससुर ने और पति ने श्रीधर रखा था। मैं उस बच्चे का नाम प्रशांत रखना चाहती थी। लेकिन सम्भव न हो सका। मैं इसका नाम प्रदीप रखना चाहती थी, वह भी नसीब नहीं हुआ। श्रीधर नाम भी अच्छा है लेकिन कोई उसे इन नाम से भी पुकारता नहीं है। सभी ने उसे बबलू कहना शुरू किया और अच्छा-खासा नाम चौपट हो गया।

छोटे का नाम रखते समय मैंने अपने भाई 'लक्ष्मीकान्त' और बेटे 'श्रीधर' को मिलाकर 'श्रीकान्त' नाम सुझाया और कहा, 'दिलीप, तुम अपने साइन बोर्ड, पेंटिंग की दुकान का नाम 'श्री आर्ट्स' रखो। लेकिन यह होना न था। श्रीकान्त को भी लोग 'छोटू' कहने लगे और महीना होते ही सास जी गाँव चली गयीं।

डिलीवरी के कुछ महीनों बाद हमने उन्नीस नंबर में ही लेकिन दूसरा झोंपड़ा खरीदा। यह मुझे मात्र दो सौ रुपये में मिला था। यह भी शब्बीर भाई से ही खरीदा था। मुझे उनके प्रति आदर था ही। अब उन्होंने मुझे अपना घर दिलवाया था। आदर और बढ़ गया। मैंने खूब मेहनत कर इसे सजाया-सँवारा। उसकी शक्ल-सूरत ही बदल डाली। पहले घर से कुछ ही दूरी पर यह घर था इसलिए पास-पड़ोस वाले भी नज़दीक थे और नयी पहचान भी होने लगी।

इस नये घर के नज़दीक पाला नाम के लड़के का वीडियो थिएटर था। वह इक्कीस साल का लड़का था। दिखने में सुन्दर। मुझे अच्छा लगता था। अक्सर वह हमारे सामने वाले रास्ते पर के सैलून के पीछे रहने वाली ताई के पास आता था। मेरे साथ बड़े अदब से पेश आता था। एक बार जब मैं उसके थिएटर में सिनेमा देखने गयी थी, तब भी बड़े अदब से पेश आया था।

राजू नाम का एक मुसलमान लड़का था। वह भी मुझे अच्छा लगता था। उसका असली नाम मैं नहीं जानती थी। मैं बता नहीं पाऊँगी कि वह मुझे क्यों अच्छा लगता था। सुबह उठते ही मैं उसका चेहरा आँखों के सामने लाती थी। पति का चेहरा देखना भी यातनाप्रद था। उसके साथ सोने की कल्पना से भी मैं डर जाती थी। राजू से मेरा कोई सम्बन्ध न था। वह आँखों से बात करता था। छोटू जब मेरे पेट में आने वाला था तब और उसके पहले और बाद के कई सम्बन्धों में मैंने राजू का चेहरा आँखों में उभारा था। लेकिन इतना-सा सुख भी नसीब न हुआ। मेरी डिलीवरी के पहले ही वह जेल गया और जब तक वह छूटा नहीं था तब तक मैं उसके बारे में काफी कुछ जान चुकी थी। उसकी शादी हुई थी। उसके एक बच्चा भी था। उसकी पत्नी का नाम झरीना था और वह बीयर बार में काम करती थी! राजू ने उसे छोड़ दिया था।

मैं भी राजू के मन में यूँ ही बस गयी थी, इसका प्रमाण उसने मुझे दीवाली के दिन दिया। वह मुझसे मिलने के लिए तरसता था। मैं भी उससे बात करना चाहती थी लेकिन सभ्यता, मर्यादाएँ बीच में थीं। संकोच था। दीवाली में मैं उसे पाँच मिनट के लिए मिलने गयी। उसने सीधे शब्दों में पूछा, 'क्या मुझसे शादी करोगी?' मैं क्या कहती? मेरा पति था। बच्चे थे। बाद में वह गर्द का शिकार बना और मर गया।

कौसर भी मेरा हमउम्र था। रोज मेरी ओर देखता था। वह अक्सर छोटे बच्चों के साथ रहता था। उसकी यह बात मुझे अच्छी लगती थी। मैं कौतूहल से उसे देखती थी लेकिन उसने गलत समझा। और उसने जितना गलत नहीं समझा था उतना दूसरों ने समझा था। पाला जहाँ बैठता था, वहीं पर यह भी बैठने लगा। मुझे पाला

की याद आती। पाला की शादी होने के बाद उसने यहाँ आना बंद कर दिया था।

कौसर और मैं नज़रों में से अपनत्व दिखाते थे। एक बार उसने प्रेम-पत्र लिखा। मैंने पत्र भेजा कि, 'मेरी शादी हुई है। तू मुझसे छोटा है। समाज कभी इसे स्वीकारेगा नहीं। तू मेरा अच्छा दोस्त है। मेरी ओर से स्नेह भरा चुम्बन!' मैं अपने मन की बात साफ शब्दों में लिख नहीं पायी। भीतर ही भीतर सिसकती रही! दमघोंटू स्थिति थी वह।

कौसर किसी औरत के घर रहता था। उस औरत को मेरा यह पत्र मिला। उसने ज़मीन-आसमान एक किया। उसी रात साढ़े दस-ग्यारह के बीच हमारी चाल के लोग 'आग-आग' कहते हुए दौड़े गये। कौसर को उन्होंने घर से जैसे-तैसे निकाला। वह पैंसठ प्रतिशत जल चुका था। जब मुझे पता चला तो मैं मन ही मन डर गयी और रोती रही।

सुबह वह औरत किसी आदमी को साथ लिये मेरे घर के सामने से गुज़र गयी। घूर-घूर कर मुझे देखती गयी। संशय से! चिट्ठी में मैंने अपना नाम लिखा था। लेकिन किसी ने मुझसे कुछ कहा-पूछा नहीं। उन्होंने काफी चक्कर लगाये। दिलीप घटिया स्टाइल से पूछने लगा, 'तू पहचानती थी न उसे? वह उस औरत के पास रहता था? देखा? औरतों में कितनी खुजली होती है।' मैं कौसर के स्वस्थ होने के लिए प्रार्थना करती रही लेकिन कुछ ही दिनों में वह चल बसा। मुझे इस हादसे से उबरने में काफी लम्बा समय लगा।

कौसर और उसका भाई राजकुमार यू.पी. से यहाँ काम की तलाश में आये थे। कौसर पढ़ रहा था। जिस मेस में वह था वह ख्रिश्चन औरत थी। आयु में काफी बड़ी। कौसर आयु में छोटा होते हुए भी उनमें शरीर-सम्बन्ध था। जब उसके हाथ वह चिट्ठी लगी, तब वह पगला गयी। गुस्सा हुई। उसे संशय था ही। चिट्ठी मिली उस दिन सुबह से वह झगड़ रही थी। यह बात उसने शाम को ही मुझे बतायी थी। मैंने कहा था, 'वह चिट्ठी मुझे लौटा दो या जला दो।' जब कौसर ने वह चिट्ठी माँगी तब उस औरत ने कौसर पर किरोसिन उँड़ेला और उसे जला दिया। यह बात बाद में राजकुमार ने मुझे बतायी थी।

कौसर के चल बसने के कुछ दिनों बाद सास, ससुर, मेरी सगी ननद प्रतिभा, बबलू गाँव से लौट आये। कुछ दिन रहकर सास गाँव लौट गयीं। प्रतिभा और मैं पहले से दोस्त थीं ही। अब वह दोस्ती अधिक गहरी बनी थी।

इस घर के लोगों ने ही उसे कितना तंग किया था। प्रतिभा मुझे एक-एक किस्से बताने लगी। सभी उसे ताने देते थे। उपेक्षा करते थे। वह गाँव में काम करती थी और सारे पैसे घर में देती थी। तब भी उसकी उपेक्षा! वह दुबली हो गयी थी। उसके बाल झड़ने लगे थे। पलकें भी। मैं रोज उसके बालों में तेल लगाने लगी। उसके खाने-पीने की ओर ध्यान देने लगी।

प्रतिभा एक दिन सहसा मुझसे बोली, 'ये लोग मेरी शादी की भी नहीं सोचते। मैं उनतीस की हो चुकी हूँ। फिर भी सब चुप हैं।' मेरे मन में टीस उभरी। प्रतिभा की शादी चचेरी बुआ के लड़के से बचपन में ही तय कर रखी थी। प्रतिभा भी उसे पसन्द करती थी। लड़का भी इसे चाहता था। मामूली लेन-देन को लेकर बात बिगड़ गयी। राह देख-देखकर थकी बुआ ने मजबूर होकर अपने बेटे की शादी कहीं और कर दी। तब भी ये लोग प्रतिभा के लिए कोई दूसरा लड़का देखने को तैयार न थे। प्रतिभा की उम्र बढ़ती जा रही थी। वह कहती थी, 'भाभी, आप ही बताइए। मैं इतनी मेहनत करती हूँ। घर सँभालती हूँ लेकिन इनके मुँह से तारीफ का एक शब्द नहीं। और तो और। सभी पप्पू (कल्पना) को ही सर पर बिठाये हुए हैं। वह कहेगी वही होता है, ऐसा क्यों?' मेरी सास शालिनी हळदणकर अपने तीनों बच्चों को लेकर कभी पति से कुछ कहती नहीं थीं।

मैंने प्रतिभा की शादी तय करने की ठानी। उसके लिए लड़के देखना शुरू किया। उससे पूछा, 'किसी भी जाति का चलेगा? हाँ, तो चलो देखते हैं।' चौदह-पन्द्रह लड़के देखे। हर बाल प्रतिभा की एक ही रट। 'दूसरी जाति का लड़का। गाँव वाले बहिष्कृत करेंगे।' फिर अपनी ही जाति के लड़के देखने लगी। सभी तेईस-चौबीस साल के! तेईस लड़के देखे।

हमारे घर के पिछवाड़े रोड पर एक दुकान थी। उसके ऊपर एक परिवार रहता था। प्रेम-विवाह था उनका। औरत भण्डारी थी और आदमी कच्छी! उन्होंने प्रतिभा के बारे में सुना था। उस औरत का भाई विवाह योग्य था। उन्हीं के घर 'दिखाने' का कार्यक्रम सम्पन्न हुआ। लड़के का नाम था किशोर मयेकर।

दोनों ने एक-दूसरे को पसन्द किया। शादी रजिस्टर करने का तय हुआ। प्रतिभा ने साहस से कहा, 'मैं माँ-पिताजी से नहीं डरूँगी। आप जो कहेंगी वही करूँगी।' हमने तैयारियाँ शुरू कीं। चुपचाप, चुपके-चुपके। हमने अब तक जो किया था, वह चुपचाप किया था। किसी के कानों खबर न थी। हम घूमने के लिए निकलती थीं। और रात आठ-सवा आठ तक घर लौटती थीं।

अब उसकी शादी तय हुई थी। मैंने उससे पूछा, 'किस-किस को खबर करूँ।' उसने कहा, किसी से मत कहना। वरना कुछ न कुछ कमी निकालकर ये लोग शादी रोक देंगे। रजिस्टर ऑफिस में डेढ़ महीने बादवाली तारीख मिली। खरीदारी शुरू हुई। पहला सम्मान मुझे दिया गया। उसके ससुराल वालों ने प्रतिभा को दो सालू, दो कीमती साड़ियाँ, मंगलसूत्र, जूते, कान के, हाथ के गहने खरीदे। घर में पहनने के कपड़े भी। तैयारियाँ हो चुकीं।

विवाह का दिन आया। दिलीप काम पर गया था। ससुर कहीं बाहर गये थे। उसे हल्दी लगायी। स्नान कराया और मामूली साड़ी पहनाकर तैयार किया। छोटू, बबलू को गले लगाकर रोने लगी। मुझे भी रोना आ रहा था पर मैंने सँभाला। सुबह

दस बजे का समय तय था। सवा आठ बजे मैंने उसे रवाना किया।

ससुर लौटे तो उन्होंने पूछताछ आरम्भ की। मैंने झूठ कहा, 'मेरी सहेली के बहन की सगाई में गयी है।' उन्हें शक हुआ। सहेली से फोन पर पूछा। उसने कहा, 'मेरी कोई बहन नहीं है और मौसेरी बहन की शादी डेढ़ महीने पूर्व हुई है।' ससुर आग बबूला हुए। घर में तूफान मचा। मैंने दोपहर साढ़े बारह बजे सब को बताया, 'प्रतिभा की शादी हो गयी है।' फिर क्या देखना था। शाम के चार बजे तक सिर्फ बावेला मचा था।

शाम को चार बजे मैंने सभी को विस्तार से प्रतिभा की शादी की हकीकत बता दी। सभी ने मेरी पिटाई आरम्भ कर दी। ससुर, दिलीप, देवर, चंदू सभी कहने लगे, 'तुमने हमें पहले क्यों नहीं बताया? अब उसका भला-बुरा होगा तो सारी जिम्मेदारी तुम्हारी होगी।' मैंने जवाब देना शुरू किया। 'वह आपकी बहन, बेटी थी। इतने दिन क्यों घर में पड़ी रहने दिया उसे? उसकी भावनाओं की चिंता की किसी ने? मेरा उस पर भरोसा है। जो होगा मैं सँभालूँगी।'

मेरे जवाब देने से वे और गुस्सा होने लगे। खीजने लगे।

दिलीप ने कहा, 'तुम कौन होती हो उसकी? तुम्हें क्या पड़ी थी?'

मैंने कहा? 'मैं भाभी हूँ उसकी। और भाभी माँ समान होती है।' वह और झुँझलाया।

मैंने प्रतिभा और किशोर को रात नौ साढ़े नौ बजे घर बुलाया था। वे दोनों साढ़े आठ बजे पेड़े लेकर आये। ससुर ने उस डिब्बे को बाथरूम में फेंक दिया। चाल के सभी लोग इकट्ठा हुए। हमारे बुढ़ऊ की एक ही रट थी, 'शादी का सर्टिफिकेट दिखाओ। जब तक सर्टिफिकेट नहीं, तब तक हम भरोसा नहीं करेंगे।' सभी उन्हें समझाने लगे लेकिन कोई फायदा नहीं हुआ। वे दोनों बिना चाय पीये निराश होकर लौट आये।

प्रतिभा के चले जाने पर फिर मेरी पिटाई! मैंने कहा, 'आप लोग उनसे कितने गलत तरीके से पेश आये हैं। इतना अपमान करने पर कोई उसे सुखी रखेगा क्या?' मुझे अपनी मार से ज्यादा चिंता उनके अपमान की होने लगी थी। दूसरे दिन भी वही हाल! उन्होंने मेरा घर से बाहर निकलना बंद कर दिया। टॉयलेट के लिए जाने भी नहीं दिया। बाहर बारिश हो रही थी। घर में पानी भरा था। तीन दिनों तक मुझे इस कदर बेहाल कर बाद में उन्होंने मुझे छोड़ा। ससुर अनाप-शनाप बकते रहे। चंदू दादागिरी करता रहा।

तीसरे दिन वे दोनों शादी का सर्टिफिकेट ले आये। पाँचवें दिन पूजा थी। उसका आमंत्रण देकर गये। और जादू की छड़ी घूमने जैसे सब बदल गए। एक हो गये। दिलीप ने मेरी तारीफ के पुल बाँधने शुरू किये। मेरे लिए नयी साड़ी लाया। नकली मंगलसूत्र लाया। बार-बार कहने लगा, 'तुमने पहले क्यों नहीं बताया?' मैंने

मन में सोचा और कहा, 'बाद में पता चला तब तो इतना हंगामा। पहले पता चलता तो क्या करते। हम दोनों का गला ही घोंटते।'

मुझे श्रीदेवी-सा सजा-धजाकर पूजा में ले गये। प्रतिभा की ससुराल वालों के सामने ऐसी मेरी फिक्र करने का नाटक खेल रहा था कि सभी को लगे—देखो बहू के भाई को कितनी चिंता है अपनी पत्नी की। मैं सब जानती थी। मैं खुश थी। पूजा के दिन मेहमानों के साथ मुझे भी नाचने का अवसर मिला। नाचते-नाचते मैं कीचड़ में गिरी। साड़ी खराब हुई। मैंने मन में सोचा—सच्चे मन से ली ही न थी। सो खराब हुई। प्रतिभा आज भी मुझे भूली नहीं है और किशोर ने मुझे सगी बहन से ज्यादा प्यार-सम्मान दिया। मेरी ननदिया विदा हो गयी और उसके साथ मेरे घर की खुशियाँ भी।

## नौ

सच! मेरी ननदिया विदा क्या हुई! जैसे मेरे घर की सारी खुशियाँ विदा हो गयीं। रोजमर्रा का चक्र घूमता रहा। दिलीप का आतंक बढ़ता गया। अब तो जैसे उसके लिए मैदान खाली हो गया था। मुझे जो मर्ज़ी तंग करने के लिए। घर में कोई रहता था तो मुझे अच्छा लगता था। कम से कम दिलीप मेरे साथ सोता तो न था। कोई न होने से वह जैसे पत्थर बन बरसता था। मेरे तन-मन पर। उसके साथ शरीर सम्बन्ध रखने से मुझे घृणा हो गयी थी। सिर्फ उसकी क्रिया को झेलना भर था। मैं थक गयी थी। उसके स्पर्श से मुझे घिन होने लगी थी। उसकी वही आदत! वही ताने! वही संशय! गालियाँ! मैं कौसर को याद कर-कर वह सब बर्दाश्त करती रहती थी।

राजकुमार! कौसर का बड़ा भाई। दिखने में एकदम नरेन्द्र पाण्डे। उसकी-मेरी मामूली पहचान हो गयी। उसे देखते ही मुझे कौसर याद आता। मेरे मन में अपराध बोध था कि मेरे कारण उसकी जान चली गयी। मैं अपने मन में घुलती बैठ जाती थी। लगता था राजकुमार मुझे माफ कर देगा लेकिन उससे बात कैसे करती? मैं राजकुमार से जानना चाहती थी कि कौसर मेरे बारे में क्या सोचता था? मैं उसे देखा करती थी कि शायद उसके मेरी ओर देखते ही मैं उसे बुलाऊँगी। लेकिन वह सोचने लगा कि मैं उससे ही प्रेम कर रही हूँ।

राजकुमार ने एक दिन किताब में से मुझे संदेशा भेजा। पहले एक गाना भेजा। बाद में चिट्ठी। एक दिन दोपहर में मैं समय निकालकर उससे मिलने गयी। पहले औपचारिक बातें हुईं। कौसर की मृत्यु पर भी मैं आ नहीं पायी आदि, आदि! उससे मुझे सारी घटना पता चली। मैं कुछ ज्यादा बोल नहीं पायी। मुझमें अपराध भाव था। मैं राजकुमार को मुँहतोड़ जवाब भी दे नहीं पायी। इससे हुआ यह कि मैं उससे प्रेम करती हूँ या लाइन मारती हूँ वाली गलतफहमी उसके मन में बनी रही। उसे बिना

सायास मौका मिला। हाँ, इतना सच था कि राजकुमार से बात कर मेरे मन को सुकून मिला। मैं कौसर के बारे में किसी से बोल सकी थी। इस भावना से ही मुझे राहत मिली।

राजकुमार के यहाँ मैं मात्र बातें करने जाती थी। उसके लिए काफी प्रयत्न करने पड़ते। समय निकालते-निकालते जान ही निकालने की बारी आती। कौसर के परिवार के अन्य सदस्यों से भी मेरा परिचय हुआ। वे सब पढ़े-लिखे लोग थे। राजकुमार भी बी. ए. था। कौसर की मृत्यु के लिए कारण मैं थी, यह वे सब जानते थे फिर भी उन्होंने पूछताछ में कभी मेरा नाम आने न दिया। कितने उपकार थे उन लोगों के मुझ पर। वरना हमारे अनपढ़ परिवार में मेरी क्या दुर्गति होती। बदनामी, कोर्ट-कचहरी उफ्! उस कल्पना से ही मैं थर्रा जाती।

मैं राजकुमार से अक्सर मिलने जाती थी। कभी दोपहर में, कभी रात में। छोटू को लेकर जाती थी। दिलीप शक करने लगा था। रोज झगड़े शुरू हो गये थे। इन्हीं दिनों गाँव से सास, ससुर, बबलू आये थे। बबलू मेरी पहचान भूल गया था। मैं उसे गोद में लेने, गले मिलने से तरसती थी और वह था कि मेरी पुकार सुनकर भी अनसुनी कर देता था। हमेशा दादी के साथ, पीछे 'आजीनु' करते घूमता रहता। दिलीप हत्यारी मुस्कान बिखेरता। मेरा और मेरे बेटे का नाता भावबंध तोड़ने में वह सफल बना था। मेरा हृदय टुकड़े-टुकड़े हो जाता था।

ऐसे ही दिन बीत रहे थे। राजकुमार से ठीक से मुलाकात हो नहीं पायी थी। मैं घर की चक्की में पिस-पिसकर बेहद थक गयी थी। तब मैंने सख़्त बीमार होने का नाटक किया। कांदिवली के अस्पताल में मुझे एडमिट किया। वहाँ राजकुमार ठीक सुबह के छह बजे आता था। एक दिन उसके और दिलीप के आने का समय टकरा गया। बस! झगड़े का नया पर्व आरम्भ हुआ। मैं आठ दिन अस्पताल में थी।

अब यह नया झगड़ा-पर्व। पहले का शायद कम था सो यह नया अध्याय। फिर भी मैं उससे मिलने जाती रही। समय बदलकर! मैं घर छोड़ने के लिए भी तैयार हुई। राजकुमार से शादी न करते हुए उसके साथ भाग निकलने को तैयार हुई। सोचती थी इसके परिचय से नौकरी करूँगी। बच्चों का पेट पालूँगी। मैं राजकुमार के लिए नहीं घर के संत्रास से घर छोड़ना चाह रही थी। राजकुमार ने कहा था, 'छोटू को साथ लो। बड़े वाले को मत लेना।' मुझे घर से निकलना ही था कि मन में विचार आया—आज नहीं तो कल सब ठीक होगा। आशा जागी। और मैंने दहलीज नहीं लाँघी।

तब भी मैं कौसर की मृत्यु, उसका मासूम चेहरा भुला नहीं पायी। राजकुमार के उपकारों तले दबी थी। इसी दबाव से उसके बुलाने पर मिलने जाती थी। सुबह दूध लाने के बहाने चली जाती थी। तब राजकुमार मिलता था और किसी गली में ले जाकर मुझे चूमता था, बाँहों में ले लेता था। मुझे घिन आयी। मैं जान गयी कि

यह सम्बन्ध मैं निभा नहीं पाऊँगी। मैं उससे नाता तोड़ना चाहती थी। लेकिन बोल नहीं पाती थी। और एक दिन दिलीप ने देख लिया। महाभारत छिड़ना ही था। इसके आठ दिन बाद ही दिलीप ने मुझे बबलू, छोटू को गाँव भेज दिया—ससुर को सब बताकर।

शादी के बाद आठ महीने मैं खाली बैठी थी। शादी के पहले भी तो परिस्थितियों से जूझते हुए आगे बढ़ रही थी। पेट के लिए कालोनी के लोगों के, आस-पड़ोस वालों के छोटे-मोटे काम किया करती थी और चार, आठ आने, रुपया, दो रुपये मिल जाते थे। तो सहारा लगता था। शादी के बाद मालवणी में रहने आये तो देखा कि वहाँ की खासियत कशीदाकारी, मणि काम। तो मैंने वह सीख लिया। मणि गूँथकर देती थी। बच्चों के, मेरे कपड़े खरीद सकने भर के पैसे पाती थी। शादी हुई थी तब मेरे पास सिर्फ दो साड़ियाँ, एक ड्रेस, दो-तीन मैक्सी थीं। निक्कर और ब्रेसिअर का तो ज्ञान भी न था। एक पॉकेट के लिए मणि गूँथती थी तो पाँच रुपये मिलते थे। हफ्ते में मैं तीन-चार पॉकेट बनाती थी। उन्हीं पैसों में से अपने लिए, बच्चों के लिए सोमवार के बाज़ार से चीज़ें, कपड़े खरीदती थी।

दिलीप साल में एक बार दीवाली में बच्चों के लिए एक जोड़ी कपड़े खरीदता था। तब तक उन्हें क्या पहनाएँ? मेरे दूसरे बच्चे के जन्मने के एक दिन पहले तक मैंने चुनाव के परिचय-पत्र का काम किया था। पार्टी के लोगों ने उसके एक सौ पैंसठ रुपये तक नहीं दिये। मत माँगने के लिए आ टपके थे। मैंने पैसे कमाने के साधन खुद ढूँढ़े थे और मुझे उसका अभिमान भी था। इससे मेरा आत्मसम्मान बढ़ता था। इतनी-सी कमाई दिखती थी लेकिन उसमें से बिंदी, बदन ढँकने के कपड़े खरीदे जा सकते थे। इसके लिए पुरुषों के आगे हाथ क्यों पसारें? मैं दूसरी औरतों से भी यही कहती थी।

रोते या शिकायत करते बैठ जाना मेरे स्वभाव में न था। और एक बात थी। जिन्हें मैं देखना चाहती थी, ज़रूर देखती थी। जिनके साथ बोलने की इच्छा होती थी, बोलती थी। समाज की सभ्यता आड़े आती थी लेकिन मैं प्रयत्न ज़रूर करती थी। क्यों नहीं इन्सान इन्सान से बात करे? अपने मनपसन्द व्यक्ति से संवाद करने से मन के दुख कितने कम हो जाते हैं। इस कारण यातनाएँ भी काफी भोगीं लेकिन जीवन का हर कीमती क्षण मैंने बटोरा। ऐसे अमूल्य क्षण खोने का पछतावा मुझे कभी नहीं हुआ।

सुबह दिलीप के काम पर जाते ही मैं गाने सुना करती थी। कल्पना की दुनिया में खो जाती थी। कल्पना में ही किसी से प्रेम करती थी। और दुख सहते-पचाते हुए वह क्षण याद करती थी। मन रम जाता था और पुनः यातनाएँ सहने के लिए तैयार हो जाता था। यही था मेरा बार-बार सक्षम-समर्थ बनना। और ठीक इसी बात को लेकर दिलीप खीजता, चिढ़ता था। मेरी दुख यातनाएँ बर्दाश्त करने की यह सामर्थ्य, अंदरूनी ताकत उसकी आँख का काँटा थी। उसे संगीत से तनिक भी लगाव नहीं

था। मैं सोचती थी यह चित्रकार बना ही कैसे? मैं गाना सुनती थी तब वह कहता था—'वेश्याएँ गाती हैं।' मेरे ससुर भी मेरे बड़े बेटे को मेरे पिताजी के अपाहिज हाथ हिलाकर गाने की एक्शन कर हँसाते थे।

सिनेमा जाने को लेकर भी हम में झगड़े होते थे। ब्लैक में टिकट खरीदकर सिनेमा देखने की हमारी स्थिति न थी और दिलीप हमेशा ब्लैक में टिकट खरीदता था। मैं कहती रहती, तुम एडवान्स बुकिंग क्यों नहीं कराते? वह हमेशा घाटे की बातें करता था और मैं व्यावहारिक। वह लोगों को तंग करता था। साठ-सत्तर रुपये का काम हो तो दो-दो महीने करता ही नहीं था।

दिलीप की मदद करने हेतु मैंने बैक ग्राउंड मारना सीख लिया। मेरा बबलू भी स्केचिंग का धागा पकड़ने में हाथ बँटाता था। ब्रश धोने, उसे जो चाहिए वे डिजाइंस पेपर में से निकालकर रखना आदि काम कर मैं उसकी मदद किया करती थी। मुझे चित्रकला पसन्द थी। फिर विरोध कैसा?

दिलीप पानी बरबाद करता था। बड़ी मुश्किल से नल में पानी आता था। और लोटा-लोटा भर पानी वह यूँ ही उँड़ेल देता था। घर में सीमेंट के टीन से मैंने बाथरूम बनाया था। उस पर पानी ज्यादा गिरने से शैवाल बढ़ता था। और दिलीप था कि दो घूँट पानी पीता था और लोटा भर उँड़ेल देता था।

शादी के बाद दो ही दिन उसने सामान खरीदने के कष्ट उठाये। फिर कभी नहीं! खुद के लिए तीन महीनों में दो जोड़ी कपड़े खरीदता था और बच्चों के लिए साल में एक बार एक जोड़ी। मेरी इस बात को लेकर भी शिकायत न थी। मैं चाहती थी कि कम से कम अपनी बहनों को तो ठीक से सँभाले। दो शब्दों का सहारा दे उन्हें। लेकिन जब मुझे पता चला कि इन दो भाइयों ने बहनों को भी बाँट लिया है, बड़ी बहन इसकी और छोटी चंदू की तब मेरे अचरज की कोई सीमा न रही।

## दस

मालवणी की झुग्गी क्रमांक 19 का वह घर था। मैंने वहाँ नंदनवन निर्माण किया। एक टूटी झोंपड़ी थी वह। मैंने उसे सँवारा। सीमेंट के बोरे जोड़-जोड़कर उनसे नीले रंग का एक सुन्दर पार्टीशन बनाया। झोंपड़ी की ऊँचाई बढ़ाई—दस फीट तक। दिलीप थोड़ी-बहुत बढ़ईगिरी जानता था। उसके हाथ-पाँव पकड़कर उससे थोड़ा काम कराया। वह मामूली ठोकमठोक करता था और शराब पीकर सो जाता था। मेरी अभी-अभी डिलीवरी हुई थी, फिर भी मैं खाड़ी पर जाकर बाल्टी में गोल-मटोल पत्थर भर-भर सिर पर रख लाती थी। उनसे बुनियाद मज़बूत बनायी। घर साफ-सुथरा, करीने से सजाकर मैंने ऐसा जादू किया कि हर कोई तारीफों के पुल बाँधने लगा।

लेकिन यह घर अब छूटने वाला था और मैं दिलीप के गाँव दूर-दराज के गाँव—कोंकण में कहीं जाने को मजबूर कर दी गयी थी। हर बात मेरे हाथ से फिसलती जा रही थी और मैं मजबूर सिर्फ देखती रहने वाली थी। मेरी किस्मत और दिलीप की मनमानी मिलकर मुझे जैसे भी रखने वाले थे, मुझे रहना था। मैंने व्यभिचार किया न था। होने की मात्र सम्भावना थी लेकिन मुझे बदचलन ठहराकर रत्नागिरि, जिले के गोटीवरी नामक देहात में बतौर कालापानी की सज़ा भेजा जा रहा था। अज्ञातवास! सज़ा उनकी! न्यायाधीश वे ही! अदालत भी उनकी।

राजापुर के पास का गोटीवरी (कामादेवी) मेरे ससुराल का गाँव। हम पानी के जहाज से रवाना हुए। पानी के जहाज से इसलिए कि वहाँ शराब पीने को मिलती थी। ससुर जी इसीलिए पानी के जहाज से यात्रा करना पसन्द करते थे। 'भाऊ का धक्का' से 'मुसाकाजी' तक का किराया 36 रुपये था। रात के दो बजे हम मुसाकाजी पहुँचे। वहाँ से दूसरा जहाज लेकर जैतापुर और जैतापुर से बस से चव्हाण वाडी! वहाँ से दो घंटा पैदल चलकर गोटीवरी पहुँचे।

ज़िन्दगी में पहली बार ऐसी टेढ़ी-मेढ़ी यात्रा की थी। हर बात नयी थी। जहाज पर मैं काफी घूमी। जहाज तीन मंजिला था। हमें टिकट तल मंज़िले का मिला था। पहली मंज़िल पर विदेशी लोग थे। वे गिटार बजा रहे थे। कॉफी, ड्रिंक्स ले रहे थे। यह देखकर मुझे अच्छा लगा। जहाज में गमलों में हरे-भरे पेड़-पौधे थे। गोटीवरी आने तक मेरा मन आनन्द से भरा हुआ था।

गोटीवरी में रहना मुम्बई में रहने से इतना भिन्न था कि दोनों में कोई मेल न था। यहाँ सुबह चाय पीने के पहले दूर से पानी लाने के लिए दो चक्कर लगाने पड़ते थे। प्रकृति के इतने सुन्दर दर्शन! मुक्त रूप से फैली हुई प्रकृति! फिर दिन का आरम्भ। चाय, स्नान! बच्चों को नहलाना। साफ-सफाई! तब तक नौ बजते थे। फिर से पानी लाना। लगातार चक्कर! बीच में कोई दूसरा भी विनती करता था। उनके लिए भी पानी लाना। बदले में चाय, रोटी या नरम भात (चावल) का भोजन कराया जाता।

'घूँट भर चाय पी लो' की पुकार आयी तो समझो कि एक गागर पानी लाने की विनती की जा रही है। दस बजे के आस-पास सत्यवती माँ मुझे इशारे से ही बुलाती थी और गरमागरम ताज़ी रोटी परोसती थी। रोटी खाकर कपड़े लेकर धोने के लिए जाना। वहाँ भी कोई अपनी साड़ी धोने, शर्ट धोने की विनती करता।

घर में जब रोटी नहीं मिलती थी तब मैं बारस्करीण काकी के लिए पानी ला देती थी या उनके पोतों के, बच्चों के कपड़े धो देती थी। इसके बदले वे मुझे रोटी या कुछ न कुछ खाने के लिए देती थीं। अपने घर में मुझे मामूली पोहा खाने की भी घबराहट होती थी। सास जी के मन में हफ्ते में एक-दो दिन के लिए ही मेरे लिए प्रेम उमड़ता था। बाकी दिनों भूखा रहना आम बात थी। कपड़ों के उतने हाल

न थे क्योंकि मेरे पास चार-पाँच अच्छी साड़ियाँ थीं। ब्लाउज बार-बार उधड़ जाते थे। बच्चों के कपड़ों की भी कमी थी। मुझे काँच की चूड़ियाँ भी नहीं मिलती थीं। धीरे-धीरे मैंने चूड़ियों से ही मुँह फेर लिया।

यहाँ आर्थिक परिस्थिति को कैसे पार करें, यही मेरी समझ में नहीं आता था। दिलीप दो सौ, तीन सौ रुपये देकर जाता था। वे मैं सास के पास देती थी। पैसों की चिंता करते-करते गर्मी के दिन ढल गये। बरसात का मौसम आया। बरसात में खेती के कुछ काम मिलने लगे। उनके सौ-दो सौ रुपये हाथ में आने लगे। गर्मी के दिनों में यहाँ कुछ काम ही रहते न थे सो पैसे मिलने का भी कोई ज़रिया न था।

यहाँ आकर एक बात मैं अच्छी तरह से जान चुकी थी कि वक्त आने पर कोई भले ही माँड बनाकर पिला सकता था। लेकिन पैसा न देता था।

दोपहर में खाली समय मिलते ही मैं बरगद के पेड़ के नीचे खड़ी या दरवाज़े पर खड़ी रहकर प्राकृतिक सौन्दर्य का पूरा-पूरा आस्वाद लेती था। आटा पीसने जाती थी तब नदी और सागर का संगम देखती थी। हमारा घर काफी ऊँचाई पर था। वहाँ से गोटीवरी गाँव बेहद सुन्दर दिखता था। तरह-तरह के पेड़-पौधे! मन बाग-बाग हो जाता था। मैं सपना देखा करती थी कि राजकुमार मुझसे लुकाछिपी खेल रहा है। मन उतना ही रीझ जाता था। सच तो यह है कि राजकुमार की याद आने का कोई कारण न था लेकिन मैं उसे भूल नहीं पायी थी।

इसका कारण यह था कि दिलीप नहीं चाहता था कि मैं राजकुमार को भूल जाऊँ। वह बार-बार पुराने ज़ख़्म कुरेदता रहता था। ताने देता रहता था। शादी के बाद मेरे किसी भी पुरुष के साथ शरीर-सम्बन्ध न थे लेकिन दिलीप पल-पल, पग-पग पर मुझे भद्दे शब्दों में यह सब मनगढ़न्त सुनाता रहता था। रात में सोते समय भी उसकी अश्लीलता कम नहीं होती थी। यह तो रोज का मरण हो गया था। इससे हुआ यह कि जो मैं भूलना चाहती थी वह खोद-खोदकर मेरे मन-मस्तिष्क में जड़ दिया जाने लगा। वेदनाओं की झड़ी लगी रहती थी और ज़ख़्म हर दम रिसते रहते थे। इन वेदनाओं की बाढ़ में मैं तिनके-सी मँडराती, चक्कर काटती रहती थी। ऐसे में पहाड़ी नदी, झरने के किनारे जाकर घण्टों ठण्डे पानी में पैर हिलाते बैठ जाती थी—अकेली ही! मैं ऐसी नदी में स्नान करना चाहती थी लेकिन घर से इजाजत न थी। फिर भी मैं दो-चार बार चोरी-छिपे नदी में नहायी। बरसात में प्रपात देखने लगी। ज़िन्दगी में पहली बार प्रपात का सौन्दर्य इतने नज़दीक से देखा था। जंगलों में घूमती रहती थी। मुझे लकड़ियाँ काटकर लाना आता न था। इससे सास की बकबक सहनी पड़ती थी। फिर मैंने अपना दिमाग लड़ाया। आम की लकड़ियाँ लाने लगी। आम के ऊँचे-ऊँचे पेड़। मैं साड़ी का फाँसा बनाकर टहनियों को फँसाती थी उनमें और खींचती थी। काफी लकड़ियाँ मिलती थीं। उन्हीं पर नहाने का पानी गरम हुआ करता था। चाय, माँड, शाम के लिए चावल पकता था।

हर दूसरे दिन फिर यही काम करने का सिलसिला बन गया। मेरे गाँव आने के बाद दिलीप सात बार गाँव आया। हर किसी को लगता रहा जो आदमी सात साल में कभी गाँव नहीं आया, वह अब अक्सर आता है, मतलब पत्नी से कितना प्यार है। दरअसल वह मुझे नज़र कैद रखे हुए था। बीच-बीच में मेरी मदद भी किया करता था। पानी लाना, कपड़े सुखाना आदि कामों में। लोगों को गलतफहमी थी कि वह मुझसे काफी प्रेम करता है। असली बात मैं जानती थी। उसके मन में संशय का भूत हावी था। अब वह दूसरों के सामने भी मेरी बदनामी करने लगा था। मुझे लेकर गन्दी बातें करता था। मुम्बई से आते ही मालवणी में बकना शुरू कर देता था, 'इसने तुम्हारे बारे में यह कहा, उसने वह कहा,' फिर क्या था। जब पति ही अपनी पत्नी को राँड कहता हो तो औरों को कहने में झिझक क्यों हो?

मुझे गोटीवरी में आकर लगभग एक साल हो गया। यहाँ कई अच्छे-बुरे अनुभव आये। फिर भी मेरे मन में कभी कड़वाहट नहीं आयी। इतने मेहनतकश काम करने पड़ते थे फिर भी मैंने कभी शिकायत न की। शारीरिक कष्टों से बिस्तर पर लेटते ही गहरी नींद आती है लेकिन मानसिक कष्टों से नींद उचट जाती है। मेरे चचेरे ससुर और माँ मुम्बई में रहने चले गये थे। उनके बेटे संजय को वहाँ प्रेस में क्लर्क की नौकरी मिली थी। मैं पीछे छूट गयी थी। मुम्बई मुझे मानो पुकार रही थी। मैंने दिलीप के पास जिद की। रट लगायी कि मुझे मुम्बई ले चलिए! तब दिलीप ने बताया कि उसने वह खोली (कमरा) नौ हजार में बेच दिया है। मेरे आँखों में बसा वह मेरा घर इस कदर बिना आहट मुझसे बिछड़ गया था। और उसमें सजे मेरे सारे सपने, मेरी मेहनत सब कुछ कहीं खो गया! मैंने सहज ही पूछा, 'बेचा क्यों? किरायेदार रखते।' तो उसने नरेन्द्र पाण्डे और राजकुमार को लेकर अश्लील फब्तियाँ कसना शुरू किया। उफ्! मैं तो पूरी तरह ऊब गयी थी। थक गयी थी।

बाद में दिलीप ने अंधेरी में खोली ली और जनवरी में मुझे मुम्बई ले गया। मैंने मन में सोचा—चलो! एक झंझट से तो मुक्ति मिली! मैं अपना अतीत पूर्णतः भूल चुकी थी। अपनी गृहस्थी और मैं। बस मुझे इतना ही याद था। मैं तल्लीनता से जीवन-यापन कर रही थी और गृहस्थी भी!

## ग्यारह

अंधेरी में पूर्व की ओर तक्षशिला अपार्टमेंट के सामने फैली झोंपड़पट्टी में दिलीप ने जगह ली। वह लेन-देन की कोई बात कभी मुझे बताता नहीं था। इसलिए मैं कभी जान नहीं पायी कि खोली का किराया कितना था। अन्दाज़ था कि उन दिनों

डिपोजिट का जो चलन था उसके हिसाब से दो-ढाई हजार डिपोजिट होगा। संजय नगर में भी कोंकण साथ चलता रहा। पड़ोसी अधिकांशतः कोंकणी थे। कुएँ का पानी, पीने का पानी रात में कब्रिस्तान से लाना पड़ता था। इसके लिए रोज पचास पैसे देने पड़ते। नंबर लगाना पड़ता था। शाम के सात बजे नंबर लगाओ तो रात्रि दस-ग्यारह बजे नंबर आता था। टॉयलेट ओपन में। दिन में तो जा ही नहीं सकते थे। एकाध लिंग पिशाच आदमी सामने आकर खड़ा हो जाता था और लिंग हिला-हिला कर दिखाता रहता था। अतः रात में ही जाना पड़ता था।

घर टीन का था। छत भी टीन की! मालवणी का घर इतना बड़ा न था। लेकिन बीच में पार्टीशन था। इससे दो कमरे होने का सुख मिलता था। मेरे लिए मानो बंगला ही था वह! वहाँ भी और यहाँ भी लाइट नहीं थी। गाँव में रहकर मुझे सिर पर गागर में पानी ढोने की आदत पड़ गयी थी। कई चक्कर काटते हुए ज़रूरत भर पानी आ जाता था। हर चक्कर दस मिनट का!

यहाँ आने पर कुछ दिन दिलीप का काम ठप्प रहा। पन्द्रह दिन वह घर में ही बैठा रहा। पप्पू की माँ के साथ मैं धाड़ी भाभी के बताये घरेलू काम करने जाने लगी। सुबह छह बजे घर से निकलती थी और शाम छह-सात बजे लौटती थी। कुल मिलाकर दस दिन काम किया। इन दिनों में कल्पना, दिलीप और ससुर जी ने बच्चों को सँभाला। घर सँभाला। मैं काम की तलाश में भटकती रही। फिर दिलीप को भी काम मिला। मेरी तनख्वाह घर के काम आयी।

मुझे स्क्रीन प्रिंटिंग की कम्पनी में काम मिला। बारह रुपये रोजंदारी पर। बारह दिनों बाद ही तनख्वाह का दिन पड़ा। तनख्वाह लाने और कम्पनी का ऑफिस देखने मैं मालिक के भाई के साथ गयी। उसका नाम बाबू था। मैं, छाया और बाबू सर चकाल्या गये। घर आयी तो दिलीप घड़ी को घूरते हुए बैठा नज़र आया। यह उसकी आदत! संशय से भरा मन और कर भी क्या सकता है। मेरे काम पर जाते ही वह घड़ी में आँखें गड़ाये बैठ जाता था—अपने काम का नुकसान होने देता था। संशय ग्रस्त होकर घर में बैठ जाता था। जो-जो मुझसे अच्छा बर्ताव करते थे, मेरी मदद करते थे, उन सबको ताने देना उसका स्वभाव बन गया और रुचि भी। 'वह अच्छा नहीं। वह बदचलन है' का जाप जपते हुए बैठ जाता था।

बाबू सर भी बहादुर थे। उनके होठ फटे हुए थे। सी दिये गये थे। उन्हें देखकर मुझे अपनी ननद के बेटे समीर की याद आती रहती। उसके होठ भी जन्मतः फटे हुए थे। बाबू सर अविवाहित थे। उनके मन में छाया बसी थी। छाया मेरी अच्छी सहेली थी। और बाबू सर भैया जैसे थे। छाया से मिलने वे दो बार मेरे घर भी आये थे। बाबू सर मेरे बॉस भी थे। एक बार तनख़्वाह लेने मैं दिलीप को साथ ले गयी। तब दिलीप ने बाबू सर के भाई के नाम पर से ताने देना आरम्भ किया। बाबू सर के भाई थे चंचल और लगता था कि पैसे के बल पर वे कुछ उल्टा-पुल्टा काम भी

करते होंगे। लेकिन मुझे उनकी इन बातों से कुछ लेना-देना न था। और उन्होंने भी कभी मुझसे या छाया से गलत व्यवहार न किया।

घर की झंझटों के कारण मेरा यह काम भी छूट गया। अब कहीं से कोई सहारा न था। कुछ ही दिनों में खबर मिली कि बाबू सर की हत्या हुई है। महाकाली गुफा के जंगल में उनकी लाश पड़ी मिली थी। उनका सिर बुरी तरह से पत्थर के प्रहार कर-कर घायल कर दिया गया था।

मेरा स्वास्थ्य कमजोर होने लगा था। छोटू की करांगुली भी दुखती रहती थी। बचपन में उसकी यह उँगली कट गयी थी। और हमेशा किसी न किसी चीज़ में उलझकर घायल हो जाती थी। यह आये दिन की बीमारी-सी हो गयी थी। मैं और वह—हम दोनों को अक्सर डॉक्टर के पास जाना पड़ रहा था। इसी में छोटू को खारिश की बीमारी हो गयी। दवा खा-खाकर वह ऊब चुका था।

ऐसे में हमारे पति महोदय वीरा देसाई रोड पर किसी सिंधी गुरु के पास जाने लगे थे। उनके मठ में वे हमें भी ले गये। और कहने लगे, 'कड़ा पहनने की जबरदस्ती तो है नहीं। चाहिए तो पहनो।' मतलब साफ था कि पहनना चाहिए था। ताँबे का कड़ा था। गुरु ने गुरुवार का व्रत रखने को कहा! मुझे हँसी आती थी। कैसा यह व्रत! दिलीप सुबह कहता था, व्रत है! शाम को मठ में जाना है। अच्छा-खासा हलुवा बना! बड़े पैमाने पर! रात में मठ में मूँग की खिचड़ी। ढेर सारा घी।

वहाँ का माहौल अजीब था। चारों ओर लोबान का धुआँ। रात में लौटते समय गुरु बोतल में केशर युक्त जल देते थे। उनके पास काफी बीमार इलाज कराने आते थे। दर्शन के लिए लम्बा क्यू! मैं रुआँसी हो जाती थी। लेकिन मैंने सोचा था—चलो, दिलीप के मन मुताबिक रहकर देखो! उसकी पसन्द-नापसन्द में शामिल होकर देखें लेकिन हुआ उल्टा ही। उसकी अपेक्षाएँ बढ़ती गयीं। वह मुझे दिन में भी वहाँ जाने के लिए जोर देने लगा! मैं दो-चार बार गयी भी!

दिन में वहाँ कोई 'माँ' होती थी। उसके पास चार-पाँच लोग रहते थे। वह ज्ञान की बातें बघारती रहती थी। मुझे गुस्सा आता था कि वह ये सारी बातें मुझसे ही क्यों करती है? क्या दूसरे शिष्य नहीं हैं? और शिष्य भी कैसे-कैसे? कुछ न कुछ तलाशने के लिए आये हुए। अपनी-अपनी खुशियाँ! जैसे मैं तलाश रही थी—एक समझौते भरी राह—शान्ति, प्यार भरी! लेकिन उस 'माँ' को इसका अहसास तक न था। मैं चार-पाँच गुरुवार वहाँ हो आयी। बाद में मैंने जाना बन्द किया। मेरे ससुर जी भी उस गुरु को नाम रखते थे। कहते थे, 'कैसे तेरा वह सिंधी गुरु?' बाप-बेटे में इस बात को लेकर तू-तू मैं-मैं होती थी। मैं मन में हँस देती थी—बाप से बेटा सवाई।

जिस खोली में हम रह रहे थे वह किसी गोसावी की थी। हमें यहाँ आये दो-ढाई महीने हो गये थे। अब मच्छिंद्र गोसावी की शादी हुई थी। उसे यह खोली चाहिए थी। उसने हमें यह खोली खाली करने के लिए कहा। अब कोई दूसरी झोंपड़ी देखना

ज़रूरी हो गया था। वहीं बायीं ओर एक झोंपड़ी मिल गयी। बिलकुल कोने में थी। आस-पास कोई न था। अब दिलीप अपना काम घर लाता था। इससे उसका दुगुना फायदा हो रहा था। एक तो काम के लिए दुकान किराये पर लेने के झंझट से वह बच निकला और दूसरा यह कि लगे हाथ मुझ पर भी कड़ी नज़र रख सकता था। मैं मन में कहती थी—तू लाख नज़र रख मुझ पर। जब मेरी ही इच्छा किसी की ओर देखने की नहीं होती तो तू क्या करेगा? मुझे चाहिए भी क्या था? बस अपना एक माहौल जिसमें मैं खुशी से झूम सकूँ। दो जोड़ी कपड़े और खाना। और कुछ मुझे चाहिए भी न था।

मैं हर रोज समाचार-पत्र में नौकरी की तलाश करने लगी थी। एक जगह भर्ती होने वाली थी। दादर में भवानी शंकर रोड पर 'हैपी मार्केटिंग सर्विस' का विज्ञापन था। मैं और दिलीप दोनों गये। हम दोनों ने फॉर्म भरे। तनख्वाह 600 रु. थी। पास मिलने वाला था। टारगेट पूरा करने पर कमीशन बढ़ने वाला था। दिलीप ने वह काम स्वीकारा नहीं। ससुर जी गाँव गये थे। घर और बच्चे मेरी ननद कल्पना के जिम्मे छोड़कर मैं नौकरी पर निकल जाने लगी। कल्पना को भी एम आइ डी सी में नौकरी मिली। अब बच्चों को सँभालने की जिम्मेदारी दिलीप को उठानी पड़ी।

काम का तीसरा ही दिन था। हमें खार ऑफिस बुलाया गया। बड़ा मुश्किल रहा दिन। दिन-भर काम। सिर्फ बड़ा पाव खाकर! बड़ी-बड़ी इमारतों की सीढ़ियाँ चढ़ना-उतरना। बॉम्बे सेंट्रल, मरीन लाइन्स कहीं भी जाना पड़ता था। हम ग्यारह लड़कियों के पीछे एक मैडम! शाम में वह बताया करती थी कि दूसरे दिन कहाँ जाना है। हम उस जगह इकट्ठा होती थीं। माल से लदी गाड़ी आती थी। दोपहर के बारह-एक बजे तक ठीक रहता था। बाद में तकलीफ होने लगती थी। चक्कर आता था। नींद आती थी। मैं तो सुबह घर से निकलने के पहले खाना बनाकर, बर्तन, कपड़े धोकर निकलती थी। शाम को लौटने पर फिर रसोई के झंझट! ऐसे में ग्यारह दिन काम किया।

बरसात शुरू हुई। बस, बुखार चढ़ने का बहाना हो गया और वह मेरा बुखार न्यूमोनिया में बदल गया। दस दिन बिस्तर पकड़ना पड़ा। तनख्वाह लेने मैंने दिलीप को भेजा। मेरे हाथ आये 740 रुपये। उसमें मैंने बच्चों के स्कूल का सामान, कपड़े खरीदे। दिलीप मुझे ताने देने लगा—कल्पना को देखो एक हजार रुपये मिलते हैं और तुम्हें छह सौ?' मेरी तबीयत ठीक हुई। बड़े बेटे को म.न.पा. के स्कूल में मांटेसरी में डाला। घर में थोड़ा सामान आया। बस मेरे लिए यह खुशियों का मौसम था।

एक महीने बाद मुझे सुपर वाइजर का प्रमोशन मिलने वाला था। मेन मैडम हमेशा कहती थी निशा के बाद वैशाली का नंबर। देखा जाए तो निशा कभी-कभी ही काम पर आती थी। मैं रोज हाजिर रहती थी। मैं बिक्री भी अच्छी करती थी। तनख्वाह 600 रु. थी लेकिन कमीशन बहुत अच्छा मिलता था। इसलिए तो उन ग्यारह दिनों

की तनख्वाह 740 रु. मिली थी। तनख्वाह 220 रु. हुई थी और हाथ में मिले थे 740 रु.। यदि मैं सुपरवाइजर होती तो मेरी तनख्वाह ग्यारह सौ रुपये हो जाती।

कल्पना की तनख्वाह इतनी थी लेकिन कभी उसने घर के खर्चे के लिए पैसे नहीं दिये। बल्कि अपने लिए कानों की बालियाँ खरीदीं। दिलीप के ताने देना जारी था—देखो कल्पना को। आठ घंटों की ड्यूटी कर उसने एक हजार रुपये कमाये। और तुम हो कि...! मैं उसे जवाब दे नहीं सकती थी। और उसके ताने बर्दाश्त भी कर नहीं सकती थी। तब मैंने काम ही छोड़ दिया। दो-तीन बार लड़कियाँ घर आयीं बुलाने। संदेश आये लेकिन मैं नहीं गयी।

हमारे घर के झगड़े-फसाद कम पड़े थे। शायद इसीलिए दिलीप अब दूसरों के घरों में आग लगाने लगा था। उस गोसावी के घर जाकर बैठता था और गजा देवर जी के खिलाफ बकता रहता था। वह गजा पक्का मा....द सभी भाइयों का पैसा समेट लेता है? यह सच था कि गजा देवर जी सभी की तनख्वाह पर कब्ज़ा करते थे। लेकिन उन्होंने किया यह कि सभी भाइयों के लिए अच्छी-सी नौकरियाँ तलाशीं। उनकी शादियाँ रचायीं। उन्हें घर खरीदकर दिये। उनके घर में ऐसा घुला-मिला वातावरण था जो अब भी है।

इस बस्ती के लोग मुझे सम्मान देते थे। वे सब मुझे 'दीदी' कहकर पुकारते थे। मैं उन्हें चाय पिलाती थी। उनसे प्यार से बातें किया करती थी। मेरे पास उन्हें देने के लिए और था ही क्या? लेकिन मेरा इतना-सा अच्छा करना भी दिलीप को फूटी आँख न सुहाता था। वह झगड़ता था—कितनी चायपत्ती बरबाद की। क्यों उनसे बातें कीं? वह घर में क्यों आया?—बस कारण कुछ भी हो झगड़ा, मारपीट गाँव भर में ढिंढोरा आम बात थी।

ऐसे ही कुछ दिन बीत गये। उन दिनों 'जीवन निर्वाह निकेतन' की कुछ सोशल वर्कर्स हमारी झोंपड़-पट्टी में आती थीं। उनका दस-बारह महिलाओं का ग्रुप था। हल्के गुलाबी-जामुनी रंग की साड़ी और ब्लाउज उनका यूनिफॉर्म था। पहले-पहले मैं सिर्फ उन्हें देखती थी। मुझे लगता था कि वे किसी अस्पताल से जुड़ी हैं। वे हमारी बस्ती के पिछड़ी जाति के लोगों के बच्चों को सँभालने आती थीं। इस जाति के लोग कुमकुम, चूड़ियाँ आदि चीज़ें बेचते थे।

एक बार जब वे बस्ती में थीं तब हमारे घर में हंगामा चल रहा था। जोरदार झगड़ा। आवाज़ सुनकर उनमें से चार महिलाएँ हमारे घर आयीं। उनको देखकर हम चुप हो गये। मैंने उन्हें घर में बुलाया। मैं कह रही थी, 'अब मुझे इस आदमी के साथ रहना नहीं है। यह ना तो कुछ काम करता है। ना सुख-चैन से रहने देता है। अक्सर झगड़ता है।' उन सिस्टर्स लोगों ने मुझे, दिलीप को भी समझाया। ऐसा अलग होने का मत सोचिए, यह भी बताया।

उसके चार-पाँच दिनों बाद वे मेरे लिए रोजंदारी पर कुछ काम लायी थीं। टेडी

बेअर बनाने का काम। वह संस्था औरतों की इस तरह सहायता भी करती थी। उन सिस्टर्स में से एक के साथ मेरी खूब दोस्ती हुई। वह केरली थी। सिस्टर मारिया! वे मुझसे बहुत प्रेम करती थीं। उन्होंने मुझे यह काम तो दिया था लेकिन वे स्वयं जानती थीं कि मुझे और अच्छे काम की ज़रूरत है। मुझे और अधिक तनख्वाह की ज़रूरत थी। मैंने यह काम पंद्रह-बीस दिन किया होगा। मारिया मैडम ने फादर से कहकर मेरे लिए सिफारिश की कि मुझे और अच्छी नौकरी मिले।

फादर एक बुधवार संस्था में आये। उन्होंने मेरा साक्षात्कार किया। मेरे घर के पास ही बच्चों की मांटेसरी में मुझे टीचर की नौकरी देने का वादा किया लेकिन एक शर्त रखी कि मैं छह महीना पहले काम करूँ। फिर मुझे ट्रेनिंग दी जाएगी। तब मुझे बालवाड़ी टीचर का प्रमाण-पत्र दिया जाएगा। मैंने हाँ कहा। दो बैचेस में काम किया। सुबह 9 से 11 और दोपहर 11 से 1 बजे तक! मुझे सात सौ रुपये तनख्वाह 4मिलने लगी।

इस नौकरी के साथ-साथ घाड़ी भौजाई से कहकर दो घेरलू काम भी हाथ आये। एक पारसी परिवार था और दूसरा ॲङ वर्षा पारेख का। पारसी परिवार मुझे 120 रु. और वर्षा पारेख 300 रु. तनख्वाह देती थी। अब कुल मिलाकर मैं ग्यारह सौ रुपये कमाने लगी थी। तिस पर चाय, ब्रेड स्लाइस, कभी दोपहर का भोजन, कभी कपड़े, साड़ियाँ, बच्चों के लिए खिलौने, ऊपर की कमाई हो जाती थी। मैं बेहद खुश थी।

वर्षा दीदी का बेटा पार्थ मेरे छोटू की आयु का था। मैं छोटू को अपने साथ ले जाती थी। वे अपने बेटे को मेरे छोटू के साथ खेलने देती थीं। उनकी रद्दी में निकाली हुई वस्तुओं में से कई वस्तुएँ मेरे काम आती थीं। कभी पेन, कभी जूते! एक बार मुझे उनके घर में कप मिले जिन पर लेडी डायना और प्रिन्स चार्ल्स के चित्र थे। वे देखकर मुझे दिलीप की याद आती।

जब प्रिंस चार्ल्स भारत आये थे तब पद्मिनी कोल्हापुरे ने उनका चुम्बन लिया था और यह प्रकरण भारत में आग की लपटों की तरह फैल गया था। उसकी याद दिलाते हुए दिलीप मुझे 'रंडी' कहकर पीटता था। और वे कप देखकर मुझे हँसी आती थी। वर्षा दीदी कभी जान नहीं पायीं कि कप देखकर मैं हँस क्यों देती हूँ। वे मेरी हँसी देखकर एन्जॉय करती थीं लेकिन मैंने यह राज़ उन पर कभी खुलने नहीं दिया। कप में की भाप कप में ही रखी।

इन तीन कामों के साथ-साथ लगातार मुझे काम मिलते गये। एक था चड्ढा बिल्डर का। वे मुझे तीन सौ रुपये देते थे। चड्ढा बिल्डर जहाँ रहते थे उस बिल्डिंग का नाम था शेर-ए-पंजाब। वे सिख थे। मेरा खयाल रखते थे। खाने-पीने की कमी न थी। कभी परांठा, कभी मिठाई, कभी नाश्ता और फिर काम। मैं चैन से थी! खाने की लालच में मैं अक्सर छोटू को भी वहाँ ले जाती थी।

उनके यहाँ काम शुरू किये आठ-दस दिन हो गये थे। एक दिन सुबह उनकी

पत्नी गुरुद्वारे गयी थीं। मेरे काम पर जाते ही उन्होंने मुझे यह समाचार दिया और खुद मुझे नाश्ता परोसा। नाश्ता खत्म होते ही कहा, 'चल, तुझे बेसमेंट दिखाता हूँ।

बेसमेंट दिखाते हुए उटपटाँग बातें करते रहे और किसी बहाने मुझे पास खींचा। मेरा चुम्बन लेना शुरू किया। मैं तो कई दिनों की प्यासी थी। काफी दिनों बाद किसी ने इतने प्यार से मुझे चूमा था। उनकी सफेद दाढ़ी काफी चुभती थी लेकिन उस वक्त वह भी मुझे मुलायम लगी। मुझे वह अनुभव काफी सुखद लगा। फिर भी वे किसी भुक्खड़ की तरह मुझ पर टूट पड़े थे। उन्होंने मुझसे संभोग किया। उसके बाद चार-पाँच दफा मुझसे सम्बन्ध रखा। यह सही था या गलत? मेरा दिमाग सोच नहीं पा रहा था। लेकिन ये सरदार जी मुझसे काम-क्रीड़ाएँ करते थे। मुझे उत्तेजित करते थे। संभोग भी काफी देर तक चलता था। मैं भी भीग जाती थी। दिलीप मेरा पति था लेकिन उसके साथ शरीर सम्बन्ध मात्र 'निपटाने वाली' बात थी। वह 'संभोग कब निपटता है' की भूमिका में रहता था।

अब चड्ढा साहब लालची बने थे। लेकिन मुझे अन्य सारी जिम्मेदारियाँ सँभालनी थीं। मैं अपने आपको उनसे दूर रखने लगी। शादी के बाद पहली बार मेरा किसी पर पुरुष के साथ शरीर सम्बन्ध हुआ था। मैं दुविधा में थी। मेरी ज़िन्दगी घड़ी की सुइयों के साथ बँधी थी। गृहस्थी की ज़रूरतों में उलझ गयी थी। मैं इस काम से उस काम, उस काम से इस काम की तलाश में रेल के पहियों के साथ दौड़ती रहती थी और घर लौटने पर पति, ननद, ससुर का कहर सहती रहती थी—अपने आप को बचाने की कोशिश करती रहती थी। अपनी कमाई का संतोष, स्कूल का सम्मान, मेरे दो बच्चे इतना सब सामान जीने के लिए पर्याप्त था फिर भी चड्ढा साहब को मैंने अपने शरीर को भोगने क्यों दिया? मेरी समझ के परे की बात थी।

ऐसा ही एक काम मिला था कन्नड़ परिवार में। साठ रुपये में पोछा मारने का काम। लेकिन वे लोग काफी झंझटवाले थे। ऐसे छोटे-छोटे काम मुझे कमल दीदी से मिलते थे क्योंकि किसी से मेरा सीधा परिचय न था। कमल दीदी यानी दिलीप की फुफेरी बहन थी। वे काफी सालों तक संजय नगर के आस-पास वाली इमारतों में काम करती थीं। लेकिन इन कामों में झंझटें ज्यादा थीं। नौकरानियों की यूनियन और अपार्टमेंट्स के नियमों के कारण मैं ऊब गयी थी। नौकरानियों का राशनकार्ड देखा जाता था। यूनियन के फोटोवाला परिचय-पत्र दिखाना पड़ता था। उसमें यह भी एक झंझट था कि पुरानी नौकरानियाँ नयी वालों को घुसने न देती थीं। ऐसे में कमल दीदी के उपकार याद आते रहते। वे भी ऐसी थीं कि अपने झंझटवाले काम ही या बदली काम मुझे देती थीं। मैं यह सब सँभालते-सँभालते हाँफती रहती थी लेकिन कोई चारा न था—पैसे जो चाहिए थे।

## बारह

घर में नाटक नौटंकी पूर्ववत् जारी थी। मकान-मालिक ने झुँझलाकर छह महीनों में ही घर खाली करने के लिए कहा। नया घर लेना था पर डिपोजिट ज्यादा देना पड़ने वाला था। मैंने पहचान वाले लड़के से कह रखा था—कहीं रूम खाली हो तो बताना। उस लड़के का नाम राम था। दिखने में वह चंकी पांडे जैसा था। होगा कोई अठारह साल का। उसका वीडियो, साउण्ड, स्पीकर का व्यवसाय था। उसकी माँ ब्रेबॉर्न स्टेडियम में काम करती थी। वह विधवा थी। दिलीप राम को लेकर भी मुझ पर शक करता था। राम ने मुझे दीदी माना था। वह सबसे कहता था 'दीदी हो तो वैशाली की तरह।' मुझे बहुत सम्मानित होने जैसा लगता था।

राम ने मुझसे कहा कि 'हमारा एक कमरा है।' मैंने कहा, 'बाबा, मेरे पास इतना डिपॉजिट देने को नहीं है।' उसने कहा, 'चिंता मत करो।' और हम ज्यादा डिपॉजिट न देकर ही राम के कमरे में रहने गये। मैंने दिलीप से कहा, 'देखो, जिस लड़के को तुम बदनाम कर रहे थे, उसी के कारण आज हमारे सिर पर छप्पर है।' लेकिन दिलीप यह सब कुछ समझना नहीं चाहता था। उसके झगड़ालू स्वभाव के कारण ही तो हमें एक साल में तीन घर बदलने पड़े थे।

राम की दी खोली में हम रहने आये। दो बच्चे, मैं, दिलीप, बुड्ढा ससुर और ननद कल्पना। खोली छोटी थी। घरेलू कामों के लिए झरने का पानी और पीने के लिए श्मशान के परे से पानी लाना पड़ता था। अब तक दिलीप के शक्की स्वभाव से सारे लोग भली-भाँति परिचित हो गये थे। राम अपने घर से ही मुझे पुकारता। मेरे घर आना टालता था। इन्हीं दिनों दिलीप की बीमारी शुरू हुई। मेरी कमाई का आधा हिस्सा तो उसकी दवाइयों, इलाज पर खर्च हो जाता था। इसी में और एक मुसीबत। कल्पना टॉयलेट गयी थी तब भूत ने उसे धर दबोचा। बुड्ढे ससुर का कोंकण-मुम्बई-कोंकण शट्ल सर्विस शुरू थी ही।

मैं इतने सारे पाटों के बीच पिसती चली गयी थी। सुबह छह बजे पारसी परिवार के यहाँ, वहाँ से चड्ढा, फिर घर आना। रसोई बनाकर नौ बजे स्कूल। एक बजे वर्षा दीदी के यहाँ। फिर बदली काम। कितनी भी जल्दी करो, घर आते-आते पाँच बज जाते थे। फिर शाम का खाना। बेहद थकान के दौर में से गुजरना होता था तब। ऊपर से ताने, झगड़े थे ही। दिन भर एक ही नौकरी जैसा कुछ चाहिए था। ऐसा होता तो यह दौड़-धूप रुक जाती। एक दिन पारसी के यहाँ का काम निपटाकर घर आ रही थी। वीणा वीडियो लायब्रेरी के मालिक सिंह साहब ने पुकारा। कहा, 'शिरपू के साथ घर जाकर काम देख आओ। कपड़े-बर्तन आदि। एक सौ बीस रुपये देंगे।' मैंने हाँ कह दिया।

बुड्ढे ससुर ने अचानक कह दिया, 'अब मैं श्रीधर को स्कूल पहुँचाना—घर लाना नहीं कर सकता! दो दिन मुश्किल हुई लेकिन पड़ोस की गोमाणे भाभी ने श्रीधर की जिम्मेदारी सँभाली 'स्कूल से घर तू ला' यह कहने के लिए वे मेरे स्कूल आती थीं। ऐसा होने पर मुझे साढ़े बारह बजे ही स्कूल की छुट्टी करनी होती थी। मुझे यह गलत लगता था।

घरेलू कामों से मैं ऊब गयी थी। चड्ढा साहब की शरीर-सम्बन्ध की माँग बढ़ती जा रही थी। वे रोज माँग करने लगे थे। मैं थक गयी और उनका काम ही छोड़ दिया। पारसी का काम भी छोड़ा। अब सिर्फ स्कूल और वर्षा दीदी के यहाँ काम। स्कूल में सात सौ रुपये तनख्वाह के साथ प्रति बच्चे दो रुपये फी भी मिलने लगी। दो बैच मिलाकर साठ बच्चे थे। ये एक सौ बीस मिलाकर आठ सौ बीस और वर्षा दीदी के यहाँ चार सौ रुपये। मैं सन्तुष्ट थी।

दिलीप और ससुर ने श्रीधर को स्कूल पहुँचाने-लाने को लेकर नया नाटक किया। एक दिन मुझे उसे लाने में देर हो गयी। श्रीधर कहीं निकल गया। ससुर स्कूल आये और बच्चों के सामने मुझसे झगड़ने लगे। ताने देने लगे। धमकाने लगे। दिलीप को तो ताने कसने के लिए नया बहाना मिल गया। कोई सहायता करने वाला न था। मुझे मजबूरन स्कूल साढ़े बारह बजे—समय के पहले बन्द करना पड़ता था।

और इन्हीं दिनों संस्था के अधिकारी इन्स्पेक्शन के लिए आये। मैं जान नहीं पायी। मुझे तुरन्त मीटिंग में बुलाया गया। मैंने अपनी मुसीबत कहनी चाही लेकिन कोई फायदा होने वाला न था। नौकरी बचने से रह गयी। जिस नौकरी ने मुझे मान-सम्मान दिया था, मैंने उसे ही अपने हाथों इस कदर ठुकराया था। मेरे प्रशिक्षण, सर्टिफिकेट, टीचर बनने के स्वप्न इस कदर अँधेरे में गुम हो गये।

तब भी मैं डगमगायी नहीं। सिंह-साहब का और वर्षा दीदी का काम था। सिंह साहब की बीवी वीणा दीदी और वर्षा दीदी के पास मैं रो पड़ी। मन हल्का हुआ। वर्षा दीदी मुझे बड़े बर्तनभर छाछ, सब्ज़ी, दाल, रोटियाँ आदि देती थीं। नाश्ता कराती थीं। मैं घर आकर सिर्फ चावल चढ़ाती थी। कल्पना काम पर जाती थी। दस-बारह घंटे वह घर से बाहर रहती थी। उसकी घर के कामों में ना मदद ना पैसे। एक बार वीणा दीदी को यह सब बताते-बताते मैं रो पड़ी। सिंह साहब ने यह सुना और कहा, 'तुम्हें काम चाहिए? ऐसा करो, तुम अपने काम निपटाकर हमारी लायब्रेरी सँभालो। शाम के साढ़े सात बजे तक! मैं तुम्हें छह-सात सौ तनख्वाह दूँगा।

मुझे राहत मिली। मैं घर का काम खत्म कर, ठीक से तैयार होकर लायब्रेरी जाती थी। तीन-चार दिन हुए। चौथा दिन था। लायब्रेरी में भीड़ थी। मुझे घर जाने में साढ़े आठ बजे! घर जाते ही दिलीप और ससुर मुझ पर बरस पड़े। दिलीप ने मेरी पिटाई की। मैंने मन में तय किया—हद से बढ़ गया है सहना! अब इनके घर न रहना ही बेहतर होगा।

रात के दस बजे थे। मैंने घर छोड़ा। मेरे परिचय का एक परिवार था। वे पति-पत्नी मेरी इज्जत करते थे। मैंने उनका घर ढूँढ़ निकाला। टाट का घर!

दो रात्रि मैं वहाँ रही। वहीं से काम पर गयी। यह दुखड़ा मैं वीणा दीदी से कह रही थी। वीणा दीदी ने तुरन्त कहा, मेरे घर रहो। यहीं सोओ। मैं उस रात उनके रसोईघर में सोयी।

दूसरे दिन रविवार था। दीदी के यहाँ मेहमान आये थे। सुबह के दस बजे थे। दिलीप साहेब दरवाज़े पर हाज़िर! कोई बखेड़ा न हो इसलिए मैं दिलीप के साथ चुपचाप घर आयी। मेरा छोटू मेरे बगैर परेशान था। उसे माँ चाहिए थी। मेरे घर जाते ही मेरे दोनों बच्चे मुझसे चिपक गये—मानो युगों के बिछड़े थे। मुझे लगा मैं मरकर फिर आसमान से यहाँ टपक गयी हूँ। सोचा—जो होना है हो जाने दो! मैं काम करूँगी। मर-मर कर काम करूँगी। बच्चों के लिए घर लूँगी। अपना खुद का घर। जो मुझे सहना पड़ा, वह उन्हें सहना न पड़े इसलिए अब जीना है मुझे! मेरी गृहस्थी तो चौपट हो ही गयी है। अब मैं बच्चों के घर बसने का सपना देखते-देखते काम करूँगी। कष्ट सहूँगी।

गाड़ी पटरी पर आने लगी थी। घरेलू काम और लायब्रेरी के मिलकर मुझे तेरह सौ रुपये मिलते थे। काम से लौटने पर बारह गागर पानी भरना, कपड़े धोना, रसोई बनाना, बर्तन माँजना चलता रहता था। कल्पना मैडम बस भोजन के लिए घर आती थी। अब दिलीप ने घर के कामों में थोड़ा हाथ बाँटना शुरू किया था। चीखते-चिल्लाते क्यों न हो पानी लाता था। कपड़े सुखाने में मदद करता था। इससे भाई-बहन में झगड़ा होता था। दिलीप और मुझमें आहिस्ता-आहिस्ता रिश्ता जुड़ने जा रहा था। इस साल नवरात्रि में हम गरबा खेले थे। हमारे शरीर सम्बन्धों में कोई खास सुधार नहीं था। फिर भी झंझट कम हुए थे। गप्पें लड़ाना, साथ खाना, खाना भी न था। फिर भी कुछ शांति थी। ससुर गाँव में थे। दिलीप पानी भरने में मदद करता था। बड़ा झंझट का काम था वह! कटोरे से पानी गागरी में भरना पड़ता था। काफी मेहनत और समय भी लगता था। चाहे पूनम की चाँदनी हो, चाहे अमावस का अँधेरा! निर्झर से पानी लाना मजबूरी थी।

एक दिन ससुर गाँव से आये। तीन-चार दिन हुए थे और घर में नया नाटक घटित होने लगा। घर में कोई चीज़ खत्म हुई थी। या पता नहीं कुछ हुआ था। दिलीप लायब्रेरी में आया। वहाँ कुछ लोग थे। उसे देखकर मैं बाहर आने लगी। लायब्रेरी के दरवाज़े में ही उसने मुझे थप्पड़ लगाया। जोर-जोर से गालियाँ बकने लगा।

मैं कुछ समझ नहीं पायी फिर भी मैंने कहा—'यहाँ अजनबियों के सामने मारते क्यों हो? घर नहीं है। हमारा?' तब उसने और ही हंगामा खड़ा किया और गालियाँ बकते-बकते चला गया।

सिंह साहब यह सब देख रहे थे। उन्होंने मुझे घर बुला लिया। उनका घर और

लायब्रेरी एक ही बिल्डिंग में थे। तल मंज़िल पर लायब्रेरी और दूसरी मंज़िल पर घर। मैं रोते-रोते उनके घर गयी। वे मुझे समझाने लगे। कहने लगे, 'मैं तुम्हें प्रेम दूँगा। उस प्रेम में लस्ट नहीं होगी।' वह 'लस्ट' शब्द मुझे तब समझ में न आया था। बाद में उसका अर्थ पता चला। उन्होंने मुझे पास खींचा। दीवार से सटकर खड़े रहे। दोनों हाथों में मुझे घेर लिया। मुझे समझाते रहे और समझाते-समझाते अपने बेड पर मुझे लिटा दिया।

मैं भावुक बनी थी। मेरे मन में एक ही बात चुभ रही थी—दिलीप ने सबके सामने इस तरह मेरी इज्जत का कबाड़ा क्यों किया? इस कदर सबके सामने चाँटा मारना? उसकी गालियाँ याद कर-कर मैं बच्चों-सी फफक-फफककर रो रही थी।

और मेरा यह रोना सिंह साहब के लिए सुविधा बन गयी। उसी शाम उनसे मेरा शरीर-सम्बन्ध हो गया और फिर रोज होने लगा। उन्होंने मुझे दुखाया नहीं लेकिन मौज मारने में कोई कसर नहीं छोड़ी। सिंह साहब कॉलेज में प्राध्यापक थे। कॉलेज से आते ही दो-तीन पेग मारते थे। फिर फोन कर मुझे बुला लेते थे और ठीक दो घंटे मुझे मसलते रहते थे। उन्होंने ना कभी प्यार से चूमा ना उनके स्पर्श में कहीं प्यार था। उनको बस संभोग से मतलब होता था। मेरे मन में हमेशा प्रश्न उभरता था—यह आदमी कॉलेज में क्या पढ़ाता होगा? मेरे मन में उनके प्रति गुस्सा आता था लेकिन उनसे नफरत न लगती थी। क्योंकि मेरी नौकरी जारी थी और मुझे समय पर पैसे मिलते थे।

मैंने उनकी लायब्रेरी का काम सँभाला और व्यवसाय अच्छा चल पड़ा। पहले दिन में दस-बारह कैसेट्स बेची जाती थीं। अब दिन में पचास-साठ कैसेट्स की बिक्री होने लगी थी। रिकॉर्डिंग अच्छी होने लगी थी। लायब्रेरी में आने वाले कुछ कस्टमर मेरा बड़ा आदर करते थे। उनमें कुलदीप सिंह हजारा, अजीत वाच्छानी, चारुशीला वाच्छानी (अजीत वाच्छानी की पत्नी और शाहिर साहब की बेटी), शेखर सुमन, राजेश पुरी आदि कलाकार थे, संगीतकार थे। चारुशीला दीदी अक्सर मुझसे कहती थी, 'तुम फिगर कैसे मेंटेन कर पाती हो?' उन दिनों मुझे 'फिगर मेंटेन' इन अंग्रेजी शब्दों के अर्थ समझ में नहीं आते थे। मैं बिना समझे ही मुस्कुराती थी।

सिंह साहब अजीब बर्ताव करते थे। खुद मौज-मस्ती के लिए मुझे बुला लेते थे और ऊपर से डाँटते रहते थे, 'यह एंट्री क्यों नहीं हुई? यह काम क्यों नहीं हुआ?' कुछ खाया, नाश्ता किया तो उसके पैसे लिख रखते थे। चीखते रहते थे। मैं चुप रहती थी। मन में झुँझलाती रहती थी। कैसा है यह आदमी? खुद ऐयाशी करता है लेकिन सोच नहीं सकता कि इस लड़की को भी भूख लगती होगी? इतनी इन्सानियत भी नहीं? मैं मन ही मन झुँझलाती रहती थी लेकिन इस नौकरी के लिए फिलहाल तो कोई पर्याय न था। 'जो चल रहा है वह ठीक ही है' कहते हुए आया दिन गुज़ार देती थी मैं।

एक बार उनकी पत्नी और वे दोनों बीमार हुए। मैं देखने गयी तो उन्होंने चुपके से कहा, 'इसके पास कुछ बोलो मत।' मुझे उनकी बेवकूफी पर हँसी आयी और गुस्सा भी। वे खुद को ज्यादा ही अक्लमंद समझते थे। मैं उनकी कई बातें बर्दाश्त करती रहती थी। उन्हें बुरी आदत थी—बीच में ही सबके सामने चिल्लाकर अपमानित करना। लेकिन उन दोनों की बीमारी के बाद सिंह साहब को मेरे प्रति प्रेम होने लगा। वे मुझसे एकदम अच्छी तरह बर्ताव करने लगे। खुद मेरे लिए नाश्ता मँगवाने लगे। संभोग के बाद घंटा भर अपने पास सोने देते थे। सिनेमा की कहानियों सम्बन्धी बातें करने लगे। उनका शराब पीना एकदम कम हुआ। शराब न पीते हुए मुझसे सम्बन्ध रखने लगे। जो आदमी शराब पीकर संभोग के दौरान मुझे तंग करता था, वह अब मेरे बच्चों की पूछताछ करता था। 'मैं तुम्हें अच्छा-सा घर दूँगा' कहने लगा। ये सारे परिवर्तन दो महीनों में हुए थे। मुझे आश्चर्य और आनन्द होता था।

दिन भर की थकान! मैं रात में सो जाती थी। वैसे भी दिलीप के साथ सम्बन्ध नहीं था। कोई ना कोई घर में रहता था। और उसका बर्ताव एकदम बीभत्स हुआ करता था। उसकी दवाइयाँ जारी थीं। उसे न्यूमोनिया और अल्सर था। मैं उसे अपने पास सोने न देती थी। इससे उसके मन में संशय उभरता था। कभी-कभी वह इतना तंग किया करता था कि मैं कहती थी, 'चलो ले लो! जो करना है कर लो!' और सम्बन्ध के लिए तैयार हो जाती थी। धीरे-धीरे यह भी बन्द हुआ था। तब वह और ही खीजता था। पागल बनता था। अब मैं भी उसके साथ पिटाई करना सीख गयी थी।

एक दिन दिलीप पागल कुत्ते की तरह दोपहर दो-सवा दो के करीब लाइब्रेरी में आया और शिरपू से जोर-जोर से पूछने लगा, 'कहाँ है वह?' शिरपू ने बताया, 'ऊपर रिकॉर्डिंग में हैं।' मैं सचमुच कैसेट रिकॉर्डिंग के लिए गयी थी। मैंने सिंह साहब को बताया, 'दिलीप आया है।' उन्होंने कहा, 'ठीक है, तुम निकलो।' मैं नीचे आयी। दिलीप चीखा, 'तू ऊपर क्या कर रही थी?' मैंने ठण्डे स्वर में कहा, 'कैसेट रिकॉर्ड कर रही थी।' बस इतना ही काफी था। वह भद्दे शब्दों में चीख-चीखकर बोलने लगा। उसने सिंह साहब से झगड़ना शुरू किया। मुझसे कहने लगा, 'काम छोड़ और घर चल।' मैंने कहा, 'तनख्वाह लेकर आती हूँ।' वह कुछ सुनने को तैयार न था। 'तनख्वाह गयी...में। तू पहले घर चल!, कहते हुए चीखता रहा!

दिलीप मुझे लेकर चला गया। सिंह साहब ने हिसाब किया। मैंने उनसे चौदह सौ रुपये एडवान्स लिया था। मेरी दो महीनों की तनख्वाह बाईस सौ साठ रुपये हुई थी। लगा था कि चौदह सौ रुपये काटकर दो महीने और दस-ग्यारह दिनों को मिलाकर 860 रुपये तनख्वाह सिंह साहब भेज देंगे। लेकिन सिंह साहब ने चाय, नाश्ता आदि के पैसे भी काटे और चार सौ रुपये मिलेंगे कहा लेकिन दो बार संदेश भेजकर भी तनख्वाह नहीं दी। हाँ, दो बार संदेश भेजा कि—काम पर आओ।

कुछ दिन मैं चुप रही। बुरा लगता था। महीने की तनख्वाह से हाथ धोना पड़ा था। और अब कहीं से भी पैसे हाथ में आने वाले न थे। घर का राशन खत्म हो गया था। ससुर जी कल्पना को लेकर दूसरी खोली किराये पर लेकर रहने लगे थे। बच्चे आस-पड़ोस से सब्जी, दाल लाकर खाते थे। नौकरी, काम सब छूट गया था। मैं समझ नहीं पा रही थी कि क्या करूँ। दिन-ब-दिन स्थिति बदतर बनती जा रही थी। काम नहीं तो कोई उधार नहीं देता। वैसे भी मैं उधारी के खिलाफ थी। है तो खाओ वरना भूखे सो जाओ की नौबत आन पड़ी थी।

## तेरह

फिर एक दिन मैंने कुछ सोचा। मुझे कुलदीप सिंह हजारा के शब्द याद आये। एक दिन उन्होंने मुझसे कहा था कि किसी बीयर बार में उनका आर्केस्ट्रा बैंड है। वे जानते थे कि मैं अच्छा गाती हूँ। इसीलिए उन्होंने कहा था, 'तुम कभी भी आओ। मैं तुम्हें काम दूँगा।' लाइब्रेरी के रजिस्टर में उनका पता लिखा था। याद करते-करते, ढूँढ़ते-ढूँढ़ते मैं उनके घर गयी। वे नहीं थे, उनकी पत्नी थीं। वे अंग्रेजी स्कूल में टीचर थीं। उन्होंने कहा, 'वे होटल में मिलेंगे।' होटल का नाम था 'खण्डहर'। पता जानती थी। अतः दूसरे दिन मैं पुनः घर पर गयी। वे आज भी घर में न थे।

मैंने दिलीप से पूछा, 'बीयर बार में काम करने जाऊँ?' उसने कहा, 'वहाँ के लोग अच्छे नहीं होते।' मैंने मन में कहा—वैसे भी अच्छे लोग कहाँ होते हैं? दूसरे दिन शाम के समय मैं लौट रही थी—मायूस होकर। क्योंकि कुलदीप सिंह से मुलाकात हो नहीं पायी थी। लौटते समय राम ने मुझे घर पर बुलाया। राम की बातों तथा अपनत्व के बर्ताव के कारण दिलीप उससे ईर्ष्या करता था। उन दिनों राम एक गाने पर खूब अच्छा नाचता था। वह गाना था, 'जिये जिये भुट्टो बेनजीर।' मुझे वह नृत्य अच्छा लगता था। दिलीप के मन में यही बात चुभती थी। वह बुधवार का दिन था और राम मुझे नृत्य कर दिखा रहा था।

मैं अपने घर गयी। सहसा दिलीप ने दरवाज़ा बंद किया और गाने का कैसेट बजाना शुरू किया। बोला, 'नाचो'। मैं कुछ समझी नहीं। उसने मुझे नाचने के लिए मजबूर किया। बाद में ताना कसते हुए कहा, 'अच्छा नाचती हो।' मैंने तुरन्त कहा, 'तो फिर जाने दो मुझे कुलदीप के बार में। उन्होंने कहा भी है—कभी भी आओ! चाहो तो तुम भी चलो मेरे साथ। हम साथ जायेंगे-आयेंगे।' दिलीप शायद यही चाहता था। हम दूसरे दिन फिर से कुलदीप सिंह के घर गये। वे घर में थे। मेरा अब की बार का चक्कर खाली नहीं गया। उन्होंने फौरन कहा, 'कल शाम खँडहर में आ जाओ।'

मेरे जीवन का नया अध्याय शुरू हो गया। मैं बीयरबार की सिंगर, एक बार

गर्ल, बारबाला बनने वाली थी। मेरे घर में शास्त्रीय गायन, संगीत, भजन-पद, गायन-भक्ति संगीत की परम्परा थी। उसका हेतु मनोरंजन न था। वह आराधना थी। साधना थी। नियम में बद्ध कला थी। भाव गीत, सिने संगीत के भी कुछ नियम थे। संगीत-साधना पर ही तो हमारी गृहस्थी चल रही थी। वह जीविका का साधन था लेकिन उसके लिए भी तपस्या की बुनियाद थी।"

बार में मैं किसी के लिए भी, कुछ भी गानेवाली थी। मैं दुविधा में थी। मेरे सामने मेरा घर था। ऐसा घर कि जिसमें बच्चे भूखे मर रहे थे। पति बीमार रहता था। घर होकर भी घर न था। मैंने दिलीप को समझाया, 'तुम्हारी तबीयत अच्छी होगी, मैं एक छोटा-सा घर बनाऊँगी और यह काम छोड़ दूँगी।'

मेरे मन में विचारों की आँधियाँ बहने लगी थीं। क्या मैंने सच कहा था? और अब तक के जीवन ने मुझे क्या दिया था? मैं बीस साल की थी। पाँच साल की थी तब पुरुष-वासना की शिकार हो गयी थी। मेरी सारी इच्छाएँ एक-एक कर मरती गयी थीं। मेरे पास सोचने के लिए समय कहाँ था! मैंने अपनी क्षमता भर सारे काम कर देखे थे। अब मैं बीयरबार की सिंगर बन अपनी किस्मत आजमाना चाहती थी।

दिलीप को मेरा बार में काम करना मन से पसन्द न था। मैं नहीं जानती थी कि बीयरबार का उसका अनुभव क्या रहा था। उसने भी कभी कुछ बताया नहीं। लेकिन उसका मत अनुकूल न था। मेरा साहस बँधाने का एक भी शब्द वह कभी उच्चारित न करता था। दोनों का मिलकर जीवन-यापन करना बस, एक सपना ही था। गृहस्थी का यह रथ मुझे ही खींचना था। ऊपर से कोड़े की मार। मैं गुनहगार थी। मेरे जीवन में आये हुए सभी पुरुष और मेरा पति, मेरे पिताजी चीख-चीखकर मुझसे कह रहे थे कि तुम अपराधी हो अपवित्र हो, चालू, वेश्या, रंडी, छिनाल हो।

और मैं थी कि मैंने अपने आपको कभी वेश्या नहीं समझा। मन के एक कोने में मैंने अपनी प्रतिमा बड़ी नज़ाकत से सँजोकर रखी थी। बाहर से कोई भी चाहे जितना चीख-चीखकर मुझे रौंदे, कुचले, खून से लथपथ कर छोड़े लेकिन सँजोकर रखी हुई अपनी प्रतिमा मैं प्राणों की बाज़ी लगाकर सँजोकर रखने वाली थी—अंत तक! और यह प्रतिमा थी एक कलाकार की। आभिजात्य कलाकार की। धूनी लगाकर रममाण हुए कलाकार की। क्या मैं यह कर पाने वाली थी? पुरुष मानो ताक में ही बैठे रहते थे कि यह औरत है ही इस काम की। इसे रौंदो, मसलो! इस्तेमाल करो और फेंक दो। इसका क्या बिगड़ने वाला है? और बिगड़ने को और शेष क्या रहा था? मेरा चाहे जो होने वाला था, हो जाने देने के लिए मैंने अपने आपको मझधार में छोड़ दिया था लेकिन मैं अपने परिवार को, बच्चों को दो जून की रोटी के लिए तरसते हुए देखना नहीं चाहती थी। अपने बच्चों के जीवन की बर्बादी देखना नहीं चाहती थी। मेरी अपेक्षाएँ बिलकुल बड़ी न थीं। पर अब तक जो जीवन मैं जी रही थी, उस जीवन में इन अपेक्षाओं का बेड़ा पार लगने वाला न था। यदि ऐसा ही चलता

तो और कितने दिन की मैं मेहमान रहती? और किस हालत में रहती? चारों ओर अँधेरा ही अँधेरा था।

आज यह सब मैं लिख पा रही हूँ। बोल सकी हूँ। लोगों को अपना बना चुकी हूँ। आज मैं अपने निर्णय खुद कर सकती हूँ। यह सब हासिल करने के लिए मैंने नाटकों की यात्राएँ की हैं। यह सब मिला लेकिन बहुत देर से मिला। माँ, पिताजी, पति एक-एक कर महाप्रस्थान कर चुके हैं। बड़े बेटे को लावारिस की तरह छोड़ने के लिए मैं बाध्य कर दी गयी हूँ। भाई नैराश्य के दौर में नशा करने लगा। शेष रही मैं और मेरा छोटा बेटा श्रीकान्त।

यदि मेरे माँ-पिताजी में संवाद स्थापित हो पाया होता, मेरे विवाहोपरान्त भी यदि वे मुझे मेरा अतीत भूलकर सहारा देते, मेरी पूछताछ करते रहते तो मेरा जीवन कितना अलग बनता! दिलीप समझदारी का व्यवहार रखता, मेरा अतीत भूलकर, मेरी इतनी कम उम्र का संबल बन जाता, तब भी मेरी ज़िंदगी कितना सुन्दर रुख अपनाती। सिर्फ मेरी ही नहीं, हम सबकी ज़िन्दगियाँ ज़िन्दगियाँ होतीं। लेकिन ऐसा हुआ नहीं। समूची ज़िन्दगी ही दुःस्वप्न बनकर रह गयी। एक घटना...दूसरी...तीसरी...चौथी...यह दुश्चक्रों का सिलसिला कभी रुक ही नहीं पाया।...

मुझे अच्छी तरह याद है वह 15 नवम्बर 1990 का दिन था। कुलदीप सिंह हजारा ने 'कल शाम 7.30 बजे होटल 'खँडहर' आ जाओ' कहा था! वह सारी रात मैंने छटपटाहट में बितायी थी—विचारों की आँधियाँ सहते-सहते।

'मालवणी' की झोंपड़पट्टी की और अंधेरी के संजय नगर की कई स्त्रियों को और हिजड़ों को मैं पहचानती थी जो बीयरबार में काम कर रहे थे। उनका जीवन-स्तर काफी ऊँचा था। 'मालवणी' में रोशन नाम का एक हिजड़ा ग्रेजुएट था। दिखने में खूब सुन्दर। उसे मैं बेहद पसन्द थी। मेरे साथ घंटों बातें करता रहता था। कुलाबा के किसी बीयरबार में रोशन डान्सर के रूप में काम कर रहा था। उसे रोज पाँच-छह सौ रुपये मिलते थे। हमारे पीछे के झोंपड़े में रहने वाली भाभी बीयरबार में वेटर थी। जब मैंने उससे पूछा तो उसने 'तुमको वह काम करने नहीं जमेगा'। कहकर बात को वहीं समाप्त किया। राम की भाभी मैना भी बीयरबार में वेटर थी। वह हैदाराबादी सुन्दरता का साक्षात् रूप थी। बिलकुल दाक्षिणात्य अभिनेत्री की तरह। खूब पॉश रहती थी। बड़े-बड़े लोगों के साथ उसका उठना-बैठना था।

शनिवार का दिन था। मैंने घर के काम निपटा लिये। मेरे पास तीन अच्छे-से ड्रेस थे। दो ड्रेस वर्षा दीदी के दिये थे। जब मैं उनके यहाँ काम करती थी। और एक दिलीप पिछली दीवाली में लाया था। मेरे पास जूते ठीक से न थे पर ड्रेस सुन्दर था। थोड़ा बालों का सँवारने का प्रयास किया लेकिन कुछ बन नहीं पाया। वैसे ही क्लिप लगाकर, चेहरे पर पाउडर मलकर, माथे पर बड़ी-सी बिंदी लगाकर मैं सज गयी। हाँ, समूह में ज़रूर मेरी ओर लोगों का ध्यान जाने वाला था—मेरा सजना मामूली

था लेकिन आत्म-विश्वास मामूली न था। होटल तक जाने के लिए रिक्शा के पैसे न थे सो मैं और दिलीप चलकर गये। पहले कभी रेडियो पर गाने सुनते-सुनते लिख रखे थे। उनमें से आठ-दस गाने साथ लिये। मेरा मन बाग़-बाग़ हो रहा था कि मुझे गाने के लिए मौका मिलने वाला था लेकिन मैं उस आनन्द को ज़ाहिर न कर सकी।

मैं और दिलीप पौने सात बजे होटल पहुँचे। हमें होटल के भीतर ले जाया गया। वहाँ का वातावरण देखकर मेरा दिल बैठ गया। ए.सी. की ठण्डक, वे लोग, सिगरेट के धुएँ के बादल, शराब की बदबू। मुझे स्टेज के पास सोफे पर बिठाया गया। मेरे साथ और दो लड़कियाँ भी बैठी थीं। मुझे गाने के लिए कहा गया। मैं स्टेज पर गयी। घबराहट! कँपकँपी छूटी थी! हाथ-पाँव ठण्डे पड़ने लगे। मैंने पेट पर हाथ रखकर जैसे-तैसे गाना पूरा किया। मैं पहली बार बीयरबार में गयी थी—पहला गाना! और गाना था—

'ना तुम हमें जानो, ना हम तुम्हें जाने
मगर लगता है कुछ ऐसा, मेरा हमदम मिल गया।'

मैं स्टेज पर से नीचे आयी। कुलदीप सिंह पास आये और बोले, 'ये क्या वैशाली? तुमको तो कुछ भी नहीं आता।' मैं उदास हुई। एक तो मैं सात साल बाद गा रही थी! ताल का ज्ञान तो मेरे पिताजी ने मुझे कभी नहीं दिया था। बेताल गायी थी मैं। कुलदीप ने बीस रुपये हर दिन देने का तय किया।

'खँडहर' में मैं उन दिनों 'आशिकी' सिनेमा के 'नज़र के सामने, जिगर के पास', 'मैं दुनिया भुला दूँगा' गाने गाती थी। चार-पाँच बार फर्माइश पर 'दिल में हो तुम, आँखों में तुम' गाना गायी थी।

'खँडहर' की ओर हर शाम मेरी यात्रा तय होने लगी। मेरे पास ढंग का मेकअप का सामान भी न था। पाउडर, बिंदी और आइब्रो पेन्सिल बस! सुन्दर दिखने का इतना ही सामान मेरे पास था। और साथ निभा रहे थे वे चार-पाँच गाने।

कस्टमर को नये चेहरों की चाह रहती थी। 'खँडहर' में पहले से ही नजमा और वैशाली दो सिंगर थीं। मेरे आने के कारण उनका कलेक्शन कम हुआ था। 'कलेक्शन', 'फर्माइश' इन शब्दों से मेरा पहली बार परिचय हुआ था। और मैं इनका अर्थ भी नहीं जानती थी। और ना ही उन चार-पाँच गानों के अलावा कुछ गाने। फिर भी कमाल होता था। और मेरे गानों पर पाँच सौ के हार कुर्बान हो जाते थे। कुलदीप मुझे बीस ही रुपये देता था। मैं इस धन्धे का व्यवहार जानती न थी। हाँ, मैंने मन में दो बातें तय कर रखी थीं—एक, यह कि मैं अपने माँ-पिताजी की संगीत क्षेत्र की पहचान किसी को न बताऊँगी और मानधन को लेकर कोई बखेड़ा खड़ा न करूँगी।

घर की हालत दिन-ब-दिन बदतर होती जा रही थी। दिलीप को हर दूसरे दिन इंजेक्शन लेना पड़ता था। उसका अल्सर बढ़ता ही जा रहा था। रसोई बनाने के लिए किरोसिन लाना भी मुश्किल हो गया था। मैं दो रुपये के नारियल करोटियाँ लाकर

जलावन के रूप में इस्तेमाल किया करती थी। रोज आधा किलो चावल, तीस पैसों की मसूर की दाल, तीस पैसे का अचार लाती थी। घर के बाहर पत्थर का चूल्हा बनाकर दाल-चावल की खिचड़ी पकाती थी। साथ में अचार!

कुलदीप सिंह रोज मुहे डाँटता था। नीचा दिखाता था। खीजकर कहता था, 'तेरे पास लता के गाने नहीं हैं क्या? सोलो गाने नहीं हैं? जरा मटक-मटककर गाओ न? और यह क्या! इतनी बड़ी बिंदी क्यों लगाती हो? छोटी लगा लो या मत लगाओ।' रोज यही खिचपिट! होटल बंद होने पर नजमा को बाइक पर बिठाकर ले जाता था। उन दोनों में कुछ था।

मेरे आने से नजमा की कमाई पर असर हुआ था। नजमा उसके पास मेरी शिकायत करती रहती थी। नजमा की आवाज़ सुन्दर थी। वह गाती भी अच्छा थी। दिखने में मोटी थी फिर भी रहती थी चमचम। बार में कुलदीप गिटार बजाता था। नजमा गाने लगी कि झट से आकर गिटार बजाना शुरू करता था। इसलिए उन दोनों के गाने हिट होते थे। एक गाना तो वे दोनों बेहद अच्छा गाते थे—

आवाज़ दे कहाँ है।

दुनिया मेरी जवाँ है!

नजमा घमण्डी थी लेकिन ईर्ष्यालु न थी। वह हमेशा हँसमुख रहती थी। दिलीप मेरे साथ रोज होटल आता था। स्टूल पर बैठा रहता था। तिरछी गर्दन कर मेरी फजीहत देखा करता था। चार-पाँच दिनों के बाद कुलदीप ने मुझसे कहा, 'दिलीप को साथ मत लाओ।' मैंने दिलीप को समझाया! मेरे साथ एक नया नौसिखुआ गायक था—संतोष। साइकिल से आता था। केरली था। दिलीप का आना बंद हुआ तब संतोष मुझे साइकिल पर छोड़ने आया था—दो-तीन बार! दिलीप रास्ते में आकर रुकता था। संतोष की और दिलीप की पहचान हो गयी।

संतोष मुझे छोड़ने आता है, यह बात दिलीप के मन में काँटे-सी चुभी होगी। मैं भाँप गयी। तब मैंने पैदल आना शुरू किया। रिक्शा के लिए पैसे खर्च करना सम्भव न था। पौना घंटा जाने के लिए, पौना घंटा आने के लिए। रात में अकेले आने में डर लगता था। सो मैं तूफान की तरह भागती थी।

मेरे पास गानों का संग्रह न था। सो मुझे घंटों स्टूल पर बैठना पड़ता था। पैर अकड़ते थे! सिगरेट के धुओं से भरा वह कमरा—घुटन के सिवा और क्या दे सकता था। बालों में, कपड़ों पर धुआँ ही धुआँ। बदबू ही बदबू! आँखों में जलन हुआ करती थी। आँखें लाल हो जाती थीं। ए.सी. की ठण्डक से पैरों में सूजन चढ़ती थी।

मैं इस माहौल से बिलकुल अनजान थी। कुलदीप और दिलीप सभी ने मुझ से कहा था कि मैं अपना असली नाम किसी से न कहूँ। मैंने एक बार निशा नाम कहा, फिर कभी अनीता कहा! फिर मैंने सोचा इस कदर झूठ बोलना मुझसे नहीं होगा। मैंने अपना असली नाम कहने का इरादा पक्का किया। मैं सोचती हूँ कि झूठ

को बहुत सँभालना पड़ता है। हमेशा नकाब ओढ़कर रहना पड़ता है। और यह मेरे स्वभाव के खिलाफ पड़ता था।

फर्माइश कागज़ पर लिखकर गायिका के पास भेजी जाती थी। मैं सोचती थी ये लोग ऐसी चिट्ठियाँ क्यों भेजते रहते हैं? किसी से पूछने की सहूलियत न थी। मैं बिलकुल नयी थी। ग्राहक भी जानते थे कि मैं इस माहौल से परिचित नहीं हूँ। उनको मैं भली लगती थी। मैं बदसूरत या मोटी न थी। दो बच्चों की माँ थी ज़रूर मैं, लेकिन उम्र मेरी बीस ही थी। वैशाली नाम की एक और सिंगर थी। मेरी ही हम उम्र। उसके साथ उसकी माँ आती रहती थी। वह किसी से ज्यादा बात नहीं करती थी। उसकी माँ भी कुछ खास बात न करती थी। वह वैशाली दिखने में ठीक थी लेकिन एकदम टफ। उसके कपड़े कीमती हुआ करते थे। वह तनख्वाह भी ज्यादा पाती थी। उसे रोज तीन सौ रुपये तनख्वाह और टिप्स अलग से मिलती थीं।

वहाँ एक ढोलक वादक था—राजू। वह मुझ पर गुस्सा न होते हुए ताल सँवार लेता था। वह अनुराधा पौडवाल के पास बजाने जाता था। एक दिन राजू ने मुझसे कहा कि कुलदीप मेरे नाम के डेढ़ सौ रुपये और टिप्स खुद ही बटोर लेता है। मुझे बुरा लगा लेकिन मैंने सोचा बिना पहचान के तो यहाँ एण्ट्री ही नहीं है। मुझे कम से कम इस आदमी के कारण हाथ में माइक पकड़ने का मौका तो मिला। यहाँ विजय नाम का ड्रमर और बाबू नाम का ऑर्गन प्लेअर था। ये लोग मेरी गलतियाँ छिपाने की कोशिश करते रहते लेकिन कुलदीप सिंह मुझसे हमेशा नाराज़ रहते थे।

दस-बारह दिन हुए होंगे। एक शाम शशिभाई वहाँ आये। उन्हें डे के लिए सिंगर चाहिए थी। उनका बैंड मालाड के अशोका होटल में था। कुलदीप ने मेरा नाम सुझाया। उसी दिन ही वसई के शीतल होटल में नाइट के लिए सिंगर चाहिए का संदेश आया था। कुलदीप ने अब की बार भी मेरा नाम सुझाया। इसका मतलब साफ था कि वह मुझे यहाँ से हटाना चाहता था।

खँडहर में मुझे एक बार 'माई री मैं का से कहूँ' गाने के लिए मिला था। मैं बहुत पहले यह गाना सुनती थी। सुर ठीक लगे लेकिन ताल में गड़बड़ हुई। बजाने वालों ने ही मुझे ताल पर ला छोड़ा। इस गाने का अंतरा पूरिया धनश्री में है।

मैं दोपहर डेढ़ से शाम छह बजे तक मालाड के होटल अशोका में जाती थी और रात के सात से ग्यारह बजे तक वसई के शीतल होटल में। अशोका में मुझे रोज के पचास रुपये और टिप्स अलग से मिलते थे। शीतल में पचास रुपये और टिप्स भी मिलने लगे। अशोका में पाँच गायिकाएँ थीं। शीतल में मैं अकेली ही थी। अब मेरे पास दस-बारह गाने हो गये थे। वे हिन्दी गाने थे। वसई में मराठी गाने चाहिए थे। मैं फिर से मुसीबत में थी।

अशोका में मुझे 'घर आ जा घिर आये बदरा साँवरियाँ' की फर्माइश आयी।

मैंने गाया। उसके बाद 'बैरन नींद न आये' और 'मैं कौन-सा गीत सुनाऊँ' ये गाने भी मैंने बढ़िया गाये। बचपन में पिताजी हमेशा कहते थे, 'तुम्हें 'घर आ जा घिर आये' गाना पसन्द है न? दरअसल यह गाना मुझे बिल्कुल पसन्द न था। जब इसे मैंने अशोका में गाया तो मुझे ताल-सुर का सही पता चला। उसमें की कुछ जगहें वाद्यों से भरी जाती थीं। मैं मचल जाती थी।

रात के ग्यारह के बाद मैं वसई स्टेशन तक चलकर आती थी। वहाँ की आगरी बस्ती। मुझे बेहद डर लगता था। एक बात अच्छी हुई थी कि कुलदीप के कारण मेरी शशिभाई और 'शीतल' के शेट्टी से परिचय हुआ था। वे दोनों बैंड संचालक थे। दोनों ही स्वभाव से बेहद अच्छे और दिलदार थे। शशिभाई गुजराती थे। पैसों के मामले में भी साफ थे। शेट्टी में इन्सानियत बहुत थी। उनके बैंड का श्रीराम गायक स्टेज पर ही गिरकर चल बसा था। वे सभी लोग दस-दस रुपये जमा कर उसके घरवालों की मदद किया करते थे। ऐसी मदद करने का आइडिया शेट्टी का था और वे हर महीना ये पैसे श्रीराम के परिवारवालों के पास पहुँचाते थे। इसी होटल में मैंने पहली बार नोटों को उछालते हुए देखा।

'शीतल' होटल में शारदा दीदी नाम की सिंगर थीं। वे 'आती नहीं मंज़िल, तड़पने से भी क्या हासिल' बहुत सुन्दर ढंग से गाती थीं। मुझे वह गाना पसन्द आया। मैं सीख गयी और वैसे ही गाने का प्रयास करने लगी। यहाँ मराठी गानों की फर्मामाइश ज्यादा थी। मुझे मराठी गाने ज्यादा आते नहीं थे। एक गाना आता था, 'बिलनची नागिन निघाली'। मैंने यह गाना नृत्य करते हुए गाया और कलेक्शन पाया था।

'शीतल' बार में मुझे टिप्स के साठ या नब्बे रुपये मिलते थे। स्टेशन पर मैं पानी का नारियल, आधा किलो सेब, कभी मुनक्का खरीदती थी। बीमारी में दिलीप को ये चीजें खाने से फायदा होता था। न्यूमोनिया, अल्सर से वह बेहद दुबला बना था। उसकी दवाइयाँ, इंजेक्शन ज़ारी थे। घर में खिचड़ी और अचार का भोजन होता था।

दीवाली आयी थी। मैंने एक किलो बेसन के लड्डू बनाये। लड्डू बनाने में दिलीप ने मेरी मदद की। बबलू के लिए नये कपड़े खरीदे। सिर्फ सत्तर रुपये में दीवाली मनायी।

शशिभाई ने अब मुझे दहिसर के एक होटल में डे के लिए भेजा था। दहिसर-वसई में काम करने पर भी आर्थिक स्थिति में सुधार नहीं हुआ था। लेकिन कम से कम अंधेरी स्टेशन से बस पकड़कर मैं घर आ सकती थी। चलने की मेहनत और समय बच गया था। और एक बात अच्छी हुई कि वसई के होटल में मेरी पहचान का दायरा बढ़ गया। वहाँ अरुण नाम के बैंड संचालक थे। उन्होंने मुझे एक दिन जोगेश्वरी के 'ग्रीन लाइट' में ऑडिशन के लिए बुलाया। मैं ऑडिशन में पास हुई। लेकिन दो

ही दिनों में वह होटल बंद हुआ। अरुण की पत्नी गीता उन दिनों होटल 'आल्फ्रेड' में गायिका थी। 'आल्फ्रेड' में अरुण के भाई संदीप का बैंड था। 'आल्फ्रेड' में उन दिनों एक-एक कलाकार का मानधन औसत तीन सौ से पाँच सौ था। मैंने अरुण का फोन नंबर लिख रखा था। ज़रूरत पड़ने पर मैं फोन कर सकती थी।

## चौदह

बीयर बार में काम करना शुरू किया था। एक महीना भी नहीं हुआ था लेकिन मुझे इस होटल से उस होटल, ऐसे कई होटलों की खाक छाननी पड़ी थी। स्थिरता न थी। किसी प्रकार की सुरक्षा न थी। घर की स्थितियों में सुधार के कोई लक्षण न थे। मैं जैसे-तैसे बीस रुपये से पचास रुपये प्रतिदिन कमाई—बस, इतनी ही तरक्की कर सकी थी। टिप्स का सिस्टम मैं जानती न थी। कभी-कभार साठ-सत्तर रुपये टिप्स हाथ लगी कि मुझे आशा लगती थी। हाँ, इतना हुआ था कि मेरी पहचान बढ़ रही थी और संकोच धीरे-धीरे कम हो रहा था।

मेरा सम्पर्क ऑर्केस्ट्रा के कलाकार और संचालकों के साथ ही होता था। होटल का मालिक कौन है, कौन देखभाल करता है, इसके बारे में मुझे कोई जानकारी न थी। कलाकारों के अलावा मैं होटल की महिला वेटर्स से परिचय बढ़ाती थी। कभी-कभार पुरुष वेटर्स, स्टुअर्ड से परिचय हो जाता था लेकिन वह उतना भर ही।

रात में होटल बंद होने के पूर्व सभी कर्मचारियों को भोजन कराया जाता था। कभी दाल, चावल, सब्जी तो कभी नॉनवेज! नॉनवेज भोजन मिलने पर मुझे बच्चों की याद आती थी। कई बार मैं पार्सल ले जाती थी। किसी-किसी होटल में पार्सल की सुविधा न थी। तब निवाला मेरे गले में अटकता रहता था और आँखों में पानी भर जाता था।

'खँडहर' में पुष्पा नाम की महिला वेटर से मेरा परिचय हुआ। हमारी दोस्ती हुई। क्योंकि हम अंधेरी बस स्टॉप या रेल स्टेशन के प्लेटफार्म पर मिलती थीं। होटल में हम गप्पें लड़ा नहीं सकती थीं। लेकिन बाहर हम खूब बातें किया करती थीं। वह बहुत अच्छी थी। उसके नसीब में गृहस्थी-सुख न था। वह अंधेरी में रहती थी और पति वसई में। हम कभी-कभी विरार लोकल पकड़ती थीं। मैं उसे पुष्पा दीदी कहती थी। एक बार मैंने पुष्पा दीदी और शशि भाई को घर बुलाया। मैंने पड़ोस के नन्दू से वीडियो मँगवाया और हमने 'दिल है कि मानता नहीं' सिनेमा देखा। सिनेमा देखते हुए मेरी आँखें भर आयीं। तुरन्त दिलीप ने कहा, 'इसे यार लोगों की याद आ रही है।' सभी का दिल दुख गया।

उसके कुछ दिनों बाद हम सब 'जीवदानी' गये थे। दिलीप वहाँ भी झगड़े पर

उतारू हो गया। मुझे पता ही नहीं चला कि वह मुझ पर कड़ी नजर रखे हुए है। संशय का डेरा था उसका मन। मैं पहचान के किसी को भी घर बुलाती थी। तब इसकी नाटक-नौटंकी जारी रहती थी। इसका मतलब यह था कि वह मुझे कुछ भी चोरी-छुपे करने के लिए बाध्य करता था। उसकी तबीयत में सुधार था। यही मेरे लिए सुख की बात थी।

गज्जूभाई से मेरा परिचय हुआ। एक दिन मैंने उन्हें घर बुलाया। उन्होंने मुझे और दिलीप को समझाया 'पासपोर्ट बनवाइए और विदेश जाने का सोचिए। वहाँ अच्छे होटल हैं। खूब पैसे कमा सकेंगे।' गज्जूभाई का भाइन्दर में फ्लैट था। उनकी पत्नी बीयर बार में गायिका थी। गज्जूभाई ने मुझे कई होटलों के सम्पर्क नंबर दिये।

घर का माहौल थोड़ा ठीक था। मेरी ननद कल्पना हमारे पास रहने आयी थी क्योंकि ससुर गाँव गये थे। वह शाम को काम से घर लौटती थी। अब मैं रात में काम पर आराम से जाने लगी क्योंकि कल्पना बच्चों के पास थी। पहचान बढ़ाते-बढ़ाते मैं न जाने कहाँ-कहाँ होटल ढूँढ़ती रहती थी। ऑडिशन देती थी। दिलीप की तबीयत ठीक रहती थी तो कभी-कभार वह साथ चलता था। वरना घर में बच्चों के साथ रहता था।

मैं जान चुकी थी कि होटल में काम चाहिए तो पहचान चाहिए। पहचान के सिवा कहीं भी एंट्री मिलती न थी। संचालकों को ही अपना स्थान बनाने के लिए जूझना पड़ता था। गायक और वादकों की हालत तो और खस्ता थी। अनेक बीयर बार में ऑर्केस्ट्रा या लाइव बैंड होते थे। एक ही संचालक चार-पाँच होटल में बैंड सुविधा देता था। इसलिए कहीं न कहीं काम मिलता था। काफी गायक, वादक, महिला वेटर मराठी थे। पहचान बढ़ाने में यह 'मराठीपन' काम आता था। इसी पहचान के बलबूते पर मैंने 'धनश्री', 'मिलाप', 'राजश्री' आदि होटलों में ऑडिशन दी थीं। एक-दो दिन काम का अनुभव भी लिया था।

31 दिसम्बर नज़दीक आ रहा था। सब एक ही विषय पर चर्चा कर रहे थे—31 दिसम्बर के दिन खूब कमाई होती है। लेकिन इसके लिए होटल भी तो अच्छा मिलना चाहिए था। तिस पर इन दिनों डान्सबार की संख्या भी बढ़ने लगी थी। अब तक ऑर्केस्ट्रा या लेडीज बार सभी जगह थे लेकिन सुना था कि कुछ होटल 31 दिसम्बर या त्योहारों पर डान्स के लिए परमिशन निकालते थे। इस संदर्भ में 'दर्पण बार एण्ड रेस्टोरेंट', 'दि ग्रंट होटल', 'आल्फ्रेड' ऐसे कई हाई-फाई होटल के नाम सुने थे। वहाँ सब कुछ पॉश था। लड़कियाँ भी सुन्दर। उनका मेकअप, कपड़े बर्ताव...सब कुछ महँगा और हाई-फाई। मैं उन सबके बीच कैसे निभा पाऊँगी? सवाल गहरा था। मैं साँवली, दिखने में ठीक ही, फिगर ठीक था लेकिन कपड़ों का साज-शृंगार न था। मेरे पास कपड़े तीन ही! मुझे काम की सख़्त ज़रूरत थी। इसलिए मैंने इन सारे अभावों को नज़रअन्दाज़ कर रखा था। और इन ऊँचे होटलों के दरवाजों

पर दस्तक देना शुरू किया था। एक निर्णय किया था।

मैं 'गुड्डी' होटल में ऑडिशन देने गयी। पास हुई। गाना आरम्भ किया। मुझे वहाँ गाने का पूरा-पूरा मौका मिलता था। 'गुड्डी' में पहली मंज़िल पर डान्स और ग्राउंड फ्लोर पर ऑर्केस्ट्रा था। वहाँ राधा नाम की सिंगर आती थी। वह 'ये समाँ, समाँ है ये प्यार का' गाने पर खूब सुन्दर डान्स करती थी। पलभर के लिए आभास होता था कि कहीं यह बेबी नंदा तो नहीं हैं। उसकी परफॉर्मन्स देखकर मैंने तय किया कि मैं भी गाते-गाते नाचूँगी और गाते-गाते नाचना कितना मुश्किल होता है, इससे मेरा साक्षात्कार हो गया।

'गुड्डी' में मैं 'पतझड़, सावन, बसंत, बहार। एक बरस के मौसम चार, पाँचवाँ मौसम प्यार का, इन्तजार का' गाना गाती थी। इस गाने ने मुझमें आत्मविश्वास भर दिया। मुझे बहुत आनन्द मिलता था। यह आनन्द चिलचिलाते रेगिस्तान में चलते हुए पानी की एक बूँद दिखने-सा आनंद था।

मेरे साथ वहाँ गायक था सलीम। साँवला, चेहरे पर चेचक के दाग़। और स्वभाव से बेहद अच्छा। सभी की मदद करने वाला। मेरा गाना भी मन से सुनता था। एक दिन उसने मुझसे कहा, 'शायद तुम्हें टान्सिल्स की तकलीफ है। मेरे भी नाक की हड्डी बढ़ गयी थी। खूब तकलीफ हुई थी। ऑपरेशन कराना पड़ा था। तुम्हारी आवाज़ से भी लगता है कि तुम्हें कोई प्रॉब्लम है। तुम चेकअप करा लो।' उसने अस्पताल का नाम, पता दिया और अपनत्व से पूछताछ करता रहता था। वह मेरे घर की स्थिति जानता न था।

'गुड्डी' में मुझे दिन के सौ रुपये और डेढ़ सौ-दो सौ टिप्स के मिलते थे। मैं बेहद खुश थी। दिन में ढाई सौ-तीन सौ रुपये? मैंने इतने पैसे महीने भर में भी कभी देखे न थे। महीना भर मैं बर्तन-कपड़े धोती थी, फर्श पोंछती थी, गालियाँ खाती थी, बासी खाना खाती थी और डेढ़ सौ रुपये पाती थी। यहाँ कितनी अच्छी कमाई थी। और मैं अपनी पसन्द के गाने गा सकती थी। संगीत और गाने का साथ। रात का खाना फ्री और वह भी ताज़ा गरमागरम।

मैं उत्साह से गाने याद करने लगी थी। आस-पड़ोस वालों से रेडियो ला-लाकर गाने सुनती थी, लिख लेती थी। रास्ते पर बिकने वाली रुपया-डेढ़ रुपया वाली सिनेगीतों की पुस्तक खरीदती थी। गाना खुद सेट किया करती थी। दूसरों को गाते हुए ध्यान से सुनती थी। कस्टमर्स की प्रतिक्रियाएँ निहारती रहती थी।

31 दिसम्बर 1990! होटल में मनाये जाने वाले न्यू ईयर इव्ह का मेरा पहला अनुभव! मुझे कल्पना ने अपनी नयी साड़ी पहनने दी। होटल कस्टमर्स से खचाखच भरा था। मैंने बहुत गाने गाये। उस दिन सभी को खूब टिप्स मिली। खाने-पीने की भी चैन थी।

एक लड़की से कस्टमर छेड़खानी करने की चेष्टा करने लगा था। वह पैसे

दिखा-दिखाकर उसे पास बुलाता था और वह उसके पास जाती थी। ऐसा तीन-चार बार हुआ। फिर उसके बुलाने पर भी लड़की गयी नहीं। मुझे मितली-सी हुई। गुस्सा आया। लड़की पर तरस आया। लेकिन वह भी मजबूर थी। मैं भी! वक्त आने पर गधे को भी बाप बनाना पड़ता है। ऐसी ही हमारी दुर्गत थी। हमारा काम था लोगों को रिझाना। कला हमारी रोजी-रोटी थी। परिस्थितियों ने हमें इस कदर धर दबोचा था कि आत्मसम्मान को गठरी में बंद कर हमें उसे गंगा में बहाना पड़ा था। इसीलिए तो हम बीयर बार की राह चलकर आ सकी थीं। अब शिकायत कैसे करें? किस के पास करें?

31 दिसम्बर के बाद तीन-चार दिनों में ही 'गुड्डी' होटल को अलविदा किया। मैं जान गयी थी कि इस होटल में टिप्स देते हुए ग्राहक छूने की कोशिश करते हैं। मैं ऊब गयी थी। एक बार किसी कस्टमर ने पैसे देते हुए पैसे सीने पर फेरकर दिये थे। यह बीभत्सता बर्दाश्त के बाहर थी। मैंने 'गड्डी' को अलविदा किया। पहचान ढूँढ़ते-ढूँढ़ते होटल 'सोना' में पहुँची। काम भी मिला। मैं काम पर गयी भी लेकिन बदन में बेहद पीड़ा महसूस होने लगी थी। गले में खराश थी। सूजन थी। मैं जैसे-तैसे दिनों को पार कर रही थी। मुझे लगा पान पराग की आदत ने अब मुझे कहीं का न रहने दिया है। अपनी ओर ध्यान न देने की सज़ा थी यह।

दस-बारह दिनों के बाद सहसा मेरे मुँह से खून निकलने लगा। मैं बेहद डर गयी। अस्पताल गयी। डॉक्टर ने कहा गले के कॉर्ड्स में सूजन है। वहाँ एक गाँठ भी है। ऑपरेशन करना होगा। गाँठ नहीं निकाली तो कैंसर हो सकता है। ऑपरेशन के बाद आप गा पायेंगी या नहीं—पता नहीं। यह भी कह दिया उसने! मैं टूट गयी। पूरी तरह से। पलभर के लिए लगा ज़िन्दगी ध्वस्त हो गयी। मेरा जोर-जोर से चीखना, दिलीप के साथ रात-रात भर झगड़ना, पान-पराग की आदत—जो हाल ही में पड़ी थी। सब कुछ मुझसे प्रतिशोध लेने पर उतारू हो गये थे मानो! मैंने खुद को सँभाला। और ऑपरेशन कराने की ठान ली।

दो दिनों बाद ऑपरेशन हुआ। होश आने पर डॉक्टर ने एक नली में गले से निकाली गयी गन्दगी दिखायी। बदबूदार। दिलीप बोला, 'देखो, पान-पराग की गंध?' और डॉक्टर के जाने के बाद वह विकृत आनन्द व्यक्त करते हुए बोला, 'अब तुम गा ही नहीं पाओगी।' डॉक्टर ने सभी रिपोर्ट्स देखे और कहा, 'सब कुछ ओ.के. है। आप गा भी सकती हैं। लेकिन दो महीने विश्राम करना अनिवार्य है।' मैं खुशी से झूम उठी। मैं गा सकने वाली थी। यही विचार मेरे लिए बहुत बड़ी राहत थी। मैं अपना सारा दुख-दर्द भूल गयी और उत्साह से सराबोर हो गयी। अस्पताल से एकदम तन्दुरुस्त होकर लौट आयी।

घर आयी और दूसरे ही दिन होटल गयी। बिलकुल साफ उच्चारणों सहित रेंज में, अपनी नॉर्मल आवाज़ सुर में गायी। 'सोना' में शराफत नाम का गायक था।

वह अनजाने में मेरा मार्गदर्शन करने लगा। मुझे उसके प्रति अपनत्व लगने लगा। वह मुझे गानो के सुर-ताल समझाने लगा। उसने मुझे 'खेलो ना मेरे दिल से। ओ मेरे साजना, ओ साजना, ओ साजना' गाना सिखाया। मैं आत्मविश्वास से गाने लगी। शराफत खुद ऑर्गन बजाता था और गाता था, 'दिल की दुनिया बसा के साँवरिया, कहाँ खो गये, खो गये'। मैं यह भी गाना उससे सीखने लगी।

शराफत मेरे साथ बड़े सम्मान से, स्नेह-अपनत्व से पेश आता था लेकिन वहाँ की दूसरी डान्सर लड़कियों के साथ अश्लीलता से भरी बातें करता था। मुझे उसका यह व्यवहार बड़ा अजीब-सा लगता था। लेकिन मैं क्या कहती? मैं खुद स्थितियों तले दब गयी थी। परिस्थितियों की चंगुल में फँस गयी थी। कुछ कहने की सामर्थ्य मुझमें थी ही कहाँ! फिर मैंने अपने मन को समझाया—वह मेरे साथ अच्छा बर्ताव करता है न। मेरा गुरु है न। फिर जाने दो। बाकी बातों को कर दो नज़रअन्दाज़। मैं उससे यह अपेक्षा कैसे कर सकती थी कि वह हर किसी से अच्छा ही बर्ताव करे? और यह सोचकर मन को तसल्ली देती थी।

मैं जो कुछ तनख्वाह, टिप्स मिलती थी उस पर गुजारा करती थी लेकिन वहाँ कई लड़कियाँ थीं जो हद से ज्यादा पैसों की माँग करती थीं। कई लड़कियों ने लाखों रुपये कमाकर अपने दोस्त-यारों पर खर्च किये थे और इसी चक्र में रही थीं। मैंने तय किया—जो मिलेगा वह ले लूँगी और घर की राह नापूँगी। स्थितियाँ सँभलने के परे जाएँगी तो अलविदा कर दूँगी और दूसरा काम ढूँढ़ने चल पड़ूगी। लेकिन वक़्त कुछ और ही परोसता रहता है। वक़्त मन के ही तार नहीं स्वर्ग में जुड़े तार भी तार-तार कर देता है। कितनी भी चेष्टा करो, जान पर खेलो, लेकिन वे तार टूटते ही रहते हैं—इतने आहिस्ता कि हम खुद भी उनकी ध्वनि नहीं सुन सकते।

होटल 'सोना' में भी मेरी कमाई इतनी न थी कि जिससे मैं घर की आर्थिक स्थिति सँवार सकूँ। अतः मैं मन में और अच्छा होटल तलाशने के सपने देखने लगी थी। मैंने 'सोना' छोड़ा। काफी होटल्स में गयी। एक-दो दिन काम भी किया और एक दिन होटल 'सनशाइन' में गयी। जाते समय किसी औरत की साड़ी पहनकर गयी थी। साड़ी नक्काशीदार थी। वहाँ शंकर जी बैंड संचालक थे। उन्होंने मुझे देखकर ही 'हाँ' कह दिया। मेरा ऑडिशन भी नहीं लिया। इस होटल में सभी विदेशी ग्राहक आते थे। फोरास रोड, ड्रीम लैंड टॉकीज नज़दीक होने से होटल काफी चलता था। उस जमाने में त्योहारों के दिन लोगों ने पन्द्रह-सोलह हजार रुपयों के टिप्स पाये थे। लेकिन इस होटल के साथ काम करने का संजोग मेरी कुंडली में न था। मैं काम की तलाश करते-करते 'आल्फ्रेड' पहुँची। इस होटल के बारे में मैंने काफी सुना था। काफी 'हाई फाई' वातावरण था। मुझमें हीनता ग्रंथि उभर आयी। मैं सकुचा गयी। वहाँ की सारी सिंगर्स ऊँचे कपड़ों में रहती थीं। मैं कल्पना के दिये ड्रेसेस पहनती थी। मुझे अन्यों से आधी टिप्स मिलती थी। फिर भी वह सौ के आस-पास हुआ

करती थी। मेरी आधी टिप्स साथ वाले गायक और म्युज़िशियन्स खाने-पीने में खर्च करते रहते थे। यहाँ मैं 'अभी-अभी थी दुश्मनी। अभी है दोस्ती बनी' गाना गाती थी। पहले थोड़ा झिझक गयी थी लेकिन बाद में सुन्दर गाने लगी थी। वहाँ सुनीता नाम की सिंगर थी—'ये आज मेरी ज़िन्दगी में कौन आ गया' गाना वह चीख-चीखकर गाती थी।

आल्फ्रेड में खाना बढ़िया मिलता था। मच्छी, मटन! मुझे बच्चे याद आते! लेकिन यहाँ खाना पैक लेने की इजाजत न थी। वहाँ के ऑर्गन प्लेअर किशोर भाऊ को मेरी गरीबी की जानकारी थी। इसलिए मैंने पैक लिया तब भी वे नज़रअन्दाज करते थे। 'आल्फ्रेड' का वातावरण बड़ा ही मिलनसार था। सभी मेरी बहुत फिक्र करते थे। सँभाल लेते थे।

'आल्फ्रेड' में सुनीता, सुनील, सुरेखा, राजू, किशोर भाऊ, मैं—हमारा बढ़िया ग्रुप था। ग्रुप के सभी शिक्षित थे। युवा थे। सभी के घर की स्थिति अच्छी थी। वे मोटर साइकिल या कार से आते थे। एक दिन लाइट चली जाने से हम सभी कोई अंग्रेजी फिल्म देखने गये। घर आकर मैंने दिलीप से कहा। बस! फिर क्या था। उसने ज़मीन-आसमान एक किया। किशोर भाऊ के नाम से कुछ भी इल्जाम लगाने लगा। दरअसल मैं 'आल्फ्रेड' के ग्रुप में ठीक से समायी भी न थी और ना ही किसी ने मेरी कुछ मदद की थी। मैं उनका मन रखने, काम हाथ से न जाए इसलिए उनके साथ गयी थी। मौजमस्ती करने नहीं। लेकिन दिलीप यह सब क्या समझता? मेरी पिटाई करते हुए उसने मेरे सारे यारों के नाम गिनाने शुरू किये। उसमें किशोर भाऊ का नाम भी जोड़ा। मैं उसे समझाते-समझाते थक गयी। रो-रोकर मेरा बेहाल हो गया।

हमारे इन झगड़ों से राम की माँ परेशान हो गयी थी। उसने 'घर खाली करो' की रट लगायी। राम के कारण वह चुप रहती थी। लेकिन अब पानी सिर से बहने लगा था। राम माँ को चुप कराता था। हमारे कारण उन माँ-बेटे में झगड़े होने लगे थे।

मैंने 'आल्फ्रेड' में दिन में काम करने का तय किया। दिन में वहाँ होटल मैनेजमेंट का बैंड था। दिलीप से तंग आकर मैंने किशोर भाऊ का रात का बैंड त्यागा तो सही लेकिन दिन में कमाई कम होने लगी। नया घर लेने के लिए डिपोजिट के पैसे जमा करने थे। काम की तलाश में मैं साकीनाका के 'अनुपम' होटल में गयी। वहाँ रात का काम मिला। संघर्ष नाम का परिचित गायक वहाँ था। बैंड उसी का था। देखते ही वह मुझे 'जयभीम' कहता था। तब 'जयभीम' का अर्थ मैं जानती न थी लेकिन मैं भी उसे 'जयभीम' कहती थी। संघर्ष और उसका भाई सचिन दोनों बहुत अच्छे गायक थे।

होटल 'अनुपम' में संघर्ष ने मुझे बहुत सँभाला। वह अंतरा गाकर दिखाता था। फिर मैं गाना गाया करती थी। संघर्ष के कारण मुझे बहुत से गानों का पता चला। वहाँ

एक गुजराती गायिका थी। गरबा बहुत अच्छा गाती थी। इस होटल में गुजराती गीतों की फर्माइश आती थी। कंचन नाम की गायिका भोजपुरी गाने गाती थी। अन्य भाषाओं के गानों में से मुझे बस एक ही गाना थोड़ा-थोड़ा आता था—फुलौड़ी बिना चटनी कैसे बनी...' धीरे-धीरे मैं 'चला भी' और 'आज जा रसिया' गाने गाने लगी। अब मैंने यह भी ठान लिया कि मैं गुजराती और भोजपुरी गानों का स्टाक भी जमा करूँगी।

दो-दो होटलों में गाते-गाते मेरे नाक में दम होता था। चर्नी रोड पर 'आल्फ्रेड' और अंधेरी के साकीनाका पर 'अनुपम'। 'अनुपम' जाते-जाते रास्ते में मैं बडापाव या भजिया ऐसा कुछ खा लेती थी। रात का भोजन होटल में मिलता था। चाय को लेकर कभी परेशान होना नहीं पड़ा। जहाँ कहीं जाती थी, पहले चाय मिलती थी। चाय मुझे तरोताज़ा बना देती थी।

स्थितियों में परिवर्तन हो रहा था। 'सोना' में काम करने लगी थी, तब से दिन अच्छे होने लगे थे। तनख्वाह बढ़ती जा रही थी। 'अनुपम' में संघर्ष अच्छे पैसे देता था। मैं फुटपाथ पर के स्टाल में से सस्ते लेकिन चमचमाते पंजाबी ड्रेसेस खरीदने लगी थी। दिलीप का माथा ठण्डा रहने लगा था। वह या तो आराम से घर में बैठता था या मन करने पर मेरे होटल में आकर बैठ जाता था। 'बीवी को कोई भगाकर तो नहीं ले गया' की चिंता उसे चैन से बैठने न देती थी। मैं डे-नाइट काम कर-कर पैसे इकट्ठा कर रही थी। राम का घर छोड़ना ही पड़ा। तब हमारी बस्ती के नटूभाई मदद के लिए आगे बढ़े। उन्होंने हमें एक कमरा दिया। लेकिन उसमें बाथरूम नहीं था। तख्ती पर नहाना और बाल्टी में वह पानी भरकर बाहर फेंकना पड़ता का। पीने का पानी भी दूर पहाड़ी झरनों से लाना पड़ता था। मैं और मेरे दो छोटे बच्चे बाल्टी, कैन, गागर से पानी लाते थे। मैं जैसे-तैसे दाल-चावल की खिचड़ी बनाकर काम पर निकल जाती थी। और लौट आती थी रात के साढ़े बारह बजे।

और 'अनुपम' होटल का बैंड 'उड़ गया।' तब तो मैं यह भी समझ नहीं पायी कि 'बैंड उड़ गया'। यानी क्या हुआ? मैं हमेशा की तरह काम पर गयी। पता चला यहाँ का संचालक बदल गया है। ग्रुप बदल गया है। उसके बाद कुछ ही दिनों में किशोर भाऊ ने भी कहा, 'तुम काम पर मत आओ।' आल्फ्रेड का काम भी छूट गया। फिर से दर-दर की ठोकरें खाने का दौर शुरू हो गया।

उसी में दंगल भड़क उठी। मानो युद्ध छिड़ गया था। लोग नंगी तलवारें ले-लेकर चारों ओर से धावा बोल रहे थे। दिलीप भीगी बिल्ली-सा दुबककर बैठ गया था। सभी होटल बंद थे। रास्ते पर निकलना मुश्किल था। मैं काम पर कैसे जाती।

दंगल ठंडी पड़ने पर मैंने काम तलाशना शुरू किया। मुझे एक कमरा भी देखना था। मैं पैसे जमा कर रही थी। बरसात शुरू हुई। इस कमरे में पानी ही पानी। गीलापन, सीलन भर गयी। एक दिन दोपहर में मैं और दिलीप सिनेमा देखने गये। रात में मुझे काम पर जाना था। दोपहर में धुआँधार बारिश हुई। सिनेमा देखकर हम

आये तो क्या देखा? उफ्। मेरे घर पर चट्टान गिर गयी थी। पिछवाड़े घर के सारे कनस्तर मेरे घर पर। बच्चे पड़ोस में खेल रहे थे। सो बच गये। सारा सामान चूर-चूर हो गया था।

कुछ दिनों के लिए सामने वाले सज्जन ने पनाह दी क्योंकि हमें अपना झोंपड़ा दुरुस्त करना था। हमने उसके घर में एक खटिया पर अपनी गृहस्थी सजायी। उसके घर में भी टखने तक पानी भर गया था। हमारा आधा सामान टूटे झोंपड़े में और आधा इधर खटिया पर था। खाना भी मैं खटिया पर ही पकाती थी। दिलीप, मैं, बच्चे, वहीं बैठकर झपकियाँ लेते थे। टूटे घर में आकर नहाते थे। इन दिनों दिलीप बड़े प्यार से पेश आया। मैंने जमा पूँजी गिनी। डेढ़ हजार रुपये थे लगभग। हमने जगह देखी और डेढ़ हजार डिपोजिट देकर एक कमरा लिया।

मैंने संघर्ष को फोन किया। उसने होटल 'मल्लिका' में आने के लिए कहा। मैंने 'मल्लिका' में नाइट में गाना शुरू किया। वहाँ श्रीपाल नाम के बहुत अच्छे गायक थे और वैशाली ही नाम की और एक गायिका थी। सभी फर्माइशें उसे ही आती थीं। वह युवा थी, सुन्दर थी। पॉश रहती थी। मैं खूब रोया करती थी। श्रीपाल दा ने एक दिन मुझे फर्माइश दी। गाना था–'अजहूँ न आये बालमा, सावन बीता जाए।' दा ने अंतरा गाकर दिखाया और मेरे साथ गाया भी। मैंने अच्छी तरह गाया। फिर मराठी की बैठक में गायी जाने वाली 'लावणी'–'तुम्हावर केली मी मर्जी बहाल' और हिन्दी गाना 'काँटों से खींच के ये आँचल' खूब अच्छा गाने लगी। अब मेरे लिए भी फर्माइशें आने लगीं। मैं खुश हुई।

मैंने 'मल्लिका' में 31 दिसम्बर तक काम किया। जनवरी में 'मल्लिका' का बैंड 'उड़ गया।' मैं फिर से बेरोजगार हुई। अब की बार मैं काफी दिन घर में ही रही। लेकिन मैं, दिलीप, दो बच्चों के लिए रोजी-रोटी जुटाने का सवाल मेरे घर बैठे रहने से हल होने वाला न था।

जमा पूँजी कब तक चलती? दिलीप के प्रति मेरा गुस्सा ठण्डा हो गया था। उसने भी तंग करना कम किया था। इस बार हम एक तूफान से गुज़रे थे और ज़िन्दगी में पहली बार दिलीप खिचखिच न करते हुए मेरे साथ था।

लेकिन यह मात्र एक पल भर के लिए था। अब दिलीप काम पर जाने लगा था। नये घर में मैं सारे काम निपटाकर उसकी राह देखा करती थी। इन दिनों हमारे शरीर सम्बन्ध ठीक से चल रहे थे। और अचानक एक दिन वह मुझसे अश्लील बातें करने लगा। अश्लील बर्ताव करने लगा। बड़ा बीभत्स बर्ताव था वह! मैं रोयी! मैं काम पर जाने के बाद भी रोती रहती थी। मेरी समझ में नहीं आता था कि कहाँ मैं चूक गयी? यह अचानक उसे क्या हुआ? मैं लगभग दो साल बीयरबार में थी। लेकिन मैंने किसी को अपने बदन को छूने नहीं दिया था। वहाँ अनेक कलाकार, बैंड लीडर, होटल का सेठ, कस्टमर तक काम करने वाली गायिकाओं को, महिला

वेटर को इस्तेमाल करते थे। पैसों के लालच में कई औरतें भी उनकी वासनाओं की शिकार हो जाती थीं। मैंने ऐसी हजारों कहानियाँ आये दिन देखी-सुनी थीं। मैंने ऐसे माहौल में मेहनत, लगन और कला के प्रति ईमानदारी रखते हुए मर-खपकर काम किया था और सारे पैसे गृहस्थी में लगाये थे। बार से छूटते ही ट्रेन, बस के लिए दौड़ना और घर आकर ही साँस लेना! बस इतना ही किया था। तब भी दिलीप ने मुझ पर कीचड़ उछालना बंद नहीं किया था।

नतीजा यह हुआ कि मैं पुनः भीख माँगने होटल के दरवाजे तक पहुँच गयी! फिर वही ऑडिशन का चक्कर। उनका कहना, 'जब हमारी सिंगर नहीं आयेगी तब तुम्हें बुलायेंगे। फिलहाल हमारे यहाँ सिंगर है।' सुन-सुनकर कान पका लेना और एक के बाद एक होटल के दहलीज तक की यात्रा करते रहना। बस अब ज़िन्दगी इतने में ही सीमित हो गयी थी। आखिर एक होटल में काम मिल गया। होटल 'सफायर' में। डे-नाइट काम किया लेकिन कुछ महीनों में वहाँ का बैंड भी 'उड़ गया'। वहाँ देवराज और नागी संचालक थे। वहाँ के ड्रमर ऑर्गन प्लेअर, गायक-गायिका कला में निपुण थे। लेकिन मुझे लगता था कि वे सभी एक बड़ी अजीब-सी ज़िन्दगी गुज़ार रहे हैं। पहली बार मैंने अनुभव किया कि ऑर्केस्ट्रा बार में बंगाली लोगों की संख्या बढ़ने लगी है।

'सफायर' में मेरा गानों का स्टॉक कम पड़ने लगा। वहाँ अनिल नाम का गायक था। जिसके साथ मैं 'साजन' और 'सौदागर' के गाने गाया करती थी। और हम दोनों के ये गाने सुनने के लिए लोग वहाँ आया करते थे। 'जियें तो जियें कैसे', 'दिल ले ले दिल देकर' इन गानों पर लोग बेहद खुश होते थे। अनिल और मैं—हम दोनों को स्टेज पर गाते देखने के लिए वहाँ कस्टमर्स आते थे। अनिल बेहद अच्छा नाचता था और गाता था। 'बहुत प्यार करते हैं तुमसे सनम' इस गाने से तो हम वहाँ बहार लाते थे। लेकिन वहाँ का दूसरा गायक मुझे बीच गाने में रोका करता था। गुस्सा होता था। मेरे पास कई गानों के शब्द नहीं होते थे। 'जाम भी है, शाम भी है,' 'तेरे जैसा प्यारा कोई नहीं' इन गानों के भूले हुए शब्द ढूँढ़ने के लिए मैं रेडियो पर इन गानों के बजने का इंतजार करती थी। रेडियो भी पड़ोसियों से माँगकर। 'निसुलताना रे, प्यार का मौसम आया' यह मुश्किल लय का गाना भी आराम से गाती थी। सुरेश नाम का सिंगर अक्सर यह पूछकर कि—'दयाधन' गाना आता है क्या?—मुझे परेशान करता था। और आज 'दयाधना' गाने के लिए मुझे खास फर्माइश की जाती है।

'सफायर' छूटने पर देवराज ने मुझे 'सी-प्रिन्स' भेज दिया। वहाँ सुधा शेट्टी का बैंड था। सुधा शेट्टी के पास दो शो-रूम गुड़िया आयीं और मेरी छुट्टी हो गयी। मैं पुनः देवराज के पास काम माँगने गयी। देवराज का बैंड फिर से 'सफायर' में लग चुका था।

अब तक जितने भी बैंड लीडर मुझे मिले थे वे स्वयं कलाकार थे। हर एक की अपनी-अपनी खासियत थी। उनमें से कई गायक थे, कई वादक थे। उनका कला के साथ अपनत्व भरा नाता था। सुधा शेट्टी कलाकार नहीं था। चालाक था। बुद्धि थी उसमें लेकिन धन्धे के गणित में निपट बुद्धू था।

वे दिन बीयर बार के लिए परिवर्तन का सामना करने वाले दिन थे। समय करवट बदल रहा था। ऑर्केस्ट्रा बार की संख्या घट रही थी। मुम्बई, ठाना, रायगढ़, सोलापुर आदि छोटे-बड़े शहरों में भी लेडीज बार खोले गये थे। इनमें सबसे अधिक कमाई डान्सबार की होती है। वहाँ डान्सर थीं, वेट्रेसेस थीं लेकिन ऑर्केस्ट्रा न था। रेकॉर्ड-डान्स का प्रचलन बढ़ता जा रहा था। लाइव बैंड की संख्या घटती जा रही थी। जहाँ-जहाँ लाइव बैंड थे वहाँ-वहाँ सुधा शेट्टी जैसे निपट धन्धा करने वाले बैंड लीडर अपनी धाक जमा रहे थे। पहले अधिकांश बैंड लीडर मराठी थे। अब अ-मराठी बैंड लीडरों की संख्या बढ़ने लगी थी। जाहिर है कि इनके साथ के कलाकार भी यू. पी., कोलकाता से आते रहते थे।

जब मैं देवराज जी से मिलने 'सफायर' गयी थी, तब वे मुझे 'आल्फ्रेड' ले गये थे। मैं समझ नहीं पायी थी कि इन्होंने ऐसा क्यों किया। वे मुझे वहाँ ले गये और बोले, 'देख उन गायिकाओं को!' मैं देखती ही रह गयी। सामने मिठू दीदी गा रही थीं। बंगाली साड़ी, चूड़ियाँ, बड़ी बिंदी, घुँघराले बाल, गोल चेहरा, लुभावना व्यक्तित्व। मिठू दीदी कुमार शानू की पहली पत्नी। 'दिल क्या चीज़ है, आप मेरी जान लीजिए', गीत वे गा रही थीं। स्टेज पर इनके साथ देवाशीष की पत्नी भी थीं। देवाशीष बार लाइन में बैंड लीडर के रूप में चर्चित था और फिल्म इंडस्ट्री में गायक के रूप में भी। 'जीना तेरी गली में' फिल्म के गाने उसने गाये थे। मैं तो अपने होश-ओ-हवास खो बैठी।

मुझे अपने गँवारपन का अहसास हुआ। मैं चुपचाप उन दोनों के गाने सुनती रही और मन में ठान लिया—कुछ भी हो, कला के साथ गद्दारी नहीं करूँगी। माहौल चाहे जैसा हो।

'सफायर' में मैंने सिर्फ चार दिन काम किया। किसी ने देवराज से कहा कि सॅण्डहर्स्ट रोड के 'टिप्सी' में गायिका चाहिए। देवराज ने तुरन्त मुझे टैक्सी से वहाँ भेज दिया—रात के साढ़े आठ बजे!

'टिप्सी' में बाबा नाम के बैंड लीडर थे। वहाँ ऑर्केस्ट्रा और लेडीज सर्विस थी। स्टाफ में काफी लड़कियाँ थीं। बाबा शान्त स्वभाव के। उनका बैंड बिलकुल टेंशन फ्री हुआ करता था। उनका मुख्य व्यवसाय साउण्ड का था। अनुराधा पौडवाल, आशा भोसले आदि कलाकारों के कार्यक्रमों में उनका साउण्ड सिस्टम हुआ करता था। वे सिर्फ बार की कमाई पर अवलंबित नहीं थे। बाबा सज्जन थे। सभी को समानता से देखते थे। जो गलत होता था उसे डाँटते थे। हम कलाकारों की आत्मीयता से

पूछताछ किया करते थे। दीवाली में सभी को कपड़े, मिठाई, पैसे देते थे। यहाँ के ड्रमर, ढोलक वादक, ऑर्गन प्लेअर, सिंगर, कस्टमर्स सभी मुझे आज भी याद आते हैं। 'टिप्सी' में मंगेश नाम का ऑर्गन प्लेअर था। खूब हँसाता था। हँसते-हँसते काम करता था। हम सब एक बार उसके घर भी गये थे। वहाँ सभी ने हमसे बहुत घरेलू बर्ताव किया। मंगेश कभी अपने बोलने या व्यवहार में हमें 'बारवाली' का अहसास होने नहीं देता था। वह कभी भी होटल लाइन को बुरा या हीन नहीं समझता था।

## पन्द्रह

अब मैं बार लाइन की आदी बन गयी थी। सहज हो गयी थी। लगभग बीस-इक्कीस बार में काम कर चुकी थी। कहीं भी जाती थी तो कोई न कोई पूर्व परिचित कलाकार मिल जाता था। किसी का जीवन तबाह हो जाने का समाचार मिल जाता था या किसी की बेहद तरक्की हो जाने की खबर मिलती रहती थी।

'टिप्सी' में रंजना दीदी से मेरा परिचय हो गया और हम रिश्ते की अटूट डोर से बँध गयीं। नामा मास्टर भी ऐसा ही एक अनोखा व्यक्तित्व था जो हर किसी से सिर्फ अच्छा ही बर्ताव रखते थे। जब हम उनके घर जाती थीं तब उनका बेटा हमें बुआ कहकर पुकारता था। उन्होंने कभी भी किसी भी महिला कलाकारों से नाजायज फायदा नहीं उठाया। इतना सुन्दर मन था उनका फिर भी वे एक गायिका को ताने दिया करते थे। वह गायिका पेट से थी। आठ महीने हो गये थे। मजबूरी में काम पर आती थी। मैंने एक बार उनसे पूछा, 'आप उस पर ताने क्यों कसते हैं?' उन्होंने कहा, 'वह ऐसी स्थिति में यहाँ आती है। मुझे यह स्त्री जाति का अपमान लगता है। उसके पेट में बच्चा है। उस बच्चे को कुछ हो जाएगा तो?' उनका उत्तर सुनकर मेरे मन में उनके प्रति अभिमान जागा। मैं उनके घर जाती थी—अपना घर समझकर।

'टिप्सी' का स्टाफ आपस में खूब अपनत्व से पेश आता था। बहुत अच्छा माहौल था। इसका कारण थे बैंड लीडर बाबा! वे पुराने कलाकारों की आर्थिक सहायता भी करते थे। खाना-पीना देते थे। कुछ मतलबी लोग उनके इस स्वभाव का गलत फायदा उठाते थे। तब मुझे दुख होता था। लेकिन बाबा का मन उदार था। 'टिप्सी' के पैसे 'टिप्सी' के लोगों के ही काम आएँ। इतनी उदारता से वे काम करते थे।

इतना होने पर भी 'टिप्सी' में कुछ अनचाही बातें थीं ही! कइयों को बुरी आदतें थीं। एक आदमी था जो आते-आते पूछता रहता था—'क्यों, आज रक्तदान प्रोग्रेम है क्या?' यह कोडवर्ड था। लैंगिक सम्बन्धों के लिए। उन्हें किसी के प्रति संशय होता था तो 'रक्तदान, रक्तदान' का घोष शुरू हो जाता था। कई बार कलाकारों में आपस

में प्रेम हो जाता था और वे शादी भी कर लेते थे। कभी सिर्फ धोखा, लूट, फरेब ही।

कस्टमर्स भी अजीब-अजीब हुआ करते थे। कुछ सिर्फ पीने और मनोरंजन के लिए आते थे। कई बहक जाते थे। कई जोर जबरदस्ती, दादागिरी करने का प्रयत्न करते थे। वहाँ सलीम नाम का कस्टमर आता था। गोरा चिट्टा। दिखने में सुन्दर! एक दिन पी-पीकर वह धुत हुआ और बोतल फोड़कर काँच से अपने हाथ पर उसने मेरा नाम लिखा। लहू-लुहान हो गया। दूसरा एक गायक आता था। वह हमेशा मेरे 'रेशमांच्या रेघांनी, लाल-काळया धाग्यांनी' गाने के लिए ही फर्माइश किया करता था। एक दिन वह मेरे लिए हरे रंग की साड़ी और घड़ी भेंट लाया।

पापा नाम का एक ग्राहक था। वह अक्सर जेल में रहता था। और जब जेल में नहीं होता था तब 'टिप्सी' में। अमर नाम का ग्राहक भी रोज 'टिप्सी' में आता था। उसका जुगार, सट्टे का अड्डा था। उसकी शादी हो चुकी थी लेकिन प्रफुल्ल नामक गिटारिस्ट की पत्नी से उसने दूसरी शादी रची थी। उसका नाम रमा था। अमर की पूरी कहानी हमें पता हो चुकी थी। एक बार अमर की पहली बीवी बार में मुझसे मिलने आयी थी। वह बेहद सुन्दर थी। अमर उसे खूब मारता था। रमा ने ही मुझे उसकी रामकहानी सुनायी थी और यह जनाब बार में बैठे-बैठे मुझसे इश्क लड़ा रहे थे।

उन दिनों 'टिप्सी' में निसार नाम का गायक था। वह मेरी काफी मदद करता था। वह मुझे अच्छा लगने लगा था। हम बहुत बातें किया करते थे। वह काफी हाई पीच में गाता था। गाते समय हममें इसी बात को लेकर झगड़ा हो जाता था। वैसे उसकी आवाज़ दबी हुई थी फिर भी वह हाई पीच में गाने की कोशिश करता था। इससे गाने की मिठास खत्म हो जाती थी। वह मेरे साथ गाने के लिए छटपटाता रहता था। हम दोनों 'पत्थर दिल को मैं दिल दे बैठी', 'मुझे तेरी मुहब्बत का सहारा मिल गया होता' आदि कई गाने गाते थे। निसार ने मुझे कई गाने लिखकर दिये थे। लेकिन वही! आवाज़ की 'पट्टी' को लेकर झगड़ा। संवाददाता के साथ 'इम्तिहान' का 'आ जाने जाँ, आ मेरा ये हुस्न जवाँ', 'आ जा आ जा मैं हूँ प्यार तेरा', 'ओ हसीना जुल्फोंवाली' आदि गाने खूब रंग जमाते थे।

'टिप्सी' में अमर 'दो घूँट मुझे भी पिला दे', 'तेरे वास्ते रे सजना नैन म्हारे जागे' गानों की फर्माइश करता था और अच्छा कलेक्शन भी देता था। रंजना दीदी से मैं 'लावणी' और 'भावगीत' लिख लेती थी, सुनती थी। वहाँ सचिन नाम का एक खूसट गायक था। वह मुझसे कई गाने गबाता था और जरा-सी भी गलती हो जाने पर आईने में देख धमकाता रहता था। लेकिन उसका धमकाना मेरे लिए प्रेरणा बन गया था। ताल गलत होने पर सचिन कहता था, 'क्यों आज सब्जी बनायी नहीं थी क्या? लय की सब्जी छौंक दी तुमने।' मैं मन मसोसकर रह जाती थी। कभी गुस्सा हो जाती थी। तब मैं चीखने-चिल्लाने वाले गाने गाती थी। 'मैं तुझे छोड़ के कहाँ

जाऊँ?' 'मेरे भोले सनम तेरे सर की कसम' आदि।

मैं 'टिप्सी' में दिन-रात (डे-नाइट) काम करती थी। शाम को निसार के आते ही छह, साढ़े छह बजे हम घूमने जाते थे। मुझे उसके प्रति आकर्षण होने लगा था। लेकिन उसमें दोस्ती का भाव ही अधिक था। एक दिन हम होटल में बैठे थे और अचानक वह मुझसे सटकर बैठने लगा। हमें वापस ड्यूटी पर जाना था। मैं उसके मन की बात को जान नहीं पायी।

इधर अमर भी मुझसे बातें करने लगा था। उसकी पत्नी रमा मुझसे बात करने लगी थी, इस कारण वह भी मेरे पास अपना दिल खोलने लगा था। कई बार मैं और अमर महालक्ष्मी, हाजी आली जाकर गप्पें लड़ाते रहते थे।

मेरी और अमर की नज़दीकी देखकर निसार दुखी हुआ था। और उधर दिलीप के सिर पर संशय का भूत हावी हो चुका था।

मेरा अधिकतर समय रंजना दीदी के साथ ही बीतता था। हम खूब बतियाती रहती थीं। नये-पुराने गाने लिखकर लेती थीं, सुनती थीं। गानों की किताबें ढूँढ़ती थीं। बीच के खाली समय में हम दोनों होटल 'नित्यानंद' में बैठकर नाश्ता लेती थीं। कभी हमारे साथ होटल के अन्य सहयोगी भी रहते थे। 'टिप्सी' में दोपहर का खाना—दाल, चावल, पापड़, ककड़ी-गाजर का सलाद मिलता था। बाद में भूख लगने पर दस रुपये में आमलेट मँगवा सकते थे। लेकिन मेरी आर्थिक स्थिति मुझे यह खर्च करने की इजाजत न देती थी।

देखा जाए तो 'टिप्सी' में दिन की तनख्वाह सौ रुपये थी। ऊपर से टिप्स भी अच्छी मिलती थी। टिप्सी में काम करते समय ही मैंने घर में बर्तन, टेबल फैन, टी.वी. खरीदा था। मैं अपना मण्डप, डेकोरेटर, साउण्ड का व्यवसाय करना चाहती थी। इसलिए रोज पचास रुपये की बचत किया करती थी। नटूभाई एक जगह भी दे रहे थे। झरने के पास! उन्होंने वहाँ मुझे 'झोंपड़ा बाँध' कहा भी था। दिलीप मज़ाक उड़ाता था। कहता था, 'कीचड़ में घर बाँधेगी।' मैंने जिद पकड़कर नटूभाई से कहा भी था, 'हाँ, बाँधूँगी घर मैं।' मैं अपना घर बनने की कल्पना दिन-रात देखा करती थी।

दिलीप के और मेरे झगड़े तो जैसे किस्मत की अमिट रेखा थी। वह मेरे अतीत को कुरेदता रहता था। और मैं चीखती थी, 'आप मेरे जीवन के उन पुराने घावों को ताज़ा क्यों करते रहते हैं?' वह मेरी पिटाई करने लगता। अब तो मैं भी उसके बाल पकड़कर उसे मारने की कला सीख गयी थी। लेकिन उसके पास शारीरिक ताकत थी, जिह्वा और हाथ जैसे ताकतवर हथियार थे। मैं गूँगी हो जाती थी, मैं इन सबसे ऊब गयी थी। एक बार तो वह पागल की तरह मुझे पीटता चला गया और बबलू मेरा बच्चा चीखता रहा, 'पप्पा, आई को मत मारो?' बबलू और छोटू दोनों रोने लगे। मैंने तय किया कि बच्चों के मन पर इन झगड़ों का गलत असर होने न दूँगी! मैंने

ससुर जी के साथ बच्चों को गाँव भेजा यह सोचकर कि कम से कम उनकी परवरिश और शिक्षा तो ठीक से होगी।

बच्चे गाँव क्या चले गये, मैं यहाँ पागल-सी बन गयी। बीच में पान खाने की आदी मैं बन चुकी थी अब शराब भी पीने लगी। दिलीप के साथ झगड़ा होने पर खाना न खाती थी। थाली फेंक देती थी। खूब झगड़ने लगी थी। इसी में निसार के प्रति मेरा झुकाव बढ़ने लगा। मैं जानती थी कि चेतना नाम की लड़की से वह प्रेम करता था। फिर भी मैं एक बार उसके साथ लॉज पर गयी। हमारा शारीरिक सम्बन्ध हुआ। उसके बाद एक दिन यूँ ही घूमते-घूमते उसने मुझे मामूली झगड़े में रंडी कहा और अपने मन से मैंने उसे निकालकर फेंक दिया। अब वह मुझसे मिलने, बात करने की लाख कोशिशें करने लगा लेकिन मैं उससे कभी नहीं मिली।

दिलीप लेकिन सिंह साहब, राजकुमार के साथ-साथ निसार, हमारे बार का जगदीश इनके नामों का पहाड़ा बाँच-बाँचकर हर रात मुझसे झगड़ता रहता था। जैसे यह एक तयशुदा प्रोग्राम बन चुका था। इसलिए मैं अब होटल से ही शराब पीकर घर आने लगी थी। घर आकर रात के दो-चार बजने तक झगड़ा-मारपीट!

एक रात ऐसे ही मैं घर आ रही थी। अब मैं रिक्शा से घर आती थी। रिक्शा से उतरकर भी घर पहुँचने में काफी चलना पड़ता था। बीच में एक नाला पड़ता था। मैं नाला पार कर आगे बढ़ ही रही थी कि अँधेरे में कोई ब्लैंकेट ओढ़कर आया और मेरे पैरों पर लोहे की सलाख से मारने लगा। मैं वेदना से चीखी और 'बबलू के पिताजी' कहते हुए दिलीप को पुकारने लगी। वह आदमी गली में चला गया।

मैं लड़खड़ाती हुई घर पहुँची। दिलीप आराम से लेटा था। उसके बदन पर वही सफेद हाफपैंट था जो मैंने मारने वाले के बदन पर उसके ब्लैंकेट के बीच से देखा था। वह उठा तो नहीं लेकिन सुबह जब मैंने मार के निशान दिखाये। तब उसने ठण्डी प्रतिक्रिया दी फिर भी मैं दूसरे दिन काम पर गयी। रंजना दीदी और ज़मीर भाई से सब कुछ कह दिया। दूसरों से कुछ नहीं कहा वरना उन्होंने मेरा मज़ाक उड़ाया होता।

निसार मुझसे मिलने के लिए उतावला हो रहा था। उसे टालने के लिए मैंने अमर से नज़दीकी दिखायी लेकिन वह गलत समझ बैठा और इससे रमा भी हड़बड़ा गयी। वह बार-बार होटल आकर मेरी बदनामी करने लगी। दिलीप से भी कहा गया। उसे झगड़ने के लिए और एक बहाना मिल गया और तो और जगदीश का नाम भी शस्त्र की तरह वह इस्तेमाल करता रहा। बेचारा जगदीश इसमें से कुछ भी नहीं जानता था और मैंने भी कभी उससे कुछ नहीं बताया।

एक दिन दिलीप ने अलग ही नौटंकी की। वह अमर के सट्टे के अड्डे पर गया और भीड़ के सामने अमर के पाँव पकड़े। कहने लगा, 'मेरी वैशु को सुख से रखना'। अमर के नौकर, घर के आस-पड़ोस वाले सभी यह तमाशा देख रहे थे। यह

बात अमर, उसके मित्रों ने मुझे दिलीप की एक्टिंग कर-कर के बतायी। मेरे घर जाने पर वह कंधे उचका-उचकाकर घमण्डी की तरह से बर्ताव करता था। इस नौटंकी के बारे में उसने मुझे कुछ नहीं बातया। और मैंने भी उसे आभास नहीं दिलाया कि मैं जानती हूँ।

इस घटना के कारण अमर को बल मिला और अधिक ही रोमैंटिक बना। एक दिन हम सब कलाकार होटल 'नित्यानंद' में चाय पीते बैठे थे। दिलीप वहाँ आया और उसने सबके सामने मुझे चाँटा मारा। मुझे बहुत दुख हुआ लेकिन मैं क्या करती? मैं निसार से पीछा छुड़ाना चाहती थी सो अमर से नज़दीकी दिखायी। एक तरह से मैं उसकी भावनाओं से खेल रही थी लेकिन उसने भी नाजायज फायदा उठाने की चेष्टा करने में कोई कसर न छोड़ी थी। यह अलग बात है कि इसमें वह सफल नहीं हुआ क्योंकि मैंने उसे घास न डाली थी। मुझे उससे कतई प्रेम न था।

एक दिन निसार ने मुझसे मिलने के लिए एड़ी-चोटी का जोर लगाया। मैंने उसकी एक न सुनी। उसने 'महानगर' समाचार-पत्र के पन्ने पर एक कोने में लिख दिया, 'कल शाम साढ़े छह बजे मिलता हूँ।' यह पन्ना दिलीप के हाथ लग गया। मैं फुल टाइट होकर घर आयी। दिलीप जल्लाद बन गया था। मैंने तनिक भी घबराहट न दिखायी। मैं कहती रही, 'यह लिखावट निसार की है नहीं।' सच कहने का कोई मतलब न था।

मैंने दूसरे दिन रंजना दीदी से कहा, 'मैं अब उस घर नहीं जाऊँगी।' रंजना दीदी ने कहा, 'तुम कभी भी मेरे पास आना। मेरे घर में तुम्हारा स्वागत है।' मुझे सिर्फ सोने के लिए सुरक्षित जगह चाहिए थी। होटल में भोजन मिलता था। तनख्वाह अच्छी थी। बच्चे गाँव में थे। मैंने रात में दिलीप से कहा, 'अब मैं तुम्हारे साथ एक पल भी नहीं रहूँगी। मैं कल सुबह घर छोड़ रही हूँ।' वह मेरे हाथ-पाँव पड़ने लगा। विनती करने लगा।

और मैं उसकी चिकनी-चुपड़ी बातों में पुनः एक बार फँस गयी। चार दिन भी नहीं बीते थे कि उसने मुझसे कहा, 'मैंने अपनी नौकरानी के साथ सम्बन्ध रखे हैं।' सुमन को मैं चार-आठ दिनों बाद कपड़े धोने के लिए बुलाती थी। रोज उसे तनख्वाह देना मेरे बस की बात न थी। उस औरत के साथ दिलीप सोयेगा, इसकी मैंने सपने में भी कल्पना नहीं की थी। और उफ्! उस सम्बन्ध के अश्लील वर्णन वह मुझे सुनाता था गर्दन तानकर।

फिर झगड़े! अब वह कहने लगा था, 'तुम लिखकर दो कि मैं दूसरी शादी करूँगा तब भी तुम कुछ नहीं करोगी।' मैंने भी कहा, 'जो चाहे लिखवा लो लेकिन अब मेरे रास्ते से हट जाओ।' मैंने लिख दिया और हस्ताक्षर किये।

# सोलह

दूसरे दिन सुबह आठ बजे ही मैं घर छोड़ने की तैयारी में लग गयी। रंजना दीदी से मैंने कह रखा था कि मैं दस-ग्यारह बजे तक आ जाऊँगी। गुल्लक में जमा हुए बाईस सौ रुपये और बैंक में जमा सात हजार रुपये निकालकर मैंने दिलीप के हवाले कर दिये। एक बैग साथ लिया। उसमें कुछ साड़ियाँ और बस-ट्रेन के किराये के लिए पैसे बस! इतना ही लेकर मैं घर से चल पड़ी। सभी वस्तुएँ घर में ही छोड़ दीं। टी. वी. लोन का महीने का छह सौ रुपया भी दिलीप को दिया। दिलीप ने कहा, 'मैं तुम्हें छोड़ने आता हूँ।' उसे लगा मैं अमर के पास जा रही हूँ। मैंने कहा, 'ठीक है, मुझे वडाला तक छोड़ना। उसके आगे मत आना मेरे साथ।' वह किसी सयाने बच्चे की तरह आज्ञा पालन कर चला गया। मैं मन में सोच रही थी, दिलीप आज नहीं तो कल, पाँच-छह महीनों में सब भूलकर मेरे पास आएगा।

मैं दीदी के पास गयी। उसने मुस्कराकर मेरा स्वागत किया। कुछ देर हमने बातें कीं और साथ मिलकर काम पर चली गयीं। सबकुछ ठीक चलने लगा था। अमर बार में आ ही रहा था। मैं उसके साथ बात करती थी। लेकिन मिलना-जुलना छोड़ दिया था। अपने कारण मैं दीदी के घरवालों को परेशानी में डालना नहीं चाहती थी।

एक दिन बार में एक मुस्लिम शख़्स आया। लम्बा, साँवला, दिखने में ठीक-ठाक। उसने मुझे पहली फर्माइश दी–'दो घूँट मुझे भी पिला दे शराबी।' मैं गाने लगी। वह खूब कलेक्शन देता गया। बार-बार उसी गाने की फर्माइश करता रहा और मुझे ही गाने के लिए कहता रहा। दूसरा कोई कुछ नहीं गाये की जिद कर बैठा। सचिन, निसार सभी चिढ़ने लगे, 'वैशाली नाइट', 'वैशाली, मैन ऑफ द मैच' पता नहीं उसने कितना कलेक्शन दिया, पर खूब सारा दिया।

दूसरे दिन भी वही हुआ। तीसरे दिन भी। चौथे दिन वह आया नहीं। पाँचवें दिन मैं होटल पहुँची और सभी ने एक साथ कहा, 'वैशाली, तुम अपना बैग उठाओ और चलती बनो यहाँ से।' यह सब मेरे लिए इतना अकस्मात था कि मैं कुछ समझ नहीं पायी। 'यहाँ फिर से कभी काम पर मत आना।' यह वाक्य सुनकर तो मेरे अचरज का पारावार न रहा। उन दिनों किसी नगर सेवक को मार-काटकर उसके टुकड़े कर स्टेशन के पास फेंके गये थे। मुझे लगा इसको लेकर कोई दंगा भड़क उठा होगा शायद!

इतने में मुझे दीदी कहने वाला गुरु नामक लड़का हड़बड़ाये हुए मेरे पास आया और मुझसे कहने लगा, 'दीदी जल्दी करो। अपना बैग उठाओ और भागो यहाँ से।' मुझसे कोई कुछ कहने-बताने को तैयार न था। मैंने सेठ से पूछा। उसने भी 'पहले तुम यहाँ से भागो।' बस इतना ही कहा। मैं चल पड़ी। मेरे पीछे गुरु आया स्टेशन पर और

बोला, 'दीदी, तुम्हें मारने के लिए कुछ लोग चॉपर और हथियार लिये आये थे।'

मैंने पूछा, 'लेकिन क्यों?' गुरु ने खुलासा किया, 'वह मुस्लिम लड़का घर से पैसे चुरा-चुरा कर तीन दिन होटल में पानी जैसे बहा रहा था। उसके माँ-बाप ने गुण्डे भेजे थे।'

मेरी तो कुछ समझ में नहीं आ रहा था। हाँ, मैं इतना समझ चुकी थी कि यह नौकरी मेरे हाथ से निकल गयी थी। अब फिर से तलाश! दर-दर की ठोकरें। मैं गुस्से में ही रंजना दीदी के घर आयी। उसने भी वही कहा, 'सफेद रंग की कार में कुछ लड़के हथियार लेकर आये थे।' मेरी हँसी छूटी। एक औरत को मारने के लिए इतने लोग! और इतने हथियार!! क्या मैं टेररिस्ट थी?

मैं निराश हुई। लेकिन दो-तीन दिनों में ही दीदी की छोटी बहन मंदा दीदी ने अपनी पहचान से होटल 'इट्रस' में काम दिलाया। होटल सायन कोली पाडा में था। वहाँ मोहन आचरेकर जी का बैण्ड था। वे उत्तम कलाकार थे। वहाँ कमाई भी अच्छी थी। मोहन भैया के चेम्बूर के 'बुलबुल' में, 'सन्त पंजाब' और 'महाराजा' में बैण्ड थे। वे कहा करते थे, 'सबसे अच्छी कमाई तो 'बुलबुल' में ही होती है। आचरेकर जी की पत्नी साधना जी भी 'इट्रस' में गाती थीं। अतः वे खुद खयाल रखते थे। उन्होंने मुझे कभी भी इस बात का अहसास नहीं दिलाया कि मैं यहाँ नयी हूँ।

यहाँ साधना दीदी के कारण मैं खूब सारे नये गाने सीख गयी और गाने लगी। 'नदिया किनारे आ जा, चली आ पुकारे आ जा; 'सुबह और शाम, काम ही काम, क्यों नहीं लेते पिया प्यार का नाम', बाँधी रे काहे प्रीत पिया के संग, अनजाने में; 'पल भर में ये क्या हो गया' ये गाने मैं गाने लगी। मैंने 'माधवी' 'बसेरा' फिल्में कभी देखी न थीं लेकिन उनके गाने गाया करती थी। आज भी जब ये गाने सुनती हूँ तो साधना दीदी की मूरत आँखों के सामने साकार हो जाती है। साधना दीदी जब गाती थीं तब लगता था समूची सृष्टि बारिश में नहा रही है।

मैंने वहाँ एक सप्ताह ही काम किया। क्योंकि रंजना दीदी के पास नदीम नामक ऑर्गनाइजर (बार में ऑर्केस्ट्रा संचालकों का बैण्ड लीडर या ऑर्गनाइजर कहते हैं।) आया। उसका होटल 'कैप्री' में बैण्ड था। उसने हमें 'कैप्री' में आने के लिए आग्रह किया। हम दिन में वहाँ गये भी लेकिन वहाँ का माहौल बिल्कुल अच्छा नहीं लगा। दूसरे दिन वहाँ गये ही नहीं।

पुनः सवाल सामने खड़ा था ही। 'आगे क्या?'

मैंने दीदी से कहा, 'मैं घर में बैठनेवाली नहीं हूँ। पुनः 'खँडहर' में जाती हूँ।' और मैंने 'खँडहर' जाना शुरू किया। चार-पाँच दिनों बाद रास्ते में मुझे नटू भाई मिले। बोले, 'मुझे पता ही नहीं चला कि तुमने घर कब छोड़ा।' मैंने उनसे बस इतना ही कहा, 'मैं बड़ी परेशान हूँ।' बस! नटूभाई ने कहा, 'मैं दिलीप को समझा-बुझा दूँगा।'

और उसके चार-पाँच दिनों बाद वासुदेव हळदणकर, मेरे ससुर 'खँडहर' के बाहर आकर खड़े रहे।

मैंने पूछा, 'क्या बात है? आप यहाँ?'

''टी.वी. का इन्स्टॉलमेंट भरना है। उन लोगों ने कहा है, नहीं भरोगे तो टी. वी. जब्त कर लेंगे।''

'दिलीप कहाँ है?'

'घर जाकर देख लो।'

मैंने सर से कहा, 'मैं आधे घण्टे में आती हूँ।' ससुर के साथ घर गयी। घर पहुँचते ही कल्पना ने मेरे हाथ में सर्टिफिकेट थमा दिया और बोली, 'भाभी, भैया ने दूसरी शादी कर ली।' मेरे पैरों तले की ज़मीन खिसक गयी। मैंने दहलीज पर ही वह कागज़ देखा और उल्टे पाँव लौट आयी। होटल पहुँची और फर्माइश आयी, 'हुई आँख नम और दिल मुस्कराया' दूसरे दिन से काम को अलविदा किया।

मैं भटकने लगी। रोती रही। एक दिन अमर आया और मुझे समझाने लगा। कहने लगा, 'हम साथ रहेंगे।' मैं कुछ भी सुनने की स्थिति में न थी। मैं इतना ही कहती थी, मुझे लगा पाँच-छह महीनों में सब ठीक होगा और दिलीप आएगा। मैं रंजना दीदी के घर से निकलकर कोलीपाडा से कुर्ला जाती थी। अमर मेरे पीछे-पीछे आता था। हम घण्टों कुर्ला स्टेशन पर बैठते थे। फिर मैं ट्रेन में चढ़ जाती थी। इस ट्रेन से उस ट्रेन में। हर स्टेशन पर उतरकर घण्टों बैठ जाती थी। अमर पीछे आता रहता था। एक दिन मैंने उससे कहा, 'मेरे लिए कहीं एक कमरा देखो।' मैं रंजना दीदी को पैसे भी नहीं दे सकती थी। मैंने सारी जमा पूँजी दिलीप को दी थी। बाद में जो पैसे जमा हुए थे वे 'टिप्सी' में भिसी में लगाये थे। 'टिप्सी' छोड़ा तो पैसे भी डूब गये। मैं सचमुच भिखारिन हो गयी थी। हाँ, इन दिनों मैंने शराब को छुआ तक न था।

मेरा दिमाग ठिकाने पर न था सो मैं काम पर भी जा नहीं पाती थी। अमर के पीछा करने से भी मैं झुँझला गयी थी। मुझे वह कतई अच्छा नहीं लगा था। उसकी एक ही रट, 'हम साथ रहेंगे।' मैं मन में सोचती थी, 'दो बीवियाँ तो इससे सँभाली नहीं जा रही हैं। अब यह मुझे क्या सँभालेगा?' फिर भी मैं चुप रहा करती थी। किसी से कुछ भी कहने की ताकत मुझमें न थी।

एक दिन अमर ने कहा, 'एक खोली है। पाँच हजार डिपॉजिट। तुम पैसे भरो। मैं आऊँगा।' आदमी भी कमाल की चीज़ होता है। मेरी मदद करना तो दूर! ऊपर से मेरे घर लेने पर रहने आयेंगे जनाब! वाह! मैंने उससे सीधे कह दिया, 'अब के बाद तुम मुझे कभी मत मिलना।' और मैं सीधे ट्रेन से उतर गयी। कोलीपाडा स्टेशन पर। रंजू दीदी के घर गयी। मैं बेहद थक गयी थी। उसी रात मुझे तेज़ बुखार चढ़ा। दस-पन्द्रह दिन बीमार हालत में बिस्तर पकड़ना पड़ा। इन दिनों दीदी और जीजाजी ने काफी सँभाला मुझे।

एक दिन दीदी के साथ एक लड़की आयी। राजश्री नाम था उसका। हँसमुख, चुलबुली लेकिन भयावह स्थितियों की शिकार बनी हुई। वह बहुत अच्छी डांसर थी। जहाँ डांसर थी उसी होटल मैनेजर से उसे प्रेम था। धनंजय शेट्टी नाम था मैनेजर का। उस लड़की के दो बार अबॉर्शन्स हुए। वह उसकी सभी टिप्स ले लेता था। और बेल्ट से उसे मारता था। उस लड़की के पैसे से एक होटल चलाता था। फिर एक दिन उसे लात मारकर बाहर फेंक दिया। वह लड़की दो-तीन बार मुझसे मिलने आयी। मुझमें चेतना जागने लगी। मैंने काम पर जाने के लिए अपने आप को तैयार किया, समझा-बुझाकर। दीदी ने चेम्बूर के 'प्रीत बार' में काम दिलवाया। वहाँ मैं डे के लिए जाती थी। कुछ ज्यादा नहीं मिलता था। उतने में शान्तनु भैया का मैसेज आया। उन्होंने कांदिवली के 'ह्वाइट हाउस' में बैण्ड शुरू किया है। मैं नाइट में वहाँ जाने लगी। पेमेण्ट फिक्स था—रोज तीन सौ पचास रुपये। मेरी गाड़ी पटरी पर आयी। डे में 'प्रीत बार' और नाइट में 'ह्वाइट हाउस'।

## सत्रह

हमारी इस इंडस्ट्री में बड़े ही अजीबो-गरीब प्रकार हैं। स्टाफ के हम आपस में इस इंडस्ट्री को 'बार लाइन' कहते हैं। लोग हमें 'बार वालियाँ' कहते हैं। पुलिस हमें 'बारबाला' कहती है। अब 'बार-होटल इंडस्ट्री' नाम शायद 'फिल्म इंडस्ट्री' की स्टाइल में रूढ़ होता जा रहा है। कई बार लोगों को 'बार लाइन' कहते हुए मैंने सुना है। अब हम 'इंडस्ट्री' कहते हैं। ऐसा कहने से सीना तन जाता है। लेकिन स्टाफ सदस्यों में कभी भी एकता, संगठन भाव नहीं दिखता। सिर्फ वे अफवाहें फैलाने, गप और लांछन लगाने के आदी।

हम ऑर्केस्ट्रावाले दूसरों से थोड़े कटे-कटे ही रहते थे। हॉटल के स्टॉफ में वेटर, स्ट्यूअर्ड, कैप्टेन, मैनेजर, वॉचमैन, बॉडीगार्ड्स (बाउंसर्स) छोटू, मोरीवाला, किचन में काम करने वाले सभी—कुक आदि से हमारा सम्बन्ध न के बराबर था।

समाज में होटल की महिला वेटर्स के कारण 'लेडीज बार' पहचान बन गयी थी। जहाँ महिला वेटर्स नहीं हैं ऐसा एक भी बार तब भी नहीं था और अब भी नहीं है। अतः दूर-दूर तक सभी का परिचित नाम है 'लेडीजबार' या 'लेडीज बीयर बार' उस वक्त लेडीजबार ऑर्केस्ट्रा होने से बार मालिक की आमदनी काफी बढ़ती थी। हाँ तब भी पैसों के गणित में प्लस-माइनस रहता ही था और ऐसी स्थिति में 'बैण्ड उड़ जाता था।' बैण्ड उड़ जाने पर हमें भी उड़ना पड़ता था। पुलिस की साजिशों से तो कभी पिण्ड छुड़ाना सम्भव नहीं था। कभी परमिट, लाइसेंस का लफड़ा, तो कभी टाइम का झगड़ा। कोई टी.पी. का माल बेचता था तो कोई डुप्लिकेट तो कोई दमण

का। कभी-कभी बार के आसपास फायरिंग हुआ करती थी तो कभी नेताओं के लफड़े। इन लफड़ों के बीच पलती थी यह इंडस्ट्री।

मैं ये बातें कम ही जानती थी। अब जाकर कहीं मेरी पहचान ऑर्गनाइजर्स के साथ होने लगी है। वादक, गायक, गायिका, कभी-कभार महिला वेटर्स के साथ परिचय भले ही हो, दोस्ती होना बड़ा मुश्किल! होटल में आपसी बातचीत पर पाबन्दी और बाहर निकलते थे रात में। तब बस, ट्रेन, टैक्सी पकड़ने की जल्दी रहती थी। रात-बेरात का समय! कहाँ, कैसे मिलते-बैठते? ड्राइ डे के सिवा छुट्टी नहीं। साल में कितने ड्राइ डे होते हैं भाया? सप्ताह की छुट्टी नहीं! रोज की तनख्वाह! छुट्टी लो तो तनख्वाह नहीं। कौन मन से छुट्टी लेगा भला।

यहाँ काम करने वाली महिलाओं को वैसे भी समाज में प्रतिष्ठा नहीं मिलती। बीयर बार में काम यानी 'बारवाली' का लेबल और उपेक्षाओं के अंबार! बार में पुरुषों से ही सम्पर्क अधिक। ग्राहक के रूप में आनेवाले पुरुषों का उद्देश्य एक ही व्यसनपूर्ति और मनोरंजन। अतः उनसे दोस्ती असम्भव। कई बार कइयों के प्रेम सम्बन्ध भी देखने को मिले। प्रेम का रूपान्तर विवाह में होते हुए भी देखा। सुखभरी गृहस्थतियाँ देखीं, प्रेम की टूटन देखी, पुनः-पुनः किये गये समझौते देखे। कभी यह भी देखा कि परिवार वाले स्वयं बार में काम करने वाले अपने ही व्यक्ति को 'सोने का अण्डा देनेवाली मुर्गी' के रूप में 'आदर' देते हैं।

इस व्यवसाय में आदर उसे मिलता रहता है जो पैसा कमाकर दे सकता है। इसका ही अहसास हर कोई बोलने-चालने में, नजरों से देता रहता है। पैसा फेंकनेवाला ग्राहक जैसा आदर योग्य वैसी ही टिप्स के रूप में पैसे कमाकर देनेवाली बारबाला भी। अधिक पैसे कमाकर देने पर बार में, घर में जब प्रशंसा मिलने लगती है तब हम अधिकाधिक पैसों के पीछे दौड़ने लगती हैं। फिर ये ज्यादा पैसे कमाने के लिए ग्राहकों से मीठी-मीठी बातें करना, उनकी नजरों में नजरें डालना उनके आने से आनन्द होने का अभिनय करना। इसे हम धन्धे के उसूल समझकर अपनाने लगती हैं।

और इस अभिनय का अर्थ ग्राहक अक्सर गलत निकालते हैं। हमारी व्यावसायिकता को वे सत्य मानने लगते हैं। ऐसे पुरुषों में भावनाओं की अति हो जाती है। यह भावनात्मक कमजोरी उनमें कैसे पैदा हुई, इसका अन्दाज हमें कभी नहीं आता। शराब की आदत उसे बार तक पहुँचाती है। पैसा, सत्ता, निराशा, यश-अपयश, हार-जीत, रिश्ते-नाते, अहं, खालीपन! उसे पता ही नहीं चलता कि वह कितनी ही ग्रन्थियों का शिकार बना हुआ है। हीनता ग्रन्थि, अहंभाव के हाथों बिका हुआ यह ग्राहक मन की भड़ास निकालना चाहता है। वह ऐसा घर में, ऑफिस में, व्यवसाय में कर नहीं सकता सो यहाँ आकर सारी भड़ास निकालता है।

बार में काम करनेवाली लड़कियाँ शिक्षित, अर्द्ध-शिक्षित या अशिक्षित! उच्च

शिक्षित लड़कियाँ अपवाद स्वरूप! अधिकतर लड़कियाँ अर्द्ध शिक्षित! आर्केस्ट्रा में निरक्षर अशिक्षित लड़कियाँ न के बराबर! निन्यानबे प्रतिशत लड़कियाँ बड़ी अजीब समस्याओं में घिरी हुईं। मैंने देखा है बीस-पच्चीस की आयु के बाद वाली लड़कियाँ सिंगर के रूप में यहाँ आती हैं और पचास-पचपन आयु की महिलाएँ भी। संगीत विशारद हुई लड़कियाँ—जो बड़े-बड़े सिंगर्स के साथ प्रोग्राम देती हैं—भी बार में हमारे साथ गाती हुई मैंने देखी हैं।

एक ही परिवार के भाई-बहन, माँ-बेटी, पति-पत्नी एक साथ या एक ही समय अलग-अलग बार में काम करते हुए मैंने देखे हैं और यह भी देखा है पत्नी काम करती है और पति उसे पहुँचाने, ले जाने का काम करता है। बेटी काम करती है और माँ उसे लेने-छोड़ने आती है। कई मुस्लिम लड़कियाँ बुरखा पहनकर बार तक आती थीं और बार की ड्यूटी खत्म होते ही बुरखा पहनकर घर जाती थीं।

कई लड़कियाँ इसी व्यवसाय के पुरुषों के साथ सहारा पाने हेतु सम्बन्ध रखती हैं। उन्हें लगता रहता है कि ये पुरुष उन्हें बुढ़ापे में सहारा देंगे। ना भी दें लेकिन कम-से-कम शरीर सुख तो देंगे। लेकिन अक्सर उल्टा ही होता है। उसे ताने देना, शारीरिक सम्बन्धों में घटिया बर्ताव और तो और लड़की के पैसों पर भी अधिकार जताया जाता है। पहले ही ये लड़कियाँ मुसीबतों की मारी रहती हैं। उन्हें प्यार की आस रहती है। धीरे-धीरे प्रेम करने को ही वे मनोरंजन समझने लगती हैं। कुछ लड़कियाँ मन की बातें किसी से कहती हैं, कुछ चुपचाप सहती रहती हैं लेकिन नियति के थपेड़े सभी को सहने पड़ते हैं और तब तन-मन पर रोंगटे खड़े हो जाते हैं।

मेरा होटल 'प्रीति' और 'व्हाइट हाउस' में काम करना जारी था। ज़मीर भाई के पहचान के नईम बैण्ड लीडर थे। उनका बैण्ड अंधेरी के 'सोनीज होटल' में भी था। इसी मालिक का एक होटल वरली में भी था। मैंने पहले उसमें काम किया था। नईम और उनकी पत्नी शबनम दोनों गायक थे।

ज़मीर भाई ने मुझे नईम के पास 'सोनीज' में भेजा। तब इसमें एक घण्टा ऑर्केस्ट्रा व एक तास डांस चलता था।

इसी होटल में मैंने ज़िन्दगी में पहली बार पैसों की बारिश क्या होती है, यह देखा। एक बार यहाँ दो ग्राहक आये। एक ने सैंतालीस हजार और एक ने बावन हजार रुपये डांसर्स पर बरसाये। पैसे खत्म हुए तब एक ने कलाई पर बँधी हीरों की घड़ी निकालकर काउंटर पर गिरवी रखी और वे पैसे लेकर उँड़ेले।

यहाँ का सेठ सनकी था। अपने केबिन में बैठकर वह सी.सी. टी.वी. पर देखता रहता था—होटल में क्या चलता है वह सब! उसे गाना पसन्द नहीं आता, तब सीधा बाहर आकर गाना बन्द कराता था। मुझे यह वातारण कतई पसन्द नहीं आया। लगातार सेठ का तनाव रहता था। उँड़ेले जाने वाले पैसों से भी अजीब-सा लगता था। मैंने वह होटल छोड़ दिया। इस होटल के नईम की बीवी शबनम से मैं

एक बात सीख गयी। वह यह कि अपने पास गानों का स्टॉक खूब चाहिए और गाते समय गानों का सिलेक्शन बढ़िया होना चाहिए। शबनम की आवाज़ ना तो मीठी थी ना ही पतली। वह दिखने में भी सुन्दर न थी। लेकिन कपड़े, रहन-सहन और अपने गोरे रंग से वह बाजी जीत जाती थी। उसके पास गानों का इतना स्टॉक था कि आज भी इण्डस्ट्री में उसका नाम लिया जाता है। इसी कारण उसे तनख्वाह और टिप्स भी खूब मिलती थी। वह शास्त्रीय गायिका नहीं है लेकिन हल्के-फुल्के गाने और वह भी मौके की नज़ाकत देख-समझकर गाना उसकी ख़ासियत है। खैर! यहाँ का बैण्ड भी कुछ दिनों में 'उड़ गया' रहा सिर्फ नृत्य। उस वक्त ऐसा अक्सर होने लगा था चारों ओर 'डांस बार' खुलने शुरू हुए थे।

नाइट में 'व्हाइट हाउस' में मेरा गाना चल ही रहा था। वहाँ के ऑर्केस्ट्रा संचालक शंतनू का छोटा भाई होटल 'शमा' का बैण्ड देखता था। प्रदीप नाम था उसका। प्रदीप और उसकी पत्नी सुप्रिया 'शमा' के बैण्ड व्यवस्थापक थे।

कहा जाता था कि 'व्हाइट हाउस' एक बड़े नेता का था। 'बैंक्वेट' और 'व्हाइट हाउस' दोनों का मालिक 'उस' बड़े नेता का था—लोग चर्चा करते रहते थे लेकिन मैंने उन्हें या उनके किसी को वहाँ आते हुए कभी नहीं देखा। हाँ, बड़े-बड़े दूसरे नेता लोग वहाँ आते रहते थे।

'व्हाइट हाउस' में मुझे दिन के साढ़े तीन सौ रुपये तनख्वाह थी। शंतनु भैया फिल्मी संगीत में माहिर थे लेकिन शास्त्रीय संगीत की बारहखड़ी भी शायद जानते न थे। अब उन्हें भी अन्य संचालकों की तरह कुछ बुरी आदतें पड़ने लगी थीं। वहाँ अलका नाम की सिंगर आती थी। उसके पास ना गानों का स्टॉक और ना ही गाने की शैली। लेकिन वह दिखने में गोरी-चिट्टी। रहन-सहन टीप-टॉप! उसकी तनख्वाह थी छह सौ रुपये दिन के। अलका स्वभाव से भोली-भाली, लुभावनी थी। मुझे भी अच्छी लगती थी। दूसरी थी मनीषा। कुछ गाने बहुत अच्छे गाती थी। 'लटपट लटपट तुझ चालण मोठया नखप्यायं' मराठी गाना मस्त गाती थी। उसका रहन-सहन एकदम सादा था। उसकी तनख्वाह थी तीन सौ रुपये।

शरद नाम का पुरुष सिंगर था। दिखने में अच्छा। गाता भी खूब था। गलत होने से झट से किसी से भी क्षमा माँगता था। कान पकड़कर। इस होटल में कृष्णाभाऊ नाम के एक आगरी समाज के वादक थे। सरल, सीधे, सभ्य गृहस्थ! उनकी पत्नी अच्छा खाना बनाती थी। रोज भाऊ के लिए डिब्बा देती थी। हमने लगभग दो महीने वहाँ काम किया। भाऊ के डिब्बे में कभी मच्छी, कभी सब्जी, रोटियाँ हुआ करती थीं। वे मुझे रोज खाने पर बुलाते थे। उन्हें रोज की तनख्वाह डेढ़ सौ रुपये मिलती थी। नलिन वर्मा नाम का एक गायक था। मेरे पिताजी का शिष्य! मोहम्मद रफी के गानों का अनुकरण करता था। मेरे शराब पीने के कारण मुझे उपदेश सुनाया करता था।

'ह्वाइट हाउस' में थी तब एक पूर्ण सप्ताह गाँधी जयन्ती के कारण ड्राइ वीक था। हम सब मिलकर शिर्डी गये थे। मैंने दिलीप को खूब मनाया था कि मुझे शिर्डी ले चले लेकिन उसने कभी नहीं माना था। अब मैं शिर्डी आयी थी लेकिन मुझे लगा बाबा शिर्डी से चले गये हैं, शेष हैं मात्र उनके पैरों के निशान!

'ह्वाइट हाउस' में धीरे-धीरे अहसास होने लगा कि धन्धा नाम की चीज़ खत्म होती जा रही है। एक बार शंतनु भाऊ ने बताया कि उन्हें पचहत्तर हजार का लॉस भरना पड़ रहा है। इसका अर्थ यह था कि 'बैण्ड उड़ गया' सिर्फ दो महीनों में।

मेरा 'प्रीति' का डेली एवरेज खास नहीं था। रंजना दीदी 'क्राउन प्लेस' में काम कर रही थी। उसने मेरा परिचय इसाक भाई से कराया। इसाक भाई ने दूसरे दिन मुझे 'लीना' में बुलाया।

इस बार इंडस्ट्री में कितने ही बैण्ड लीडर थे। शंकर भाऊ, एम.आर.एस., मोहन आचरेकर, दिनेश, भरत, शंतनु भाऊ। मोहन दा और इसाक भाई बैण्ड लीडर ऐसे थे कि वे कलाकारों से काम करवा लेते थे। जब तक कि वह काम अच्छा न हो, मेहनत करवाते थे। प्रेरणा देते थे। गाने सेट करा लेते थे। इसाक भाई ने कितने ही नये कलाकार गढ़े हैं। वेटर सर्विस की कुछ महिलाओं को प्रशिक्षण देकर गायिका बना दिया है। उनकी तालीम में वादक, गायकों की जो पीढ़ी बनी वह आज कितने ही शहरों में, विदेशों में नाम कमा रही है। इसाक भाई इन नवीन लोगों की फी खुद भरते थे और उन्हें जनता संगीत विद्यालय में सीखने के लिए भेजते थे। उनके बैण्ड में संगीत विशारद कलाकार भी हुआ करते थे। वे खुद सुन्दर गाते थे और उत्तम ऑर्गन बजाते थे।

ग्राहक होटल और लड़कियों को देखकर बार में आते हैं लेकिन इसाक भाई की खासियत थी कि ग्राहक उनका बैण्ड सुनने आते थे। इसाक भाई को मेकअप, रंग-रोगन अच्छा नहीं लगता था। वे कहा करते थे, 'अच्छे रहो। गायन पर ध्यान रखो।' उनका नज़रिया भी बहुत अलग था। वे अक्सर कहते थे, 'अल्लाह ने दिया है। रोटी चल रही है न?' उन दिनों साउण्ड के दिन के पैसे अलग नहीं होते थे। कम-से-कम उन दिनों कुछ तो धन्धा चल रहा था। आज तो कभी-कभी रात के धन्धे के भी लाले पड़ने लगे हैं। आज के ये बैण्ड लीडर कलाकारों को पैसे मिले या न मिले लेकिन अपनी एक दमड़ी भी खर्च नहीं करते। वह जमाना और इसाक भाई की याद आते ही उनके गाने हृदय को हिलाकर रख देते हैं और उनकी इन्सानियत आर-पार तीर की तरह झकझोर देती है।

'लीना' में काम करते-करते ही मैंने कुछ दिनों के लिए होटल 'टारज़न', 'ईश्वर आधार', 'तमाशा', 'यात्रिक' आदि में काम किया। कभी वहाँ कलाकारों की कमी होती थी या फिर डे के काम की मुझे ज़रूरत होती थी। इसाक भाई के साथ वैचारिक झगड़े भी होते थे। उन्होंने मुझे 'लीना' में आधी टिप्स पर ही रखा

था। इतनी कम तनख्वाह! ऊपर से एक दिन अचानक निकाल दिया क्योंकि मैं एक गाना भूल गयी थी। वे जब ऐसा करते थे तब मैं पूरी तरह से टूट जाती थी लेकिन मुझे उन पर, उनमें के विद्रोही कलाकार पर पूरा भरोसा था। इसाक भाई के पास एक से बढ़कर एक गायिकाएँ थीं फिर भी वे मुझे मौका देते रहे और मेरे काम की तारीफ करते रहे।

सिर्फ इसाक भाई ही नहीं, उनके साथ जो कलाकार थे उनसे भी बहुत कुछ सीखा जा सकता था। इसाक भाई के बैण्ड में संगीता दीदी थीं। उनका असली नाम विजया लगरसे था। विवाह के पूर्व वे दीदार सिंह के ऑर्केस्ट्रा में गाती थीं। उन्होंने पं. वसन्तराव कुलकर्णी के यहाँ संगीत विशारद किया था। दीदी 'बैंक्वेट सनसाइन' में भी काम करती थीं। वे मुझसे बड़े अपनत्व से बात करती थीं। अपने डिब्बे में लायी रोटी-सब्जी मुझे ज़रूर खिलाती थीं लेकिन कभी-कभी बिल्कुल चुभनेवाली बातें किया करती थीं। वे बूढ़ी थीं फिर भी उनके चहेते ग्राहक थे। वे विरार से दादर डे-नाइट के लिए आती थीं। उसकी आवाज बिल्कुल ज्योत्स्ना भोळे जैसी थी। बूढ़ी होने के बावजूद वे इंडस्ट्री में टिकी रहीं। आज का जमाना होता तो भूखों मरने की नौबत आती उन पर। सच, आज सच्चे कलाकारों की कद्र इस इंडस्ट्री में रही नहीं। अब तो बस काँच की या मोम की गुड़िया चाहिए लोगों को। गोरी चमड़ी हो तो बस चल जाता है सिक्का। गाना सुर-ताल में आये न आये। गाने के नाम पर कुछ भी चलता है—गोरी चमड़ी के बलबूते पर।

होटल 'लीना' में सभी गायिकाएँ अच्छी थीं। प्रिया गुप्ते, कविता, डॉली, सुजाता, मोनिका, अनीता। ये सभी एक-दूसरी के साथ अच्छी तरह से पेश आती थीं। गाने में एकदम सही थीं, जो नौसिखिये थीं वे भी लगन से सीखती थीं। उनमें से डॉली पंजाबी थी। हमेशा षड्यन्त्र रचने में रत। खूब रोब जमाती थी और नाटक ऐसा कि मानो सती सावित्री हो। कहते हैं न कमर तक घूँघट काढ़े लेकिन नजर नापे मीलों के फासले। उसे पैसा और जवान लोगों में रुचि थी। दूसरी मोनिका! ठीक गाती थी, दिखने में भी ठीक-ठाक। उसने ऑस्ट्रेलियन आदमी से शादी की। प्रिया गुप्ते को सारे गाने जबानी याद रहते थे। वे शास्त्रीय संगीत से लेकर पाश्चात्य संगीत तक कुछ भी बढ़िया गाती थीं। लगातार पान चबाती रहती थीं। शराब भी खूब पीती थीं। आशा भोसले के गानों को एकदम सही गाती थीं।

इसाक भाई ने एक बार मुझे फर्माइश दी, 'मेरी बीना तुम बीन रोये' गाने के लिए। मुझे पिताजी की बेहद याद आयी। यह गाना उनका मनपसन्द गाना था। मैंने डरते-डरते गाया। आलाप में स्वर लगता न था। ताल को लेकर भी मैं परेशान थी। तब भी मैंने गाया। मैं सोचने लगी, सन्त मीराबाई ने, कबीरदास ने भक्तिगीत, पद लिखे। किस कारण लिखे थे? और वे गीत कोई कहीं भी, कभी भी मुझसे गवा लेता है। पीड़ाप्रद है यह सब! किसलिए यह सब? सच, पेट की भूख मनुष्य से क्या-क्या

कराती है। मैं मन-ही-मन आक्रोश कर रही थी।

'लीना' में राणा नाम का गायक था। उसके साथ मैं 'आके तेरी बाँहों में' 'साथिया ये तूने क्या किया' ये गाने मस्त होकर गाती थी। 'महानन्दा' सिनेमा का गाना 'मागे उभा मंगेश, पुढ़े उभा मंगेश' जब मैं गाती थी तब कस्टमर्स खूब बढ़िया दाद देते थे। उन दिनों मराठी के सुप्रसिद्ध भाव गीत 'केव्हा तरी पहाटे उलटून रात्र गेली', 'मलमली तारुण्य माझे', 'तरुण आहे रात्र अजुनी', 'जिवलगा दूर राहिले घर माझे' मैं खूब गाया करती थी। साधना दीदी कहती थीं, 'ये गाने तुम कभी गा नहीं पाओगी।' लेकिन ये गीत मैं गाने लगी और इन्हें सुनने के लिए कस्टमर्स पुणे, नासिक से भी आने लगे थे। प्रिया दीदी मेरी बहुत मदद करती थीं। जब वे गाती थीं तब मैं शब्द लिख लेती थी। बाद में वे मुझे उसमें संशोधन कर सही शब्द लिख देती थीं। उन्हीं के कारण आशा भोसले के कई पुराने गाने मुझे पता चले। आशा जी मेरे लिए जान से भी प्यारी थीं। लेकिन उनका साथ कहाँ? मेरे लिए तो प्रिया दीदी ही आशा जी थीं। प्रिया भी कहती थीं, 'आशा आशा है।'

इस बार मुझे पुरुष सहकर्मियों के अजीबो-गरीब अनुभवों से गुजरना पड़ा। अपने-अपने काम में कमाल के सफल; लगन, मेहनत के आदर्श नमूने कुछ लोग बोलने में, व्यवहार में एकदम अश्लील थे। प्रदीप जाधव नामक का एक गायक नागराणी वाला था। पूरा बदन ढँककर, सिर पर रूमाल, काले शॉक्स, ललाट पर टीका। ऐसा भेष उसका! डे-नाइट। दिन में हजार रुपये की कमाई। नाक पर उँगली रगड़कर पूछता था, 'तो फिर आज? हं ऽ' एक बार मुझसे पूछा, 'क्यों री तेरे में सेक्स काफी है न?' उस दिन पहले ही मैं अपने बच्चों की याद में पागल बनी थी। उसकी ये बातें सुनकर मैं रो पड़ी। प्रदीप शादी-शुदा था। तिस पर किसी गायिका के साथ उसका सम्बन्ध था। उसके मित्र कमलेश आदि भी ऐसे कामों में उसका साथ देते थे और उसके पीठ पीछे उसकी इन हरकतों की जानकारी हमें देते रहते थे।

दिलीप से अलग होने पर मैं रंजू दीदी के घर रहती थी। सब कुछ भूलकर काम पर ध्यान दे रही थी। फिर भी दिलीप और बच्चों की यादें मुझे सताती रहती थीं। मैं भावविह्वल हो जाती थी। कभी ऊब जाती थी। डे-नाइट काम करना और रात में रंजू दीदी के घर जाकर सो जाना। बस यही मेरी ज़िन्दगी बन चुकी थी। ना किसी से दोस्ती, ना कहीं घूमना, ना सिनेमा। अनिल शेट्टी नाम का ड्रमर था। खूब अच्छा बजाता था 'लीना' में डे करता था और नाइट 'वैभव' में। रंजू दीदी की बहन मंदा भी वहीं काम करती थी। दोनों का परिचित होने से मैं भी उसके साथ घर जैसा बर्ताव करती थी। एक दिन उसने मुझे भोजन पर बुलाया। मैंने कभी-कभार उसके साथ चाय पी थी। बहुत मीठी बातें करता था। मैं उसकी इन मीठी बातों से धोखा खा गयी।

हम सुबह ग्यारह व्ही.टी. में मिले। भोजन किया। निकल पड़े। बातों-बातों

में कहने लगा, 'लड़कियाँ मुझे हिजड़ा कहती हैं। क्यों भला?' मेरा ध्यान उसकी बातों में नहीं था क्योंकि इसी होटल में मैं एक बार दिलीप के साथ आयी थी। मैं हाँ...हूँ करती रही।

बातों-बातों में वह मुझे एक रूम में ले गया। बैठते ही उसने दरवाज़ा बन्द किया। मेरे कपड़े उतारे। मुझे तकलीफ हो रही थी। चिल्लाना बेकार था। मैं सिर्फ रोती रही। अचानक जल्दी मचाने लगा। ठीक से साड़ी भी पहनने नहीं दी उसने मुझे। और बार-बार बोलने लगा, किसी से कुछ मत कहना। सीधे मुझे स्टेशन ले गया। वहाँ मुझे अकेला छोड़ दिया। मैं चुपचाप होटल गयी। उस दिन से उसने मेरे साथ बात करना बन्द किया। कुछ सालों बाद 'वैभव' बार की एक वेटर लड़की ने मुझसे कहा कि उसके और अनिल के चार साल तक सम्बन्ध थे। अनिल ने उसे धोखा दिया। शादी तो की नहीं लेकिन उन चार सालों में वह उस लड़की के साथ लिंग पिशाच की तरह बर्ताव करता रहा।

अनिल ने भले ही मेरे साथ बात करना बन्द किया था लेकिन वह उस दिन के बारे में लोगों से ज़रूर कहता होगा। मैं क्या करती? एक तो पति से अलग हो गयी थी। ना सिर पर छत। काम आज है तो कल नहीं। ना रूप, ना सौन्दर्य था मेरे पास, शिकायत किससे करती? कमलेश प्रदीप से ऐसे इशारों में वह बात करता था कि मैं अधमरी हो जाती थी। अनिल के साथ ना तो मेरे दोस्ताना सम्बन्ध थे और ना ही प्रेम था। मामूली आकर्षण भी नहीं लगता था मुझे उसके प्रति। उसने मुझे धोखा दिया था, विश्वासों पर प्रहार किया था, बीभत्सता के ही दर्शन कराये थे। बातचीत भी एक रिश्ता कायम करती है। अजनबी के साथ भी बातचीत का यह रिश्ता बन जाता है। अनिल जैसे शरीर की दलदल में फँसे लोग यह रिश्ता भी क्या जानेंगे।

## अठारह

इस घटना के बाद मेरा शराब पीना हद से बाहर बढ़ता गया। कमलेश मुझसे पूछता था, 'क्या तुम्हारे घर के ये संस्कार हैं?' और अँगूठा मुँह में डालकर शराब पीने का ॲक्शन करता था। कभी नथुने को हाथ लगाकर कहता था, 'हूँ'! मैं गर्दन नीची कर आगे खिसक जाया करती थी। इस भद्दे हँसी-मज़ाक के कारण मुझे कई नयी-नयी जानकारी मिलने लगी। अश्लील, गन्दी, घिनौनी, मितली आने जैसी बातें थीं वे! उनमें से एक थी—'नली साफ करना।' बदन पर रोंगटे खड़े हो जाते थे। मैं अपना दुख, वेदना, खालीपन, अकेलापन भूलने की कोशिश करती थी और ऊपर से उनके इस कदर ताने, भद्दे मज़ाक सहन करने पड़ते थे।

मैंने शराब की बैसाखी ढूँढ़ी थी। दिन में भी दो पेग लेती थी। रात में

कभी-कभी तो तीन-चार पेग भी। होटल में जब कस्टमर्स नहीं होते थे तब शर्मा जी बुलाया करते थे, 'बैठो वैशाली। पेग मारेगी?' मैं तुरन्त 'हाँ' कहती थी। सभी मेरी इस पीने की आदत को जान गये थे। मेरे पीठ पीछे मेरा मज़ाक भी उड़ाते थे वे सब!

उनमें से एक माइकेल था जो मुझसे तब तक तो अच्छा बर्ताव करता था। मेरे साथ नाश्ता करने आता था। ब्रेक में भी हम साथ जाकर बाहर कुछ खाकर आते थे। एक दिन माइकेल बोला, 'कल ड्राइ डे है। हम सिनेमा देखेंगे।' हमने चन्दन थिएटर में 'आज का गुंडाराज' देखा। फिल्म के बाद वह बोला, 'मैं दो बोतलें लाया हूँ। चलो, लॉज पर जाएँगे। पिएँगे और आराम करेंगे।' मैं भी रंजना दीदी के घर उस छुट्टी के दिन रहना नहीं चाहती थी। उनको क्यों तकलीफ दें। सोचकर मैं तैयार हुई। शराब भी पीना चाहती थी। लॉज पर हमने शराब पी। शरीर सम्बन्ध हुआ।

होटल 'लीना' में अन्य पुरुष गायक वादक अच्छे भी थे। आनन्द सागर संगीत विशारद थे। वे मुझे अपने साथ गाने के लिए कहते थे। दत्ता दादा भी अच्छा बजाते थे। जॉन, रणजीत किसी के झमेले में कभी नहीं होते थे। कुछ गायिकाएँ होती थीं। नौसिखुई, गाने का स्टाक न के बराबर! आती थीं–चली जाती थीं। ऐसी गायिकाओं को गिनती करना भी असम्भव था। रूबी, नीलू...ऐसी कई गायिकाएँ आयीं और चली गयीं।

'लीना' में आने वाले कस्टमरों में कुछ ऐसे कस्टमर थे जो हमेशा याद आते रहे। करमरकर नाम के एक व्यक्ति थे। वे हमेशा भावगीतों की फर्माइश किया करते थे। नशा चढ़ने लगा कि बस! 'नहीं' के अर्थ में हाथ हिलाते थे और मेरे हाथ से माइक खींच लेते थे। खुद गाकर दिखाते थे। कभी स्टेज के सामने आकर खड़े हो जाते थे और म्यूजिक डायरेक्टर की स्टाइल में हाथ हिलाते रहते थे। कभी मैं खीज जाती थी तो कभी उनकी अलग-अलग अदा में गाने का ढंग देखकर खुश हो जाती थी।

जोग नाम के एक बिल्डर थे। खूब पैसा बर्बाद करते थे। हर दिन दोपहर में आते थे और रात तक बैठे रहते थे। बड़े घटिया स्तर पर उतरते थे। किसी न किसी को फँसाने के चक्कर में रहते थे। प्रिया दीदी के गाने पर वे फिदा थे। जोगलेकर, मांजरेका आदि मराठी लोग भावगीतों की चहेती मंडली थी।

वहाँ आने वाले एक कस्टमर थे शान्ति सेठ। डोंबिवली में रहते थे। तब मैं वहाँ नयी थी। और बार में एक चलन है। नये लोगों की परीक्षा ली जाती थी। यानी उन्हें लगातार खूब गाने गाने की फर्माइश की जाती थी। एक के बाद एक। परेशान किया जाता था। शान्ति सेठ ने मेरे लिए भी ऐसे गाने लिखकर भेजे। परेशान किया था। वे मुझसे चार-पाँच गाने हमेशा सुनते थे। उनकी आँखों में मुझे हमेशा 'पहचान भरा अपनत्व' झलकता दिखता था। बाद में वे मुझे कई वर्षों बाद मिले। उस वक्त भी मैंने उनकी आँखों में वही 'पहचान भरा अपनत्व देखा था। वे सचमुच पहचान

भूले न थे। आज भी उनकी आँखों में अपनत्व झलकता रहता है।

और एक सज्जन आते थे। सभी उन्हें डैडी कहते थे। टिप्स बहुत कम देते थे। वे मुझसे 'महानंदा' का 'मागे उभा मंगेश, पुढे उभा मंगेश' गाना गवाते थे। यह भक्ति गीत उनके लिए मैं गाती थी और मुझे लगता था मेरे सारे पैसे वसूल हो गये। उन्होंने मुझे अपनी दुकान का पता दिया था। शॉपिंग के लिए आने का आमन्त्रण दिया था। एक बार मैंने उनकी दुकान से बहुत साड़ियाँ खरीदीं। उन्होंने हर साड़ी पर खूब डिसकाउंट दिया।

मैंने 'लीना' में लगभग छह महीने काम किया। मेरा शराब पीना बढ़ता गया। मैं बीमार होने लगी। गला दुखने लगा था। मैं कुछ दिन काम पर गयी नहीं और काम छूट गया। फिर तलाश! इस बार पन्द्रह-बीस दिनों के लिए 'ईश्वर आधार' में काम किया। वह चिंचपोकली में था। फिर होटल 'तमाशा' में दस दिन गयी। हर होटल में माहौल एक ही था—धन्धा बैठ गया है का आभास दिलाने वाला माहौल! आर्टिस्ट लोग इस बदलते माहौल को भाँप गये थे या नहीं, पता नहीं। लेकिन आर्टिस्ट अपनी ही धुन में दिखते थे। यह देखकर मैं बेचैन, उदास हो जाती थी। निराशा का दौर था वह। माँ, पिताजी, भाई, दिलीप, मेरे दो बच्चे खूब याद आते थे। मैं वे यादें शराब के नशे में डुबो देती थी। शराब मेरे लिए झट् से प्राप्त होने वाली दवा थी। हर दुख का रामबाण इलाज।

एक दिन मैं 'ईश्वर आधार' से निकली थी। एक क्वार्टर निगल चुकी थी। सायन के ब्रिज पर टैक्सी पकड़ने आयी और वहाँ ड्यूटी पर की पुलिस मेरी टैक्सी में चढ़ गयी। उन्होंने टैक्सी सीधे अंटोप हिल लेने के लिए कहा। पुलिस स्टेशन! उफ्! पुलिस की दादागिरी और इस कदर मुझे ले आना। मुझे दुख हुआ। पुलिस स्टेशन में मेरे पहले ही दस लड़कियाँ लायी गयी थीं। उनमें से कुछ लड़कियों को भीतर ले जाया गया। फिर बाकी लड़कियों को भी। मैं अकेली रह गयी। मैंने बंद दरवाज़े के सुराग में से झाँका। भीतर की लड़कियों को पुलिस बेल्ट से मार रही थी। मेरा सारा नशा उतर गया। बदन पर रोंगटे खड़े हुए।

कुछ देर बाद मुझे भीतर बुलाया गया। मैं सजग हुई। गुस्सा, डर सब कुछ निगलकर 'नमस्ते' किया। उन्होंने पूछा, 'कहाँ काम करती हो?' मैंने कहा, 'मैं गायिका हूँ।' 'कहाँ?' मैंने सच-सच कहा। 'होटल ईश्वर आधार में'। उन्होंने मुझे एक सौ अस्सी रुपये भरने के लिए कहे। रसीद दी और जाने के लिए कहा। बाकी लड़कियाँ कॉलगर्ल्स और वेश्याएँ थीं।

दूसरी बार पकड़ी गयी—कई दिनों बाद! तब नाकाबंदी थी। मैं जान गयी कि अब क्या गुज़रने वाला है। लेकिन उन्होंने मुझे लॉकअप में रखा। मैंने विनती की। कहा, 'मुझे जाने दीजिए। मैं जो चार्ज भरना है भरती हूँ।' उन्होंने मेरी बात तो सुनी नहीं बल्कि मेरे पर्स से सारे पैसे निकाल लिये। सुबह साढ़े सात तक अन्दर ही बिठा

लिया। फिर बाहर बुलाया और कहा, 'तुम जहाँ रहती हो वहाँ ऐसी लड़कियाँ होंगी तो हमें उनकी जानकारी देना।' मैंने 'हाँ साहेब' कहा और वहाँ से भाग गयी। अब तक मैंने लोगों से 'टिपर' 'टिपर' सुन रखा था। वे मुझे टिपर बनाना चाहते थे। और वह भी स्त्रियों का। मैंने मन में कहा, 'मैं क्यों किसी के शाप का शिकार बनूँ? और उन बेचारी बेबस औरतों को पकड़वा दूँ? पुलिस से तो वे दलाल अच्छे हैं।' और चली गयी मैं वहाँ से।

'ईश्वर आधार' में कई गैंगस्टर्स आते थे। मैंने वहाँ पहली बार देखा—टेबल पर पिस्तौल रखी हुई। अमर नाईक का एनकाउण्टर हुआ और 'ईश्वर आधार' बन्द हुआ। बाद में मैंने 'तमाशा बार' में काम किया—दस दिन। इसाक भाई ने दस दिन की तनख्वाह का पैकेट दिया और कहा, 'कल से मत आना।'

तब मुझे होटल 'संतोष' में काम मिला। इस होटल के ऊपरी मंज़िल पर ऑर्केस्ट्रा था और तल मंज़िल पर का ऑर्केस्ट्रा हॉल एकदम छोटा था। यहाँ अफजल नाम का ढोलक प्लेअर था। मैं विदेश में आबूधाबी में काम मिलने की कोशिश में थी। 'संतोष बार' के ऑर्गन प्लेयर महेश की पहचान से काम मिलने वाला था। अफजल ने बीच में उस ऑर्गनाइजर से मेरे नाम पर एडवान्स लिया। अच्छा हुआ कि मैं लेने नहीं गयी थी वरना मुझे ही वे पैसे भरने पड़ते। ऐसा न सिर्फ मेरे बारे में हुआ था बल्कि कइयों के साथ होता है।

हमारी इस लाइन में कलाकार ही कलाकारों का शोषण करते रहते हैं। शारीरिक, मानसिक, आर्थिक और लैंगिक शोषण। मैंने देखा है ऑर्केस्ट्रा में वादक, गायक अधिकांश पुरुष कलाकार होते हैं। सभी बैंड लीडर्स भी पुरुष। इसलिए काम मिले, मिला हुआ काम टिके, वह काम छूटे तो दूसरा मिले इसलिए अक्सर लैंगिक शोषण की बलि चढ़ना ही पड़ता है।

लैंगिक शोषण के साथ आर्थिक शोषण भी! तनख्वाह, टिप्स सभी में इनका हिस्सा! ऊपर से भिशी चलाकर, विदेशी होटलों में काम दिलाने का झूठा वादा कर ठगने वाले ये ही कलाकार। ऑर्केस्ट्रा बैंड डाइरेक्ट मैनेजमेंट का हो तो हमारा सम्बन्ध सीधा मैनेजमेंट से आता। लेकिन उस वक्त ऐसे मैनेजमेंट ज़रिये चलाये जाने वाले बैंड कम ही थे।

महिला वेटर्स के साथ मेरी खूब निभती थी। मैं एक बात अच्छी तरह से जान गयी थी कि इस लाइन में महिला वेटर्स के साथ दोस्ताना सम्बन्ध रखना बहुत ज़रूरी है। एकाध कस्टमर भले ही टिप्स न देता हो लेकिन महिला वेटर्स अपनी पसन्द का गाना गवाकर ऐसे कस्टमर के जरिये थोड़ी-बहुत मदद करती हैं। सभी जगह मैंने यही अनुभव किया था। वेटर यदि कहें कि गायक को टिप्स दो तो ग्राहक देता ही था। सभी कलाकार महिला वेटर्स से कहते थे, 'आप लोग हैं इसलिए धन्धा चलता है।'

इसाक भाई के साथ काम करते-करते कई होटल्स की कड़वी यादें मेरे पास

जमा होती गयीं। ऐसी ही एक घटना के कारण मेरा होटल संतोष छूट गया। लेकिन होटल 'अजंठा' में मुझे काम मिल गया। 'अजंठा' बार एण्ड रेस्टोरेंट था। वहाँ डान्स और ऑर्केस्ट्रा दोनों चलते थे। यहीं पर पहली बार मेरा डान्सर्स के साथ सम्पर्क स्थापित हुआ। मेरे यहाँ के डान्सर्स के साथ अच्छे सम्बन्ध बने इसलिए वे अपने कस्टमर्स को हमारे यहाँ यानी ऑर्केस्ट्रा में भेज देती थीं।

अब तक मेरी शराब की आदत हद से बाहर बढ़ गयी थी। मैं दोपहर से रात तक पीती ही रहती थी। मेकअप हेतु मुझे डान्सर के रूम में जाना पड़ता था। वहाँ की टॉप डान्सर से मेरी दोस्ती हुई। हिना नाम था उसका। वह भी शराब की आदी थी। मेकअप रूम में लड़कियाँ मुझे मेकअप करना सिखाती थीं। लेकिन सिंगर्स के लिए डान्सर के इतने गहरे मेकअप की ज़रूरत नहीं रहती। मैं फाउंडेशन, पाउडर, आयब्रो पेन्सिल, लिपस्टिक इतना सीमित ही मेकअप किया करती थी। मुझे ब्लीच या फेशियल की जानकारी न थी। हिना ने मुझे ब्लीच की जानकारी दी। हिना गोल-मटोल छोटे बच्चों-सी थी। वह मुझसे दो-तीन साल छोटी थी अतः मुझे दीदी कहती थी और कई बातें समझाती भी थी।

हिना भी खूब पीती थी। शुरू-शुरू में उसने एक-दो बार मुझसे 'क्वार्टर है क्या?' कहकर क्वार्टर लेकर पिया। लेकिन बाद में वह खुद ही हमारे लिए मँगाती थी। हमारे पास गप्पें लड़ाने के लिए समय न होता था। लेकिन हम आँखों से ही काफी बातें किया करती थीं। ऑर्केस्ट्रा पहली मंज़िल पर था। उसकी एंट्री होते ही मैं उसे ऊपर से देखा करती थी और वह मुझे नीचे की मंज़िल से।

हिना के एक कस्टमर अशोक भाई थे—हीरों के व्यापारी। वे खूब कलेक्शन देते थे। अशोक भाई के आते ही सभी मंत्रमुग्ध होकर हिना का नृत्य देखने लगते थे। वह कमर से पीछे झुकती थी, गिलास ललाट पर रख कर वह शास्त्रीय नृत्य भी खूब बढ़िया करती थी। अशोक भाई को मेरा गाना सुनने के लिए ऑर्केस्ट्रा में भेजती थी। वे मुझे भी अच्छी-खासी टिप्स देते थे।

यहाँ आने वाले कस्टमर्स में गज्जुभाई और मारवाड़ी अधिक हुआ करते थे। कुछ मराठी भी। कुछ लोगों की फर्माइशें मैं पूरी नहीं कर सकी थी, तब वे कैसेट खरीदकर लाये थे मेरे लिए। एक कस्टमर हृदयनाथ मंगेशकर का कार्यक्रम 'भाव सरगम' दीनानाथ नाट्यगृह में दिखाने मुझे ले गया था। मैं उनसे पागलपन की हद तक प्रेम करती थी। एक बार उनसे मेरा शरीर-सम्बन्ध भी हुआ।

इसी होटल में मैंने होटल सेठ की पुलिस के साथ मुठभेड़ देखी। हमारे सेठ ने पुलिस को ही जेब से रिवॉल्वर निकालकर उसे धमकाया। दूसरे दिन होटल बंद। यहाँ हर दिन लगभग तीन हजार तक कमाई होती थी। किसी दिन यदि हजार-बारह सौ मिले तो बैंड लीडर विलास भाऊ बकबक किया करते थे।

उस साल मैं रक्षा-बन्धन के दिन माँ-पिताजी के घर गयी। पिताजी ने

धमकाया—'इसके बाद कभी यहाँ कदम मत रखना।' मैं फिर कभी रक्षा-बन्धन के दिन वहाँ गयी नहीं।

'अजंठा' में मैं जिन पीने लगी थी। दिन में आठ-आठ क्वार्टर पीती थी। चिकन चिली खाती थी। तिस पर विलास भाऊ हमें माहीम की दरगाह के सामने वाले होटल में ले जाते थे। हम सभी कॉन्ट्रिब्यूशन देते थे। मैं जितनी शराब पीती थी उतना ही मिल्कशेक—बादाम, पिस्ता, ड्राइफ्रूट वाला! अच्छी-खासी मोटी हो गयी थी। स्वस्थ हो गयी थी।

## उन्नीस

महाशिवरात्रि के दिन रंजना दीदी के यहाँ अलग ही तमाशा हो गया। पूजा करनी थी और इसी को लेकर दीदी और जीजा जी में झगड़ा हुआ। वे दोनों एक-दूसरे पर पूजा करने की जिम्मेदारी डाल रहे थे। दीदी ज़िद कर बैठीं कि पूजा जीजा जी ही करें। जीजा जी काम पर जा रहे थे। वैसे भी उन्हें देर हुई थी। वे उस होटल में नये थे। वे कह रहे थे, 'रंजू, तुम पूजा करो।' दीदी सुनने को तैयार न थीं। मैं बीच में गयी—समझौता करने! बस! फिर क्या था! दीदी मुझ पर बरस पड़ीं। 'यह सब तुम्हारे कारण हो रहा है। तुम चली जाओ कहीं। मेरे घर में मत रहो।'

दीदी का भाई आया हुआ था—मुँहबोला भाई अनिल! मैंने उससे विनती की, 'मेरे लिए कहीं कमरा देख!' उसने कमरा तय किया। पन्द्रह सौ रुपये डिपोजिट पर! कनस्तर का कमरा। कई जगह टूटा कनस्तर। उस कमरे का मालिक अशोका गैंगवार में का। उसका भाई उप्पा। मेरे रात में घर आते ही उप्पा मेरे घर आकर बैठ जाता था। दिमाग चाटता रहता था। तिस पर पुलिस की गश्त! घर में टॉर्च लाइट मार के जाती थी पुलिस। एक-दो बार पूछा भी, 'तू क्या करती है?' मैंने कह दिया, 'गायिका हूँ।' घर ऐसा था कि पिछवाड़े के कनस्तर से सीधे घर में आने इतनी जगह थी। मुझे उस दरार से बड़ा डर लगता था। उस घर से मेरी सोने की अँगूठी, तेरह सौ रुपये चोरी हो गये थे। मुझे बेहद दुख हुआ था। एक तो धाँगड लोगों की बस्ती थी। कब क्या होगा कुछ भरोसा न था। यह बात अलग कि कभी किसी ने मुझे कोई तकलीफ न दी थी।

इसी घर में रहती थी। तब और एक हादसा हुआ था। मैं मलाड से लोकल पकड़कर घर आ रही थी। हाथ में कशीदाकारी वाला थैला था। गोरे गाँव के दरमियान मेरे हाथ पर किसी ने डण्डा मारा। थैला गिर गया। हाथ ज़ख़्मी हुआ। इन सारी मुसीबतों में सुख-चैन इतना ही था कि मेरे बच्चे आठ दिनों के लिए मेरे पास रहने आये थे। बच्चे जब यहाँ थे तब अनिल की माँ ने उनकी खूब परवरिश की। प्यार

से उन्हें सँभाला। एक बार मेरा छोटा कहीं खो गया था, तब अनिल की माँ ने ही उसे ढूँढ़ निकाला। दौड़-धूप की। पुलिस चौकी से लेकर चारों ओर ढूँढ़ती फिरी थी। कुछ देर बाद कोई उसे घर छोड़ गया था। तब से अनिल की माँ बच्चों को जैसे पलकों में बंद कर जतन से रखने लगी थी।

यह घर रंजना दीदी के घर के नज़दीक था। सायन मछुआरों की बस्ती की यह झोंपड़पट्टी थी। अनिल, उसका भाई मोहन, बहन साधना, उसका पति शैलू सभी मुझे प्यार-आदर से अपने घर के सदस्य जैसा मानते थे। मकान मालिक अशोक और उसकी माँ भी मुझसे अच्छा बर्ताव करते थे। अशोक हमेशा, 'वॉन्टेड' था। एकदम दुबला लेकिन दस-दस लोगों के लिए अकेला काफी था। मुझे हमेशा 'दीदी' कहकर पुकारता था। पानी माँगकर पीता था। बस इतना ही हमारा परिचय था। उसकी माँ से मेरी अच्छी दोस्ती हो गयी थी। उनका शराब का धन्धा था। हिन्दू-मुस्लिम दंगों में किसी ने अशोक पर सोलह गोलियों की बौछार की। कई लोग उससे बदला लेने की ताक में थे।

यहाँ जब मैं रहती थी तब होटल 'अजंता' में काम करती थी। दोपहर में मैं टैक्सी से बार तक जाती थी और रात में मलाड से सायन तक रिक्शा और वहाँ से घर तक टैक्सी। रिक्शा गेट तक ही आता था। वहाँ से चलते-चलते घर इसलिए टैक्सी! दो महीनों के बाद 'अजंता' बंद हो गया। मैंने 'हैपी होम' में ऑडिशन दिया। फेल हुई। वहाँ बैंड चला ही नहीं। उन्होंने 'गजल' शुरू की। मैं यहाँ-वहाँ एक-दो दिनों के लिए काम करती रही। अब तो उन होटलों के नाम भी याद नहीं हैं। सभी जगह स्थितियाँ एक-सी ही थीं। या तो बैंड 'उड़ जाता था' या सिंगर ज्यादा होते थे। जहाँ-तहाँ अब डान्सबार खुलने लगे थे। डान्सबार याने बैंड का 'उड़ जाना'। ऐसी ही स्थितियाँ रहीं तो ऑर्केस्ट्रा कलाकार पेट कैसे पालते? प्रश्न गम्भीर था लेकिन कोई क्या कर सकता था?

कुछ होटलों में ऑर्केस्ट्रा के गानों पर ही डान्स होता था। वहाँ ऑर्केस्ट्रा कलाकार और वेटर सर्विस वालों की कमाई अच्छी हो जाती थी। ऐसे में होता यह था कि रिकॉर्ड पर के डान्स की तुलना में लाइव बैंड पर का डान्स स्लो लगता था। ताल मिलता न था। गानों पर मर्यादाएँ आती थीं। इसलिए रिकॉर्ड डान्स का ही चलन होने लगा।

कुछ जगहों पर ऑर्केस्ट्रा सिर्फ डे में रखा जाने लगा। डे में कस्टमर कम आते थे। सो कमाई भी कम होती थी। बैंडवाले और मैनेजमेंट डे वालों को तनख्वाह आधी देते थे। सुन्दर डान्सर्स, सुन्दर कपड़े, भारी मेकअप। बस! यही ज़रूरी बन गया था। डान्स अच्छा हो, यह ज़रूरी नहीं था। क्योंकि ग्रुप में कमियाँ वैसे भी छिप जाती हैं। ऐसे में ऑडिशन पर सिलेक्शन हो तो मेरे जैसों की किस्मत खुलती थी। वरना रंग-रूप की कसौटी पर तो मैं खरी कैसे उतरती? ईश्वर ने मुझ पर रंग-रूप के मामले

में जरा कोताही की थी।

मेरी किस्मत में लिखा था सिर्फ भागना—इस होटल से उस होटल, उस होटल से उस होटल! लगातार दौड़! भीख! हाँ, भीख ही! भिखारी रास्ते पर गंदे-कुचैले कपड़ों में भीख माँगता है और हम पॉश कपड़ों में होटलों में।

ऐसे ही ओम भिक्षां देहि करते हुए मैं पहुँची होटल 'आगोश' में। वहाँ बलराज बैंड लीडर का बैंड था। वह खुद बहुत अच्छा गायक था। लेकिन एकदम सधा हुआ चालबाज। इसने मेरे साथ काफी खेल खेले। तनख्वाह अच्छी देता था लेकिन एक हाथ दो एक हाथ लो, वाली कूटनीति से चलता था। इस होटल का बैंड अच्छा था। धीरे-धीरे मुझे सभी के प्रेम किस्से, रिश्ते-नाते समझ में आये। इनमें से कुछ लोग मेरे साथ कई होटलों में काम करते थे। तब उनसे मेरा मामूली परिचय था। इस होटल में उनसे अच्छी तरह से परिचय हुआ। इस होटल का ओनर पंजाबी था। दो भाई मिलकर होटल चलाते थे। बड़े सेठ का बेटा भी कभी-कभी होटल में आता था। यहाँ साइलेन्स सर्विस भी थी। बाद में उसका रूपान्तर फ्री सर्विस में हो गया।

इस होटल ने मेरी झोली में काफी बुरे अनुभव डाले। मैं गाने के लिए खड़ी होते ही सरोज नाम की सिंगर आँखों से इशारे कर-कर कस्टमर्स को कहती थी कि वे मुझे पैसे न दें। इतना ही नहीं चिट्ठियाँ लिख-लिखकर कस्टमर्स को देती थीं। मेरी हालत दिन-ब-दिन खस्ता होती गयी थी। मैं दिन-रात शराब के नशे में धुत रहने लगी थी। इसी से कि मैं चर्चा का विषय बन गयी थी।

हाँ, यह था कि इस होटल में अच्छे-अच्छे कलाकार थे। केतन उन्हीं में से एक था। दिखने में भी अच्छा था। गाता खूब बढ़िया था। उसकी बहन भी सिंगर थी। केतन हमेशा अपने गाने में खोया हुआ रहता था। कला को लेकर चर्चा करता था। मुझे कई तरह से मदद करता था। 'यह गाना सेट करो, आजकल यह गाना डिमांड में है'...ऐसी सूचनाएँ देता रहता था।

नीलू नाम की गायिका भी लाजवाब थी। जितनी तन्मयता से 'शंकराभरणम्' गाती थी उतनी ही उत्कटता से पाश्चात्य गाने गाती थी। वह भी परिस्थितियों का शिकार बनी थी। तमिलभाषी थी। हिन्दी बोल नहीं पाती थी लेकिन हिन्दी गाने बढ़िया गाती थी। गहने पहनकर काम पर आने की उसकी आदत ने कई बार उसके लिए मुसीबतें खड़ी की थीं।

एक बार नीलू को सायन-कोलीवाडा गेट पर लूटा गया। पचास-साठ हजार के गहने लूटे गये। एक बार हम दोनों रिक्शा से जा रही थीं। पुलिस ने हमारा रिक्शा रोका। पूछताछ शुरू की—'कहाँ से आयी हो? कहाँ जा रही हो? कितना कमाया है?' आदि! हम गिड़गिड़ाने लगीं। 'आज टिप्स नहीं मिली' कहने लगीं। पुलिस ने उसका चेन माँगा। अच्छा हुआ था कि नीलू ने बाकी गहने पहले ही पर्स में निकालकर रखे थे। फिर भी डेढ़ दो हजार रुपयों पर पानी फिर गया था।

नीलू से मैंने शंकराभरणम् सीखा। आनंद सागर गायक के साथ मैं 'कुहू कुहू बोले' गाना गाती थी। बाद में यह गाना मैं अकेले गाने लगी। आज भी वह गाना गाते समय मुझे डर-सा लगता है। 'लीना' में इसी गायक ने मुझे सलाह दी थी हल्के-फुल्के गाने गाने की और 'मुंगळा मुंगळा', 'शीशी भरी गुलाल की', 'मेरी गलियों से होगे' आदि गाने गवाकर लिये थे। केतन और योगेश मुझसे म्यूज़िक स्टॉप न करते हुए इस ताल से उस ताल के गाने गवाते थे। नॉन स्टॉप!

यहाँ भी वेटर सर्विस में साउथ इंडियन अधिक थीं। विजया मलयालम थी। सीधी शिक्षित। उससे मेरी दोस्ती हो गयी। माधुरी बी.ए. थी। उसके पिताजी डॉक्टर थे। माँ सौतेली थी। पिताजी की मृत्यु के बाद उसे घर छोड़ना पड़ा था। कई हादसों से गुज़रते-गुज़रते वह यहाँ आयी थी। इससे वह स्वभाव से कठोर बनी थी। वह बेघर थी। मैंने उसे अपने घर में आश्रय दिया लेकिन मैं ही मुसीबत में पड़ी। वह लेस्बियन थी। मुझे तंग करने लगी। मैं उसे बाहर सोने के लिए कहती थी लेकिन बाद में मुझे ही बुरा लगता था। और उसे घर में बुलाती थी। वह नाश्ता-पानी का खर्चा करती थी। रात का खाना भी ले आती थी।

वहाँ गोविंद नाम का वेटर था। टेरर! स्वभाव से मिलनसार था, इसका मतलब यह नहीं कि सभ्य था। रात-रात हम तंबी की गाड़ी पर गप्पें लड़ाते बैठते थे। वह कोंकणी था।

इस होटल के तीन-चार कस्टमर्स ध्यान में रहे। उनमें से एक पंजाबी थे। वे मुझे कैडबरी के पैकेट में सौ-दो सौ रुपये दिया करते थे। बाद में समझ में आया कि इस होटल में स्टाफ और कस्टमर्स के लिए टॉयलेट एक ही है। ये कस्टमर्स स्टाफ में से कइयों को पचास-सौ रुपये आते-जाते देते रहते थे। चुपचाप! हफ्ते में दो सौ, ढाई सौ रुपये हमें मिलते थे! चुपचाप!

इसी बार में देवेन्द्र नाम का लड़का आता था। वह कहता था कि उसके पिताजी घाटगे पाटील ट्रांसपोर्ट में पार्टनर हैं। काफी कलेक्शन देता था। उसका किसी सिंगर से प्रेम था। नयना नाम था उसका! नयना ने मेरे साथ दो-चार होटलों में काम किया था। देवेन्द्र उसके बारे में मुझसे कहता रहता था, 'उस लड़की ने मुझे बर्बाद किया। मेरे पैसे उड़ा ले गयी' आदि। बाद में वह मेरे पीछे-पीछे घर तक आने लगा। रोज आने लगा। मुझसे कहने लगा—'मेरे से शादी कर।' मस्का लगाकर शरीर सम्बन्ध की माँग करने लगा। शुरू में मैंने उसे मना किया। मेरा मन जीतने के लिए मुझे सोने का चेन दिया। 'माथेरान जाएँगे। मैंने नई गाड़ी खरीदी है। हम लम्बा सफर करेंगे' आदि कहने लगा। बाद में अपने साथ शराब लाने लगा।

एक बार मैं नशे में धुत थी। और उसने मेरे साथ सम्बन्ध किये। मेरा इनकार करना कमजोर पड़ गया। बाद में अक्सर मुझे मजबूर करने लगा। अब उसका लम्बे सफर पर मुझे ले जाने का नाटक बन्द हो गया। मैं जान गयी कि नयना के साथ

क्या हुआ होगा। किसने किसे धोखा दिया होगा? मेरी मनःस्थिति इतनी खराब हो गयी थी कि मैं और शराब पीने लगी।

इसी दौरान मैंने घर बदला। यह खोली ऐसी थी कि मुझे रात में काफी पैदल चलकर आना पड़ता था। नयी खोली छोटी थी। छह बाइ छह की। पाँच हजार डिपोजिट। ढाई सौ रुपये किराया। मकान मालिक लोखंडे खूब खाते-पीते थे लेकिन व्यवहार एकदम ठीक। उन्होंने मुझे कमरे में एक खटिया भी दी थी। यहाँ तक टैक्सी आती थी। यह कमरा पहली मंज़िल पर था। आस-पड़ोस के लोग अच्छे थे। उन्होंने कभी मुझसे दुर्व्यवहार नहीं किया। ना ही ताने कसे या उधार माँगा। बल्कि वे मेरी फिक्र करते थे। बैंड संचालक बलराज मेरी पहली वाली खोली पर दो बार आया था। देवेन्द्र से उसे जानकारी मिली थी शायद। अब क्या! उसे भी जैसे लगा था खुला रास्ता। वह था भी चमडी! मेरे नये घर आया। मेरा ध्यान न था तब पैंट उतारा और एकदम घटिया शब्दों में शरीर सम्बन्ध की माँग की। काम टिकाना मेरे लिए निहायत ज़रूरी था। मुझे शरणागत होना पड़ा। मैं झुँझला गयी और शराब के नशे में रहने लगी। शराब के लिए ज्यादा पैसे होते नहीं थे सो बस्ती में एक औरत के शराब के खोपट में जाती थी। मैं उन्हें माँ कहती थी। पाँच रुपये में गिलास मिलता था।

बस्ती में पान का ठेला था। प्रदीप भाऊ का! उसके बाजू में तंबी की भुर्जी-पाव की गाड़ी। मैं कभी-कभी रात में शराब ले आती थी। बंद शो रूम की सीढ़ियों पर बैठकर शराब और भुर्जी का साथ। इससे तंबी की और मेरी दोस्ती हो गयी। सुबह के तीन बजे तक हमारी गप्पें चलती थीं। कभी-कभी 'आगोश' का वेटर गोविंदा भी आता था और प्रदीप भाऊ भी!

मनचाहे, शान्त, मासूम क्षण होते थे ये। वासना चक्र में धँसाये गये मेरे जीवन को संबल देने वाले।

## बीस

इस नये घर में अचानक एक दिन दिलीप आया—सात महीनों के बाद। मेरा जन्म दिन था। आते ही प्यार जताने लगा। मस्का लगाने लगा। अपनी बाँहों पर मुझे सिर रखने दिया। सुलाने लगा। मीठी-मीठी बातें करने लगा। हाल ही में मैं उसके घर जाकर टी.वी. की सभी किश्तें भर आयी थी। उसकी जेब खर्च के लिए सौ रुपये देकर आयी थी। बाद में मुझे पता चला कि मैंने बच्चों के नाम बैंक में जमा करने के लिए जो सात हजार रुपये उसे दिये थे, वे पैसे उसने बैंक में जमा करने के बजाय खर्च कर डाले थे। मैं बेहद गुस्सा हुई थी।

दिलीप तीन महीने प्रभा को यानी अपनी पत्नी को लेकर गाँव में रह आया था। प्रभा गाँव में ही थी। उसके पाँव भारी थे। दिलीप दूसरे दिन चला गया और मैंने चाय के बजाय शराब पी।

फिर यह सिलसिला रोज चलने लगा। मैं सुबह से लेकर रात तक अपने आप को शराब में डुबोने लगी। सोचती थी वह ऊब कर ही क्यों न हो चला जाएगा। लेकिन वह बेशर्म की तरह आता ही रहा। रात में फोकट का खाने के लिए और सोने के लिए। ऊपर से सुबह उठते ही रात में किये गये शरीर सम्बन्ध का वर्णन करने बैठ जाता था। मैं शराब की बोतल में अपने आपको डुबा देती थी। और बेशर्म इतना कि पत्नी के बच्चा जनते ही उसने आना बंद किया। जब मैं टी.वी. की किश्तें चुकाने गयी थी, तब इसी ने मुझसे कहा था—'प्रभा अपना बच्चा नहीं चाहती! कहती है आपके दोनों बच्चों को मैं अपने बच्चे समझकर पालूँगी। और उसी के तीन-चार महीनों बाद कहने लगा। प्रभा पेट से है।'

मुझे अपने बच्चों की चिन्ता होने लगी। सोचने लगी बच्चों को जल्द ही अपने पास लाना चाहिए। उन्हीं दिनों वेटर गोविंद ने मुझसे कहा कि अंबरनाथ में छह हजार रुपयों में खोली बाँधने के लिए प्लॉट मिल रहा है। आधे पैसे तुरन्त देने थे। मैंने भिशी में से जमा किये। तीन हजार रुपये उसे दिये। वह खुद ही वहीं पर प्लॉट ले रहा था। एक बार वह मुझे अम्बरनाथ ले गया। ट्रेन ने मुम्बई छोड़ी और मैंने नयी साँसें भर लीं। मुझे खूब शान्त लगा। चारों ओर हरियाली थी। मन में सोचा कि सही निर्णय किया है।

दिसम्बर से बाबरी मस्जिद प्रकरण आग उगलने लगा था। मुम्बई उसकी चपेट में आ गयी थी। लगातार कर्फ्यू! बार बन्द रहते थे। घर से बाहर निकलना मुश्किल हो गया था। मेरे घर के सामने ही एक बस जलायी गयी थी। आस-पास की दुकानें जलायी जा रही थीं। उन्हीं में से एक कपड़े के दुकानदार ने अपनी दुकान के कपड़े बाद में बीस-बीस रुपये में बेचे थे और लोगों ने खरीदे भी थे। एक रात हमारे घर के पिछवाड़े गोलियाँ बरसीं। एक बार मैं सायन स्टेशन पर थी, तब मैंने गोलियों की आवाज़ सुनी थी। समूचा माहौल बदला था। मैं रह-रहकर मन में रोती थी। अकेलापन बढ़ता जाता था। सोचती थी—कब यह सब खत्म होगा? अकेली ही कोलीवाडा तक चलते जाती थी। बस्ती का सुनील बीच-बीच में आकर मुझे बीस-तीस रुपये देकर जाता था। आई के अड्डे पर जाकर उन शराबियों के बीच मैं भी खड़ी हो जाती थी। और शराब का गिलास मुँह से लगाती थी।

इन दिनों समूची बीयर बार इंडस्ट्री ठण्डी पड़ गयी थी। उस साल 31 दिसम्बर भी सिसकियों में गुज़र गया। मैं 'आगोश' में काम करती रही। शराब में डूबती रही। माँ-पिताजी याद आते रहे। बच्चे आँखों के सामने से हटते नहीं थे। दिलीप पर गुस्सा आता था। अकेलेपन से थक गयी थी। दिन-रात साथ में थी—सिर्फ शराब और

शराब। इस मेरी बेहोशी से उन दिनों न जाने कितने पुरुषों ने मुझसे नाजायज फायदा उठाया। उन्हीं में दिलीप भी था। रंजना दीदी का पति भी बीच-बीच में आता था। उसका घर पास ही पड़ता था। वह काम के बहाने आता था। और मुझे नशे में देखकर मेरे उरोजों को हाथ लगाता था। होटल का ड्रमर योगेश शराब के लिए पैसे देता था। उन पैसों के लिए मैं उसके पास जाती थी। देवेन्द्र और बलराज तो थे ही। दिलीप नाम का एक ड्रमर था। वह 'सेवन कलर' ऑर्केस्ट्रा में काम करता था। एक दिन खाना खिलाने के बहाने मुझे ले गया। दादर के किसी लॉज में। काफी रम पिलायी। किक लगी। मितली हुई। मैंने उससे खूब झगड़ा किया। हाथापाई भी की। फिर भी उसने जबरदस्ती की। और लॉज पर मुझे अकेला छोड़कर चला गया। इसके बाद वह कभी बार में आया नहीं।

एक रात मैंने टैक्सी को रोका। उतने में हमारी बस्ती का राजू गुण्डा कुछ लड़कों को लेकर आया। उसने मुझे रोकना चाहा। मैंने जैसे-तैसे उसकी आँखों में धूल झोंकी और वहाँ से भाग गयी। इसी राजू और उसके नरेश आदि मित्रों ने सायन के अण्डर ग्राउण्ड रास्ते पर किसी भिखारिन की मृतदेह पर बलात्कार किया था। उस भिखारिन के बिस्तर के नीचे लाखों रुपये मिले थे। समाचार-पत्रों में यह खबर सुर्खियों में थी। उन प्रमुख आरोपियों में राजू का नाम था। इस तरह के आतंकों के साये भी मेरी सोहबत करते रहे थे।

इसी घर से मेरे गहने—बॉक्सचेन, अँगूठी, कान के और साढ़े चार हजार रुपये चोरी हो गये थे। नसीब इतना ही कि साड़ियाँ बच गयीं। महँगी साड़ियाँ थीं। पुलिस केस से कुछ फायदा होने वाला न था। एक तो मैं होटल के कुछ कलाकारों के ताने, भद्दी हँसी आदि से ऊब चुकी थी। बलराज ने तो मुझे चूतिया ही बना दिया था। घर आने पर माधुरी का आतंक। वह मुझे चूमना चाहती थी। रोमांस करने की कोशिश करती थी। थपेड़ों का यह सिलसिला दिन-रात का और मैं अकेली। मैं रुआँसी हो जाती थी।

## इक्कीस

महाशिवरात्रि के दिनों बाकी पैसे भरकर मैंने अम्बरनाथ वाली जगह ले ली। और अम्बरनाथ रहने का तय किया। इस तरह सायन को अलविदा कहा। अंबरनाथ की जगह खरीदने के पीछे कई कारण थे। दिलीप, सह-कलाकार, कस्टमर्स से पल्ला छुड़ाना आसान था। मुझे मानसिक शांति चाहिए थी। घर से व्यवसाय को दूर रखना था। और एक महत्त्वपूर्ण कारण यह भी था कि मुम्बई में जगह के दाम इतने अधिक थे कि वह मेरे बस की बात नहीं। तिस पर वे जगहें गैर कानूनी थीं। अम्बरनाथ

की जगह से मैं खुश थी। दुख इसी बात का था कि जिस वेटर गोविंद के कारण मैं यह जगह ले पायी थी, वह इन दिनों किसी पर हमला करने के जुल्म में सज़ा काट रहा था। उसकी राह देखकर जगह के मालिक ने गोविंद की जगह किसी और को बेच डाली। मैंने जगह तो खरीद ली लेकिन मकान बाँधना बाकी था। और तब तक कहीं पर किराये से घर लेना आवश्यक था।

वहाँ घर लेते समय दिलीप मेरे साथ आया था। मालिक ने पूछा, 'कौन यहाँ रहने आयेगा?' मैंने कहा, 'मैं'। उसने तुरन्त पूछा, 'ये कौन हैं?' तब दिलीप ने कहा, 'मैंने दूसरी शादी की है।' मकान मालिक शिवाजी मेठल ने जवाब में कहा, 'हमारी भी दो बीवियाँ हैं।' दिलीप का सर और तन गया।

उन्होंने फिर मुझसे पूछा, 'आप क्या करती हैं?' मैंने कहा, 'मैं बीयर बार में गायिका हूँ।'

दिलीप को यह बात चुभ गयी। ट्रेन से लौटते समय वह फूत्कार रहा था, 'तुमने क्यों कहा कि तुम बीयर बार में काम करती हो? कहना था हॉस्पिटल में हूँ।' मैंने साफ-साफ कहा, 'और रोज रात दो-तीन बजे घर लौटती तब क्या वे लोग नहीं पूछते कि ऐसा कौन-सा हॉस्पिटल है। जहाँ शाम के पाँच बजे से रात के दो बजे तक काम करना पड़ता है? हॉस्पिटल में शिफ्ट्स होती हैं और रोज एक ही या नाइट शिफ्ट ही नहीं होती।' जिन्दगी में पहली बार दिलीप चुप बैठा जैसे कि मुँह की खायी हो।

मैंने सुनील और विलास देवर जी की मदद से वहाँ सामान पहुँचा दिया। वे दोनों वहाँ आये। सुनील ने लाइट फिटिंग आदि कर दिया। वह चला गया। दो दिन बाद विलास देवर जी भी चले गये।

बलराज ने 'नर्तकी' में बैंड लगाया था। मैं 'नर्तकी' में जाने लगी। वहाँ 'आगोश' के ही कलाकार थे। कुछ ही कलाकार नये थे। बाळा पंडित नये थे। उनकी पत्नी अनुपमा देशपाण्डे ने 'मेहँदी के पत्ते पर' मशहूर कैसेट के सभी गाने गाये थे।

बाळा देशपांडे बहुत अच्छे कलाकार थे। दिन में वे सभी कलाकारों को नये-नये गाने सिखाया करते थे। वे शास्त्रीय संगीत में माहिर थे। मुश्किल गाने भी सहजता से सेट करते थे। उन्होंने मुझे 'गगन सदन तेजोमय' गाना सिखाया था। 'उंबरठा' सिनेमा की (मराठी की मशहूर फिल्म-स्मिता पाटील की अत्युत्तम भूमिका थी) यह प्रार्थना मैं बार में गाया करती थी। बाळाभाऊ जी जान से हमें सिखाते थे। वे मेरे गुरु थे। मैंने अपने मन का आदरभाव व्यक्त करते हुए उन्हें पत्र लिखा था। वह शायद उनकी पत्नी के हाथ लग गया। यह बात उन्होंने केतन से कही और केतन ने प्यार का नाटक करते हुए मुझ तक पहुँचायी फिर क्या था। मेरी खिल्ली उड़ाने का मौका उन लोगों के हाथ लग गया। अब इस बात की भी मुझे आदत हो गयी थी।

वैसे भी मैं 'टाइट' होकर होटल जाती थी। वहाँ भी पीती रहती थी। बाळा

देशपाण्डे के प्रति आदर-श्रद्धा व्यक्त करते हुए मैं हिचकिचा गयी सो लिखकर भेज दिया। मुझे आज भी उस पत्र को लेकर अपराध नहीं लगता। कुछ ही दिनों में देशपाण्डे जी ने बैंड हटा दिया। अतः दोपहर का बैंड बंद हुआ। और उस जगह होटलवालों ने डान्स शुरू किया। मुझे ना तनख्वाह ठीक से मिलती थी और ना ही टिप्स। दिन का समय खाली गुज़रता था। ऊपर से घर बनवाने की चिन्ता थीं। अम्बरनाथ रहने आने तक मैं गाँव पैसे भेजती थी—बच्चों के लिए। अब भी भेजना चाहती थी। वह चिन्ता भी खाये जा रही थी।

दिलीप के भाई चंदू की शादी तय हुई थी। उसने मुझे शादी में बुलाया था। मैं जाना चाहती थी। लेकिन नयी नौकरी थी। गाँव से सभी लोग मुझ पर दबाव डाल रहे थे कि मैं बच्चों को अपने पास बुलाऊँ। यहाँ तो दिन का बैंड बन्द हुआ था। मैंने सोचा कि अब मैं भी डान्स करूँगी। बीस रुपये मिलेंगे। तो भी चल जाएगा। उतने ही एक क्वार्टर के पैसे। मैं साड़ी पहनकर जाती थी। वहाँ पुष्पा नाम की एक वेटर लड़की थी। वह सिर्फ कूल्हे मटकाती रहती थी। मैं उसे देख-देखकर नाचती थी। वह टिप्स लाने स्टेज से उतरकर टेबल तक जाती थी। ऐसा करना मेरे लिए सम्भव न था।

कई बार्स में दिन में भी डान्स होता था। लड़कियाँ चणिया-चोली पहनकर नाचती थीं। मैं दो महीने साड़ी पहनकर ही नाची। चल गया। मेरे लिए गाते-गाते हाव-भाव के साथ थोड़ा-बहुत नाचना आसान था। पर रिकॉर्डिड म्यूज़िक पर नाचना मुश्किल हो जाता था। धीरे-धीरे मैं वह भी सीख गयी। परिस्थितियाँ मनुष्य को बहुत कुछ सिखाती रहती हैं।

उन दिनों डान्सबार में अधिक से अधिक आठ-दस लड़कियाँ हुआ करती थीं। वे बार-बार एन्ट्री देने से थक जाती थीं। उन्हें पूरा स्टेज खाली मिल जाता था। नाचने के लिए। सामने दो, बीच में एक और पीछे दो—इस तरह वे नाचती थीं। मैं जब इस लाइन में नयी थी तब से मैं अनेक अच्छी डान्सर्स को जानती हूँ। वे दिखने में भले ही सुन्दर न थीं। लेकिन डान्स करने में उनकी बराबरी कोई नहीं कर सकता था।

यहाँ एक बात अच्छी थी जिससे मैं बेहद खुश थी। ब्रेक में मैं 'गडकरी रंगायतन' जा सकती थी। मैंने वहाँ दूसरी बार हृदयनाथ मंगेशकर का 'भावसरगम' कार्यक्रम और 'संध्या छाया' नाटक देखा था। कभी-कभी मैं दिलीप को बुला लेती थी नाटक देखने लेकिन वहाँ भी वह अपनी आदतों से बाज नहीं आता था। फिर मैं खीज जाती थी।

मज़े की बात लगती थी। दिन में मैं नाटक देखने यहाँ जाती थी और रात में यहीं पर नाटक खेलनेवाले कलाकर होटल में आते थे। ये कलाकार हमारे बार के कस्टमर्स थे। उन दिनों 'अश्रुंची झाली फुले' नाटक में प्रमुख भूमिकाएँ निभाने वाले

कलाकार हफ्ते में दो बार क्यों न हो, हमारे बार में आते थे। खूब पीते रहते थे और मुझसे ढेर सारे भावगीत सुनते ही रहते थे। वे नॉनस्टॉप गुजराती मुझसे सुनना बेहद पसन्द करते थे। दाद देते रहते थे। खुद अपनी जगह से उठकर आते थे और मुझे पैसे देते थे। उनका टी.वी. सीरियल 'कमांडर' भी खूब मशहूर हुआ था। लेकिन उनमें घमण्ड बिल्कुल न था। वे सही मायने में कलाकार थे।

'संध्या छाया' नाटक में बेटे की भूमिका करने वाले अभिनेता भी वहाँ आते थे। वे मशहूर थे। उस ग्रुप में वे सबसे अच्छे लगते थे। उन्होंने अपना नंबर मुझे लिख दिया था। दो बार मिलने के लिए भी बुलाया था। मैंने 'हाँ' कहा और मैं गयी नहीं। उनके इर्द-गिर्द काफी भीड़ रहती थी। मेरी क्या औकात थी कि मैं वहाँ जाती।

इस बार में कभी-कभी एक बड़ा ग्रुप आता था—छह लोगों का। उनमें एक बिल्डर था। वह ग्रुप बीयर का पूरा क्रेट मँगवाता था। सैंतालीस-अड़तालीस बीयर बोतलें पी जाया करता था। और सभी मराठी गानों की फर्माइश करता रहता था।

ठाने के इस होटल में फालतू, बकवास कस्टमर्स नहीं आते थे। 'नर्तकी' के सेठ उदय शेट्टी ने यह होटल किसी और को चलाने दिलाया और उसने इसका नाम बदलकर 'उत्सव' रख दिया।

'नर्तकी' छूटने पर पुनः ओम भिक्षाम् देहि! कुछ दिनों के बाद पुनः मैं 'व्हाइहिट हाउस' नाइट के लिए जाने लगी। कुछ ही दिनों में घाटकोपर के 'वैशाली' होटल में डे का काम भी मिल गया। डे-नाइट का चक्कर शुरू हो गया। 'वैशाली' में अनिल नाम का ऑर्केस्ट्रा संचालक था। उसने मेरी डेढ़ महीने की तनख्वाह नहीं दी। मैंने 'वैशाली' छोड़ा और चार ही दिनों में दादर के 'करिश्मा' में काम मिला। डे का। लेकिन मुझे ही यह होटल जँचा नहीं। मैंने छोड़ दिया।

फिर से तलाश! किसी ने सुधा भाई का नाम सुझाया। मैं उनसे मिलने 'सी-प्रिन्स' गयी। पता चला कि नीलू अभी तक वहाँ है और सुधाभाई के साथ उसका गहरा नाता है। सुधाभाई ने मुझसे कहा, 'तुम कैनरा में जाओ।' मैं तुरन्त वहाँ गयी। पीछे से 'सुधाभाई भी आये। उन्होंने मुझे गुजराती गाना 'पखिंडा' गाने के लिए कहा। मैंने गया। कलेक्शन जमा हुआ। सुधा भाई ने कहा, 'ठीक है।'

मैं 'कॅनरा' जाने लगी। ट्रेन का इतना लंबा सफर। पहली बार। अम्बरनाथ से भायखला लोकल की यात्रा। अम्बरनाथ में मेरा घर था खुंखली में। खुंखली से अम्बरनाथ रिक्शा और भायखला से कॅनरा टैक्सी।

इस होटल के कलाकारों में कई गायिकाएँ उत्तर प्रदेश, राजस्थान से आयी थीं। सभी कोठेवालियाँ थीं। इनकी आवाज़ बैठी हुई, मोटी थी। लेकिन रहन-सहन एकदम टिपटॉप था। कई ग़ज़ल गायिकाएँ थीं। गाने की अपेक्षा अधिकतर अपनी सुन्दरता के बलबूते पर कस्टमर्स को घायल कर देती थीं। कस्टमर्स पैसों की बरसात करते थे। ऑर्गनाइज़र और मैनेजमेंट को पैसा ही तो चाहिए होता है। कोठेवालियों को मैं

हीन नहीं मानती लेकिन उनका गायकी से अधिक ध्यान कपड़े, मेकअप, कीमती साड़ियाँ, हाइफाइ रहन-सहन पर ही केन्द्रित रहता था। हमारे जैसे कला के पुजारियों को उनके सामने फिर कौन पूछता भला?

लेकिन ये सभी कोठेवालियाँ न थीं। उनमें एक गायिका थी जयश्री। खूब बढ़िया गाती थी। स्वभाव से भी अच्छी थी। बी.ए. पास थी। घर में बीमार पिताजी जो कपड़े की मिल में मज़दूर थे। छोटे भाई-बहन! वह बहुत सादगी से रहती थी। उसे अपनी परिस्थिति का पूरा अहसास था। जन्मतः उसके हृदय में छेद था। रह-रहकर तकलीफ हुआ करती थी। तब भी वह काम करती थी। यह लड़की चार साल बाद हार्ट अटैक से गुज़र गयी।

'कैनरा' में भी मैं पीती थी लेकिन कंट्रोल में। मैं मेकअप रूम में मेकअप करने बैठी कि मेरा पीना चालू होता था। कोठेवाली गायिकाओं की ओर से ध्यान हटाकर मैं अपने गाने पर ध्यान केन्द्रित करती थी। कभी-कभी इन कोठेवालियों के कस्टमर्स मुझे भी फर्माइश देते थे और पैसे भी।

## बाईस

'कॅनरा' में एक लम्बा, हट्टा-कट्टा कस्टमर आता था। एकदम दादा लोगों की तरह बार में एंट्री करता था। एक रात मैं मेकअप रूम में मेकअप कर रही थी। पानी में बनाया पेग था ही। एक स्टयुअर्ड अन्दर आया और पूछने लगा किसी गाने के बारे में कि मैं वह गाना जानती हूँ या नहीं। मैं वह गाना जानती नहीं थी। लेकिन वह बार-बार आकर रट लगाने लगा, 'वैशाली, जल्दी तैयार हो जाओ और बाहर आकर गाना शुरू करो।'

मैंने उससे पूछा, 'फर्माइश करने वाले का नाम क्या है? जाकर पूछ आओ।' वह पूछकर आया और बताने लगा, 'उसका नाम टारज़न है।'

मैंने फिर से स्टयुअर्ड से कहा, 'जाओ, उससे पूछकर आओ कि क्या टारज़न फिल्म का गाना टाइटल सांग गाऊँगी तो चलेगा?' उसने 'हाँ' कहा। मैंने वह गाना गाया और माहौल शान्त हुआ। फिर वह रोज आने लगा। जल्दी आकर बैठने लगा। अच्छा-खासा कलेक्शन देता था। लेकिन फर्माइश में 'मुंगळ' जैसे गाने गाने के लिए कहता रहता। मुझे गुस्सा आता था। मैं मन में सोचती थी ऐसे कैसे बेकार गाने सुनता रहता है यह!

कई बार अश्लील गानों को लेकर मैं झगड़ पड़ती थी। 'डालूँगा डालूँगा', 'दिन में लेती है', 'खटिया टूटी' ऐसे गाने मैं गाना नहीं चाहती थी। दरअसल गाना-गीत कभी अश्लील नहीं होता। शब्द भी अश्लील नहीं होते। उसमें का सेक्स का भाव

जब गंदे अर्थ ध्वनित करने लगता है तब गुस्सा आता है। आरम्भ में झगड़ा करती थी मैं। एक बार तो 'खलनायिका' सिनेमा का 'कल रात सैंया ने ऐसी बॉलिंग की' गाना सुनते ही मैंने कैसेट तोड़ डाला था। और बाद में पेट पालने के लिए मैं कभी-कभी ये ही गाने गाती रही।

टारज़न कभी-कभी बढ़िया गानों की फर्माइशें भी किया करता था। 'मुझे रब जो कहे मैं तुझे छोड़ दूँ', 'वो मेरी नींद मेरा चैन मुझे लौटा दो' और उसका प्रिय गाना 'जिहाले मस्ती मुकूम बरंजिश' गाने मैं खास कर गाती थी। एक बार उसने 'इस प्यार से मेरी तरफ न देखो, प्यार हो जाएगा' की फर्माइश की और मैं उसके लिए 'आओ, तुम्हें चाँद पे ले जाऊँ' गाना गाती थी।

'कॅनरा' में प्रदीप किशोर कुमार के गाने गाता था। 'मैं शायर बदनाम' कस्टमर्स को बहुत पसन्द आता था। प्रदीप ने मुझे भी काफी गाने सिखाये। 'गंध फुलांचा गेला सांगून' या 'सैलाब', सिनेमा का 'हम को आजकल है इंतजार' ये गाने मैं 'कॅनरा' में प्रदीप के कारण गाने लगी। और कन्नड़ गीत 'इ बंधना भी।'

एक बार टारज़न के साथ राजेश भैया आये। उन्हें देखकर मैं सकपका गयी। मैं लंबे अर्से के बाद उन्हें देख रही थी। जब मैं 'ईश्वर आधार' में काम करती थी तब राजेश भैया मेरे कस्टमर थे। उनका किडनी बेचने का धन्धा था। तब उनका और मेरा बस इतना ही सम्बन्ध था। बाद में मैं तो उन्हें भूल भी गयी थी। आज इतने वर्षों बाद अचानक उन्हें टारज़न के साथ 'कॅनरा' में देख मैं चौंक गयी। बार बंद होने तक वे दोनों बैठे थे। जब मैं उनके टेबल के पास गयी, तब वे किसी लड़की को पटाने के चक्कर में शर्त लगा रहे थे। मैंने नज़रअन्दाज़ किया। मैं जानती थी कि बार में सुन्दर-सुन्दर सिंगर और वेट्रेसेस हैं। सोचा, होगी उनमें से कोई। मैं मन ही मन टारज़न को पसन्द कर रही थी। छह फुट लम्बा, गठीला शरीर, चौड़ा सीना! रेशम-से बाल। कपड़े भी स्टाइल के। जीन्स और टी-शर्ट। लेकिन तब मैं जानती न थी कि वह शर्त मुझे लेकर ही बदी जा रही थी।

टारज़न लगभग रोज आता था। खूब पैसे फेंकता था। चार-पाँच दिनों के बाद उसने वेटर के ज़रिए मुझसे पूछा, तुम क्या करती हो?' मैंने जवाब भेजा, 'रोटियाँ सेंकती हूँ।' उसने उसी वेटर के पास अपना फोन नंबर लिखकर मेरे पास भेजा। कुछ दिनों बाद मैंने फोन किया। वह मिलने के लिए गिड़गिड़ाने लगा। मैंने मन में कहा, 'ज्यादा होशियारी करता है।' फिर भी मैंने उससे मिलने का कबूल किया। मैं मन से उसे पसन्द कर रही थी। टारज़न ने मुझे महालक्ष्मी स्टेशन पर बुलाया। मैंने 'हाँ' कहा क्योंकि 'कैनरा' महालक्ष्मी और भायखला स्टेशन से नज़दीक था। मैं भायखला स्टेशन से सीधे होटल गयी। टारज़न महालक्ष्मी स्टेशन पर मेरी राह देखकर थक गया। मेरे होटल पहुँचने के कुछ देर बाद वह भी आया। तब रात के आठ बज चुके थे।

टारज़न ने पुनः मुझे मिलने के लिए विनती की। इस बार भायखला स्टेशन तय किया गया। उस दिन एक गायक मुझे अम्बरनाथ में मिला। चाय-पान, गप्पों के दौरान ट्रेन छूट गयी। दूसरी ट्रेन से मैं भायखला उतरी तो टारज़न दिखा। मैंने न देखने जैसा किया और टैक्सी पकड़ने लगी तो ये जनाब सामने आकर खड़े हो गये।

हम दोनों टैक्सी में बैठे। मैंने कहा, 'कॅनरा के पास ही एक होटल है वहाँ चाय पी लेंगे।' हम होटल के फैमिली रूम में जा बैठे। उसने पूछा, 'क्या पिओगी?' मैंने कहा, 'चाय या कॉफी।' उसने कहा, 'जूस पीओ।' मैंने जूस पिया। मैंने तुरन्त उससे कहा, मेरे दो बेटे हैं। वे गाँव में हैं। टारज़न ने कहा, 'मैं वॉन्टेड हूँ। हर दो-चार महीने में भागना पड़ता है।' तब मैंने वॉन्टेड का अर्थ समझा न था। हमने कुछ भी मनोरंजक रूप की बातें नहीं कीं। लेकिन उसके साथ करते समय मुझे लज्जा नहीं आयी, संकोच नहीं लगा। हम वहाँ से निकले। होटल पहुँचने के लिए मुझे बस पन्द्रह-बीस मिनट की देरी हुई थी।

उन दिनों दिलीप घर आया था। टारज़न मुझसे दोपहर में मिलने पर जोर दे रहा था। मैंने उससे कहा, 'मुझे दिन में समय नहीं मिलता। मैं डे में भी काम करती हूँ।' हालाँकि तब मैं दिन में काम नहीं करती थी। मैं तो उसे टालना चाहती थी। अब वह रोज होटल आने लगा और पैसे पानी की तरह बहाने लगा। सह-कलाकार मुझे चिढ़ाने लगे। कुछ कहने लगे, 'हँ, बकरा काटा न? कादरस पटाया?' मैं प्रश्नार्थक चेहरे से शून्य में देखती रह जाती थी। कस्टमर्स को कादरस कहते हैं। यह मुझे तब पता चला।

टारज़न रोज मिलने के लिए मेरे हाथ-पाँव पड़ता था। आखिर एक दिन दोपहर में उसने मुझे बुलाया। हम मिले। टैक्सी में खूब घूमे। मुझे भूख लगी तब उसने मुझे होटल ले जाकर भोजन कराया। वहाँ से हम कॅनरा गये। रात में उसने मुझसे कहा, 'चलो मैं तुम्हें घर छोड़ आता हूँ।' वह टिकट लाने गया और इतने में आखिरी ट्रेन निकल पड़ी। और मैं अकेली ही घर आयी।

घर आयी तो ताला बन्द था पर अन्दर दिलीप सोया था। मुझे लगा अब वह यहाँ भी मेरा पीछा नहीं छोड़ेगा। मैं उस नये खरीदे प्लॉट पर घर बाँधने हेतु फाउंडेशन डाल चुकी थी। दिलीप अपने घर से मेरे लिए डिब्बा लाता था। मज़दूरों पर निगरानी रखने हेतु यहीं रहने लगा। एक बार मैंने कहा, 'आप अपने परिवार को लेकर यहीं आइए। मेरे लिए एक कमरा काफी है। दूसरे कमरों में आप लोग रहिए। मैं हर महीना भोजन आदि के पाँच हजार रुपये देती रहूँगी।' कहने के पीछे मेरा उद्देश्य यह था कि मैं अपने बच्चों को जी-भर देख तो सकती हूँ। लेकिन दिलीप ने तुरन्त कहा, 'अम्बरनाथ दूर है। मेरा धन्धा, अंधेरी, गोरे गाँव में है। मेरे लिए यह दूर पड़ेगा।' मुझे गुस्सा आया था। मतलबी कहीं का। जब इसे ज़रूरत हो तो आयेगा और फिर गायब हो जाएगा।

कुछ दिन बीत गये। एक दिन दिलीप आया और कहने लगा, 'तेरा पासपोर्ट निकाल लाता हूँ।' मैंने उसे तेरह सौ रुपये दिये। वह गायब हो गया। पन्द्रह दिनों बाद आया और कहने लगा, मैं सख़्त बीमार हुआ था। उसी में तेरह सौ रुपये खर्च हुए। मैं इतना गुस्सा हो गयी थी कि पड़ोस के बच्चे से क्वार्टर लाने भेजा और शराब पीती रही।

उस दिन दिलीप ने मुझसे कहा, 'खाना खा लो।' मैंने थाली फेंक दी। शाम को काम पर जाने लगी तो दिलीप मेरे साथ चल पड़ा। दादर स्टेशन आते ही मैंने उसे कहा, 'उतर जाओ।' उसने ज़िद की। कहने लगा, 'तुम नशे में हो। मैं साथ चलता हूँ।' मैंने झगड़ा किया। 'पहले नीचे उतर जाओ' मैं बड़बड़ाती रही। वह उतर गया। मैं भायखला स्टेशन पर उतर गयी और प्लेटफार्म नंबर चार पर खंभे पर सिर टिकाकर रोती रही—लावारिस कुत्ते की तरह!

थोड़ी देर बाद रोते-रोते ब्रिज के परे चली गयी तो वहा टारज़न खड़ा था। हम टैक्सी में चल पड़े। टैक्सी रास्ते पर दौड़ने लगी और मैंने खिड़की से बाहर झाँका तो दिलीप सामने वाले टेलीफोन बूथ पर खड़ा था। टारज़न का उसकी ओर ध्यान न था और होता भी तो वह दिलीप को पहचानता न था। उस रात घर लौटी तो देखा कि दिलीप घर में सोया था। उस रात भी वह मेरे साथ सोना चाहता था। मन में मैंने कहा, 'बेशर्मी की सारी हदें पार कर चुका है यह आदमी।' सुबह उठते ही मैंने पहला काम यह किया कि दिलीप को घर से बाहर निकाल दिया।

उसके दूसरे दिन रात में टारज़न घर आया। काफी पी चुका था। मुझसे कहता रहा, 'तू मुझसे ब्याह कर। मेरी बीवी बन जा। मुझे कोई चाहिए जो मुझे बाँध रखे।' वह देहलीज पर खड़े रहकर गिड़गिड़ाता जा रहा था। रात के दो बजे से लेकर सुबह के पाँच बजे तक। सुबह की छह की ट्रेन से चला गया। सवा छह बजे हमारे पड़ोस के काका घर आये और कहने लगे, 'कौन था वह रात में आया हुआ? वह कह रहा था तो कर लो ना शादी उससे! जब उसका कोई नहीं है तो कर लो उसे अपना! सँभालो उसे!' मैं चुप रही! मैंने मन में सोचा—एक शादी की उसी की ग्रहदशा और वक्री शनि से मुक्ति नहीं मिल रही है...

अब टारज़न हर रात होटल बंद होने पर मेरे साथ अम्बरनाथ आता था। और बड़े तड़के सवा तीन की ट्रेन से लौट जाता था। मुझे छुआ तक न था उसने। ऐसे कई दिन चला। यही सिलसिला कि वह होटल में बैठा रहता था और मुझे छोड़ने घर आता था।

महीना भर यही प्रोग्राम चलता रहा। शायद वह मई का महीना था। मैंने उसे एक रात घर में रोक लिया। उस रात मेरा टारज़न से शरीर सम्बन्ध हुआ। मेरी ज़िन्दगी में पहली बार किसी ने मुझे इतने प्यार-अपनत्व से अपने पास लिया था। उस मिलन में गहरा अपनापन था, स्नेह था। हम पूरा दिन साथ रहे। फिर वह चला गया।

मैं अपने काम पर जाती रही। वह दो-तीन दिन आया नहीं। मैंने राजेश भैया को फोन कर पूछा। वह उनसे भी मिला नहीं था। होटल बंद होने पर राजेश भैया मुझे उनकी बाइक पर बिठाकर 'आशियाना' लॉज पर ले गया। यह होटल गवालिया टैंक के पास था। टारज़न लॉज के रूम में सोया था। हमें देखकर चौंक गया। मुझसे कहा, 'तुम यहाँ क्यों आयी हो?' झगड़ने लगा। मैंने कहा, 'मुझसे रहा नहीं गया सो आयी' और मैं चलने लगी। उसने मेरा पल्लू पकड़ा और पूछा, 'कहाँ जाओगी?' मैंने कहा, 'आखिरी ट्रेन तो चली गयी है। मैं स्टेशन पर बैठूँगी।' राजेश भैया के कहने पर मुझे उस रात होटल आशियाना में रहने की इजाजत मिली। उस लॉज में स्त्रियों को रहने की अनुमति न थी।

कुछ दिनों बाद टारज़न अम्बरनाथ आया मेरे घर रहने! लॉज का किराया भारी पड़ता था उसे! घर आते समय वह बस एक जोड़ी कपड़े लाया था। मैं रोज रात उसके कपड़े धोती थी। रात में होटल से खाना लाती थी। वह मुझे कभी स्टेशन, कभी होटल छोड़ने-लेने आता था। हम आनन्द के सागर में जैसे तैर रहे थे। प्रेम बढ़ रहा है। मुझे धीरे-धीरे टारज़न के बारे में पता चलने लगा। वह मुसलमान था। बारहवीं तक पढ़ा था। उसने मर्डर किये थे। एक बार उसने कह दिया कि पहला मर्डर उसने क्यों और कब किया। टारज़न मध्य प्रदेश का था। उसके दादा इंदौर के होलकर की हवेली में काम करते थे। उसने प्रेमचंद पढ़ा था। घर में एक बार 'गोदान' सिनेमा देखते हुए वह प्रेमचंद की प्रशंसा करता था।

पुलिस से बचने के लिए टारज़न कामाठीपुरा की वेश्या बस्ती का आश्रय लेता था। वहाँ कइयों के साथ उसने शरीर सम्बन्ध किया था। कभी वह मुझे जेल की यादें सुनाता था। एक बार कहने लगा, 'तुम्हें माया डोळस मालूम है? दाऊद का शार्प शूटर था। उसे इन पुलिस वालों ने एनकाउंटर में मार दिया। मैं और वह एक ही बराक में थे।' कहते-कहते टारज़न रसोईघर से कोई बर्तन लेकर आता था और उस पर ताल देकर माया डोळस के प्रिय गीत गाने लगता था। 'मेरा दिल ये पुकारे आ जा' या 'उजाला' सिनेमा का 'झूमता मौसम मस्त महीना या चाँद-सी गोरी एक हसीना, आँख में काजल मुँह पे पसीना या अल्ला या अल्ला दिल ले गया' आदि गाने टारज़न और माया डोळस एक साथ गाया करते थे। टारज़न ताल सुर में गाता था, जोर-जोर से। उसकी आवाज़ सुनकर आस-पड़ोसवाले आते थे। आक्का, वासू सभी ने मुझे उसके गाने रिकॉर्ड करने पर बल दिया। मैंने रिकॉर्ड किया।

टारज़न दूसरी लड़कियों के साथ वाले अपने सम्बन्धों को लेकर सब कुछ सच-सच कहता था। मुझे अच्छा लगता था। उसके सच कहने की बात मज़ा लाती थी। वह ईमानदारी से यह भी कहता था कि वह अन्य लोगों से कितनी बुरी तरह से पेश आया था। उसकी बातें सुनकर कभी मुझे हँसी आती थी, तो कभी गुस्सा। उसका बचपन मध्यप्रदेश के किसी गाँव में बीता था। वहाँ की होली का वर्णन वह

खूब सुनाया करता था। उसे हिन्दी सिनेमा देखना अच्छा लगता था। एक-दो बार हम दोनों एकदम फ्लॉप हिन्दी पिक्चर देखने गये थे। थिएटर में हम दोनों ही थे। उसे काला पैंट और काला शर्ट पहनना अच्छा लगता था। मैं जब इस पर झुँझला जाती थी तब वह मुस्कुराकर कहता था, 'अरे इससे पुलिसवालों को पता चलता है कि मैं कौन हूँ।'

हम जब घर में रहते थे तब चौबीस घण्टे घर का दरवाजा बंद कर बैठते थे। पड़ोस की आक्का चिढ़ाया करती थी, 'क्यों री! तुम ऊब नहीं जाती?' लेकिन टारज़न के साथ होने पर ऊब नाम की चीज़ पास फटकती तक नहीं थी। हम एक-दूसरे की मालिश करते थे। गप्पें लड़ाते थे। मैं रसोई बनाने लगती तब वह आकर स्टोव बुझा देता था और कहता था, 'ओ डियर, कम नियर।' मैं काम पर जाती थी तब टारज़न के मनोरंजन के लिए मैंने ब्लैक एण्ड व्हाइट टी.वी. खरीदा था और मैं उसे क्वार्टर के लिए पैसे भी दे जाती थी।

एक बार पुलिस ने दो दिन के लिए टारज़न को बंद कर रखा था। साढ़े तीन हजार रुपयों पर छोड़ दिया। मुकेश नाम का एक आदमी पैसे लेकर गया था। टारज़न जब लौटा तब उसने मुझे ये पैसे लौटा दिये। जब वह छूट कर आया तब हमारे पड़ोसियों ने उसकी आरती उतारी, उसे तिलक लगाया। मुझे अचरज लगा। टारज़न मेरे पास खूब शेखी बघारता था कि वह मुसलमान है...आदि। लेकिन अब आरती उतारने पर काकी के चरण छुए उसने।

टारज़न स्वभाव का भला था। सबसे मिल-जुलकर रहता था। मेरी कामों में मदद करता रहता था। दीवाली में मैंने घर को पेंट करना चाहा तो टारज़न ने खुद पूरा घर रंग दिया। उस समय हम आक्का के घर भोजन करते थे। टारज़न कैसा भी भोजन हो, प्यार से खाता था। जब मेरा घर बन रहा था तब मैं सिर्फ दाल-चावल ही बनाती थी। टारज़न वह भी प्यार से खाता था। टारज़न ने कभी मुझे नाम से नहीं पुकारा। हम खुंटवडी में रहते थे। इसलिए वह मुझे 'ऐ खुंटवली' कहकर पुकारता था।

आरम्भ में जब मैं बीमार हुई तब टारज़न दिन-रात पाँच दिन लगातार अस्पताल में मेरे सिरहाने बैठा सेवा करता रहा। मेरे गुप्तांग में ज़ख़्म हुआ था। बुखार चढ़ा था। और उल्टियाँ होने लगी थीं। टारज़न ने मुझसे कहा कि मुझसे सम्बन्ध आने के पहले कामाठीपुरा में ज़रीना नाम की लड़की के साथ उसके सम्बन्ध आये थे। डॉक्टर ने तो सीधे मुझे एडमिट कर लिया। टारज़न रात-रात जागता रहा। कसम खाता रहा 'मैं तेरे पास जब से आया हूँ तब से किसी की ओर आँख उठाकर भी देखा नहीं है।' मुझे गुस्सा नहीं बल्कि उस पर प्यार आया। मुझे अच्छा लगता रहा कि वह सब कुछ सही-सच कह रहा था।

मैं जब टारज़न से पैसे माँगती थी तब वह कहता था, 'पर्स पैंट में है। तू ले ले उसमें से।' मैं उसे पैंट लाकर देती थी। आखिर उसने कहा, 'उस पॉकेट से तू

अपने हाथ से निकाल ले पैसे।' जीवन में पहली बार मुझे इतना विश्वास किसी का मिला था। मेरी शादी के बाद, दो बच्चे होने के बाद भी दिलीप ने कभी मुझे पॉकेट को हाथ लगाने नहीं दिया था। उसने मुझे सख़्त मना कर रखा था बटुए को हाथ लगाने से।

बारिश के बाद टारज़न ने केटरिंग शुरू किया। शादी, पार्टी, जन्मदिन के भोजन के ऑर्डर लेने लगा। उसका घर आना कम हो गया था तब। खुंटवली के अण्णा, आक्का और वासू यानी रेड्डी पति-पत्नी का बेटा टारज़न के साथ जाते थे। चार-पाँच दिन जब वह नहीं आ पाता था तब वासू को मेरी पूछताछ करने भेज देता था। कभी खुद कुछ समय निकालकर आता था। एक बार ऐसे ही आ गया और बाद में वासू के पास मेरे लिए पर्स और मच्छरदानी भेज दी। मेरा पर्स टूटा था और घर में मच्छर थे। इसका ध्यान आते ही उसने ये चीज़ें भेज दी थीं। वह कमाने लगा और उसका रहन-सहन सुधर गया। जब तक घर में बैठा रहा तब तक दो जोड़ी कपड़ों में था लेकिन अब बढ़िया-सा पहनने लगा था। वह शर्मीला था। मैं बिलकुल शर्माती नहीं थी। मैं बेहद खुश थी। आनन्द-सुख में आकण्ठ डूब गयी थी। हममें प्रेम बढ़ रहा था।

दीवाली के पहले मैं नयी घड़ी चाहती थी। मेरे पास घड़ी नहीं थी। घड़ी मेरे लिए ज़रूरी थी। रात में लास्ट लोकल पकड़ने के लिए। वरना कई बार समय का अंदाज न होने से मुझे आखिरी लोकल के समय पहुँचना मुश्किल हो गया था। मैंने टारज़न से कहा था। उसने कहा भी था कि 'ले के दूँगा।' उसका केटरिंग का सीज़न था। शाम को आ नहीं पाया था। मैं उस रात शराब पीकर भायखळा स्टेशन पर बैठ गयी। टारज़न आया। उसने मेरी हालत देखी। बोला, 'तुझे घड़ी चाहिए थी न? थोड़ा सबर नहीं कर सकती थी?' उसने खटाक से चपत लगा दी, टैक्सी तक खींचता ले गया, टैक्सी में मुझे ठूँसा और ड्रीमलैंड लॉज पर लेकर गया। रूम में जाते ही दरवाज़ा बन्द कर और मारा। मैं बेहोश होते-होते बोली, 'मैं खरीद रही थी तो क्यों कहा कि ला दूँगा? छोड़ो मुझे! मुझे घर जाना है।' तब उसने प्यार से पास खींचा। समझाया। खाना मँगाया। मुझे खिलाया। उसे बुरा लग रहा था। सुबह मुझे लेकर घड़ी खरीदने गया। मैंने सस्ती घड़ी पसन्द की तो कहने लगा, 'अच्छी चीज़ लो! देख, रात में तू न पीती तो हमें लॉज में रहना पड़ता। अब वह पैसे घड़ी खरीदने के काम आते।'

दूसरे-तीसरे दिन भी उसे काम के कारण बाहर रहना पड़ा। मैं परेशान हुई। उसकी राह देखकर थक गयी। वह चौथे दिन घर आया। मैंने पूछा तो कहने लगा, 'मैं रात भर सो नहीं पाया। तू मेरे सपने में आती रही। और कोई तुझे मुझसे अलग कर ले जा रहा था।' मैंने पूछा, 'वह कौन था?' तो बोला, 'वहाँ अँधेरा था।' और मुझे कसकर अपनी बाँहों में भींचता रहा।

दीवाली के लिए टारज़न मेरे लिए सात सौ रुपये की साड़ी लेकर आया और

अपने लिए सिर्फ चार सौ रुपये का शर्ट-पैंट। दीवाली का पहला दिन! हमने घर में कुछ भी मिठाइयाँ नहीं बनायी थीं। मैंने धन त्रयोदशी की रात आँखों में काटी लेकिन टारज़न नहीं आया। सुबह हुई तब भी नहीं आया।

मैं नौ बजे घर से निकली उसके मित्रों से पूछा। उन्होंने बताया, 'बैठा होगा दादर के क्लब में। 'मैं जानती थी उसे जुआ खेलने का शौक था। मैं सीधे दादर के उस क्लब में गयी। बाहर किसी ने मुझे रोका। मैंने टारज़न के बारे में पूछा। उसने कहा, ' है ना।' मैंने संदेशा भेजा। 'तुम्हारी पत्नी आयी है।' टारज़न ने उल्टा संदेश भेजा, 'बीस-पच्चीस मिनट रुको। मैं आता हूँ।' मुझे गुस्सा आया। मैं चल पड़ी। दादर ब्रिज पर टारज़न मेरे पीछे दौड़ा-दौड़ा आ रहा था। मुझे रोकने की कोशिश करता रहा। मैं गुस्से में थी। दीवाली का पहला दिन। उसका ऐसा बर्ताव? उसने मेरा पल्लू पकड़ा। मैं घर चली गयी।

शाम को मैं होटल पहुँची तो टारज़न वहाँ बैठा मिला। मैं उसकी दी हुई साड़ी पहनकर गयी थी। हल्के जामुनी रंग की साड़ी। टारज़न लगातार चिट्ठियाँ भेजता रहा। 'सॉरी', 'तू चल दे यहाँ से', 'चलो सिनेमा चलते हैं', 'घूमने चलते हैं', मैंने एक न सुनी तब गुस्से में होटल के बाहर चला गया और फोन करता रहा, 'तू चल यहाँ से।' मैं कुछ भी बोली नहीं, सिर्फ सुनती रही। उस रात वह खूब पीकर स्टेशन पर मिला मुझसे। हाथ खून से सना हुआ। शराब की बोतल हाथ में टूटी थी। हाथ फट गया था। मुझसे कहता रहा, 'मैं तेरे अरमान समझता हूँ पर मेरे भी तो कुछ अरमान हैं।'

टारज़न ने कभी मुझसे दुर्व्यवहार नहीं किया। कभी शक नहीं किया। ना झगड़ा ना किसी तरह की कोई नाटक-नौटंकी। वह डेढ़ साल मेरे साथ रहा। लेकिन कभी मुझे तंग नहीं किया। उसने मुझे सिर्फ आनन्द दिया। कभी मामूली झगड़ा होता भी था लेकिन तुरन्त मिट जाता था। मैंने यदि कोई ऐसी-वैसी बात की तो कहता था, 'मुझे तेरे ये विचार जँचते नहीं थे।' हमारे पड़ोस में पद्मजा नाम की पाँच साल की बच्ची रहती थी। टारज़न घर में रहता था तो वह बार-बार घर आती थी। टारज़न ने अंबरनाथ के स्टुडियो में उसे ले जाकर उसकी कुछ तस्वीरें खींचीं। स्टुडियो वालों ने वे फोटे शोकेस में लगाये। उन तस्वीरों को लेकर मैंने टारज़न से झगड़ा किया। और वह कहता रहा, 'अरे, वह तो बच्ची है। तू उस पर शक कर रही है?' मुझे अपना बचपन याद आया। मैं भी कहाँ कुछ जानती थी सेक्स के बारे में जब मैं पाँच साल की थी तब? पद्मजा का भी वैसा ही होगा कुछ। मैंने पड़ोस की सोलह-सत्रह आयु की लड़की पर शक नहीं किया। लेकिन पद्मजा पर किया। उसका टारज़न की ओर देखना, लजाना देखकर मेरा शक गहराता गया या पता नहीं मुझे अपना भूतकाल डरा रहा था? कुछ भी हो लेकिन मेरे इस तरह शक करने से टारज़न ने घर छोड़ा।

उस झगड़े के बाद वह होटल में भी नहीं आया। रात में भायखळा स्टेशन पर

मिला। मैंने उसे घर चलने की विनती की। उसके शर्ट की बाँह पकड़ी। उसने मेरा हाथ झटकते हुए कहा, 'मेरा शर्ट ऐसे मत पकड़। ऐसे तो वे लड़कियाँ पकड़ती हैं—वे फोरास रोडवाली।' मैंने गला सूखने तक उसे समझाने की कोशिश की कि कुछ लड़कियों को बचपन में ही ये सारी बातें समझ में आती हैं। पर उसने एक न सुनी। फिर मैंने उस विषय पर ही विराम चिह्न लगाया। उसे घर लेकर आयी। टारज़न भी बाद में कभी वह फोटो लाया नहीं।

## तेईस

इस साल का 31 दिसम्बर 'कॅनरा' में मनाया गया और हमारा बैंड वहाँ से निर्वासित हुआ। वहाँ डान्स शुरू हुआ। जिस दिन हमारा बैंड विदा ले रहा था उस दिन सुधा भाई ने हमारे पैसे—हम रोज पचास-सौ रुपये उनके पास जमा करते थे—लौटा दिये। उन्होंने कहा कि वे अब होटल 'टारज़न' में बैंड सजाएँगे। मैं जानती थी कि तब वहाँ ईसाक भाई का बैंड था। उनका कॉन्ट्रैक्ट खत्म होने पर मैनेजमेंट बदलेगा। फिर निर्णय किया जाएगा कि किसका बैंड रखा जाये। तब तक घर बैठना मेरे लिए सम्भव नहीं था।

मैं होटल 'सदानन्द' पहुँची। वहाँ राजू का बैंड था। राजू मुझे ठीक से गाने भी न देता था। वह खुद कोई दो गाने गाता था। अच्छा गाता था लेकिन छिछोरापन उसकी बातों-व्यवहारों से टपकता था। 'सदानन्द' मैं जाने लगी और चार दिनों बाद ही मेरा घुटना ज़ख़्मी हुआ। तब भी मैं जाती रही लेकिन घुटने में दर्द काफी बढ़ा सो मैं तीन-चार दिन जा नहीं पायी। पाँचवें दिन राजू ने मुझसे कहा, 'मेरे पास काफी गायिकाएँ हैं।'

मैं पुनः बैंड लीडर सुधा भाई के पास गयी। उन्होंने मुझे 'सी प्रिन्स' में रखा। वहाँ का सेठ केबिन में बैठकर किसी के भी फोन सुनता रहता था। मुझे उसकी इस बात पर बड़ा गुस्सा आता था। इसी सेठ ने 'टारज़न' भी चलाने लिया था। कमल नामक गायक ने मुझे बताया कि 'टारज़न' में ईसाक भाई का बैंड है। मुझे 'टारज़न' में काम करने की खूब इच्छा थी। मैंने वहाँ काम शुरू किया। यहाँ टिप्स का एवरेज अच्छा था। कमल ने और यह भी बताया कि 'दिलखुश' में गायिका की ज़रूरत है। मैंने पूछा, 'एवरेज क्या है?' उसने कहा, 'पचास-साठ रुपये। तुम जाकर तो देखो।' मैं वहाँ गयी। प्रवीण का बैंड था। प्रवीण मेरे साथ 'टिप्सी' में था।

'दिलखुश' में ऑर्केस्ट्रा था लेकिन अब वह होटल भी 'पिकअप प्वाइंट' बन गया था। यहाँ कस्टमर्स के लिए डेढ़ सौ रुपये एंट्री फी थी। ऐसी जगहों पर लड़कियाँ आती हैं। वे चाहें तो कस्टमर के साथ नाच कर या अकेले नाचकर पैसे कमा सकती

हैं। जो कस्टमर के साथ लॉज पर जाना चाहती हैं वे जा भी सकती हैं। इसे पिकअप प्वाइंट कहते हैं। इस होटल में मेरी दो सौ रुपये तनख्वाह थी और टिप्स अलग से। यहाँ अरब कस्टमर्स अधिक आते थे। बलूची, ओमानी और सिंगापुर, मलेशिया के टूरिस्ट भी रहते थे। उनके नाम पल्ले नहीं पड़ते थे। लेकिन वे मन लगाकर गाने सुनते रहते थे।

यह पिक-अप-प्वाइंट था तब भी मुझे अच्छा लगने लगा क्योंकि यहाँ का बैंड फिक्स था। आये दिन इधर-उधर काम की तलाश में भटकने से मैं थक गयी थी और यहाँ के सर्वेसर्वा शब्बीर भाई मुझ पर मेहरबान थे। वे मेरे लिए दो पेग भेजते थे और कहते थे, 'वैशाली मैडम, ऐश फर्माइए। सब कुछ अच्छा और खुशहाल होने दो।' 'दिलखुश' में स्लो गाने कम चलते थे। यहाँ नान-स्टॉप गानों की फर्माइश लगातार होती रहती थी। रात के दस बजने के बाद माहौल खास बन जाता था। काम खत्म होते ही काफी जोरों की भूख लगती थी।

'दिलखुश' के आरम्भ के दिनों में ढोलक पर के नॉन स्टॉप गाने गाने लगी। कभी-कभी ऐसा होता था कि होटल के सभी कलाकार होटल के अपने कमरे में शराब पीने लगे हैं और बाहर हॉल में अचानक कस्टमर हाजिर हुए। तब हम लोगों में हड़बड़ी मच जाती थी। दौड़-धूप! ऐसे में मैं अकेली हाथ में माइक लेकर धड़ल्ले से गाने लगती थी। पुरुष सिंगर्स के भी गाने गाती रहती। वातावरण तरोताज़ा बनाने के लिए राहुल देव बर्मन के गाने काम आते। तब मैं स्थिति की नज़ाकत समझकर गाती थी लेकिन हुआ यह कि स्थितियाँ सँभालने का दायित्व मुझ पर आ गया। कभी-कभी पाँच-छह घण्टे मैं लगातार गाती रहती थी। ऐसे में भोजन भी खड़े-खड़े, पानी भी दौड़ते-दौड़ते पीती थी।

हमारी डयूटी शाम के 7.30 बजे शुरू होती थी लेकिन ड्यूटी खत्म होने का कोई समय तय न था। कानूनन होटल रात के 1.30 बजे बंद होना आवश्यक था लेकिन ये बार सुबह के पाँच-साढ़े पाँच तक चलते थे। 'रेड्स' पड़ती थीं, तब समय पर बंद कर दिये जाते थे। वरना सुबह तक चलते थे। ऐसे में खाने-पीने के बेहाल होते थे। कभी-कभी तो मैं एक निवाला निगलती थी और अंतरा उठाती थी। गाना चलता ही रहता था। फर्माइश के अनुसार स्लो या फास्ट गाने गाने पड़ते थे—नॉन स्टॉप। पेट में चूहे दौड़ने लगते थे। लेकिन समय मिलता न था। फिर भूख मर जाती थी।

वह ऐसा दौर था कि मैं सिर्फ सोने भर के लिए घर आती थी। भोजन भी बाहर ही। नये गाने ट्रेन में कान में वॉकमैन लगाकर सुनती रहती। मनपसन्द गाने घर में इत्मीनान से सुननेभर का समय भी न मिलता था। होटल में घण्टों गाती रहती थी—नान स्टाप! फास्ट गाने। डिस्को में यही एक खराबी है। लगातार 'फास्ट' गाने गाने पड़ते। नॉन स्टॉप रिमिक्स, पंजाबी, गुजराती, इंग्लिश, बंगाली गीत, लावणी, गरबा जैसे लोकगीत। देश भर के गीत गाते जाओ, गाते जाओ! भूख-प्यास से बेहाल

और बाद में खाने से अधिक नींद प्यारी होने लगती।

'दिलखुश' में एक बार टारज़न आया। इस दौर में उससे मेरे कई बार झगड़े होते रहते। मैं समझा-बुझाकर उसे घर लाती रहती। उस रात जब वह 'दिलखुश' में आया था तो एक लड़की लगातार उसके पैर से अपना पैर सटाकर उसे इशारा करने लगी। टारज़न ने मेरी ओर इशारा किया और कहा, 'वह मेरी बीवी है।' उस दिन टारज़न होटल की एण्ट्री फी भरकर आया था और उसने बीयर के पैसे भी दिये थे। दूसरी बार जब 31 दिसम्बर की रात आया तब एण्ट्री फी चार सौ रुपये देकर आया था क्योंकि उस रात सभी होटलों में फी ज्यादा रहती है। बीयर का बिल देने के बाद हम दोनों साथ ही निकल पड़े थे।

दूसरे दिन शब्बीर भाई ने पूछा, 'वह कल रात तेरे साथ कौन था?' मैंने कहा, 'मेरा पति था।' शब्बीर भाई ने उसके एण्ट्री के और बिल के पैसे कुल मिलाकर सात सौ रुपये मुझे लौटाये। मैंने वे टारज़न को दिये तो उसने कहा, 'तू रख ले।' मैंने उन पैसों से सोने का मूहरत मणि और पत्ता खरीदा, गले में पहना। बाद में तुरन्त गिरवी भी रखना पड़ा, घर जो बाँधना था। फिर चार सौ पचास रुपयों में छुड़ा नहीं पायी। इस घटना के बाद 'दिलखुश' में सभी टारज़न को बहुत याद करते थे।

इधर आस-पड़ोस वाले पीछे पड़ गये थे। उनकी एक ही रट थी, 'आप अपना घर बाँधो।' पड़ोस की लाडके भाभी भी कहती रहती, 'अरी, फाउंडेशन तैयार हुआ है। अब दीवारें और छत डालने की सोच तो।' टारज़न का केटरिंग कॉन्ट्रैक्ट अच्छा चल निकला था। लेकिन वह सीज़न भर का ही काम रहता था। घाटकोपर की भटवाडी से वह अपना यह व्यवसाय सँभालता था। मुकेश उसका पार्टनर था और अन्य मित्र भी मदद करते थे। हमारे पड़ोस का वासू भी टारज़न के साथ काम करता था इसलिए मुझे कभी कोई संदेश भेजना होता तो आसानी थी। उसके काम की जगह मैं फोन भी कर सकती थी। मेरे साथ संपर्क करना होता तो वह होटल में फोन करता था। अंबरनाथ में हम जिस किराये के मकान में रहते थे, वह कारवी पेड़ के तने से बना था। अब खुंटवली की उस बस्ती में लोग बढ़ने लगे थे। मैंने अपनी जगह पर इकट्ठा किये हुए पैसों में से फाउंडेशन तो डाला था। अब घर बाँधने के लिए मैं पैसे जमा कर रही थी। गाँव में बच्चों को भी पैसे भेज रही थी। खुंटवली में आस-पास के बच्चे टारज़न को अंकल कहते थे। हमारे घर में टी.वी. था सो सारे बच्चे हमारे घर आते रहते थे। सभी के साथ हमारे अच्छे सम्बन्ध थे लेकिन एक दिन पड़ोस के लाडके भाई ने मेरे हाथ से मार खायी। उसने मेरी कमर पकड़ कर पूछा, 'सिनेमा देखने आओगी?' टारज़न तब घाटकोपर में था। मैंने लाडके की ऐसी पिटाई की कि बस। ऊपर से लाडके भाभी ने भी उसकी धुलाई की।

जो कस्टमर्स डोंबिवली, बदलापुर साइड के थे, वे घड़ी-दो घड़ी बैठकर चले जाते थे। टारज़न के दोस्त भी घर आते थे। वे सभी मुझे भाभी कहकर पुकारते थे। टारज़न

ने सबको बता रखा था, 'मैंने उससे शादी की है।' हमारे पड़ोसियों ने एक दिन पुलिस में शिकायत दर्ज़ की। पुलिस ने मुझसे पूछा, 'आपके घर कौन-कौन पुरुष आते हैं?' मैंने कहा—'हाँ आते हैं। एक से मैं प्रेम करती हूँ और दूसरे उसके मित्र हैं।' पुलिस ने और कुछ नहीं पूछा। जब मैंने पूछा, 'शिकायत किसने की है?' तब पता चला लाडके ने शिकायत की थी।

पड़ोस का राजू भी परेशान करता था। एक बार उसने कारवी पर की मिट्टी कुरेदकर तना चीर दिया था। मेरी और टारज़न की काम क्रीड़ाएँ देखने हेतु! एक दिन प्यार करते समय वह उखड़ गयी और टारज़न की आँख में लगी। टारज़न राजू को मारने दौड़ा।

एक बार गणेश नाम का लड़का हमारे बाथरूम में छिपकर बैठ गया। टारज़न हमेशा की तरह आँगन में शराब लिये बैठा था। मैं बाथरूम गयी तो गणेश ब्लेड दिखाते वहाँ खड़ा था। बोला, 'चुप बैठ वरना खून कर दूँगा।' मैं चीखी। टारज़न दौड़ते आया और उसकी अच्छी धुलायी की। बाद में पुलिस चौकी ले गया। जब उसे पुलिस ने हिरासत में लिया तो बोला, 'मैं राजू के कहने पर आया था।'

टारज़न मुझसे झगड़ता भी था तो मुझे उसमें छिपे किसी गुण के दर्शन हो जाते थे। होली की पूर्व संध्या थी वह। उसने मुझसे कहा, 'कल पहला रंग मैं ही लगाने वाला हूँ तुझे।' लेकिन हुआ यह कि 'दिलखुश' में मैं जहाँ बैठती थी उसके ऊपर जो कस्टमर्स बैठते थे उनमें से एक ने बीयर में रंग डाला और बोतल हिलायी। वह बीयर मुझ पर गिरी। काउंटर से निकली तो संजू ने रंग डाला। मैंने पोंछा और चल पड़ी। लेकिन गाल-गर्दन पर लगा रंग वैसा ही रहा। घाटकोपर में टारज़न ट्रेन में चढ़ा। पीकर आया था। मेरे चेहरे पर रंग देखकर बौखलाया। 'तेरे को रंग कैसे लगा? तू क्यों खेली होली?' मैंने लाख कोशिश की उसे समझाने की कि मैंने कुछ नहीं किया। लेकिन वह मानने को तैयार न था। कहने लगा, 'मुझे देख।' और अपना शर्ट-पैंट दिखाने लगा। उस पर एक भी दाग न था। आखिर रंग पंचमी के दिन (होली के बाद पाँचवाँ दिन, महाराष्ट्र में इस दिन रंग खेले जाते हैं।) दिन भर दरवाज़ा बंद रखा। आस-पड़ोस वाले दरवाज़े पर दस्तक दे-देकर थक गये। लेकिन खोला ही नहीं। चार बजे खोला और भोजन किया।

होली के बाद मेरा मन दुविधा में फँसता गया। एक तो मेरा नसबंदी का ऑपरेशन हुआ था। टारज़न की शादी नहीं हुई थी। मैं घर में बच्चे चाहती थी। मैंने टारज़न से पूछा, 'मैं बच्चों को ले आऊँ? गाँव वाले बार-बार कहते हैं बच्चे ले जाओ।' टारज़न बेहद खुश हुआ। बोला, 'ले आते हैं बच्चे।' मेरे पर लग गये। मैं गाँव के लिए चल दी। टारज़न पहुँचाने आया था। बार-बार कहता था, 'जल्दी आओ।' मैं बच्चों को लेकर आयी। टारज़न ने बच्चे घर आते ही उनके लिए मिठाइयाँ आदि लाना शुरू किया। मैंने बच्चों को समझाया, 'देखो, हमारे घर में जो हैं उन्हें

पापा कहकर पुकारो।' मेरे बच्चे वैसे भी समझदार थे। बड़े बेटे को यह बात जँची नहीं लेकिन कुछ दिनों बाद वह भी टारज़न को पापा कहने लगा।

## चौबीस

जून महीना आया। स्कूल में बच्चों के नाम दर्ज़ किये। बच्चे स्कूल जाने लगे। टारज़न और मेरे बीच शारीरिक प्रेम कम नहीं हुआ था। लेकिन बच्चों के सामने हम दूर रहते थे। टारज़न बच्चों का होमवर्क कराता था। एक बार हमारा झगड़ा हुआ। मैंने खाना नहीं पकाया। टारज़न ने रात में खुद दाल-चावल पकाया। बच्चों को खिलाकर सुलाया।

मैंने घर बाँधना शुरू किया था। ज़िदगी में पहली बार! उफ्! कितनी झंझटें। तिस पर आठ दिनों बाद पुलिस चक्कर काटने लगी। एक बार पुलिस एक बच्चे को लेकर आयी थी। बच्चे को गाड़ी में ही बिठा रखा था। बाद में पता चला कि पुलिस ने मार-मारकर उस बच्चे के पैर नसें निकम्मी बना दी हैं। घाटकोपर या मुंब्रा में कहीं लैट्रिन में फ्लश की टंकी में पुलिस को पिस्तौल मिली थी।

लाडके भाभी के सिफारिश के कारण किसी कडिया को कॉन्ट्रैक्ट दिया। उसने पिलर तिरछा बाँधा। तोड़ना पड़ा। खर्च बर्बाद हुआ। मुझे लाडके भाभी पर गुस्सा आया। पता नहीं ये लोग क्या समझते हैं कि बारवाली के पास पैसे काफी रहते हैं। ऊपर से टारज़न साहब का रोब था। लेकिन मैं अपनी खस्ता हालत जानती थी। मैं दरअसल कारवी के तानों से ही घर बाँधना चाहती थी। छह सौ रुपये की कारवी खरीदी भी ली लेकिन जगह के मालिक ने कहा—ईंटों का मकान बाँधो!' उनकी बात मानकर मैंने ईंटों से मकान बाँधना शुरू किया लेकिन पैसे जमा करते-करते नाक में दम आने लगा। एक-एक बात में मुसीबतें आती रहीं। टारज़न जितनी हो सके उतनी मदद करता था। होटल व्ही. टी. में । वहाँ से यहाँ तक के सफर से काफी थकान होती थी। लेकिन मैं काम पर जाती रही। मज़दूरों को रोज मज़दूरी देना संभव हो इसलिए! अक्सर टारज़न रहता न था। आस-पास वाले लूटते रहते थे। और ऊपर से ताने भी देते रहते थे, 'तुम लोगों के लिए किस बात की कमी है?' आखिर मुझे मारवाडी से कर्ज लेना पड़ा। अब घर में कोबा, लाइन कनेक्शन का भी खर्चा था।

एक रात मैं घर पहुँची तो देखा पुलिस गाड़ी और सत्रह-अठारह पुलिस खड़ी। टारज़न घर में नहीं था। दूसरे दिन मुकेश घर आया तो मैंने कहा, 'टारज़न को बता दे यहाँ फिर से पुलिस आयी है।' मुकेश बोला, 'मुझे शक था ही। मैं उसे कल रात बस में सुलाकर आया हूँ।' मैं दोपहर उसके कपड़े लेकर 'ड्रीमलैंड' गयी तो पता चला कि पुलिस सुबह ही उसे घाटकोपर ले गयी है। पाँच-छह दिनों बाद टारज़न का संदेश

आया—ड्रीमलैंड आकर मिलो। मैं गयी। उसने मेरे लिए मैक्सी, चप्पल खरीदी थी। तन्दूरी चिकन मँगवाया। अपने हाथ से मुझे खिलाया पूरा चिकन।

टारज़न इतना परेशान था लेकिन पन्द्रह दिनों में एक बार मिलने आता ही था। आने पर हजार रुपये देकर जाता था। अबकी बार आया था तो लगातार पैर और उँगलियाँ हिलाता रहा। मैंने पूछा, 'क्या हो रहा है?' उसने कहा, 'ये पुलिस की सौगात है।' उसने पुलिस के अत्याचारों का भयावह वर्णन किया। कहते हुए बार-बार वह अपने कन्धों तक बढ़े बाल गर्दन झटककर पीछे करता था। शायद उसे जेल की भयावह यादें सता रही थीं। पैर की तकलीफ के कारण वह रात-रात सो नहीं पाता था। मैं गर्म पानी से उसके पैर सेंकती थी। काम पर से लौटने पर भी पानी गर्म कर सेंकती थी। पानी की किल्लत रहने पर भी वही पानी गर्म कर-कर सेंकती रहती थी।

एक दिन मुकेश आया। टारज़न मुकेश को अपना बेटा मानता था। मुकेश का एक लड़की से प्रेम था। लड़की कामाठीपुरा की थी। वह वहाँ से किसी लड़की के साथ भागकर घाटकोपर में मुकेश के पास गयी थी। वह दूसरी लड़की अपने गाँव भाग गयी थी। मुकेश मुझसे पूछ रहा था, 'मैं यहाँ लाऊँ उसे?' मैंने पूछा, ' क्या उससे शादी करोगे?' उसने हाँ, कहा। मैंने इजाजत दी। वह यहाँ, हमारे पास ले आया। खुंटवली में हंगामा मचा। नया पंछी जो आया था।

अमृता नाम था उस लड़की का। वह नेपाली थी। नेपाल के किसी देहात से थी। उसके बाप ने दूसरी शादी की थी। यह लड़की, माँ और दूसरे भाई-बहन बेसहारा हो गये थे। अमृता सुन्दर थी। किसी दलाल ने उसे मुम्बई में सिनेमा में काम देने के बहाने फुसलाया और यहाँ दलाल स्त्री के हाथों बेचा। ऐसी स्त्रियों को जो नरक यातनाएँ सहनी पड़ती हैं, वे अमृता के हिस्से में भी आयीं। उसने दो बार भागने की असफल कोशिश की। तीसरी बार सफल हुई। अब हम अपने दस बाइ दस के कमरे में छह लोग रहने लगे। मैं, टारज़न, दो बच्चे और अमृता-मुकेश! लगभग डेढ़ महीना। मैं और टारज़न बाहर रेत पर सोते थे। टारज़न ने इस हालत में भी कभी शिकायत नहीं की। वह और मुकेश पार्टनरशिप में केटरिंग का व्यवसाय कर रहे थे। पैसे आते ही टारज़न ने मुकेश को किराये की खोली लेकर दी।

मेरी स्थिति डाँवाडोल होने लगी थी। मेरे घर बाँधने के काम में रुकावटें ही रुकावटें आ रही थीं। उसी में एक दिन बबलू कहीं छिपकर बैठ गया। उससे एक रुपया खो गया। डर के मारे वह छिपकर बैठ गया। मैंने पूरा अंबरनाथ छान मारा। टारज़न ने आराम से कहा, 'भूख लगने पर अपने आप आयेगा।' और ऐसा ही हुआ लेकिन तब तक मेरे जो बुरे हाल हुए, मैं ही जानती हूँ।

तीन-चार बार पुलिस आयी। टारज़न एक बार भी घर में न मिला। मैं रात-रातभर जागती रही। पुलिस टारज़न के पीछे हाथ धोकर पड़ी थी। अब टारज़न

अक्सर कहने लगा, 'मैं पुलिस की मार से तंग आ गया हूँ। अब बर्दाश्त नहीं होता।'

अब मेरा घर तैयार हो चुका था। हम वहाँ रहने गये। टारज़न एक बार यह नया घर देखने आया और उसके बाद कई दिनों तक आया ही नहीं। फिर जब आया तब बेहद दुबला बना था लेकिन उसके व्यक्तित्व में मिठास वही थी—पहले वाली। इंग्लिश गाने की कैसेट बजाकर वह मेरे साथ नाचा भी। हालाँकि बेहद कमजोरी के कारण उसके लिए नाचना मुश्किल हो गया था।

बार-बार कहता रहा, 'तू जिन्स और टॉप पहनकर मेरे साथ चल।' नये घर के कारण बेहद खुश था। सोचता था यहाँ अच्छा फर्नीचर लेंगे। सजाएँगे। मैं पड़ोस में गप्पें लड़ाने जाती तो तुरन्त बबलू को भेजता था बुलाने और कहता था, 'मैं यहाँ अकेला हूँ घर में और तू कहीं और चली जाती है।'

टारज़न के छोटे भाई की शादी तय हुई। वह शादी में गया। पिताजी का घर छोड़ने पर पूरे सत्रह वर्षों बाद लौट रहा था अपने गाँव। माँ का लाडला बेटा। जिस दिन टारज़न गाँव जाने वाला था, उसी दिन कर्ज का हफ्ता माँगने मारवाड़ी दरवाज़े पर आ धमका। टारज़न को बुरा लगा। उसने मुकेश से कह रखा था कि जैसे ही धन्धे के पैसे आयेंगे। इसे ला दें। मुकेश मुझे एक दिन घाटकोपर स्टेशन पर मिला और मुझे पैसे दिये। टारज़न पन्द्रह दिनों के लिए गाँव गया था लेकिन पाँच दिनों में ही लौट आया। लौटने पर खूब रोया था।

मारवाड़ी का कर्ज और दूसरे मामूली कर्ज चुकाने बाकी थे। मैं पहली बार पैसों के लिए कस्टमर के साथ गयी। दामजी नाम का एक आदमी 'दिलखुश' का रेग्युलर कस्टमर  था। कागज का व्यापारी। मारवाड़ी था। बार में पैसे देते समय काफी परेशान करता था। नोट घुमाता रहता था। कभी ऊपर ले जाता था और हमें छलाँग लगानी पड़ती। जैसे कुत्ते को बिस्किट खिला रहा हो। यह दाम जी काफी दिनों से मेरे पीछे पड़ा था। मुझसे कहा था, 'तुम कहोगी उतने पैसे दूँगा। आओगी?' मैंने पाँच हजार माँगे। मुझे कर्जा चुकाने के लिए कम से कम उतने चाहिए थे। तो....ने साढ़े तीन हजार दिये। ऊपर से अजीबो-गरीब बातें करने के लिए कहीं। उस रात मैं दाम जी के साथ लॉज पर थी। घर आने पर टारज़न ने पूछा, 'तू रात-भर कहाँ थी?' मैंने कह दिया था, 'मैं दौड़ते आ रही थी लेकिन ट्रेन छूट गयी।'

पुलिस के घर के चक्कर बढ़ गये थे। टारज़न कुछ न कुछ झंझट कर मुझसे दूर रहने लगा था और मैं उसकी याद में पागल बनी जा रही थी। वह घाटकोपर में मातृ नामक महिला के यहाँ रहता था। उसके जेल जाने पर यही महिला उसकी जमानत आदि कराती थी। एक बार मैं उसके घर हो आयी थी। और वह भी मेरे यहाँ। मैं टारज़न से मिलना चाहती थी। लेकिन पैसे न थे। मैंने दामजी से पूछा, 'आता है क्या?' इस बार दामजी ने आठ सौ रुपये देना कबूल किया और ऐसे-ऐसे नीच काम करने के लिए कहे कि उसकी याद से ही उलटी आ जाती है। मैंने पैसे

लिये और सीधे मातृ के घर गयी। टारज़न को लिया और 'तरंग' लॉज पर रहे। मैंने टारज़न का छटपटाना देखा था। जीने की उसकी ललक देखकर मैं भीतर-भीतर दहल गयी। मैं अपने पाप कर्म को लेकर शर्मिन्दा हुई।

कुछ दिनों बाद टारज़न घर रहने आया। अब वह पहले जैसा न था। खामोश रहने लगा था। इन्हीं दिनों वह जुए में पैंतीस हजार रुपये हार गया था। वह खुद पर ही झुँझला रहा था। देशी शराब पीने लगा था। लेकिन उसने कभी मुझ पर किसी तरह अपना खर्चा थोपा नहीं। जब घर में रहता था तो बच्चों को मटन बनाकर खिलाता था। पैसे रहने पर बच्चों के लिए खाने की चीज़ें खरीदता था। केटरिंग के दिनों खूब मिठाइयाँ, इडली आदि लाता था। अब टारज़न की तबीयत में सुधार आने लगा था।

मैंने घर में नौकरानी रखी थी। एक दिन उसने मुझसे कहा, 'जब आप नहीं रहतीं तब साहब अमृता की गोद में सिर रखकर टी.वी. देखते रहते हैं।' मैंने टारज़न को समझाने की कोशिश की। 'भले ही तुम्हारे मन में कुछ न हो लेकिन लोग गलत मतलब निकालते हैं।' मैंने कहा लेकिन टारज़न की एक ही धुन। 'तू ऐसे कैसे कहती है। मुकेश को मैं अपना बेटा मानता हूँ।' आखिर झगड़ा हुआ और टारज़न ने कहा, 'लगता है तेरा जी भर गया है मुझसे!' मुझे बहुत दुख हुआ। टारज़न चला गया। दो-तीन दिन बाद उसने मुझे फोन किया। 'बोला, तू अम्बरनाथ छोड़ सकती है क्या? दूसरी जगह रूम लेंगे।' मेरे लिए यह सम्भव न था। घर अभी-अभी बाँधा था। बच्चों का स्कूल शुरू था। मैं कुछ नहीं बोली।

अमृता पेट से थी। उसके लड़का हुआ। दीवाली नज़दीक थी। मुझे लगातार दो दिन बुखार चढ़ा था। हाथ-पाँव काँप रहे थे। मैं होश में नहीं थी। जैसे-तैसे डॉक्टर के पास हो आयी थी। मुकेश आया और पूछने लगा, 'भाई नहीं आया?' मैंने 'नहीं' कहा। कुछ ही देर में टारज़न लड़खड़ाता दरवाज़े पर आया। खूब पिये था। ठीक से खड़ा भी नहीं रह सकता था। जिन कुत्तों को वह रोज खिलाता-पिलाता था, वे कुत्ते उसके बदन पर उछल रहे थे।

मैं लेटे-लेटे देख रही थी। टारज़न मुझसे पूछ रहा था, 'इनको टोस्ट खिलायी क्या?' मैंने कहा, 'मैं बीमार हूँ। अभी इंजेक्शन लगवाया है। बच्चे भूखे हैं।' 'उसने बच्चों से कहा, 'जा रे, टोस्ट लेकर आ। तूने क्यों नहीं खिलाया?' मुकेश दौड़ते हुए आया। मुकेश को देखते ही बोला, 'चल निकाल।' मुकेश साड़ी और पैसे लाया। ग्यारह सौ रुपये की साड़ी और खर्चे के लिए चौबीस सौ रुपये। मैं बेहद थक गयी थी। टारज़न ने ना मुझे छुआ, ना ही पास लिया। एक ही रट, 'तूने इनको टोस्ट क्यों नहीं खिलाया?'

मैंने टारज़न को दूर किया। वह नशे में था। हल्का हाथ लगाने से भी लड़खड़ाया। और कहने लगा, 'मुझ पर हाथ उठाती है?' मुझे ऐसा ढकेला कि मैं दीवार पर गिर गयी। हाथ में चोट आयी। लोग तमाशबीन बने थे। उसका बड़बड़ाना

जारी था, 'मुझ पे हाथ उठाती है? तेरा घर तुझे मुबारक! मुकेश चलो।' मैंने भी कहा, 'ठीक है। मुकेश वह साड़ी और पैसे भी ले जाओ।' मुकेश सब कुछ ले गया। घंटे भर बाद लौट आया। मैंने पूछा, 'टारज़न नहीं आया?' मुकेश ने कहा, 'वह आना नहीं चाहता।' मुकेश ने उसका बैग निकाला। उसके सारे कपड़े भरे और चल पड़ा। टारज़न फिर कभी नहीं लौटा।

मैं अपने आपको सँभाल नहीं पायी। मन में आता रहता—कि मैंने पाप किया है। अपराध लगता है। दूसरी ओर पुराने ज़ख़्म रिसने लगे थे। मैंने शराब का आश्रय लिया। लगता रहता था—टारज़न एक बार तो मिलने आये। मैं उससे मिलने की चेष्टा करती। फोन करती। एक बार उसने कहा, 'तू घाटकोपर में पाँव रख के देख! जिन्दा काट के फेंक दूँगा।'

ऐसे ही कुछ दिन बीत गये। मैं उसे पत्र, चिट्ठियाँ भेजती रही। एक दिन पता चला कि उसे गिरफ्तार किया गया है। पुलिस ने उससे पूछा, 'तेरा कौन है?' तो उसने बता दिया, 'कोई नहीं।' मातृ उसे छुड़ाने की कोशिशें कर रही थी।

अमृता-मुकेश का बच्चा मर गया। बस तब एक ही बार टारज़न घर आया। मैं रो रही थी। मैंने उसका हाथ थामा तो उसने झट से कहा, 'दूर हो जाओ। मत छुओ मुझे' कुछ महीनों बाद मुकेश ने बताया, 'टारज़न के घर वाले उसके लिए लड़कियाँ देख रहे हैं। शादी करेंगे।' मैं चौंकी नहीं लेकिन जान गयी कि यह अध्याय खत्म हो चुका है। अब जैसी बयार ले उड़ेगी बस उड़ते जाना है दिशाहीन—सूखे पत्ते की तरह।

मैं काम पर जा रही थी। शराब इतनी पी रखी थी कि लोग मुझे 'शराबी वैशाली' चिढ़ाते थे। मुझे काम पर रखने से भी कतराते थे। मैं दिन-रात टारज़न के खयालों में खोयी हुई रहती थी। उसने कई बार मुझे अलग-अलग दुर्घटनाओं से बचाया था। वह मेरा रक्षक बनकर मेरी रक्षा करता रहा था। कुछ भी हुआ तो कहता था, 'तुम इस बुड्ढे को सता के तो देखो...। तुम्हारी माँ की...।'

एक बार एक वेटर लड़की ने मुझे चलती ट्रेन से बाहर फेंकने की कोशिश की थी। मुझे तब खूब मार लगी थी। तब से टारज़न मुझे जाते-आते हमेशा कम्पनी देता था। अपना काम खत्म कर घाटकोपर स्टेशन आकर रुकता था। घाटकोपर में ट्रेन में चढ़ते ही एक विशिष्ट प्रकार से सीटी बजाता था। सीटी सुनते ही मैं उसके पास चली जाती थी। वह सीटी मेरे सफर का साथी बन चुकी थी।

अम्बरनाथ में देर रात उतरने पर रिक्शा से घर जाना पड़ता था। टारज़न मुझे हमेशा कहता रहता था—'कभी दूसरे को शेयर रिक्शा में नहीं लेना।' रिक्शा वालों को भी वह अच्छी तरह से जानता था। मुझसे कहता था, 'उसकी रिक्शा में मत चढ़ना। वह लड़का अच्छा नहीं।' वे लड़के भी टारज़न को जानते थे। अतः कभी मुझे छेड़ते न थे लेकिन जब टारज़न जेल में रहता था। तब उससे जलने वाले वे

छोकरे मेरे लिए मुसीबत बन जाते थे।

उसकी एक-एक याद को मैं शराब के घूँट में डुबो देती थी। घर की हालत खस्ता हुई थी। बच्चे साथ थे। खर्चा बढ़ता रहता था। अब मैंने 'नवटाक' शुरू की। सत्ताईस रुपये में 'खंबा'।

## पच्चीस

कभी न कभी संयोग से टारज़न से मुलाकात होगी, यह सोचकर मैं अब घाटकोपर के होटलों में काम तलाशने लगी थी। हॉटल 'शिवकृपा' में मैंने दस दिन काम किया। जॉली का बैंड था। वह मेरा आदर करता था। 'कमल पंजाब' में भी उसका बैंड था। ये दोनों होटल आमने-सामने थे।

घाटकोपर के 'सुनील' में काम मिला था। वहाँ शरद का बैंड था। मैंने खून-पसीना एक कर यहाँ काम पाया था। और एक रात टारज़न होटल 'सुनील' में आया था। पता नहीं वह कैसे जान गया। थोड़ी देर बैठा रहा। बीयर पीता रहा। पैसे उड़ाये और चलने लगा। मैं भी उसके पीछे चल पड़ी लेकिन उसने मुझे दुत्कार दिया। मैं और पीने लगी।

होटल 'सुनील' देर रात तक चलता था। मेरी आखिरी ट्रेन निकल जाती थी। नशा की स्थिति में स्टेशन पर रुकना मुश्किल होता था। मैंने शरद के भाई आनन्द से एक बार कहा, 'मेरे लिए यहीं कहीं रातभर सोने के लिए जगह देखो।' उसने कहा, 'ठीक है। मेरे दोस्त का घर है। तुम उधर सोओ।'

उस रात वह मुझे अमृत नगर की झोंपड़-पट्टी में ले गया। उसका दोस्त आँगन में सोया था। आनन्द ने सोने का गलत मतलब निकाला था। मैं नशे में थी। आनन्द ने मुझे भोगा और स्टेशन लाकर पटक दिया। मेरा पल्लू गिरा था। ब्रेजियर लटक रही थी। बड़े तड़के मैं होश में आयी तो मैंने अपने आपको इस दुर्दशा में घाटकोपर स्टेशन पर पाया। घर पहुँची। काम पर जा नहीं पायी। होटल 'सुनील' छूट गया।

मैं पुनः होटल 'क्राउन ऐंकर' गयी। पहले यहाँ मेरी तनख्वाह दो सौ रुपये और टिप्स अलग से था। रोब था मेरा। अब मैं दीन बनी थी। उन्होंने मुझे डे के लिए रखा। पचास रुपये तनख्वाह। मेरे लिए दूसरा पर्याय न था। दो दिन वहाँ काम किया और मुझे 'वॉक इन' में काम मिला। वह डिस्को था। लेकिन दरअसल वह 'पिक-अप-प्वाइंट' था।

वह ऐसा दौर था कि इंडस्ट्री में ऑर्केस्ट्रा वालों का पूरी तरह दिवाला पिट चुका था। तबाह हो गये थे वे। हर कोई डान्सबार के पीछे भाग रहा था। इसे ही 'लेडीज

बार' कहा जाने लगा था। रिकॉर्ड डान्स का बोलबाला था। डान्सबार टकसाल थी टकसाल। नोट छापने का छापाखाना। लोग बोरों में पैसे भर लेते थे। इतने नोट उछाले जाते थे। उन दिनों पाँच का नोट चलता था। पाँच के नोटों की धुआँधार बरसात हुआ करती थी।

ऑर्केस्ट्रा कहीं दो दिन, कहीं आठ-दस दिन चला नहीं कि बैंड 'उड़ जाता था।' अब हमारी किस्मत में डिस्को और पिक-अप-प्वाइंट लिखे थे। कई वेटर लड़कियों को अच्छे-अच्छे बारों में से हटा दिया था। सेठ लोगों को नाचने वाली युवा, चिकनी लड़कियाँ आराम से मिलने लगी थीं। पाँच-दस साल काम की हुई या मोटी-काली लड़कियाँ अब किसी को चाहिए नहीं थीं। ऐसी लड़कियाँ जाएँ तो कहाँ जाएँ? कई डिस्को में, कई पिक-अप-प्वाइंट में गयीं। कइयों के नसीब में 'फ्री सर्विस' भी आयी। घर चलाने जो थे।

गृहस्थी के भले ही बारह बज चुके थे। लेकिन अपने जने हुए बच्चे जुड़ चुके थे न। बीयर बार में काम करने वाली अधिकांश लड़कियाँ शराब में डूब चुकी थीं। इसी से निराशा का दौर! इससे भागे तो शराब! एक दुष्ट चक्र में फँस गयी थीं हम! फिर भी घूम-फिरकर बार में ही नौकरी ढूँढ़ती थीं हम! कम से कम शराब तो मुफ्त मिलती। लड़कियों की हालत फिर भी ठीक थी। लेकिन पुरुष कलाकार तो पूरी तरह बर्बाद हो चुके थे। कला रही ताक पर! भड़ुएगिरी करने की नौबत आ पड़ी थी। कई पुरुष कलाकार अपनी बीवी को डिस्को में और पिक-अप-प्वाइंट में छोड़ आते थे। लेने पहुँचते थे।

ऐसे में और आफत यह कि पुलिस की रेड बढ़ती गयी थी। कई मालिक खुद बार में बैठते ही नहीं। मालिक एक, चालक दूसरा। रेड पड़ी कि बार का नाम बदल दिया जाता था। चालक बदल दिया जाता था। स्टाफ नया रखा जाता था। फिर ओम् भिक्षाम् देहि! और काम माँगने गये कि ऐसे देखते थे कि 'कौन तुम?' हर नज़र में प्रश्न ही प्रश्न! पहचान खो गयी थी। हर पल अजनबियत से लड़ना। झेलना। और आगे बढ़ना।

'वॉक इन' पर पुलिस की रेड पड़ी। हम सभी को पुलिस पकड़ ले गयी। सेठ नहीं आया हमें छुड़ाने। वह सेठ एक टैक्सी ड्राइवर था। बार की लड़कियों को ले आने-पहुँचाने का काम करता था। उसी के बलबूते उसने पाँच टैक्सियाँ खरीदी थीं और खुद का 'हैपी नाइट' बार भी खोला। उसके बाद 'वॉक इन' बार खोला। उसकी एक बीवी थी जिससे बाकायदा शादी हुई थी। बाद में और चार बीवियाँ रखीं। उनके चेहरे ही बता देते थे कि वे कहाँ से आयी हैं। राजू बत्रा नाम था उसका। उसके यहाँ काम करने वालों से उसका काफी बखान सुन रखा था। कहा जाता था कि वह साईं-भक्त था। मैं सोचती थी वह कैसा साईं-भक्त। वह तो पक्का कसाई है। वह स्टाफ को बूटों से ठोंकता था।

यह 1996-97 का समय था। धीरे-धीरे डिस्को और पिक-अप-प्वाइंट पर रेड पड़ना कम हुआ। अब सारी रेड्स का निशाना बने डान्सबार। यह कैसे हुआ क्या पता। इतनी खबरें आती थीं लेकिन उनमें फ्री बार, डिस्को, पिक-अप बार के नामोल्लेख भी नहीं होते थे। कभी छापा पड़ा भी तो तुरन्त सब ठीक हो जाता था। फ्री-बार में ऑर्केस्ट्रा नहीं होता था। वहाँ इतना अँधेरा रहता कि आँख फाड़-फाड़ कर देखने पर भी कुछ न दिखता था। डिस्को और पिक-अप में बैंड अच्छे चलते थे। क्योंकि गायक-वादक कलाकार दिखाने भर के लिए रखने जो थे इन्हें। कला के नाम पर बाकी सारे धन्धे एकदम ठीक-ठाक चलते जो थे। यहाँ की लड़कियाँ मन से अच्छी होती थीं लेकिन उनका स्थान सजी-सजायी वेश्याओं का ही था। डान्सबार की लड़कियाँ सातवें आसमान में हुआ करती थीं। खूब रोब झाड़ती रहती थीं। डान्सबार के मैनेजर, सेठ, स्टाफ सभी नकचढ़े ही थे।

कुछ डान्सबार के सेठ दिन में भी बैंड रखते थे। वहाँ काम करने के अवसर मिलते थे। लेकिन वहाँ वातावरण एकदम हाइ-फाइ! डान्सर लड़कियों का आने का समय होते ही समूचा स्टाफ उनकी तैनात में! उनके आग-आगे करने में मानो होड़ मची रहती। खुद सेठ इन छोकरियों को 'बाबू बाबू, मेरा बच्चा' कहते घूमते थे। और मेरे जैसों के साथ अछूतों जैसा बर्ताव! मैंने तय किया अब काम करूँगी तो डिस्को में ही। फिर भी कहीं डान्सबार में बैंड लीडर कर बैंड होता था तो वे मुझे बतौर गायिका भेज ही देते थे। दो-चार दिनों के लिए ही सही पर जाना पड़ता था।

मैंने डिस्को में जाने की ठान ली थी। उसका कारण था। होटल 'ध्यानेश', 'पंजाब', 'सचिन', 'लक्ष्मी', 'दुर्गा', 'श्रीराम', 'गायत्री', सी-फिशर इन सभी होटलों के बैंड दो-चार दिनों में ही 'उड़ गये थे।' तब जो कलाकार थोड़ी ठीक स्थिति में थे, जिनकी आर्थिक-मानसिक स्थिति ठीक थी। वे पासपोर्ट निकालकर विदेश दौरे के स्वप्न देखने में रत हुए थे। अब ट्रेन में या तो दुबई, मस्कत, सिंगापुर, बहरीन की चर्चाएँ बहार पर थीं या फिर डिस्को, पिक-अप-प्वाइंट की।

## छब्बीस

अब याद नहीं आता कि वह कौन-सा दिन था। मैं दोपहर में काम के लिए चल पड़ी। अम्बरनाथ स्टेशन पर तीन नंबर के प्लेटफॉर्म पर मैं हमेशा एक स्टॉल पर समाचार-पत्र, पत्रिकाएँ खरीदती थी। स्टॉल को विजय नाम का लड़का चलाता था। मैं उसके साथ थोड़ी गप्पें लड़ाया करती थी। जब उसके पिताजी वहाँ रहते तब चुपचाप पुस्तकें देखती रहती। उस दिन दोपहर में ही मैंने पी रखी थी मुँह में पान था। स्टॉल पर विजय को देखकर मैं चली गयी। किताबें देख रही थी। मेरी नज़र

‘संभोग से समाधि’ पुस्तक पर पड़ीं। अच्छी-खासी मोटी किताब थी। माँ हमेशा रजनीश के बारे में बातें किया करती थीं। मैंने माँ से ओशो, रजनीश, संन्यास शब्द अक्सर सुने थे। मैंने पुस्तक खरीदीं। पैसे कम पड़े। विजय बोला, ‘मैडम लीजिए किताब। मैंने पैसों के लिए कुछ कहा है क्या? बाद में पैसे देना।’

ट्रेन में मैंने किताब पढ़ना शुरू किया। आरम्भ में कुछ पल्ले नहीं पड़ा। मैं पढ़ती गयी। लगातार पढ़ती रही। मैं समझ नहीं पा रही थी कि क्या लिखा है। वे क्या कहना चाहते हैं। मैं ओशो की तस्वीर देखे जा रही थी। मुझे रोना आ रहा था। लगता था मेरे हाथ में, सीने में गहरे ज़ख़्म है जो रिस रहे हैं। मैं। फूट-फूटकर रोती रही। रात में वह किताब-खुली किताब सीने पर रखकर सो जाती थी। किताब पढ़ते-पढ़ते मुझे सुकून मिले लगा। फिर एक के बाद दूसरी, तीसरी कई किताबें पढ़ीं। ‘प्रेम है द्वार सत्य का’, ‘मैं मृत्यु सिखाता हूँ...’ कई किताबें पढ़ डालीं।

आरम्भ में पुस्तक पढ़ते ही टारज़न को पत्र लिखती थी। पाँच-छह पत्र लिखे। पता नहीं उसे वे पत्र मिले अथवा नहीं? उसने पढ़े या वे अनपढ़े रह गये। मैंने यह सब सोचा नहीं। मैं पुस्तकों में खो गयी थी। टारज़न के बारे में सोचना अब पीछे छूटा था। रात में काम से लौटाने पर घर के बाहर आँगन में कुर्सी डालकर बल्ब जलाती थी और पढ़ती रहती थी।

अमृता खाना बनाकर, बच्चों को खिलाकर सुला देती थी। घर बेहाल स्थिति में था और मैं दिन-रात किताबें पढ़ती रहती थी। पुस्तकें पढ़ते-पढ़ते कविता सूझने लगी। कविता कागज़ पर झर-झर उतरने लगी। फिर भी मन अशान्त था।

एक बार विजय के स्टॉल पर एक व्यक्ति खड़ा था। विजय ने परिचय कराया, ‘ये ओशो प्रेमी हैं।’ उन्होंने अपने गले की माला दिखायी। मैं झूम उठी। ज़मीन-आसमान एक हो गया-सा लगा। ओशो की बातें और बातें।

वे सज्जन कभी-कभी मेरी ट्रेन में सफर करते थे। कुछ दिनों में मेरा शराब पीना एकदम बंद हो गया। पान चबाती रहती थी। पुस्तकों के पीछे पता छपा रहता था। मैंने उनसे कहा, ‘मुझे इस पते पर ले जाएँगे? कोरेगाँव पार्क कहाँ है। बता दीजिए। खर्चा कितना आयेगा?’ उन्होंने कहा, ‘जा सकते हैं। हजार रुपये तक खर्चा आयेगा।’

कुछ दिनों बाद 1 मई था। होटल की छुट्टी। मैंने सोचा इस बहाने घूमना होगा लेकिन पैसे इकट्ठा नहीं हो सके। मैंने उस ओशो संन्यासी से पूछा, (विजय मोहन नाम था उनका) कब और कैसे जाएँ पूना? आप कैसे जाते हैं?’ उन्होंने कहा, ‘मेरा पास है। तुम्हें टिकट लेना होगा।’ मैंने तारीख पक्की की। सौ रुपये थे। रिजर्वेशन किया। टिकट मिलते ही मेरे पर लग गये। विजय मोहन मुझे कर्जत स्टेशन पर मिलने वाले थे।

वे दो दिन मैंने बेताबी में बिताये। कर्जत स्टेशन पर मैं एक घंटा पहले ही

पहुँची। मैंने तीन दिन की छुट्टी ले रखी थी। हम पूना पहुँचे। प्रवेश-द्वार पर ओशो की बड़ी-सी तस्वीर थी। प्रवेश समय खत्म हो चुका था। पास निकालने पर आश्रम देखने दे रहे थे। मैंने प्रवेश-द्वार पर साष्टांग प्रणिपात किया। उस क्षण मैं कौन थी? एक बेबस, अनाथ, जिसके नसीब में सिर्फ आँसू ही आँसू हैं।

मैं फूट-फूट कर रोयी। आश्रम देखा। उन्होंने कहा कि मेंबरशिप के लिए जल्दी आना होगा। राशनकार्ड चाहिए था। मैं तो यह सब लायी न थी।

शाम को हम यरवदा स्थित विजय मोहन के मित्र के घर गये। मित्र भोजन लाने बाहर गया। मैं विजय मोहन के गले लगकर खूब रोयी। एक-एक पल मेरे लिए भारी पड़ रहा था। हम रात की पैंसेजर से लौट आये। घर पहुँची तो देखती क्या हूँ कि बच्चे सोये हैं और गैस ऑन है। दोनों बच्चों को जगाया और खूब पीटा उन्हें। मैं अपना गुस्सा, डर, निराशा उन पर बरसा रही थी। मैं उन्हीं के स्कूल बेल्ट से उन्हें पीट रही थी। बच्चों के शरीर पर निशान उभरे। दूसरे दिन मुझे बहुत बुरा लगा।

मैं काम पर जा रही थी लेकिन किसी में मन न लगता था। एक ही धुन सवार थी—आश्रम में जाने की। इसी वक्त रात की एक सिंगर बीमार हुई। मुझे अच्छा कलेक्शन मिलने लगा। मैंने सात दिन के भीतर सारा कर्जा चुकता किया। शराब के पैसे बच रहे थे। कर्जा पूरा चुकता हुआ और ऊपर से डेढ़-दो हजार रुपये बच भी गये। मैं आश्रम गयी। संन्यास लिया। मेरा नाम रखा गया। 'माँ आत्मो अमीरा।' वह दिन था 1 जून 1996। मुझे जो पहचान-पत्र दिया गया था उस पर 'माँ आत्मो अमीरा' का अंग्रेजी अनुवाद लिखा था—'Inner Most Reachest' मुझे जिन्होंने दीक्षा दी वे थीं 'माँ शून्या'।

मैं ओशो की माला गले में पहनकर काम पर जाने लगी। कुछ दूसरे संन्यासियों से परिचय हुआ। वे घर आने लगे। मेरे होटल में भी आकर गये। मैंने बच्चों को गाँव भेज दिया। समय रहते ही मैं आश्रम चली जाने लगी। कई बार पैसे नहीं होते थे। या जितने होते थे कम पड़ते थे। तब मन्दिर में या किसी संन्यासी के घर रहती थी। मैं आश्रम में गाने गाती घूमती थी। आश्रम में काम करनेवाली एक लड़की मुझे कचरे में से चोला ढूँढ़-ढूँढ़ कर देती थी। आश्रम में भोजन, नाश्ता, रहना खूब महँगा था। इसके लिए मुझे संन्यासियों के साथ सोना पड़ा। कोई भी आकर मेरे साथ विकृत हरकतें करने लगा। और जाते समय कार्ड या पैसे दे जाता था। एक बार मैं लगातार पाँच महीने आश्रम में रही। कई फिल्म स्टार्स, संगीतकार आते थे वहाँ। ऊपर से रंगे हुए, भीतर से एकदम खाली।

आश्रम में मैं ट्रान्स में रहती थी। बाहर की दुनिया में मैं भयावह लू की लपटों में झुलस गयी थी। यहाँ शीतल बयार की अनुभूति होती थी। मेरे पास इतने पैसे नहीं रहते थे कि मैं रात में अपना सोने का इंतजाम कर सकूँ। तब मैं या तो मन्दिर में सोती थी या श्मशान में छुपकर। मन्दिर में रात में जोगवा माँगनेवाली स्त्रियाँ रहती

थीं। और वे जोर-जोर से झगड़ती रहतीं। मैं सिर्फ रात में छिपने भर की जगह ढूँढ़ती रहती थी। एक रात यानी सुबह बड़े तड़के पुलिस आयी। टॉर्च मारकर उसने मुझे जगाया और पूछा, 'आप कौन?' मैंने साफ बताया, 'ओशो की शिष्या हूँ! मैं ध्यान धारणा के लिए जा रही हूँ।' उसने पहचाना और अल्लाहू नाम के संन्यासी के घर मेरे रहने का इन्तजाम किया। आश्रम में हर कोई मुझे रोककर कहते थे, 'तू गाना गा।' मैं गाने लगती। वहाँ आये हुए फॉरेनर भी नाचने लगते। ध्यान धारणा का समय टल जाता था। तब भी वे नाचते रहते थे। मैं जोर से कहती, 'बुड्ढे, इसलिए तू जल्दी भाग गया न? क्योंकि मेरा गाना सुनकर या तो तू ध्यान भंग कर आता या ध्यान ही नहीं कर पाता।' सब जोर से हँसते। कुछ दिनों बाद मेरे गाने पर पाबंदी लगायी गयी। अब कोई गा नहीं सकता था।

वहाँ सभी स्त्री-पुरुष साथ में ही कपड़े बदलते थे, एक साथ नहाते थे। आरम्भ में मुझे संकोच लगता था। मैंने नो डायमेंशन, डायनामिक कुंडलिनी सब कुछ लिया। कुंडलिनी में नृत्य करना मुझे बहुत अच्छा लगता था।

लेकिन नृत्य के लिए मेरा कोई अच्छा साथी दोस्त न था। मैंने ओशो दर्शन, संन्यास उत्सव सभी में भाग लिया। लेकिन भोजन और सोने के बेहाल थे। फिर विजय मोहन (उनका आश्रम का नाम ध्यान आधार) की पहचान से अल्लाहू नाम के संन्यासी के घर सोने का इंतजाम हो गया। उनका घर उख्ळी कांचन में था। काफी दूर। उन्होंने पूना में भी एक फ्लैट खरीदा था। बाद में मैं वहाँ जाने लगी।

आश्रम में मेरा परिचय अनाथ नाम के संन्यासी से हुआ। वह खुद आया और अल्लाहू के घर से अपने घर ले गया। रात में लगातार स्पर्श करने लगा। मैंने विरोध किया। मेरे मन में तूफान उठा। मैं सीधे अल्लाहू के घर गयी। कुछ दिन उनके घर ही रही। आश्रम में लोग कई बार मुझे स्टीकर कार्ड दे देते थे। उससे मेरी कॉफी, भोजन-व्यवस्था होने लगी। वहाँ कुछ लातूर, उदगीर से आये हुए प्राध्यापक थे। हमारा एक साथ संन्यास हुआ था। श्रीरामपुर के बोधी अतुल्य और उनकी पत्नी नियति मेरे साथ खूब चर्चा करते थे। इन चर्चाओं से मेरी ज्ञान-वृद्धि होती रही। तरह-तरह की जानकारी मिलती रही। मैं इसे 'गप्पें ध्यान' कहती थी।

एक बार कपड़े बदलकर चलते समय एक गोरे संन्यासी ने मुझे दो सौ रुपये दिये और कहा, 'मेरे पास कभी भी आओ निःसंकोच रूप से।' यह ओशो का सत्रह वर्ष पुराना शिष्य था। निर्मल नाम का। न्यूजीलैण्ड से था। उसका ननिहाल हॉलैण्ड में था। मैं उसके घर रहने गयी। मुठा नदी के किनारे मीरा नगर में उसका शानदार फ्लैट था। वहाँ नदी की कलकल कर बहती धारा का संगीत सुनायी देता था। हम दोनों रात में उसकी मोटर बाइक पर घूमने निकलते थे। मैंने जीवन में पहली बार कैंडल डिनर लिया–उसके साथ। उसके बाल लम्बे थे। और आँखें नीली।

उसके और मेरे सम्बन्ध थे। एक बार उसने पूछा, 'तुम बार में काम करती

हो। वहाँ कई प्रकार के लोग आते हैं न?' वह मुझे अक्सर कहता था, 'तुम बच्चों को भी यहीं पर ले आओ। मैं तुम्हें पैसे दूँगा। तुम कोई दुकान या शोरूम खोलो।' मैं उसका सारा काम करती थी। कपड़े धोना, फ्लैट साफ करना, घर ठीक से सजाना आदि। हमारे शरीर सम्बन्ध थे। लेकिन हम अलग-अलग कमरों में सोते थे। मैं कभी-कभी दो-दो दिन उसके यहाँ जाती ही न थी। मन्दिर या श्मशान में सोती थी।

निर्मल हर तरह की ध्यान धारणा करता था। निर्मल के साथ मुझे अक्सर टारज़न की याद आती रहती। लेकिन निर्मल कुछ अलग ही था। एक बार सेक्स करते समय वह शेर की तरह दहाड़ा। अक्सर 'ओशो ओशो' कर चीखता रहता। और बाद में एकदम शान्त हो जाता था। वह सुबह मेरे जागने के पहले ही चला जाता था और जाते समय मेरे कार्ड के नीचे तीन सौ रुपये रख जाता था। उसे मेरा पान-तम्बाकू खाना, सिगरेट पीना अच्छा नहीं लगता था।

मैं पाँच महीनों में से साढ़े तीन महीने निर्मल के यहाँ रही। आखिरी-आखिरी में मुझे पता चला कि उसकी और चार सखियाँ थीं। मुझे अजीब लगा कि मैं कुछ ही समय के लिए यहाँ आयी थी। मैंने किसी का बनकर रहना और बाद में उसके चले जाने पर मिलने वाले भयावह दर्द को खूब बर्दाश्त किया था। अब मैं उसी दर्द की पुनरावृत्ति नहीं चाहती थी। मैं उसी-उसी प्रकार के दर्द से, उसी थपेड़ों वाली ज़िन्दगी से अब थक गयी थी—पूरी तरह से! ओशो ने कहा था—तुम एक ही गलती दुबारा मत करो।

पाँच महीनों बाद मैं आश्रम से लौट आयी। फिर मैं आठ दिनों में एक बार जाने लगी। एक बार पैसे नहीं थे मेरे पास। एक मराठी संन्यासी आया और उसने रात के भोजन के लिए आमन्त्रित किया। मैं गयी। उसने स्टेशन पर भोजन कराया फिर लॉज पर ले गया। सोया मेरे साथ और जाते समय सौ रुपये का कार्ड देकर गया। बाद में दो बार उसने ऐसे ही भोजन का कार्ड दिया।

कभी-कभी मैं रोटी और केले खाकर रहती थी। कभी कोई बिना किसी अपेक्षा का कार्ड, स्टिकर दे जाता था। एक बार एक आदमी ने स्पष्ट कहा, 'मुझे स्त्री चाहिए।' मुझे वहाँ से बच्चों के पास गाँव जाना था। पैसे नहीं थे। मैं खुद ही उसके पास गयी। उसने मुझे छह सौ रुपये दिये। लेकिन ऐसी गलती दुबारा की मैंने और भयावह हादसे से मुझे गुज़रना पड़ा। ग्यारह दिसम्बर ओशो का जन्म दिन। आश्रम में उत्सव होता था। पुणे में जानलेवा ठण्ड रहती थी। उस वक्त मुझे बुखार चढ़ा था। मैं जगह ढूँढ़ रही थी उतने में एक पंजाबी संन्यासी फिरदौस मेरे पास आया और बोला, 'हमारे यहाँ सोइए।' मैं गयी। मेरा सिर दर्द कर रहा था। बुखार से बदन में टीस थी। मैं उसके कमरे में जाकर सो ही रही थी कि एक-एक कर पाँच लोग आये और उन्होंने मुझसे संभोग किया।

परितोष नाम का संन्यासी था। उसने कहा, 'स्कॉलरशिप के लिए आवेदन

करो।' मैंने वैसा किया। मौखिक परीक्षा ली गयी। परीक्षकों में एक फॉरेनर, एक भारतीय और एक भारतीय दुभाषिया था। उन्होंने दो प्रश्न पूछे। 'तुम यहाँ क्यों आयी हो?' मेरी आँखों से गंगा-जमुना बह निकली। मैं क्या जवाब देती? दूसरा प्रश्न था, 'तुम ओशो को किस नज़रिए से देखती हो?' मेरी आँखों से पुनः अश्रुधाराएँ बहने लगीं। मेरे पास इन आँसुओं के अलावा कोई उत्तर न था। मैं अनुत्तीर्ण हुई। मैं बाहर निकाली गयी।

उन पाँचों द्वारा किये गये अत्याचार के बाद मैंने वहाँ आश्रम में न रहने का निर्णय किया था। मैं रात में काम के बाद पैसेंजर से पुणे आती थी। बड़े तड़के आश्रम में पहुँचकर मन्दिर में सो जाती थी। सुबह से शाम तक आश्रम में रहती थी और रात में लौट आती थी। प्रवेश द्वार पर ध्यानेश नाम का संन्यासी रहता था। उसने आठ बार पूछताछ के लिए बुलाया। हर बार पूछा, 'तुम यहाँ कैसे आती हो?' मैंने हर बार कहा, 'मैं होटल में गायिका हूँ। जब अच्छी तनख्वाह मिलती है तो आश्रम में आती हूँ।'

मुझे इन लोगों पर हँसी आती थी। ये लोग ओशो की तरह दाढ़ी बढ़ाते थे। उनके जैसे चोला पहनते थे। ओशो स्वयं अनुकरण के खिलाफ थे। ओशो कबीर पर प्रवचन करते थे। ये लोग गरीब शिष्यों की ओर देखते भी नहीं हैं। ओशो सुन्दरता की व्याख्या करते थे। ये लोग सुन्दर-सुन्दर 'माँ' के पीछे भागते हैं। ओशो कितने प्रकार से व्यंग्य किया करते थे। ये लोग उस पर भी हँस देते हैं। ओशो कहते थे, 'कल एक सज्जन मेरे पास आये थे।' इस 'सज्जन' में छिपे ताने से ये शिष्य अंतर्मुख नहीं होते। बल्कि हॅ हॅ कर हँसते हैं। मैं इस विडम्बना से खीज उठती थी। ओशो अब 'सेवन स्टार गुरु' बना है। यही सच्चाई है। चलो! अब मुझे यहाँ से चलना चाहिए।

## सत्ताईस

मैं आश्रम से घर लौट आयी। काम पर जाने की इच्छा न थी। आश्रम जाते समय घर मुकेश को किराये पर दिया था। बच्चों को गाँव भेजा था। मुकेश ने पन्द्रह दिनों में घर खाली कर दिया। मैंने इडली स्टॉल लगाने का सोचा। वन्दना टॉकिज के पास जगह तय कर आयी। एक स्टूल पर डिब्बा रखकर इडलियाँ बेचना आरम्भ करने वाली थी। दिन का किराया भी तय हुआ था। मैंने सब तैयारी की। सुबह जल्दी उठी। सौ इडलियाँ बनायीं। चटनी बनायी और एक आदमी आया कहने लगा, 'वे लोग हफ्ता माँग रहे हैं। हफ्ता दिये बगैर स्टॉल लगाने नहीं देंगे।' मैं हतबल हो गयी। सारी इडलियाँ आस-पड़ोस में बाँट दीं।

मैं अकेली रह रही थी। पढ़ना शुरू किया। अकेलेपन से ऊबने लगी थी। मैंने

देवर-चन्दू को फोन किया। उसकी बीवी को दूसरा बच्चा होने वाला था। अस्पताल में एडमिट थी। मेरे जाने तक उसने बच्ची को जन्म दिया था। चन्दू ने मेरे गले में ओशो की माला देखी और तुरन्त ताना कसा, 'ओशो यानी ओपन शो?' मैं चुप रही। सोचने लगी मैं एक ऐसी औरत हूँ जो नरक के द्वार पर ढकेली गयी हूँ। ऊपर से शराबी। भटकती हुई कुत्ती। कोई भी आये और पत्थर मार कर जाये। लगा था ओशो की माला पहनने पर तो लोगों के दिमाग ठण्डे हो जायेंगे। उस गुरु के कारण थोड़ा-सा आदर मुझे भी मिलेगा। जो ज़िन्दगी बीती थी, लगता था वह मेरे अपने अवगुणों के कारण, मेरी पार्श्वभूमि-इतिहास के कारण वैसी बीती थी। कम-से-कम अब सब कुछ बदल जायेगा। उस दलदल से मुक्ति मिलेगी यह पागल आशा-अपेक्षा मन में जागी थी। लेकिन अब लगने लगा इस दुनिया में शायद ऐसी मुक्ति, दलदल विरहिन जगह कहीं है ही नहीं।

पाँच दिन देवरानी की सेवा कर मैं वहाँ से चल पड़ी। चलने के एक रात पहले दिलीप मिलने आया था। उसने सौ रुपये दिये। दूसरे दिन सुबह मुलुंड स्थानक पर उतर गयी। तुरन्त ऑर्गनाइजर सुरेश देसाई को फोन किया।

उन्होंने उत्साह से कहा, 'तुम आयी हो। कल काम पर आओ।' मैं घर गयी। आराम किया। शाम को वाशी के 'बाबा पैलेस' में काम शुरू किया। मन में बार में काम करने की इच्छा मर गयी थी। लगातार लगने लगा था कि कुछ लिखूँ। लिखना शुरू किया। शब्दों की प्यास लगी थी लेकिन ओशो के शब्द यानी लुका-छिपी का खेल। वे शब्द दोनों तरफ से थपेड़े मारते थे।

'बाबा पैलेस' में काम शुरू तो किया पर वहाँ मन नहीं लगा। सच कहूँ तो मन हर तरह से उचट गया था। मई महीने से लेकर दिसम्बर तक मेरा बार से सम्बन्ध न के बराबर रहा था और आश्रम के साथ मैं एक रूप होने की चेष्टा में खो गयी थी। अब पुनः बच्चों को गाँव से ले आयी थी। उनके स्कूल का नुकसान हुआ था। अब उनके और मेरे लिए काम करना ज़रूरी था।

पहले जो लोग मुझे शराबी वैशाली कहते थे अब उन्हें मुझे चिढ़ाने के लिए दूसरा कारण मिला। मेरे गले की ओशो-माला और बैग में रहने वाली किताबें लोग देखते थे और तानें कसते थे। सुरेश देसाई ने मुझे चार सौ रुपये देना कबूल किया था लेकिन वह होटल था 'तत्काल सेवा सेंटर'। ऐसे होटल में स्टाफ का भी एण्ट्री फी थी। इस कारण सौ-दो सौ रुपये बचाना भी मुश्किल पड़ने लगा था।

घर में खाने-पीने के हाल थे। मैं उसी में भी संतोष मानने लगी। पढ़ना जारी रखा था। आश्रम और संन्यासियों से अधिक मुझे ओशो विश्वास योग्य लगने लगे थे। यह विश्वास आरम्भ से मेरे मन में था।

हेमन्त नामक वादक लगातार अश्लील संकेतों में मुझसे बातें करने लगा था। 'अरी, आज-कल तुम्हारा आश्रम लगातार टी. वी. पर दिखा रहे हैं।' वह कहता

रहता। मैं उसकी बातें अनसुनी करती थी लेकिन धीरे-धीरे उसका मज़ाक हद लाँघने लगा। 'क्यों री, ओशो आश्रम में बहुत बड़े-बड़े काम होते हैं न!' फिर क्या? 'हॉलैण्ड, न्यूज़ीलैण्ड, सब बड़े-बड़े हैं न? मैं क्या कहती? कुछ भी कहने लगती तो वह चीखता, कहता, 'अरे तू क्या बात करती है ओशो के बारे में? ऐसा होईच नहीं सकता। वहाँ खुला सेक्स चलता है। अभी तेरे को क्या कमी है? ऐ सुनो रे, अभी ओशो बड़े मज़े में लेटी है।'

अब ये लोग मुझे वैशाली नहीं ओशो पुकारने लगे थे। अश्लील, घिनौना मज़ाक करते रहते थे। 'क्या रे ओशो, तेरे आश्रम में तो बड़े होंगे? आगे से पीछे से, ले धमाल।' मैं ध्यान धारणा पर कुछ कहने लगती। इन नरभक्षकों से छुटकारा पाने हेतु! लेकिन मेरी सारी कोशिशें नाकामयाब रह जाती थीं। सच! समाज में सम्मान पाना कितना मुश्किल होता है और मैं इसे पाने में उलझी रही। हवा को मुट्ठी में बाँधने चली थी।

'माया पैलेस' के बार का मैनेजर नेपाली था। उसके नेताओं के चमचों के साथ, अधिकारियों के साथ अच्छे सम्बन्ध थे इसलिए उसे लगता था दुनिया उसकी मुट्ठी में है। लड़कियों को मुट्ठी में रखना चाहता था। कहता था, 'मेरे साथ नहीं आओगी तो कल से एण्ट्री बन्द।' अब जिन लड़कियों के कस्टमर्स आस-पास के थे या जिनके लिए यह बार नज़दीक था वे लड़कियाँ बार कैसे छोड़ सकती हैं? मजबूरी में लड़कियाँ कहती थीं, 'चल भई, तू भी कर ले हमारा इस्तेमाल आज की रात।'

'तत्काल सेवा बार' की लड़कियों का यही एक दुखड़ा था। 'कस्टमर के लिए होटल दूर पड़ता है।' यहाँ कस्टमर के पीछे लड़कियाँ घूमती थीं। और डान्सबार में कस्टमर लड़कियों के पीछे-पीछे घूमते रहते थे। तड़पते थे। इसलिए डान्सबार की लड़कियाँ घमण्डी हो जाती थीं। मज़े में रहती थीं। डिस्को में ऐसा नहीं होता था। लड़कियाँ बुरे हाल में हुआ करती थीं। इसलिए मैनेजर, स्टाफ के पुरुष हाथ धो लेते थे। फोकट में ऐश। डिस्को के पिक्-अप-पॉइंट में इसलिए पुरुष स्टाफ सालोंसाल बना रहता है शायद और ठीक इसी कारण के रहते लड़कियाँ इस डिस्को से उस डिस्को, उससे और कहीं भटकती फिरती थीं। एक महीना एक बार में टिकना यानी सिर पर से पानी बह जाता था। एकाध लड़की दो महीनों से अधिक एक जगह टिकी कि समझ लीजिए कि उस एरिया के खाकी वर्दी वालों ने कुछ भी कारण से कभी स्टेशन पर, कभी टैक्सी में उसे रोककर उससे पैसे लूटे ही और तो और पाँच-पाँच लोग मिलकर उसे...यह मैंने भी देखा-भोगा है।

ओशो आश्रम के कारण मेरी शराब छूटी थी लेकिन अब पुनः शराब मुझ पर हावी हुई। हमारे होटल का जन्मदिन था। इस जन्मदिन के भी क्या कहने! आजकल जन्मदिन प्रकरण जोरों पर है। डान्सबार से यह प्रकरण मशहूर हुआ। लड़कियों के

जन्म दिन। वे साल में दो-दो बार भी होते थे। फिर खास कस्टमर्स के जन्मदिन। फिर होटल का जन्मदिन। फिर 31 दिसम्बर का सेलिब्रेशन! 'जन्मदिन सेलिब्रेशन' के नाम पर कस्टमर्स को लूटने का मानो खुला परमिट मिला था।

ये डान्सर्स और उनके डान्सबार कस्टमर्स को लूटने के नये-नये बहाने तलाशते रहते थे।

साथ न सोते हुए सोने का लालच दिखाते थे। इसलिए काफी नाटक-नौटंकी कर उन्हें लटका कर रखते। इनमें से कई फिर कभी प्रेस के नाम पर या मजबूरी के नाम पर सोती हैं। कमाया हुआ सारा पैसा यार पर उड़ाने का और फिर खाई में गिरना तय है। यह खाई यानी डिस्को का रास्ता। अधःपतन का आरम्भ! अपनी निराशा को नशे में डुबोते-डुबोते ये ख़ुद डूब जातीं खत्म हो जातीं। और अन्तिम मोड़ फ्री बार। फ्री-बार में फ्रेंच (मुख-मैथुन) से लेकर सब कुछ करना पड़ता। रोज कस्टमर्स से मल-मल से बदन जैसे आग में झुलसने लगता है।

मैंने लड़कियों को फ्री बार, डिस्को बार, पिक-अप-प्वाइंट से डान्सबार की यात्रा करते हुए देखा है और डान्सबार से डिस्को होते हुए—फ्री बार तक पहुँचते हुए भी। डिस्को की लड़कियों पर मुझे सच तरस आता था। डान्सबार की लड़कियाँ अपने आपको एकदम फाइव स्टार समझती थीं। उनके साथ सोने के तीस, चालीस हजार रुपये लगते और डिस्को की लड़कियों को इसी काम के मिलते सिर्फ दो-सौ पाँच सौ! पता नहीं डान्सबार की लड़कियों में कौन-से हीरे-मोती जड़े रहते थे। कई बार ये डान्सर लड़कियाँ कस्टमर्स को लटका कर रखती थीं। फिर निराश होकर कस्टमर्स उनका पीछा करना छोड़ देते थे।

लेकिन कुछ कस्टमर्स ऐसे भी रहते थे कि लड़की हाथ नहीं लगी तो बदला लेते थे। चेहरे पर एसिड फेंकते थे। छुरा भोंक देते थे। बेचारी लड़कियों की भी गलती नहीं रहती थी। डान्सबार की लड़कियों को कस्टमर के साथ जाने की इजाज़त नहीं रहती। सेठ, मैनेजर, कहते रहते, 'इससे हमारा कस्टमर हमारा नहीं रहेगा।' इससे वे लड़कियों पर और कस्टमर्स पर कड़ी नजर रखते थे।

उनके लिए तो डान्सर सोने के अण्डे देने वाली मुर्गी हुआ करती थी। सेठ, मैनेजर, डान्सर को ही नहीं, उसकी माँ को भी खूब 'सँभालते' थे। बार-बार 'बाबू-बाबू' कहते थे। ये सभी लड़कियाँ कस्टमर्स को 'जानू' कहती थीं। सेठ, माँ, जानू इन सबकी नज़रकैद में से भी इन लड़कियों को 'प्यार वाला' मिलता ही था तब अन्य लड़कियाँ कहतीं, 'बाबू लगाके गयी साबू।'

हमारे होटल का जन्मदिन था। सभी के लिए पार्टी थी। पुराना स्टॉक निकाला था। कॉकटेल हुआ था। मैंने तय किया था कि पीऊँगी नहीं। लेकिन पूरा स्टाफ 'एक सीप, एक सीप' कहते गया और मैं अनलिमिटेड पी गयी। पार्टी खत्म हुई, हम रिक्शा में बैठे। मेरे साथ सलीम नाम का वेटर और उसका स्टयुअर्ड मित्र था। हम उन दोनों

को चंगू-मंगू कहते थे। किसी मामूली बात को लेकर हममें बहस छिड़ गयी। फिर झगड़ा होने लगा। मुझे बस इतना ही धुँधला-सा याद है। जब मैं होश में आयी, तब मैंने अपने आपको ज़ख़्मी हालत में होटल के दरवाज़े पर पाया। उन दोनों ने मुझे कहाँ फेंका था और वे भाग गये थे, पता नहीं। उन्होंने मुझ पर बलात्कार किया था या नहीं लेकिन मेरा पूरा बदन मिट्टी से सना था। पेड़ के पत्ते चिपके थे। पैर में तार घुसा था।

मैंने पासपोर्ट बनाने की ठानी। परदेश जाकर पैसे कमाना चाह रही थी। यहाँ की परेशानियाँ मेरा पीछा छोड़ने को तैयार न थीं। आश्रम के संन्यासी उनके देश चलने का आमंत्रण दे रहे थे। पासपोर्ट के लिए एक बार दिलीप को पैसे दे चुकी थी। अब पुनः उसकी मदद लेना नहीं चाहती थी। एंजेट लोग कैसे बेवकूफ बनाते हैं, इसके किस्से भी सुन चुकी थी। एक दिन मैं सीधे पासपोर्ट ऑफिस में जा धमकी। काफी भाग-दौड़ करनी पड़ी। लेकिन एंक भी पैसा रिश्वत न देते हुए मुझे पासपोर्ट मिला। मेरे पास राशन कार्ड था, अपना घर था, काम आसान हो गया। अब विदेश जाने के रास्ते खुल गये थे। मैं ख़ुश थी।

इतने में 31 दिसम्बर आया। रात के साढ़े बारह बजे तक गाने का कार्यक्रम रखा गया था। सुना था कि उसके बाद कैब्रे डान्सर्स आने वाली हैं। उस रात एक ही डान्सर आयी। उसके साथ एक बूढ़ा और एक औरत थी। वे शायद दलाल थे। बार की सभी लड़कियों को, मुझे भी बाहर निकाला गया। भीतर सिर्फ पुरुष स्टाफ और कस्टमर्स थे। मैं एक दरवाजे से दूसरे दरवाजे तक गुजरते हुए देख रही थी। उस लड़की का पहला नृत्य आरम्भ हुआ। दूर-दूर पीते बैठे हुए सारे कस्टमर्स झुण्ड में बैठ गये। मेरा एक क्वार्टर पीकर खत्म हुआ था। रात का रंग क्या था, बस बेहोशी का आलम था। वह कैब्रे डान्सर अपना एक-एक कपड़ा उतारने लगी। कस्टमर्स उसके स्तन के अग्रभाग को छू रहे थे। जाँघ पकड़ रहे थे। सभी एक साथ उसके बदन से जूझ रहे थे। मैं आग बबूला हो उठी। एक-एक का मर्डर करने की इच्छा हुई। शराब काफी पी चुकी थी मैं। ऐसे में लड़खड़ाते बाहर निकल पड़ी।

हमारा ऑर्गन प्लेअर आमिन मुझे समझाने के बहाने होटल के पिछवाड़े ले गया। वहाँ अँधियारा था। समझाते-समझाते फट से उसने मेरे बदन पर हाथ फेरना शुरू किया और खड़े-खड़े ही सम्बन्ध किया और कहा, 'हेमन्त को भी चाहिए।' हेमन्त वहीं पर था। झट से आया और खड़े-खड़े ही सम्बन्ध किया। हम ना किसी से बोले ना बोलने की इच्छा थी। उसके बाद आमिन मेरे कपड़ों को, मेकअप को लेकर मुझे अपमानित करने लगा।

कुछ दिनों बाद आमिन कहीं चला गया। उसके किसी परिचित ने कहा कि वह अरबी कस्टमर्स के साथ जाता है। आमिन ने अन्नू नाम की लड़की से प्रेम-विवाह किया था। वह किसी कस्टमर के साथ उन्हीं के घर में सोयी थी, सो आमिन ने उसकी

रक्षा की थी। यह सब वह ख़ुद ही बताता था। फोन पर! कभी कहता था, 'यार, बहुत हो गया। हर तरह का मजा चखा। हर बार, आखिरी बार!' अब वह अपनी ही मूर्खता पर हँसता है और कहता है, 'कोई नहीं चाहिए। तू शादी करेगी? चल कहीं दूर भाग जाते हैं।' मैं हेमन्त के साथ भी ठीक तरह से बात करती थी।

'माया पैलेस' में एक कस्टमर आता था। कैलाश रावत नाम था उसका। मगरमच्छ जैसा चेहरा था उसका। लम्बा कद! टीपटाप रहन-सहन। वह शिक्षित था। बार में जब आने लगा तब पहले चार-छह दिन ख़ूब पैसे उड़ाये उसने। एक बार वह आया लेकिन बार में बैठने के लिए जगह न थी। यह सीधा बैठ गया ज़मीन पर और पैसे उड़ाने लगा। फरमाइश लेने उसने मुझे पास बुलाया और जब मैं गयी तो कहने लगा, 'संभोग से समाधि' के बारे में सुना है? मैं चौंक गयी। 'हाँ' कहा। तब उसने पूछा, 'क्या समझा उसमें का?' मैं बुत बनकर खड़ी रही! फिर चुपचाप माइक के पास गयी और गाने लगी। कुछ समय बाद उसने पूछा, 'कल छुट्टी है? आएगी?'

दूसरे दिन 26 जनवरी थी। ड्राइ डे! हमें छुट्टी। उसने मुझे चार बजे एक जगह पर बुलाया। मैं वहाँ पहुँची। वह लॉज पर ले गया। कुछ देर में वहाँ अनिल आया। इस कस्टमर का केबल का धन्धा था। अनिल पंजाबी था और हमारे बार की अर्चना का दोस्त था। उसे देखते ही मैं डर गयी। लेकिन उसने कहा : तू मुझसे इतना डरती क्यों है? मैं तुझे चिढ़ाता हूँ और दूसरी लड़कियों से मस्ती करता हूँ इसलिए? अरी तू नंगी होकर भी खड़ी हो जाएगी तो मुझे कुछ फर्क नहीं पड़ेगा। समझी? और सच में वह दो घण्टे गप्पें लड़ाता रहा और चला गया।

अनिल के जाने पर कैलाश का नाटक शुरू हुआ। उसने मुझे फ्रेंच करने को कहा। बार-बार तंग करने लगा। फिर बोला, 'इससे तो आण्टी लोग अच्छा करती हैं। मद्रासी लड़कियाँ भी एक सौ तीस रुपये में बैक सेक्स अच्छा देती हैं।' मैं कैसे जानती कि यह आदमी कहाँ-कहाँ जाता है? मैं गुस्से में जाने लगी तो माफी माँगने लगा।

अब धीरे-धीरे कैलाश घर आने लगा। मेरे छोटे लड़के को बिल्कुल अच्छा नहीं लगता था लेकिन मैं उसे मना नहीं कर सकती थी। वह मुझे होटल में अच्छा कलेक्शन देता था। अब उसके साथ उसके दोस्त महेन्द्र और दीपक भी आने लगे। वे मुझे अप्राकृतिक संभोग करते पर मजबूर करने और तंग करते रहते। ये सारी बातें बर्दाश्त न होती थीं और मैं शराब में डूब जाती थी। अब कैलाश ने नया नाटक शुरू किया। आये दिन कहता रहता। 'मेरे इस दोस्त को यह लड़की पटा दे, मुझे वह लड़की पटा दे।' वह मेरा नाजायज़ फायदा उठाने लगा। हेमा और मेरी को उसने और उसके दोस्त ने आखिर पटा ही लिया।

कैलाश मेरे साथ ओशो आश्रम में भी आया। 'इस माँ को पटा दे, उस माँ को पटा दे' कहने लगा। धीरे-धीरे आश्रम के वातावरण से प्रभावित हुआ। मेरे साथ

विदेशी संन्यासी आदर से बोलते थे, बर्ताव करते थे। यह देखकर ख़ुश हुआ। आश्रम में वह भी मुझसे अच्छा बर्ताव करने लगा। सबके सामने मेरी फोटो खींचता था। और एकान्त में विकृत बर्ताव करता रहता। टारज़न का मुझसे प्रेम वह जान चुका था। कभी कहता, 'तू बहुत प्यार करती है न उससे। चल फोन करते हैं उससे मैं बात करता हूँ।' कैलाश हिमाचल प्रदेश का था। किसी केमिकल फैक्टरी में काम करता था। मैं कैलाश से ऊब चुकी थी। वह और उसका दोस्त हेमा-मेरी को भी फँसा रहे थे। लेकिन अच्छा हुआ कि महेन्द्र की शादी तय हुई। उसने शादी में मुझे बुलाया। मैं गयी थी। मेरी उसके प्यार में पूरी तरह पागल हुई थी। आख़िर मेरी चली और मैंने कैलाश को डच्चू दिया।

मेरी अच्छी लड़की थी। सौतेली माँ के आतंक से भाग आयी थी। गोवा से मुम्बई। और किसी दलाल के चंगुल में फँस गयी। वह दलाल उसे मारता था। जलाता था। उसकी पीठ पर इलेक्ट्रिक शॉक दिये थे। वह कहाँ जाती है, क्या करती है। इस पर कड़ी निगरानी रखता था। मेरी उसके चंगुल से जैसे-तैसे भागी और बार लाइन में काम करने लगी। इतना सब सहकर भी वह हँसमुख रहती थी। मेरी के पिताजी दुबई में थे। महेन्द्र की शादी होने पर वह दुबई चली गयी।

## अट्ठाईस

होटल लाइन में जो लड़कियाँ आती हैं, अक्सर उनके दलाल उनके पति या भाई या बाप ही होते हैं। बार की कमाई लूटते हैं और तो और चमड़ी से प्राप्त दमड़ी भी निगलते हैं। बाहर के दलालों से ये घर के दलाल ठीक ही कहने होंगे। पत्थर से ईंट भली। जो दलाल वेश्या व्यवसाय के लिए लड़कियों को पकड़कर या फँसाकर लाते हैं, उन लड़कियों पर तो वे आतंक का कहर बरपा देते हैं। उन्हें कस्टमर्स के साथ सोने को मजबूर करते हैं और ख़ुद भी भोगते हैं। ऊपर से पिटाई। मामूली नहीं। पैसे कम। भूखे पेट रहना। हाथ-पाँव पर सिगरेट, इलेक्ट्रिक के शॉक! हमेशा वहशत का सामना। नशीली चीज़ों का जबरदस्ती सेवन कराया जाता है। और बेचारी लड़कियाँ दलालों के इशारों पर नाचती रहती हैं।

मैंने ऐसी लड़कियों को देखा है। कई लड़कियाँ जैसे-तैसे अपने को वहाँ से छुड़ाकर बार तक पहुँचती हैं जिन्दगी बरबाद। ना किसी का सहारा और ना ही वापसी की कोई राह। तब शेष रह जाती है सिर्फ एक ही राह—बार लाइन की राह। यहाँ आकर शारीरिक कष्टों से मुक्ति मिलती है। अपनी कमाई पर अधिकार जताने की सहूलियत मिलती है।

यह हमारी लाइन पहले से ही बदनाम। ऐसी बदनाम लड़कियों को यहाँ आराम से आश्रय मिलता है। ये लड़कियाँ डिस्को, पिक-अप-प्वाइंट में आती हैं। जब आती हैं तब ना इनके पास ढंग के कपड़े होते हैं न रहने के लिए छत। ऐसे में कभी दूसरी लड़कियाँ, या वेटर या मैनेजर उनकी मदद करता है। बार की आमदनी पर कदम रखकर वे छलाँग लगाकर सीढ़ियाँ पार करती हैं और डान्सबार तक पहुँचती है। डान्सबार के लिए कपड़े, मेकअप महँगा चाहिए। रंग, रूप आयु भी मायने रखती है। डान्स भी आना चाहिए। इन सबके लिए मानसिक स्थैर्य, आर्थिक बल चाहिए होता है। कोई सहेली, बहन, रिश्तेदार, मार्गदशक चाहिए होता है।

डिस्को, पिक-अप-प्वाइंट, साइलेन्स के लिए किसी मार्गदर्शक की ज़रूरत नहीं रहती। अतः ये लड़कियाँ डिस्को, पिक-अप में समा जाती हैं। कुछ लड़कियाँ ज्यादा कमाती हैं, कुछ कम लेकिन रास्ते पर खड़े रहकर कमाने से कई गुना बेहतर हैं ये डिस्को पिकअप क्योंकि यहाँ सुरक्षित लगता है।

साइलेन्स, फ्री बार में हालात यही होते हैं। लेकिन यहाँ वेटर लड़कियाँ शराब के साथ परोसी जाती हैं—नमकीन की तरह। लड़कियों की पसन्द-नापसन्द, इच्छा का सवाल ही नहीं रहता। फिर भी यहाँ लड़कियाँ रास्ते पर से या रेडलाइट एरिया से अधिक सुरक्षित महसूस करती हैं। जो लड़कियाँ वेश्या व्यवसाय से या दलालों के चंगुल से भागकर यहाँ आती हैं उनके लिए बार लाइन के विशेष मायने होते हैं। यहाँ के मानसिक, आर्थिक आतंक, कष्ट वहाँ के यानी दलालों, वेश्या-बस्तियों के आतंक, कष्टों के सामने बड़े मामूली लगते हैं। वे यहाँ सुख का अनुभव करती हैं।

इस लाइन को लेकर मेरे मन में अजीब-सी भावनाएँ हैं। सिंगर और डान्सर बार लाइन की ओर कला के नज़रिये से देखती हैं। हम स्टेज को प्रणाम कर चढ़ती हैं स्टेज पर। कस्टमर भले ही पैसे कम दे लेकिन कला का कद्रदान हो तो हम उसके मनोरंजन में सन्तोष का अनुभव करती हैं। साथ काम करने वाले कलाकार सुन्दर गाने लगता है या डान्सर उत्तम पदविन्यास करती हैं, तो हम सब मन्त्रमुग्ध होकर उसे देखते हैं। इस लाइन में मैंने बेहद कलागुण सम्पन्न गायक, वादक नृत्यांगनाएँ देखी हैं।

हर व्यवसाय में अच्छे-बुरे लोग रहते हैं। हर क्षेत्र में चोर, बदमाश, काला बाज़ार करने वाले रहते हैं। हमारे व्यवसाय में भी यही चित्र है। कुछ लोग जान-बूझ कर बुरे बनते हैं। आखिर होते हैं वे दलाल ही। और दलालों जितना अमानुष दूसरा कोई नहीं हो सकता।

इन दलालों का काम खुल्लमखुल्ला। जान पर खेलती रहती हैं बेचारी स्त्रियाँ। पुलिस भी स्त्रियों को ही पकड़ती है। हजारों स्त्रियाँ पकड़ी जाती हैं। कभी सुना है कोई दलाल पकड़ा गया है? और कभी-कभार पकड़ा भी गया तो क्या होता है उसका? सरकार, पुलिस, दलाल और कस्टमर्स! सभी पुरुष ही। पुरुषों का राज। बलि चढ़ती

हैं या चढ़ायी जाती हैं सिर्फ स्त्रियाँ।

और तो और हम औरतें पिसती रहती हैं चक्की में और नाक-भौं सिकोड़ने वाली भी औरतें ही। यदि वे औरतें हमें नाम न रखेंगी तो उनके मर्द उनका जीना हराम कर देंगे। इसी डर से न यह सब चलता है चक्र? सारांश क्या, तो मरना हमें ही है—चाहे इस करवट हो या उस करवट।

वेश्याएँ कम-से-कम आराम से कह तो सकती हैं कि हम वेश्या व्यवसाय करती हैं। बारबालाएँ तो इतनी सुविधा भी नहीं पा सकतीं। हमें मनोरंजन करना है शराबियों को शराब पिलानी है। तिस पर अन्य स्त्रियों-सा सती-सावित्री का धर्म भी निभाना है।

मैं यह सब समझती-बुझती हूँ लेकिन ज़िन्दगी बन्द मुट्ठी में पकड़ी बालू-सी खिसकती चली जा रही है। चाहे लाख कोशिशें करूँ लेकिन हथेलियों में कुछ भी शेष नहीं रहता। कभी ख़ुद को, कभी किस्मत को कोसने के अलावा मैंने कुछ किया भी नहीं। मैं चक्रव्यूह में फँस गयी थी और आये दिन उस चक्रव्यूह से जूझ रही थी। अपनी सभी क्षमताओं, सामर्थ्य के साथ! लेकिन जिन्दगी बन गयी थी सिर्फ प्रयत्न। सिर्फ कोशिशें। मेरे जैसी स्त्रियाँ जो बच्चे होने पर इस व्यवसाय में आयी थीं, वे रूप-रंग में थोड़ी कम थीं। उनकी व्यथाएँ और कष्ट और ही किस्म के थे। काम से काम रखना असम्भव हो जाता है ऐसे में। पारिवारिक स्तर पर बेहाल होना पड़ता है तब काम की जगह पर अधिक-से-अधिक शोषण से गुज़रना पड़ता है स्त्रियों को। परिवार यदि साथ हो तो स्त्रियाँ अपने आपको सँवार लेती ही हैं चाहे जो स्थितियाँ आयें। मेरे साथ परिवार भले ही न था लेकिन मेरी कला मेरे साथ रक्षा कवच-सी सदा बनी रही। मेरी कला का सिक्का खरा था। मैं चाहे जिस हालत में रहती थी, बेहोशी में ही क्यों न लेकिन मेरा संगीत लोगों को दाद देने पर मजबूर करता था। क्लासिकल, सेमी क्लासिकल, हल्के-फुल्के गीत चाहे जो हो—मैं गाती थी—संगीत सागर में आकण्ठ डूब कर गाती थी। पुरुष गायकों को मेरे गायन का आदर करना ही पड़ता था। मुझसे गाने सीखने पड़ते थे। मेरी कला ने किसी को मेरी ओर उँगली उठाने नहीं दी। मेरे सह-स्त्री, पुरुष गायकों को मेरी कला ने मेरा आदर करने पर बाध्य कर रखा था।

मेरे सह कलाकार, पुरुष कलाकार साथ वाली स्त्रियों के बारे में, लड़कियों के बारे में भयावह अश्लील बोलते रहते थे। गन्दे-गन्दे वर्णन किया करते थे। मैं अचरज करती रहती। सोचती थी इस्तेमाल करने के बाद उसके वर्णन क्या करने? क्यों निन्दा, बदनामी की जाये? बाद में समझा उनके ये अश्लील वर्णन दूसरों को उसके बारे में दी गयी जानकारी होती थी। संकेत होता था कि उसके साथ कोई भी चाहे जैसा बर्ताव कर सकता है। एक पुरुष दूसरे पुरुष का कैसा भला कर सकता है, इसका नमूना है यह। एक पुरुष दूसरे पुरुष को इस तरह सन्देश देता रहता है। फिर दूसरा भी उसके साथ बीभत्स हरकतें करने के लिए मुक्त! फिर तीसरा, फिर चौथा

...फिर एक समूह—हिंस्र-पाशवी अत्याचार करने के लिए उन्मुक्त! एक-एक प्रकार से पाशवीय बनता है तो दूसरा दूसरे प्रकार से। स्त्रियाँ भी आपस में एक-दूसरी के बारे में बकती रहती हैं—आदतन। आदत से मजबूर या फिर मनोरंजन—टाइम पास के लिए लेकिन स्त्रियों की इन बातों से किसको ऐसे भयावह ज़ख़्म नहीं मिलते। हाँ, कभी-कभार कोई मुसीबत में पड़ सकती है लेकिन स्त्रियों की चर्चाओं से ज़िन्दगी चिंदिया नहीं होती। ज़िन्दगी तहस-नहस नहीं होती।

## उनतीस

मैंने 'माया पैलेस' छोड़ा और डोंबिवली के 'सदानन्द' में काम शुरू किया। यहाँ 'तत्काल सेवा' थी। पहले भी आठ-दस दिन मैंने यहाँ काम किया था। उन दिनों के स्टाफ में से ये सिर्फ प्रकाश भाई थे। बाकी सब नये लोग थे। प्रहलाद शिन्दे का बेटा संघराज यहाँ गाता था। संघराज जॉली के बैण्ड में भी था। वह और सूरज इस लाइन में आये थे, तब संघराज सीख रहा था। एक बार उसने मेरा प्रहलाद शिन्दे से परिचय करा दिया। उन्होंने मुझसे कहा, 'इसे सँभालना।' मुझे संकोच हुआ। इतना बड़ा व्यक्तित्व उनका। उनका वह रूप आज भी मेरी आँखों में बसा है। पीला झब्बा और सफेद पाजामा पहने हुए थे। कद छोटा ही था लेकिन व्यक्तित्व महान।

'सदानन्द' बार में ऑर्केस्ट्रा और लेडीज सर्विस थी लेकिन यह बार कोई गैर काम नहीं करता था इसलिए काफी बन्धन थे। यहाँ सब कुछ अनुशासन में था। अन्यत्र यानी डिस्को, पिकअप में गाते समय फरमाइश के कागज़ लेने या टिप्स लेने कस्टमर के पास जाना पड़ता था। तब वे लोग कान में फुसफुसाते थे या फरमाइश लेते समय अपना मोबाइल नम्बर लिख देते थे। यहाँ ऐसा कुछ न था, फरमाइश वेटर के हाथों देनी होती थी। वेटर उसे चेक करके ही हमारे पास देता था। गायक-गायिकाओं को स्टेज से उतरकर कस्टमर के पास जाने की इजाज़त नहीं थी।

इस होटल में प्रसाद कानडे कस्टमर बन आता था। बाद में उसके साथ मेरी दोस्ती हो गयी। वह मुझसे ओशो की किताबें ले जाता था। एक बार वह मेरे साथ ओशो आश्रम भी आया। फिर बार-बार आने लगा। प्रसाद ने आश्रम में संन्यास लिया और उसका नाम हुआ बोधि जागरण। प्रसाद का और मेरा रिश्ता शरीर सम्बन्धों से परे का था। वह मुझसे ब्याह करना चाहता था।

मैं आश्रम से आने के बाद समूची बदल चुकी थी। आयु तीस साल की थी मेरी और मैंने संन्यास लिया था। अब बार में भी मैं पढ़ती रहती थी। कस्टमर्स की ओर देखना छोड़ दिया था मैंने। हाँ, फर्माइश आने पर प्राण उँड़ेल कर गाती रहती। इधर-उधर देखकर बरबाद की जाने वाली समूची सामर्थ्य मैं पढ़ने में लगा देती थी।

निन्दा, उपेक्षा, ताने, बदनामी, गलतफ़हमियाँ, जली-कटी बातें, अश्लील बातें-इशारे इन सबसे ख़ुद को बचाने का सर्वोत्तम साधन पथ मुझे मिला था—पढ़ना, पढ़ते रहना।

हमारे बार में एक नयी गायिका आयी थी। उसका एक शायनर मित्र था। वह मुझसे कहता था, 'मेरा मित्र ओशो-प्रेमी है। वह तुझसे मिलना चाहता है।' एक बार गायिका, उसका मित्र, उसके मित्र का मित्र मेरे घर आये। वह मित्र का मित्र एकदम गोरा-चिट्टा था। उसकी आँखें ख़ूब बोलती थीं। गौरव नाम था उसका। किसी इल्ज़ाम के तहत उसे ताजमहल होटल से निकाला गया था। धीरे-धीरे वह अकेला मेरे घर आकर रहने लगा। कुछ महीनों बाद उसके और मेरे शरीर सम्बन्ध होने लगे। वह बड़ा विक्षिप्त था। उसकी वे फालतू हरकतें मुझे उबाने लगीं। वह हाथ पर ब्लेड मारता था। सुलगी हुई सिगरेट मुँह से पेट में ढकेलता था। रोज दारू पीता था। देसी खम्बा पूरा। बाद में तो उसने मेरे घर आने वाले ओशो संन्यासियों से पचास, सौ रुपये लूटना शुरू किया। मेरा पर्स भी चुराया था। मेरे बच्चों को वह कतई अच्छा न लगता था। उसके बहाने उसका मित्र भी मेरे घर आकर शरीर सम्बन्ध की माँग करने लगा। मैंने साफ़ इनकार किया।

गौरव शिक्षित था। मध्यवर्गीय पंजाबी परिवार से था। लेकिन नम्बर एक का फ्रॉड। धोखे से पैसे ऐंठता था। मैंने उसके पैसों से कभी अपना सम्बन्ध न रखा। कभी भोजन नहीं बनता था। तब वह अपने पैसों से लाता था बस उतना ही। उसके घर में रहने पर मैं झुँझला गयी थी लेकिन कुछ बोल नहीं सकती थी क्योंकि वह अपने हाथ पर ब्लेड मारकर मुझे ब्लैकमेल करता था। मैं चुप रहती थी।

'सदानन्द' में राज नाम का कस्टमर आता था। युवा लड़का था। अपने मित्रों के साथ आता था। शुरू-शुरू में अनीता नाम की वेट्रेसेस के टेबल पर बैठ जाया करता था। मैं ओशो की याद में एक गाना गाती रहती थी—

'बिछड़े अभी तो हम कल परसों,
जिऊँगी मैं कैसे इस हाल में बरसों?'

राज को यह गाना ख़ूब भाता था। वह मुझे बढ़िया, सुन्दर गानों की फरमाइश देता रहता। अचानक एक बार उसने मेरे गले में ओशो की माला देखी और ख़ुशी के मारे चिल्लाया, 'ओशो'। वह मेरे घर आने लगा। आज तक आ रहा है। कई घटनाएँ हादसे घटित हुए लेकिन उसका और मेरा रिश्ता अटूट रहा।

राज आगरी समाज का था। कॉलेज की पढ़ाई की थी उसने। उसके पिताजी बचपन में ही गुजर गये थे। घर की ज़िम्मेदारी उस पर आ पड़ी थी कम उम्र में ही। राज की कई सहेलियाँ थीं। उनमें से कुछ घर भी आती थीं। मेरे और उसके शरीर सम्बन्ध हमारी पहचान होने के पाँच वर्षों बाद बने। इन पाँच वर्षों में हम एक-दूसरे के घर आते-जाते रहे लेकिन शरीर सम्बन्ध नहीं हुए।

'सदानन्द' में अनीता जो थी उसके रहने का कोई ठिकाना न था। मैंने उसे

अपने घर रहने के लिए बुलाया। अनीता मुझे माँ कहकर पुकारती थी। अनीता के पिताजी ने दूसरी शादी की थी और कुछ ही सालों बाद उनकी मृत्यु हुई थी। अनीता पढ़ाई में तेज़ थी। लेकिन सातवीं में थी तभी उसे स्कूल छोड़ना पड़ा। सौतेली माँ के बर्ताव से तंग आकर उसने घर छोड़ा। आयु के तेरहवें वर्ष से ही लोगों ने उसे इस्तेमाल करना शुरू किया। सोने के लिए जगह न होने से अनीता तरह-तरह के पुरुषों के साथ रात गुज़ारती रही थी। बचपन से उसने कई तरह के अत्याचार सहे थे। अनीता घर के हर काम में मेरी मदद करती थी। खाना बनाती थी। एक कस्टमर के साथ उसे प्यार हुआ। मुझे वह हरामखोर लगता था। ब्राह्मण जाति का था लेकिन बर्ताव एकदम नीच। जब-तब आँखों में आँखें डाले बात करता रहता था। मुझे वह बिल्कुल अच्छा न लगता था।

मैं अम्बरनाथ रहने आयी थी तब से मुसीबतों का सिलसिला जारी था। उसी में से हिम्मत कर मैंने घर बाँधा था। अब आस-पास की बस्ती सुधर रही थी। किसी ने सिर्फ फाउण्डेशन बाँधा था। किसी ने घर बाँधा था। हमारे पड़ोस में एक घर बँध चुका था। उसमें एक परिवार रहने आया। पति-पत्नी और उनके दो बच्चे। एक लड़का, एक लड़की। वे पति-पत्नी अक्सर झगड़ते रहते थे।

एक दिन उन दोनों का दिन भर झगड़ा चलता रहा। मैं और अनीता काम पर निकल गयी थीं। घर में मेरे बच्चे श्रीधर-श्रीकान्त थे। तब उनकी आयु चौदह-पन्द्रह साल की थी। झगड़े-झगड़े में वह औरत अपने बेटे को लेकर घर छोड़ कर चली गयी। वह जा रही थी तब मेरा बड़ा बेटा बबलू उसे रास्ते में मिला। बबलू सामान लाने दुकान चला गया था। उस औरत ने बबलू से कहा, 'मेरी बेटी को बता देना कि पापा को सँभालो!' बबलू बताने उसके घर तो गया, उस आदमी ने मेरे बेटे को घर में खींचा और बाँस की लकड़ी से मारने लगा। छोटू बीच में आया तो वह आदमी कहने लगा, 'तेरे मेरी बीवी के साथ कैसे सम्बन्ध हैं बता?' कहता रहा और पीटता रहा।

मैं और अनीता बार में थीं। रात के दस बजे से अनीता बार-बार मुझसे कहने लगी, 'जल्दी घर जायेंगे।' मैं कहती गयी, 'अरी रुक तो वैसे भी हम साढ़े ग्यारह बजे निकल ही जाती हैं।' आख़िर हम जल्दी घर आयीं और क्या देखती हैं कि मेरे दोनों बच्चे ओशो की तस्वीर पकड़ कर रोये जा रहे हैं और कह रहे हैं, 'ओशो हमें बचाओ।' वे फूट-फूटकर रो रहे थे। चादरें, टॉवेल्स ख़ून से भीगे पड़े थे। मैंने हाथ का सामान वैसे ही फेंका। रिक्शा ले आयी और पगलायी-सी सोचने लगी, उन्हें कहाँ ले जाऊँ? रात का एक बजने आया था। इस बार भी मेरी मदद करने दौड़े मधुभाऊ। लोग उन्हें गुण्डा कहते थे। लेकिन वे मदद करने दौड़े। हम बच्चों को अस्पताल ले गये। पुलिस केस था सो पुलिस स्टेशन भेजा। हम वहाँ गये।

छोटू-बबलू को पड़ोसियों ने मारा था। उसके बाद उस आदमी की बीवी तुरन्त

घर लौटी थी। पता नहीं उनमें क्या खिचड़ी पक गयी थी। लेकिन उस औरत ने पुलिस चौकी में बबलू पर केस दर्ज किया था। पुलिस के क्या कहने। उन्होंने हमें उस कड़ाके की ठण्ड में बाहर ही खड़ा किया क्योंकि खून टपकने से फर्श गन्दा हो जाता। वह दिसम्बर की रात थी। पुलिस ने सिर्फ एन.सी. दर्ज कराया और हमें सेन्ट्रल हॉस्पिटल भेजा। बबलू के ज़ख़्म तीन टाँकों से सीये गये। मधुभाऊ की पहचान से चौधरी हॉस्पिटल में बबलू को भर्ती किया। मेरे पास पैसे नहीं थे। डॉक्टर ने कहा, 'सुबह पच्चीस सौ रुपये जमा करो।' इतनी रात हुए अनीता अचानक गायब हुई। और सुबह सात बजे हॉस्पिटल लौट आयी। उसने मुझे अट्ठाईस सौ रुपये दिये। कुछ दिनों पहले वह किसी कस्टमर के बारे में कहती थी कि वह उसके पीछे पड़ा है। अनीता उसे नकार सुनाती रही थी। उस रात अनीता उसी कस्टमर के साथ गयी थी।

बाद में अनीता के साथ दो-तीन लोग घर आये थे। मैंने उसे घर से निकाला। बाद में उसने उस ब्राह्मण प्रियकर के साथ शादी की। अब उसके दो बच्चे हैं। लेकिन वह सुखी नहीं है। पति नौकरी नहीं करता। वह मेरे पास आती है लेकिन कहती कुछ नहीं। एक बार सिर्फ उसने मुझसे कहा, 'मेरा ससुर मुझ पर बुरी नज़र रखे हुए है।'

राज की सहेली वृषाली इंजीनियर थी। बचपन में उसके मामा ने उसे इस्तेमाल किया था। उसने राज को काफी समय तक झुलाते रखा। जब उसने घर छोड़ा तब मेरे पास आकर रहने लगी। उन दिनों मैं राज से बेहद प्रेम करने लगी थी। मैं शादी के लिए उससे पूछने ही वाली थी कि उसने मुझसे कहा, 'मैं प्रगति से प्रेम करता हूँ।' वृषाली मेरे बड़े बेटे बबलू के प्रति आकर्षित होने लगी थी। उधर राकेश नाम के आदमी से भी मिलने जाती थी। उस आदमी के साथ वह पुणे भी गयी थी। फोन पर बबलू के साथ घण्टों बातें करती रहती। मैंने एक बार बबलू से कहा, 'मुझे तुम्हारी चिन्ता लगी रहती है।' उसने मुझसे कहा, 'माँ, क्या तुम्हें मुझ पर भरोसा नहीं?' लेकिन बाद में बबलू को लगने लगा कि माँ ख़ुद ऐब करती है और मुझे रोकती है। बाद में वृषाली भाईन्दर में किसी संन्यासी के यहाँ रहने लगी।

राज की सहेली प्रगति मेरे पास आती थी। उसके और राज के सम्बन्ध थे। लेकिन उन दिनों राज उससे शादी नहीं कर सकता था। उसके घर की स्थितियाँ गड़बड़ा गयी थीं। राज की माँ को अटैक आता था। बहन की शादी होनी थी। प्रगति ग्रेजुएट थी लेकिन मन की भोली। घर छोड़ भाग आयी और राज ने उसे समझा-बुझा कर वापस घर भेज दिया।

उन दिनों मेरे घर में ख़ुशहाली थी। मैंने फोन लगवा लिया था। खान-पान, लाइट, पानी सब ठीक-ठाक था। चाँदी बाई कॉलेज की एक लड़की ओशो आश्रम में जाने वाले किसी लड़के के साथ आती थी। वह पेट से थी और लड़का उसे छोड़

कर चला गया था। लड़की को आठवें महीने में पता चला कि वह माँ बनने वाली है। बच्चे को जन्म देना पड़ा। बच्चा उसने ॲडॉप्शन में दे डाला। मैंने उसे समझाया कि बच्चे को अपने पास रख। उसकी परवरिश कर। नौकरी कर। लेकिन वह नहीं मानी।

मैं बीच में एक बार माँ-पिताजी के घर हो आयी थी। भाई का माँ-पिता के साथ क्रूर व्यवहार देखकर मैं बेचैन हुई थी। मैं माँ-पिता के लिए कुछ भी नहीं कर पायी क्योंकि उन्हें मेरा पैसा नहीं चाहिए था। लक्ष्मीकान्त उनका बेटा, बुढ़ापे का सहारा उनको कष्ट दे रहा था और वे चुपचाप सह रहे थे। मेरे मन-मस्तिष्क में यही बातें तूफान मचा रही थीं। ऐसे में एक दिन राज घर आया। राज 'कस्टमर' के नाते रिश्ते को पार कर आगे बढ़ चुका था। वह मेरा मित्र था। मैं उसके घर गयी थी, रही थी। मैं उसके साथ बात कर मन हल्का करना चाहती थी। राज और राज का मित्र आये और टी.वी. पर मैच देखते रहे। मेरे मन का तूफान उसने समझा ही नहीं। राज का मित्र मुझसे सम्बन्ध करना चाहता था। वह पैसे लेकर मेरे साथ सोने की तैयारी में ही आया था। मैं सोच रही थी, ये सारी बातें गयीं खड्डे में, कम-से-कम राज मुझे अपने पास लेकर जी भर रोने तो दे। लेकिन वह नासमझ रहा और मैं मन में टूटते चली गयी।

राज और राज का मित्र मुझे लेकर होटल गये। हम वहाँ काफी पी चुके थे। मैं तो ऐसे पीते बैठी रही कि बीच में टॉयलेट भी नहीं गयी। बीअर पर बीयर चढ़ाती रही और बाद में क्या हुआ पता, नहीं चला। कुछ धुँधला-सा याद आ रहा है। राज शायद मुझे उठा कर ले जाने की कोशिश कर रहा था लेकिन मुझे सँभाल नहीं पा रहा था। उसने घर पर फोन किया और बच्चों से कहा, 'माँ शराब पीकर लुढ़क गयी है। उसे ले जाओ।'

जब मैंने आँखें खोलीं तब मैं पुलिस वैन में थी। दूसरी बार जब आँखें खोलीं तब अस्पताल में थी। सुबह के छह बज चुके थे। मुझे कोई ठीक से बता भी नहीं रहा था। मेरे मन में कुछ खटका। मैंने उनकी बात सुनने की कोशिश की। वे आपस में कह रहे थे, 'सुबह गाड़ी आयेगी और ले जायेगी।' मैंने पैरों में जूते तक नहीं पहने और सबकी आँखों में धूल झोंककर वहाँ से भाग निकली।

घर लौटी तो छोटू कहने लगा, 'माँ तुम शराब पीकर कहाँ गिरी थीं? राज तुम्हें छोड़कर जा रहा था तब उसने हमें फोन कर बताया।' दिन भर मेरा बदन टीस रहा था। मुँह पर, पीठ पर पुलिस के बूटों की मार के निशान थे। किस-किसने मुझे पीटा था, पता नहीं। उसके कई दिनों बाद राज ने एक चिट्ठी भेजी—ताने भरी।

उसके काफी दिनों बाद मैंने ही उसे फोन किया और कहा, 'कम-से-कम तुम आते तो। हमारा क्या झगड़ा हुआ था?' मन में सोचने लगी—गलती मेरी ही है। पुलिस क्या दुनिया को भी ठोकरें मारने का अधिकार है। पुलिस तो ताक में ही रहती

है कब कोई मिले लताड़ने को। उस दिन मैं अपना सारा सामान भी खो चुकी थी जो मुझे कई दिनों बाद ओशो आश्रम में वापस मिला। किसी ने मेरा सामान वहाँ भेज दिया था।

## तीस

होटल 'सदानन्द' में भरत पवार नाम के सज्जन आते थे। इस लाइन में मैंने जितने बुरे, गिरे हुए कस्टमर्स देखे हैं उतने ही अच्छे, सज्जन कस्टमर्स भी देखे हैं। भरत पवार हद से बाहर अच्छे थे। वे घर में पत्नी से कह कर बार में आते थे। किस पर पैसे उँड़ेले, यह भी पत्नी से बताते थे। मुझसे कहते थे, 'जब मैं आप पर दो हजार उँड़ेलता हूँ तब मुझे धन्धे में दो लाख मिले होते हैं। उनके जैसे सज्जन संख्या में कम ही थे। बाद में जब मैं मस्कत गयी थी तब वहाँ भरत नाम का एक गुजराती कस्टमर मिला। एक दिन उसने मुझे चिट्ठी भेजी थी। लिखा था, 'आप मुर्दों को भी हँसा सकती हैं। मरने वाला मौत से कहेगा, एक मिनट रुको और आपको देखेगा-सुनेगा। मेरे पास आज ताज होता तो मैं वह ताज आपको भेंट करता।'

'सदानन्द' का बैण्ड उड़ गया। मैं भिवण्डी के 'कुबेरा' में काम करने लगी। वहाँ अक्सर बिजली चली जाती थी। वहाँ काफी बिजली चोर थे। कुबेरा में डान्स चलता था। वहाँ एक वी. आइ. पी. हॉल था। वहाँ सुन्दर लड़कियाँ डान्स करती थीं। वे बढ़िया मेकअप करतीं, कीमती कपड़े पहनतीं लेकिन वे बिल्कुल घमण्डी न थीं। उनकी कहानियाँ भी मेरे जैसी ही थीं, कानून का संरक्षण नहीं। पुरुषों के मान-सम्मान नहीं। अपने-पराये सब एक जैसे ही। हवस में लथपथ। हर एक का जीवन यानी संघर्ष से भरा जानलेवा इतिहास।

इस होटल का पहले अच्छा नाम था। काम तलाशते हुए हम देखा करती थीं कि होटल में अच्छे कस्टमर्स आते हैं या नहीं। रोज आते हैं न। रेड तो नहीं पड़ती। फिर भी मेरी किस्मत ऐसी कि रेड पड़ने वाले होटल्स ही मेरे नाम पर लिखे रहते थे। इस होटल पर भी पुलिस की रेड अक्सर पड़ती थी। उसका लाइसेन्स का कोई झमेला था। एक दिन रेड पड़ी। सभी लड़कियों को पकड़कर पुलिस ले गयी। गायिकाओं को बाद में छोड़ दिया गया। एक अफसर ने मुझे जोर से थप्पड़ मारा। बुरा लगा। सब स्टाफ, सेठ देखते रह गये। उन खाकी गिद्धों के सामने कोई क्या कर सकता था? बाद में बाकी लोग समझाने लगे, 'बुरा मत मानो, उस अफसर ने तुम्हें डान्सर समझ कर मारा था।' डेढ़ महीने में 'कुबेरा' बन्द हो गया।

उसके बाद मैंने विट्ठलवाड़ी के 'श्रीराम' में ठाणे के 'सी-क्वीन' में, 'मानसी पार्क', 'चाँदनी पैलेस' में एक-एक दो-दो दिन काम किया। कहीं पर बैण्ड उड़ गया,

कहीं पर होटल बन्द पड़ा। होटल 'लीना' में इसाक भाई का बैण्ड था। मैं वहाँ गयी। पाँचवें दिन उन्होंने कहा, 'मत आओ। पुनः नया होटल।' शीतल बार एण्ड रेस्टोरेंट में गयी। शोभना-राजू का बैण्ड था। पाठक नाम के एक थे वे अलग-अलग बैण्ड लगाते थे और कलाकारों को विदेश भेजते थे। मैंने उनसे कहा मैं भी विदेश जाना चाहती हूँ लेकिन उन्होंने अनुसना किया। कुछ भी कारण कहते रहे। असली कारण था मेरी बदसूरती। कुछ दिनों में पाठक ने 'शीतल' से शोभना का बैण्ड 'उड़ाया' और सुरेश देसाई को चलाने दिया। बैण्ड बदला फिर भी कलाकार पुराने ही रखे गये।

इस होटल में एक अच्छी बात थी। वह यह कि लड़कियाँ कस्टमर्स के साथ जाती नहीं थीं। डान्स कर उन्हें पाँच सौ रुपये की कमाई हो जाती थी। सेठ भी जबरदस्ती नहीं करता था। जिसकी कमाई नहीं होती थी, उसे अपनी जेब से पैसे निकाल कर देता था। घर भेजता था ठीक से। किसी की बद्दुआ नहीं लेता था। यहाँ हिजड़े भी आकर नाचते थे। यहाँ के मैनेजर सेठ मेरे अच्छे मित्र थे। मुझे आदर से पास बिठाकर पेग देते थे। 'शीतल' में 'माया पैलेस' के कस्टमर्स भी आते थे और कहते थे, 'अब वैशाली वह पहले वाली वैशाली नहीं रही है।'

वहाँ संजय नाम का उड़िया कस्टमर आता था। लगातार कहता था, 'ओशो के पास चलो।' मैंने उसे पुस्तक दी और कहा, 'पहले पढ़ो। बाद में चलेंगे।' उसकी अपनी एक ही रट, 'पूना चलो।' ओशो का जन्मदिन था। मैं एक दिन पहले छुट्टी निकाल कर चलने लगी। उसने कहा, 'रात वाशी में बितायेंगे।' उसकी गाड़ी से हम निकले। वह गाड़ी तेज चला रहा था।

कोपर खैरणे के पहले बड़ा ब्रिज है। वहाँ काम चल रहा था। कोलतार फैला था। अँधेरा था। गाड़ी लुढ़कती गयी। मैं पीछे गिर गयी। लगा अब सब खत्म हुआ। लेकिन नहीं। मैं उठी। चल नहीं पा रही थी। समझ में नहीं आ रहा था कि क्या हो गया है।

मैं संजय को ढूँढ़ रही थी। एक रिक्शा के पास गाड़ी लुढ़की हुई दिखी। उसके नीचे संजय दब गया था। अँधेरे में कुछ सूझ नहीं रहा था। साइड में बड़े-बड़े ट्रक खड़े थे। उधर से दो लड़के आये और कहने लगे, 'हम आपको अस्पताल ले चलते हैं।' संजय ज़िद करने लगा, 'नहीं, मैं घर चलूँगा।' उसे जैसे-तैसे समझाया। अस्पताल ले गये। डॉक्टर एडमिट करने से मना करने लगा। संजय ने घर फोन किया तब जाकर हमें एडमिट कर लिया गया।

मेरा दायाँ हाथ पूरा जला था। नाक में चोट आयी थी। दाँत होठों में घुस गये थे। ऊपर से दो दाँत टूट गये थे। संजय के सिर, पैर में काफी लगा था।

उन रिक्शावाले लड़कों ने गाड़ी अस्पताल के कैम्पस में ला खड़ी की। मामूली इलाज करवा कर हम वहाँ से चल दिये। मैं भी ज़ख़्मी थी लेकिन मुझे संजय को घर छोड़ना पड़ा। ठाणे जाना पड़ा। और उसकी एक रट, 'मेरी गाड़ी कहाँ है?' मुझे

वैसे भी गुस्सा आया था। और ऊपर से उसने घर के पीछे ही रिक्शा रोकने को कहा। ख़ुद उतरकर चलता बना और सिर्फ़ डेढ़ सौ रुपये रिक्शा के देकर गया। बाकी पैसे मुझे ही देने पड़े।

मैं घर गयी। बच्चे बेहद डर गये थे। तीसरे दिन ड्यूटी पर गयी। पूरा बदन दर्द कर रहा था। खाना पकाते हुए वह हाथ ऐसा दुखता था कि क्या कहूँ। फिर भी घर का काम निपटाकर काम पर जाती थी। इस हादसे से मैं डर गयी थी। गाड़ी की आवाज़ सुनते ही काँप जाती थी। प्रसाद कानडे मुझे दवाइयाँ लाकर देता रहा।

एक बार संजय होटल के बाहर मिलने आया और तुरन्त चला गया। फिर दो दिन बाद दो लड़कों को साथ ले आया। एक ने पूछा, 'मेरे साथ आती है?' दूसरे ने कहा, 'पता है संजय की सोने की अँगूठी, चेन घड़ी गुम हुई है?' मैंने संजय से कहा, 'मेरी भी सोने की अँगूठी खोयी है। और तुम सीधे मुझसे बात नहीं कर सकते? इन लड़कों को लाने की क्या ज़रूरत है? और मैंने आपका वह बैग लौटाया था न?' संजय बेशर्म की तरह बोला, हाँ, उस बैग में कम्पनी के एक लाख पैंसठ हजार के मॉडेल्स थे। वह गुम होते तो मेरी नौकरी चली जाती।

संजय दो-तीन बार आया। हर बार आश्रम चलने पर जोर देता रहा। एक बार फिर उस लड़के को लेकर आया। लड़का कहने लगा, 'कोई लड़की आपकी नज़र में है क्या?' होटल में हंगामा न हो इसलिए मैं संजय के साथ चल पड़ी। गाड़ी पर बैठते ही बोला, 'तू ज़्यादा उछलती है न? देखता हूँ चल होटल पर।' मैंने होटल के रूम में हंगामा किया और उसे पास आने ही नहीं दिया।

फिर पाँच-छह दिनों के बाद आया और बोला, 'आज ही चलो आश्रम।' हम रात में पहुँचे। होटल में रुकना पड़ा। जबरदस्ती फ्रेंच करने को कहा। दूसरे दिन मैं उसे आश्रम में प्रवेश देने भर गयी। रूम में ही बैठी रही और रोती रही। वह तीन दिन वहाँ रहा। मुझे कहा, 'तू चली जा।' लेकिन मैं गयी नहीं। चौथे दिन हम लौट आये।

मैं काम पर गयी तो पता चला कि सन्तोष शेट्टी एनकाण्उटर में मारे गये। वे मेरे हमदर्द दोस्त थे। उन पर रॉबरी, मर्डर केसेस थे। कुल मिलाकर बयालीस केसेस थे। वे शिक्षित थे। एकदम सज्जन। एक बात कहूँ, दो नम्बर के धन्धे में के जितने भी लोगों से मेरा वास्ता पड़ा, वे लोग अधिकांश मेरे साथ सात्त्विकता से पेश आये और अपने आपको सभ्य, सुसंस्कृत कहने वाले नीच, घटिया धोखेबाज निकले। सन्तोष के मरने पर मैं बेहद दुखी हुई। मैनेजर ने कहा, 'सन्तोष तुम्हारा परिचित था न? अब तुम्हारा भी नाम पेपर में आएगा।' पिछले महीने में ही पुलिस उसको तलाश रही थी फिर भी वह दुर्घटना के बाद मुझे देखने आये थे। दो घण्टे घर में बैठे रहे। मेरी पूछताछ कर, मेरा हौसला बढ़ाकर चले गये थे।

होटल 'शीतल' का बैण्ड बन्द हुआ। मैं बेरोजगार बनी। हालत कड़की थी।

चेहरा खराब हुआ था। काम कौन देगा? ऐसे में मैं तुर्भे में फ्री सर्विस में गयी। उफ्! कैसा होटल था वह। अँधेरा ही अँधेरा। एक-एक टेबल पर लड़कियाँ बैठी थीं। लड़कियों ने कहा यहाँ फ्रेंच करना पड़ता है। सारा काम टेबल पर ही। म्यूज़िक, मनोरंजन कुछ नहीं। एक कस्टमर आया। मेरे बगल में बैठा। उसने बीयर मँगायी। बकबक करते हुए बीयर पीने लगा। थोड़ी बीयर पीकर मेरे मुँह में डाली। बता रहा था कि मुस्लिम है। मुझे उसका चेहरा भी नहीं दिखा। मुझसे हस्त मैथुन करा लिया। बीच-बीच में बीयर का घूँट मेरे मुँह में डालता गया। काफी समय बैठा रहा और मुझे पचास रुपये देकर गया। जाते समय मैनेजर ने मुझे पचास रुपये दिये और कहा, 'कल, आओ हँ।' मेरा पहले दिन का अनुभव इतना भयावह था कि मैं कभी उधर गयी ही नहीं। 'कळवा' में डिस्को था। वहाँ काम किया लेकिन वह भी पसन्द नहीं आया। छोड़ दिया।

अब सायन कोलीवाडा के 'हरदीप पंजाब' में जाने लगी। यहाँ के मैनेजर सरदार थे। स्वभाव से खूब अच्छे थे। इस होटल में तनख्वाह और टिप्स कम थी। जैसे-तैसे सौ रुपये। एक बार मुझे टी.सी. ने पकड़ा। मेरे पास पास नहीं था। स्टेशन के ऊपर वाले ऑफिस में ले गया। मैं तैयारी में थी। सोचा यह भी इस्तेमाल कर लेगा। वह घण्टा भर दुनिया-भर की इन्क्वायरी करता रहा। गले की माला दिखाकर पूछता-सुनता रहा। मेरे पास 'संभोग से समाधि' पुस्तक थी वह ले ली और मुझे छोड़ दिया। इस घटना के बाद मैंने सायन जाना छोड़ दिया। अच्छा ही हुआ। मेरे टैक्सी के बीस रुपये बचने लगे। अब मैं कोलीवाड़ा गुरु तेगबहादुर रोड स्टेशन से जाने लगी।

एक बार ऐसे ही मैं दौड़ते हुए ट्रेन पकड़ने कोलीवाडा स्टेशन आयी। सीढ़ियाँ चढ़ ही रही थी कि छह-सात छोकरे लोगों ने मुझे घेरा। मैंने कहा, 'अरे तुम लोग मेरे बेटों जैसे हो।' वे कहने लगे, 'ये क्या आण्टी?' एक ने मुझे पकड़ा और पटका। मैं खम्बे से जा टकरायी। नाक में ज़ख़्म! मैं जोर से चीखी 'हरीश'। हरीश मेरे साथ ही काम करता था। मुझसे पहले चल दिया था। मैं उसे पुकार रही थी लेकिन तभी व्ही.टी. जाने वाली गाड़ी चल पड़ी। उसकी आवाज़ में मेरी आवाज़ उसे सुनायी नहीं दी। उसी ट्रेन से कुछ लोग उतरे थे और ब्रिज से उतर रहे थे। अच्छा हुआ कि उन लोगों को देखकर वे लड़के भाग गये। वे मद्रासी बच्चे थे। शायद वहीं कहीं गराज में काम करते थे। स्टेशन पर हरीश मिला। मैंने उसे बता दिया। दूसरे दिन मैनेजर पूछने लगा, 'बताओ, कौन थे वे?' मैंने कहा, 'जाने दो।' तब से आशा नाम की गायिका मेरे साथ सफ़र करने लगी।

एक बार आशा वेटर को 'बाय' करने स्टेशन पर दरवाजे में खड़ी रही। मैं भीतर जाकर बैठी। उतने में एक आदमी आया और मेरा सीना जोर से दबाया भीतर हाथ डालकर। मैं चीखी। तब खिड़कियों में जाली नहीं हुआ करती थी। घर में गौरव आ कर तंग करता था। घर में, बाहर, सड़कों पर, ट्रेन में वही-वही तकलीफ। मैं तंग

आ चुकी थी। उन दिनों पैसों की कमी के कारण भी परेशान रहती थी मैं।

कहते हैं न कि मुसीबत कभी अकेली नहीं आती। हफ्ता भी नहीं हुआ था इस घटना को कुर्ला स्टेशन पर उतरकर मैं ट्रेन पकड़ने दौड़ रही थी। इतने में ऑर्गन प्लेअर श्यामभाऊ ने पुकारा, 'ओशो, वैशाली।' मैं रुकी। हमने बाद वाली गाड़ी पकड़ी। मैं ठाणे आते ही लेडीज में जा बैठी, श्यामभाऊ कल्याण पर उतर गये। तब एक लड़का हर स्टेशन पर उतरकर मुझे 'वैशु आई लव यू' कहने लगा। अम्बरनाथ तक यही नाटक चला उसका। एक लड़की ने पूछा, 'वो तेरे पहचान का है क्या?' मैंने 'नहीं' कहा।

अम्बरनाथ उतरकर वह मेरे पीछे-पीछे आने लगा। ऐसा कोई जब पीछा करता था, तब मैं उसे लेकर सीधे घर आती थी। घर में बच्चों को देखकर वे अपने आप खिसक जाते थे। इस लड़के को भी मैं घर ले आयी। रिक्शा में वह चुप बैठ गया।

घर में गौरव सोया था। उठकर लड़के के साथ बतियाता रहा। ओशो की फोटो उसे दिखायी दी। मैंने पूछा, 'भोजन करोगे?' उसने 'नहीं' कहा। मैंने कपड़े चेंज किये और वह अचानक 'चलता हूँ' कहकर उठ गया। मैं उसे छोड़ने गयी। रास्ते में एक मोड़ पर अचानक उसने मुझे मारना शुरू किया। पेट पर; इधर-उधर। गला पकड़ा। बोला, 'घर में कौन है?' मैंने जैसे-तैसे कहा, 'प्रेम करता है' वह! इससे वह और गुस्सा हुआ! मैंने तनिक भी नहीं दिखाया कि मैं डर गयी हूँ। वह चलने भी नहीं दे रहा था। बार-बार पकड़ता था। मैं ना बोली, ना चीखी।

मैं उसे एक कोने में ले गयी। मेरे बदन पर सिर्फ गाउन था। मैंने निकर निकाली और उसे काम करने दिया। वह इतना जल रहा था कि पल में स्खलित हुआ। मैंने उससे काफी बातें कीं। उसे शर्म महसूस हुई मैंने उसे मेन रास्ते तक छोड़ा। और घर आयी। घर आने के पहले उसने मुझसे कहा था कि वह दो महीनों से मेरा पीछा कर रहा था, मैं उसे अच्छी लगी थी।

घर आयी। ज़ख़्म हुए थे। लेट गयी तो गौरव ने सम्भोग किया। मैं गुस्सा पीकर रही क्योंकि बच्चे सोये हुए थे। सुबह उठकर पहला काम किया कि गौरव को हकाल दिया। दो दिन काम पर जा नहीं पायी।

तीसरे दिन वह बड़े तड़के ही घर आया। क्षमा माँगने। मैंने पूछा, 'उस दिन क्या हुआ था? प्रेमिका मिली थी क्या,' उसने अपनी रामकहानी सुनायी। शेरॉन नाम था उसका। बदलापुर का था। एम.एस-सी. पास। एक लड़की से ढाई साल प्रेम किया। घर वालों को पसन्द नहीं था सो इसने घर छोड़ा। नौकरी की। दो साल नौकरी कर उसका हाथ माँगने वाला था कि आठ दिन पहले उसकी शादी हुई। यह लड़का गैंग में गया। अब वॉन्टेड था। इधर-उधर छुपता था। उस रात ढाई साल बाद वह लड़की उसे दिखी थी। इसने पूछा, 'रुकी क्यों नहीं? क्यों दूसरे से शादी की?' लड़की कुछ बोली नहीं।

उसने मुझसे कहा, 'चलो मुझे छोड़ने बाहर तक।' मैं नाले तक गयी। उसने कहा, 'वैशु एक किस दे।' सुबह छह, साढ़े छह का समय। लोग लैट्रीन के लिए रास्ते पर आये हुए। मैं डर गयी। उसने किस किया और चल दिया। फिर कभी दिखा नहीं। इस घटना के बाद डेढ़ महीना मैं काम पर जा नहीं पायी। श्यामभाऊ से कहा, 'आपने पुकारा लेकिन मुझे उसकी काफी कीमत चुकानी पड़ी।'

मैं काम-धन्धा ढूँढ़ रही थी। घरेलू काम भी नहीं मिलता था। पड़ोसियों से कहती तो वे ताने देते, 'इतने कम पैसों में कैसे निभाओगी,' मैं चुप रहती। पड़ोस के एक नर्स किरायेदार ने मुझे हॉस्पिटल का पता दिया। आया का काम। महीना सात सौ तीस रुपये। मैंने सोचा—दाल-चावल खाकर रहेंगे। काम पर गयी।

वह सिन्धी डॉक्टर का हॉस्पिटल था। उसकी पत्नी भी डॉक्टर थी। आगे डिस्पेन्सरी, पीछे हॉस्पिटल। उनके पिताजी का अस्पताल था वह। अब ये दोनों चला रहे थे। नीली धारी वाली सफेद साड़ी मुझे पहननी पड़ती। सिस्टर केरली थी। मैंने शुरू से मन लगाकर काम किया, तुरन्त मेरी तनख्वाह आठ सौ पचास रुपये कर दी गयी। फिर भी पैसों की कमी रहती। अब मैंने घरेलू काम भी करना शुरू किया। एक घर में कपड़े धोने के तीन सौ बीस और एक घर में एक सौ बीस। कुल मिलाकर तेरह सौ रुपये हो जाते। मैंने खर्चा कम किया। पैदल आती-जाती रही। सिर्फ एक बार ट्रेन का खर्च। मेकअप, कपड़ों का खर्चा बच गया था। हॉस्पिटल में पेशेंट का बचा खाना मिलता था। एक घर में भी बासी खाना क्यों न हो, मिलता था।

मैंने उस हॉस्पिटल में दस महीने काम किया। 31 दिसम्बर को पेण में और 14 अप्रैल को कल्याण में डॉ. बाबासाहब आम्बेडकर जयन्ती का शो किया। उसके हजार और पाँच सौ रुपये मिले। हॉस्पिटल में भी किसी-किसी को गाना सुनाती रहती। वहाँ के काम की आदत होने लगी। काफी नये शब्द पता चले। शुरू-शुरू में इतना कुछ समझता न था। लेकिन मैं मन लगाकर काम करती थी इसलिए लोग चाहने लगे थे। पेशेंट या उनके रिश्तेदार ख़ुशी से जो देंगे वही लेती थी। ना पैसे माँगती थी और ना लालच दिखाती थी।

काम पर जाने लगी और तीसरे ही दिन सिझेरियन का केस आया। मुझे पानी उबाल कर लाने के लिए कहा गया। मैं गर्म पानी लेकर ऑपरेशन थिएटर गयी। ऑपरेशन शुरू हुआ था। पेट काटा गया था। मेरे हाथ-पाँव काँपने लगे। बर्तन गिर गया। पानी गिरा। डर गयी। बाद में आदत हुई। वे ग्लोव्हज, छुरियाँ, उफ् वे हथियार। डॉक्टर की उपाधि और काम कसाई का। हर दो दिन बाद अॅबार्शन्स के केसेस। कभी ज़हर खाकर आत्महत्या करने वाले, कभी एक्सिडेंट केसेस।

मैं सभी कमरे साफ करती। फर्श पोंछती थी। टंकी में पानी भरना, डॉक्टर, मैडम के काम करना, सब्जी लाना, कपड़े धोना। हर तरह के काम। साँस लेने की फुर्सत न होती थी। कोई इंजेक्शन माँग रहा है तो कोई ग्लोव्हज, तो कोई हथियार।

पेशेंट को यूरिन के लिए पॉट देना। आत्महत्या का केस होने पर पुलिस की भीड़।

एक बार तनख्वाह होने पर किसी सिस्टर के पैसे किसी ने चोरी किये। वहाँ की एक बूढ़ी सिस्टर को चोरी करने की आदत थी। लेकिन उसने मुझ पर ही इल्जाम लगाया। मुझे गुस्सा आया। उसने बाइबिल पर हाथ रखवाकर कसम खाने को कहा। मैंने कसम खायी। फिर भी वह कहती गयी, जिसने चोरी की है उसके मेनसेंस बन्द होंगे। मैं खीज गयी और हॉस्पिटल छोड़ने का तय किया। डॉक्टर कहते गये, 'मत छोड़ो काम। और दो महीने करो तो मैं तुम्हें सर्टिफिकेट दे सकता हूँ।' डॉक्टर और मैडम मुझसे स्नेह करने लगे थे।

मैं पुनः काम की तलाश में निकली। किसी ने प्रकाश आश्रम का नाम सुझाया। वह प्राकृतिक चिकित्सा आश्रम था। हमारे ओशो आश्रम की माँ वहाँ थीं। उन्होंने मुझे वहाँ के फ्रूट ज्यूस सेंटर में काम दिया। तनख्वाह एक हजार रुपये। वहाँ के मालिक थे दादाजी। उनकी साबुन की फैक्टरी थी। आश्रम उन्हीं का बाँधा था। वहाँ तरह-तरह के भजन होते थे। सभी प्रकार के हकीम आते थे। बहुत बढ़िया उपचार पद्धतियाँ थीं। सस्ती और बढ़िया। छह मंजिला आश्रम था। फीस सिर्फ़ पचास रुपये। रहने का अच्छा इन्तजाम था। रसोई से लेकर सभी काम सिर्फ स्त्रियाँ करती थीं। मैंने दिलीप से भी कहा, 'यहाँ उपचार करने आओ।' उसका अँतड़ियों का अल्सर ठीक नहीं हुआ था।

यहाँ काम करते समय बहुत अच्छा लगता था। ध्यान, धारणा, योग सिखाया जाता था। पेशेंट के साथ मेरा सम्बन्ध सिर्फ ज्यूस देने भर का था। डॉक्टर्स और पेशेंट्स मेरा सम्मान करते थे।

दोपहर में दो घण्टे छुट्टी रहती थी। मेरा घर दूर था सो मैं यहीं पर रुकती इसलिए मुझे दोपहर का खाना मिलता। मैं उस समय सब्जियाँ साफ कर रखती थी। आश्रम के मालिक दादाजी भलेमानस थे। नियमों का पालन करते थे। साठ के ऊपर उनकी आयु थी। लेकिन आश्रम के लिए लगने वाले सभी फल, सब्जियाँ ख़ुद खरीदते थे। कई लोग उनकी अच्छाइयों का नाजायज फायदा उठाते। वहाँ एक महिला थी। वे मुझे भला-बुरा कहती थी। हमेशा मुझमें कमियाँ ढूँढ़ती रहतीं। उसने मेरा जीना हराम कर रखा था। आये दिन मुझ पर इलजम लगाती जा रही थी। मैंने होटल लाइन का रुख करने का सोच लिया। पुनः यात्रा-होटलों की ख़ाक छानने की ओर।

## इकत्तीस

चार दिन घर में ही बैठी रही। फिर वी.टी. के 'दिलख़ुश' बार में फोन किया। इस लाइन में लोग जैसे नाटकी-नकली बातें करते हैं, उसी अदा में प्रवीण ने कहा, अरी,

कहाँ थीं तुम? हम कब से तुम्हें ढूँढ़ रहे हैं।' और तुरन्त जोड़ दिया, 'सेठ कहीं बाहर गये हैं। दो दिन बाद फोन करो। उनके आने पर उनसे बात कर बताऊँगा।' मैंने दो दिन बात फोन किया। मुझे काम दिया गया था। ऑर्केस्ट्रा का सारा स्टाफ बदल दिया गया था। होटल की रचना भी बदली थी। पहले जहाँ भोजन के लिए कम्पार्टमेण्ट था वहाँ अब व्ही. आइ. पी. हॉल बनाया था। विदेशी ग्राहक वहाँ बैठते थे। वे लड़कियों को लिये नाचते थे यहाँ। यहाँ आने वाले कस्टमर्स को हम उनके काम-धन्धे के ठिकानों से या फिर सांकेतिक शॉर्ट फॉर्म से बुलाने, पहचानते थे। जैसे उल्हास नगर के कस्टमर्स को यू. एस. ए. कहते थे या बी.पी.टी. में काम करने वालों को बी. पी. टी. कहते थे और मंत्रालय वालों को मंत्रालय कहते थे। मेरी 'दिलख़ुश' में चार सौ रुपये तनख्वाह थी। यहाँ की कुछ लड़कियाँ जब यहाँ कुछ न मिलता तब डान्सबार में जाती रहतीं और डान्सबार की लड़कियाँ चार-पाँच दिनों के लिए यहाँ आती रहतीं। जिनकी आयु ज़्यादा हो गयी है या जो सुन्दर नहीं हैं, उन्हें डान्सबार में कौन पूछता है? उन्हें यहीं आना पड़ता है। वैसे डिस्को और पिक-अप-प्वाइंट की एक बात अच्छी है कि वहाँ बहुत सारी लड़कियों को काम मिलता है।

ठाणे के होटल में जब मैं काम करती थी तब मराठी रंगमच के मशहूर हास्य अभिनेता वहाँ अक्सर आते थे—नाटक खत्म होने पर। वे यहाँ भी आते थे। बिलकुल मन से भावगीत सुना करते थे। वे मुझे चिढ़ाते रहते, 'अरी तू, मराठी लड़की है। बिन्दी क्यों नहीं लगाती? छोटी-सी बिन्दी तो लगाया कर।' एक बार मैंने उनसे कहा, 'मैं विधवा हूँ।' तो तुरन्त बोले, 'लो, यह रहा मैं तुम्हारा पति। मैं मंगली हूँ इसलिए शादी नहीं कर सकता।' वे भायखळा में कहीं रहते थे अपनी माँ के साथ। जब मैं मशहूर मराठी गीत 'शुक्रतारा मन्दवारा' गाती थी, तब वे भी मेरे साथ गाते थे। पहले वे सुन्दर दिखते थे। अब लगता था मन थक गया है उनका। जब मैं 'बाबा' में काम करती थी तब वहाँ विनोद कांबली का भाई और जॉनी लिव्हर का छोटा भाई—जो दोनों दोस्त थे—आते थे। अब वे 'दिलख़ुश' में आते थे।

यहाँ एक कस्टमर आते थे। वे सभी को कैडबरी देते थे। हम उन्हें 'चॉकलेट अंकल' कहते थे। वे डोंबिवली से आते थे। अ-निवासी भारतीय थे। लन्दन में रहते थे। भारत आते थे तो होटल में ज़रूर आते। वे संगीत मर्मज्ञ थे। हम उन्हें 'लन्दनवाले' कहते थे। वे कभी लड़कियों के पीछे न पड़ते थे। वहाँ हिन्दुजा हॉस्पिटल के एक डॉक्टर आते थे। एक अभिनेता आता था। उसने 'जो जीता वही सिकन्दर', 'क्या कहना' सिनेमा में काम किया था। उन दिनों उसका 'शूऽऽ कोई है' टी. वी. सीरियल आ रहा था।

मंत्रालय के बड़े-बड़े अधिकारी, उनके मित्र आते थे। वे मछुआरों के गीत, भाव गीत, खूब मन से सुनते रहते। वहाँ एक 'थ्री स्टार' ऑफिसर आते थे। एक बार उन्होंने मुझसे कहा, 'चार साल हो गये हैं। मैंने अपनी बीवी के साथ कोई सम्बन्ध

नहीं किया। वह पास आने ही नहीं देती।' मैंने उनसे कहा, 'किसी मानसोपचार विशेषज्ञ के पास ले जाइये न उन्हें।' डॉ. राजन भोसले मशहूर साइकैट्रिस्ट हैं। उन्होंने नाक चढ़ाते हुए कहा, 'हूँ राजन भोसले।'

एक कस्टमर पुणे से आते थे। हम उन्हें पुणेकर कहते थे। वे मारवाड़ी थे। राकेश जैन नाम था उनका। पुणे में एम.जी.रोड पर दुकान थी उनकी। अच्छा कलेक्शन देते थे। मुलाकात भी ठीक से नहीं हुई थी कि 'आई लव यू' कहने लगे और पीछा भी करने लगे। जब हमारा शरीर सम्बन्ध हो गया, तब इस व्यवसाय की दूसरी लड़कियों के साथ मेरी तुलना करने लगे। धीरे-धीरे अधिकार जतलाने लगे। कई बार मैं उन्हें छोड़ने पुणे तक आती थी। फिर काम पर! एक बार वे मुझे पुणे में लॉज पर ले गये और फ्रेंच करने का आग्रह करने लगे। मैंने इनकार किया तो मूर्खों की तरह बकने लगे, मेरी बीवी भी कराती है। बाद में आये और माफी माँगने लगे। घर में मेरे तकिया नहीं था तो लोटा सिरहाने लेकर सोये। मेरी आँखों को निहारते हुए कहने लगे, 'मैं इन्हीं के लिए आता हूँ।' एक बार चौपाटी घूमने गये तो बोले, 'यह कन्धा तुम्हारे लिए है।' फोन पर भी कहते थे, 'वह कन्धा तो मैं वहीं तुम्हारे पास छोड़ आया हूँ।'

राकेश का प्रेम बढ़ता जाने लगा। मुझे देखने के लिए कहाँ-कहाँ से आते रहते थे वे। उनका साड़ियों, ड्रेस मेटेरियल का धन्धा था। अब उनके साथ मोहन और अशरफ भी आने लगे। राकेश का प्रेम बढ़ता गया और उससे मुक्त होने की कोशिशें भी। इसलिए अब वे डिस्को की लड़कियों को लेकर मेरे सामने आते थे। और वे लड़कियाँ मेरे मुँह पर कहती थीं, 'देखो, तुम्हारा बॉयफ्रेण्ड।' पैसों को लेकर उनमें झगड़े होने लगे और वे मिटाने पड़ते मुझे। मैं कोई प्रतिक्रिया नहीं देती थी। बाद में मैंने अन्य मित्र-सहेलियों, कस्टमरों में मन लगाने के प्रयत्न शुरू किये लेकिन बात यहाँ खत्म नहीं हुई। यह सच था कि राकेश और मेरा अपना-अपना घर-संसार था। कभी न कभी हमें दूर जाना ही था लेकिन यह दूर जाना एक अच्छे मोड़ पर होता, तो बात ही क्या थी। पर ऐसा होना न था। जाते समय वे मेरे फिक्स डिपॉजिट के बीस हजार रुपये ले गये। धन्धे के लिए बार-बार मुझसे पैसों की डिमाण्ड करने लगे। थककर मैंने रसीद तुड़वाकर उन्हें पैसे दे डाले। वह रसीद यदि होती तो 2006 में मुझे तैंतीस हजार मिल जाते। मैंने भविष्य को सुरक्षित करने के जो भी उपाय किये थे, वे इस कदर मुझे असुरक्षित कर चलते बने। फिर भी चुप रही।

महाराष्ट्र के अति मशहूर स्वर्णकार, सोने की दुकान के मालिक यहाँ आते थे। उन्होंने एक लड़की को इस लाइन से निकालकर घर दिया था। जब वह पूर्णतः उन पर आश्रित हो गयी तो झगड़े आरम्भ हुए और बाद में उन्होंने उसे छोड़ दिया। वे होटल में पानी-सा पैसा बहाते थे। एक यू.पी. का कस्टमर था पप्पू। मेरी यहीं की सहेली का कस्टमर। उसके कहने पर मुझे सौ, दो सौ रुपये देकर जाता था। वह कभी

भी अश्लील बोलता नहीं था और ना ही वैसी कोई हरकत करता था। कई बार मैं कस्टमर्स के मुझे दिये पैसे भी डिब्बे में डाल देती थी। कस्टमर इससे मुझ पर नाराज भी होते थे। पप्पू के पैसे मैं उस सहेली की खातिर रख लेती थी।

यहाँ, बलूची, ओमानी, अरबी कस्टमर्स आते थे। इनमें हुसैन, इब्राहीम, अली, रहीम सभी थे। कभी उनके साथ उनके दो-तीन दोस्त भी रहते थे। एक बार मैं इन ओमानियों के साथ पी गयी। वैसे भी 'दिलख़ुश' में आकर मेरा पीना बढ़ गया था। सह-कलाकारों की, कस्टमर्स की कान में, फोन पर अश्लील बातें सुन-सुनकर मेरे कान पक गये थे। उनके भद्दे बर्ताव से मैं गुस्से की आग में झुलस जाती थी। हॉस्पिटल और आश्रम के अनुभवों ने भी मुझे पूरी तरह से तोड़ डाला था।

होटल लाइन से मैं जितना दूर जाना चाहती थी, मेरी किस्मत उतनी ही मुझे इस लाइन की दलदल में ढकेलने पर उतारू हो जाती थी।

मैं उन ओमानियों के साथ काफी पी गयी और रोती भी गयी। हम दादर गये—घूमने। रात में मैं होटल गयी उन्हें छोड़ने। मैं नशे में धुत् थी। हुसैन के कमरे में सो गयी। एक-एक ओमानी आकर मुझसे सम्बन्ध कर गया। मेरे हाथ-पाँव ठण्डे पड़ चुके थे। उनमें एक था रहीम नाम का। ऐसी स्थिति में भी उसने मेरा नजायज फायदा नहीं उठाया। वह शिक्षित था। उसकी एक ही शादी हुई थी। औरों की तीन-तीन शादियाँ हुई थीं। फिर भी भारत आकर उनको यह सूझता था।

हमारा बैण्ड लीडर प्रवीण भी कुछ दूध का धुला न था। कई बार टिप्स के पैसे लूटता था। बक्से में कितना भी कलेक्शन हो—लाख-डेढ़ लाख भी हो लेकिन हमें उसने कभी हजार, बारह सौ से ज़्यादा नहीं दिये। एक बार हम सब मिलकर डिनर के लिए गये। उसने बीवी को फोन पर बताया, 'मेरे लिए रुको मत! खा लो' मैंने यूँ ही कहा, 'क्यों, भाभी राह देख रही थीं?' लगा रोब झाड़ने। पत्नी, गृहस्थी, यूँ, त्यूँ, शेखियाँ बघारने लगा। और बाद में हम सबको उद्देश्य कर बोला, 'और ये देखो। रण्डियाँ।' मैंने उसे टोका, 'प्रवीण, क्या बक रहे हो?'

दरअसल रंडियों के पैसों पर ही वे जी रहे थे। उनकी बीवियाँ स्त्रियाँ थीं। और हम रंडियाँ? यहाँ डिस्को और पिक्-अप-प्वाइंट में लड़कियाँ सप्लाई करने वाले भी इसी घमण्ड के मारे थे। मानो हम पर उपकार करते थे। दरअसल सच यह था कि इन लड़कियों की जूठन पर वे जिन्दा रह रहे थे। लगता था, कभी तो किस्मत का पासा उलटा पड़ जाये। तब देखते ये तथाकथित सभ्य कैसे जीते हैं।

कुछ भी कहिए, पुरुषों-पुरुषों की मिलीभगत रहती है। मजबूर, असहाय औरतों की मदद करने में उन्हें बड़प्पन लगता है। लेकिन मदद लेते हुए उस स्त्री ने यदि गर्दन ऊपर उठायी कि ये बर्दाश्त नहीं कर सकते। स्त्री यदि अपने हक-अधिकार की भाषा बोले तो ये तिलमिला जाते हैं। फिर उन स्त्रियों की बदनामी, उनकी ज़िन्दगी को बर्बाद करने पर ये तुल जाते हैं। स्त्री यदि कम पैसों में, फोकट

में या सचमुच प्यार के कारण इनके साथ जब सोती है तब इन्हें वह मजबूर दिखती है और यदि स्त्री सौदा करने पर उतर आये इनके जैसा ही या पुरुषों को अश्लील बर्ताव करने न दे तब वह स्त्री बुरी, कुलटा, विलेन बनायी जाती है।

## बत्तीस

मेरे बच्चों का ठीक चल रहा था। मैं अपने माँ-पिताजी को देखने नहीं गयी थी—एक लम्बे अर्से से। वे जब से मीरा रोड रहने आये थे, तब से मेरे साथ थोड़ा ठीक बर्ताव करने लगे थे। पाँच महीनों पूर्व मैं गयी थी उनसे मिलने। तब पिताजी काफी बीमार थे और माँ भी कुछ पगलायी-सी हो गयी थी। जब मैं उनसे मिलकर चलने लगी तो पिताजी ने कहा, 'आती जाओ मिलने।'

मैं 'दिलख़ुश' में थी, उस रात मेरे बेटे का फोन आया, 'माँ तुम्हारे पिताजी गुजर गये।' मैं पल भर के लिए ठिठक गयी। सह-कलाकारों ने पूछा, 'क्या हुआ?' मैं चुप रही। ना मैंने मीरा रोड फोन किया। और ना ही पूछा कि यह सब कैसे हुआ? मैं रोयी तक नहीं। होटल में हमें रोने की इजाजत नहीं रहती। वहाँ सिर्फ मुस्कुराना होता है। नाचो। गाओ। दिखावा करते रहो किसी जोकर की तरह बस।

काम खत्म कर बाहर निकली! वी.टी. स्टेशन जाने के बजाय चर्च गेट से आखिरी विरार लोकल से मीरा रोड पहुँची। बच्चे पहले ही पहुँच गये थे। मैं घर गयी तो बच्चे, माँ, लक्ष्मीकान्त सभी थे। घर में ना दीया जल रहा था ना अगरबत्ती! दरवाज़े, खिड़कियों में चादरें लटक रही थीं। मैंने पूछा तो माँ ने कहा, 'वे बीस तारीख को ही चल बसे। रात नींद में ही।'

मैंने लक्ष्मीकान्त से पूछा, 'पिताजी के जाने को आज तीन दिन हो गये हैं। और तुमने मुझे आज बताया।' तो उसने जवाब दिया, तुम्हारी कोई ज़रूरत नहीं थी। एक तो हमारी दौड़-धूप चली थी। तुम्हारा नम्बर भी नहीं मिल रहा था। पिताजी के विद्यार्थी आये थे। मुझे गुस्सा आया तो वह फटाक से बोला, 'चुप रहो।' सहसा मैंने महसूस की एक तीव्र गन्ध। ऐसी ही गन्ध पिताजी के बदन से आती थी। माँ कुछ भी सन्दर्भहीन बोले जा रही थी। 'लक्ष्मीकान्त के कारण पुलिस स्टेशन जाना पड़ा। उसने फ्लैट अपने नाम करा लिया। पीछे ही पड़ा था।

लक्ष्मीकान्त कहने लगा, 'पिताजी आखिरी तक तेरे नाम का ही जाप करते रहे। कहते रहे मैं अपनी बेटी का अच्छा बाप बन नहीं पाया और ना ही जमाई राजा उसका अच्छा पति बन सका। अब वह भी अधेड़ उम्र की हो चुकी है। वे एक ही प्रश्न पूछते रहे—सिर्फ तेरा ही नाम।'

सुबह के चार-साढ़े चार बजे थे। बच्चे ज़िद करने लगे, 'माँ, घर चलो!'

लक्ष्मीकान्त तुरन्त बोला, 'जाओ तुम। तुम्हें काफी दूर जाना है।' वह बिल्कुल नहीं चाहता था कि मैं वहाँ रुक जाऊँ। मैं निकली तो कहने लगा, 'बाहर अस्थि कलश रखा है। दर्शन करती जाओ।' मैं आग बबूला हुई थी। लेकिन क्या करती? कौन मुझे समझ सकता था? मैं चल दी वहाँ से।

मैं जब सायन में रहती थी तब पिताजी ने मुझसे कहा था, 'मत आया कर।' तब मैंने तय किया था कभी नहीं जाऊँगी उनके घर। लेकिन एक बार मैं होटल में बेहोश हो गयी थी, तब विक्की नाम का मेरा मित्र मुझे पिताजी के घर छोड़ गया। पिताजी ने कहा, 'इसे फिट्स आती हैं।' मैं चौंक गयी। यह बीमारी तो मुझमें कभी नहीं दीखी थी। फिर पिताजी ने ऐसा क्यों कहा था? लक्ष्मीकान्त ने मुझसे बात तक नहीं की। उसे डर लगा रहता था कि कहीं मैं पिताजी की प्रोपर्टी में अपना हिस्सा न माँगूँ। मैं उनकी इस्टेट के बारे में कुछ जानती तक नहीं थी। मेरा रहने का कोई ठिकाना न था। मैं सायन में ऐसी बदतर स्थिति में रह रही थी कि क्या बताऊँ।

एक दिन मैं माँ के पास रही पूरा दिन। मैंने कहा, 'मैं आपकी बाल्कनी में सोती रहूँगी। महीना चार-पाँच हजार दूँगी।' पिताजी ने जवाब दिया था, 'हमें तुम्हारे पैसे नहीं चाहिए। लक्ष्मीकान्त बारहवीं में पढ़ रहा है। हाँ, तुम दादर के गोकुल लॉज में रहो। दूसरे भी लॉज हैं। अस्सी-सौ रुपये में रहने को मिलेगा।' जो पिता अपनी बेटी को लॉज में रहने की सलाह देता है, उससे क्या कहा जाये? क्या सोचकर अपना दुखड़ा रोती मैं। मैं उनकी खस्ता हालत जानती थी लेकिन इसका मतलब यह तो नहीं कि वे मुझे इस कदर जवाब देते।

मैं फिर भी बीच-बीच में उनके यहाँ जाती रही। लक्ष्मीकान्त हाई-फाई रहने लगा था। बाल बढ़ाये थे उसने। तरह-तरह के कपड़े पहनता था। गिटार बजाता था। माइकेल जैक्सन की स्टाइल उतारने में मग्न रहता था।

पिताजी की आर्थिक स्थिति बदतर थी। उनके विद्यार्थी मदद कर रहे थे। ब्रेड आदि लाकर देते थे। पिताजी दो-तीन बार ख़ुद मुझे 'लीना' में मिलने आये थे। मैंने उन्हें चाय पिलायी। ब्रेड, बिस्किट्स खिलाये। वे मुझसे किसी तरह की सेवा नहीं चाहते थे।

माँ, पिता, भाई ने मुझे अपनाया होता तो मेरी ज़िन्दगी इस तरह भरमाती नहीं मुझे। ना ही मैं शराब की शरण लेती और ना ही गुमराह होती। छोटी-छोटी बातों के लिए मुझे तरसना न पड़ता लेकिन ऐसा होना न था। उन्हें कभी मेरे प्रति ममत्व लगा ही नहीं। ना उन्होंने कभी मुझे अपना समझा।

जब मैं 'अजंता' में काम करने लगी तब मेरे पास पैसे आने लगे। मैं अपने लिए कीमती साड़ियाँ लेने लगी तब माँ के लिए भी मैंने दो अच्छी साड़ियाँ खरीदीं। दोपहर थी। भूख लगी थी। मैंने मन में सोचा, माँ के घर जाकर चाय पीऊँगी। मैं अंधेरी पहुँची, बेल बजायी। लक्ष्मीकान्त ने दरवाजा खोला। और दरवाज़ा रोककर खड़ा

हो गया। मैं दहलीज पर ही खड़ी रही। पिताजी ने मुझे देखा। मैंने कहा, 'मैं माँ के लिए साड़ियाँ लायी हूँ।' पिताजी ने मुझे फेर लिया और लक्ष्मीकांत से कहा, 'कह दे उसे कि चली जाए वह। और फिर कभी न आये।' मैंने कहा, 'ये साड़ियाँ तो रख लीजिए।' लेकिन पिताजी ने गुस्से से कहा, 'ले जाओ अपनी साड़ियाँ। चलती बनो' मैं लौट गयी।

मैं अम्बरनाथ रहने गयी। संन्यास लिया। घटनाओं पर घटनाएँ घटती गयीं। उथल-पुथल होती रही लेकिन माँ-पिताजी को कुछ पता न था। वे जानना चाहते ही न थे। संन्यास लेने के बाद एक रात मैंने सपने में ओशो को देखा। मैं बेचैन हो उठी। सपने का अर्थ समझ में नहीं आ रहा था। मैंने एक संन्यासी को स्वप्न कथन किया। वह बोला, 'अपने माँ-बाप को मिल आओ।'

मैं उनसे मिलने गयी। घर काफी बदला था। घर में फोन लगा था। लक्ष्मीकान्त बदला था। वह ग्रेजुएट हुआ था। उसकी पैसों की माँग बढ़ गयी थी। उसकी अमीर सहेलियाँ-दोस्त थे और उसे बाइक चाहिए थी। मैं चलने लगी तो पिताजी ने कहा, 'आती रहना।'

मैं अक्सर जाने लगी। रात में फोन करने लगी। फोन पर माँ-पिता दबी आवाज में बात करते थे। मैं खीज उठती। माँ से पूछने पर भी माँ अपने बेटे की बदनामी कैसे करती? एक बार माँ ने कहा, 'लक्ष्मीकान्त आठ बजे घूमने जाता है।' मैं उसी वक़्त फोन करने लगी। कुछ दिन ठीक चला लेकिन अब वह फोन के वक्त आ टपकने लगा। वह कभी मुझसे सीधा लड़ा नहीं क्योंकि जानता था कि माँ-पिताजी मेरे पक्ष में नहीं हैं। लेकिन वे मुझसे बात करते हैं, यह बात भी वह बर्दाश्त कर नहीं पाया।

लक्ष्मीकान्त और मैं भाई-बहन थे लेकिन हममें ज़मीन-आसमान का अन्तर था। वह शिक्षित था। माँ-पिता की छत्र-छाया में पला था। बचपन में भी मैं उससे संवाद स्थापित कर नहीं पायी थी। भले ही हम दोनों में उम्र का ज़्यादा फासला नहीं था लेकिन था तो वह मेरा छोटा भाई। एक आस मेरे मन में थी कि कभी तो वह मुझे दीदी कहकर पुकारे। लेकिन यह पुकार सुनना मेरे कानों को नसीब न हुआ।

मैंने पिताजी से पूछा था, 'अम्बरनाथ चलिए।' उन्होंने कहा, 'घर में बाथरूम-टॉयलेट बनाओ। फिर आता हूँ।' फिर भी मैं उन्हें ले आयी। पिताजी को रजनीश के कैसेट सुनाये। बेसन के लड्डू मटन खिलाया। उन्हें अच्छा लगा होगा। बोले, 'तुम्हारे यहाँ कितना शान्त लगता है।' मुझे अच्छा लगा। माँ-पिताजी तीन ही दिन रहे। उन्हें कॉमन टॉयलेट में जाना तकलीफदेह लगता था। वे मेरे घर रहने आये इसी में मुझे आशीर्वाद लगा। मैं खुश थी।

मैंने अपने घर में भी फोन लगवाया था। माँ-पिताजी के साथ आराम से बात कर सकती थी। एक बार माँ ने फोन पर बताया, 'लक्ष्मीकान्त ने पिताजी को मारा।

पीठ पर, पेट में।' मैं मिलने गयी। सेब लेकर गयी थी। वे खिलाने लगी। लक्ष्मीकान्त बेचैनी से चक्कर काट रहा था। अचानक कहा उसने, 'अरे भड़वे, खा ले।' मैं पिता जी को देखने लगी। मेरे पिताजी शास्त्रीय गायक। कई विद्यार्थियों के गुरु। विद्यार्थी उन्हें आदर-सम्मान से सर, गुरु जी कहते। उन्होंने लक्ष्मीकान्त को शास्त्रीय संगीत सिखाया। और वह अपने पिताजी को 'म', 'भ' से शुरू होने वाली गालियाँ दे रहा है। पिताजी खामोश थे। लेकिन मैं उनके मन की पीड़ा जान गयी थी।

उसके बाद किसी मौके पर अंधेरी की हमारी कॉलोनी में कार्यक्रम था। मैं देखने गयी थी। लक्ष्मीकान्त गा रहा था, बजा रहा था लेकिन कार्यक्रम में रंगत न थी। प्रेक्षक, प्रतिसाद दे नहीं रहे थे। मैंने लक्ष्मीकन्त से कहा, 'मैं एक गाना गाऊँ?' उसने सीधे मना किया। मेरे गाने सेट थे। मैं गाती तो प्रेक्षक शान्त हो जाते। लेकिन लक्ष्मीकान्त के अहं ने मुझे उसकी अपनी भलाई करने का अवसर भी नहीं दिया।

जब मैं माँ-पिता से मिलने जाती तो लक्ष्मीकान्त रजनीश की कोई मोटी अंग्रेजी किताब या ॲगाथा ख्रिस्रती की रहस्यमयी किताब पढ़ता हुआ दिखता। माँ दबी आवाज़ में कहती, 'वह पिताजी को मारता रहता है। पैसे माँगता है। कहता है कहीं से भी लाओ।' अब वह घर में ही रहने लगा था। माँ-पिता को फोन पर बात करना भी मुश्किल हो गया था।

और अचानक एक दिन माँ-पिता के घर का फोन कनेक्शन कट गया। मैं बच्चों को लेकर उन्हें देखने गयी तो पता चला उन्होंने वह जगह बेच दी है। बीच में पाँच महीने बीत गये थे और मुझे कुछ भी पता न था। मैंने वॉचमैन से पूछताछ की। उसने कहा आपके उस नितिन सेठ विद्यार्थी ने यह फ्लैट बेचने और नया खरीदने में मदद की है। मैंने नितिन का नंबर ढूँढ़ निकाला और उससे माँ-पिताजी का पता ले लिया।

माँ-पिताजी, लक्ष्मीकान्त मीरा रोड रहने गये थे। पता ढूँढ़ते मैं गयी। पिताजी काफी अस्वस्थ थे। डिसेंट्री से परेशान थे। माँ खामोश थी। लक्ष्मीकांत का आतंक बढ़ गया था। उसे दो लाख रुपये और गाड़ी चाहिए थी। इसलिए वह बूढ़े माँ-बाप को तरह-तरह से डराता-धमकाता था। पिताजी उसकी मार से भयग्रस्त रहते थे। वह खासा हट्टा-कट्टा था और पिताजी बूढ़े, कमजोर।

मेरी समझ में नहीं आ रहा था कि मैं क्या करूँ? वैसे मैं कर भी क्या सकती थी? मेरा कुछ अधिकार ही न था उस घर पर। उन लोगों ने राशन कार्ड पर से मेरा नाम तक हटा दिया था। और अपना नाम देवाड़े का दिवाडकर कर लिया था। अब माँ, पिता, लक्ष्मीकान्त का नाम ग़ज़ट में दिवाडकर था। मैं अकेली ही पूर्वाश्रमी की चित्रा राम देवाड़े शेष रही थी, बाकी सब दिवाडकर बने थे। क्यों बदल लिया होगा उन्होंने अपना उपनाम? क्या वे अपनी जाति छिपाना चाहते थे? या कोई अंधश्रद्धा?

या वे अपने अतीत से दूर भागना चाहते थे? कुछ भी हो, मुझे बहुत बुरा लगा था लेकिन मैं जानती थी मेरा बुरा लगना कोई मायने नहीं रखता। मैं चुप रही।

## तैंतीस

पिताजी चल बसे। मैं मन में और टूट गयी। जन्मदाता पिता की मृत्यु पचाना कोई आसान बात नहीं है। संन्यास लेकर भी मेरे लिए यह दुख सहना आसान न हुआ। मेरा मन कहीं लगता न था।

ऐसे में दीवाली आयी। 'दिलखुश' में पप्पू नाम के यू.पी. कस्टमर ने मुझे पैसे दिये। मैंने जेब में रखे और मुझ पर चोरी का इल्जाम आया। राम नाम के वेटर ने वे पैसे निकाल लिये थे। मैंने देखा तक न था कि वह पाँच सौ का नोट था। पप्पू मुझे हमेशा सौ, दो सौ रुपये देता था। हमेशा की तरह मैंने बिना देखे जेब में रख लिये थे। सभी कस्टमर्स के सामने प्रवीण ने माइक पर अनाउन्स किया, 'वैशाली चोरी करती है।' होटल कस्टमर्स से भरा पड़ा था। मुझे होटल से निकाला गया।

पप्पू जिस लड़की का कस्टमर था, उसे इस बात का पता चला। उसने सब को लताड़ा बोली, 'उस कस्टमर ने वैशाली को दीवाली भेंट दी थी और तुम लोगों ने उसका हक डिब्बे में डाला?' उस घटना के बाद उस लड़की और पप्पू ने होटल जाना बंद किया। वह लड़की कई सालों के बाद मुझे मिली थी, तब यह सब बता रही थी। जाते-जाते उसने मुझे सलाह दी, 'पानी में रहकर मगरमच्छ से बैर करना नहीं चाहिए।' मैं उसकी सलाह पर चलने का प्रयास आज भी कर रही हूँ।

'दिलखुश' का काम गया। घर में तंगी थी। अम्बरनाथ से मुम्बई तक की यात्रा—रात में काम की तलाश में। आसान न था। ट्रेन में भीड़ नहीं होती थी पर-पुरुषों का तंग करना सहना पड़ता था। मैं बारबाली! आस-पड़ोस से लेकर सभी रास्ते ट्रेन में भी—लोगों के लिए मानो उनकी सम्पत्ति। तिस पर गले में ओशो की माला। फिर तो लोगों को लगता खुला परमिट! सब कुछ बर्दाश्त के बाहर हो गया था। ऐसे में ही एक आदमी रास्ते में तंग कर रहा था। मैंने कहा, 'टी शर्ट निकालूँ?' पुणेकर फोन पर तंग करता था। बच्चों की चिन्ता खाये जा रही थी।

मैं 'दिलखुश' में थी। तभी एक ने कहा था, 'दुबई में गायिका चाहिए। तुझे मिलने बुलाया है।' जो यह संदेश लाया था। वह अरुण नाम के ढोलकी वादक का परिचित था। इस लड़के ने मुझे एक कलाकार का पता दिया। ढूँढ़ते-ढूँढते मैं गयी। मेरे पास एक ही अच्छी ड्रेस थी। वह भी दूसरी लड़की की।

वह कलाकार मुझे दूसरे कमरे में ले गया और अपनी बीन बजाने लगा। वह सर्प मित्र था। साँपों के वर्णन के बाद सहेलियों का वर्णन, गाड़ियों का, बच्चों का,

बापों का और अन्त में 'बीवी अध्याय' शुरू हुआ। जब वह मुझे दूसरे कमरे में ले आया, तभी मैं समझ गयी थी। इसे क्या चाहिए। मन में सोचा जो कीमत चुकानी है चुकाऊँगी लेकिन अब विदेश जाना ही है। बड़ी मुश्किल से पासपोर्ट बनवाया था मैंने। यह अवसर खोना नहीं चाहती थी। उसकी स्टोरी खत्म होने का नाम ही नहीं ले रही थी। अन्त में वह रोने लगा। मुझे भूख लगी थी। वहाँ तो पानी तक पीने के लिए न था। मैंने उसे ऑडिशन के लिए 'दिलखुश' में बुलाया था। बदमाश वहाँ तो नहीं आया। ऊपर से मुझे यहाँ बुलाया और यह नाटक-नौटंकी। मैंने सिगरेट पीना शुरू किया। उसका रोना खत्म होने पर सम्बन्ध। उसके बाद ऑक्टोपेड (इलैक्ट्रोनिक ड्रम) के पैचेस बजाकर दिखाये। वे अच्छे थे। फिर हम नीचे उतरे। नाश्ता किया और जनाब ने कहा, 'और एक बार आओ।' फिर से गयी। फिर सम्बन्ध! काम की आशा धरी की धरी रह गयी।

होटल में वेटर जगन चिढ़ाने लगा था, 'क्यों री वैशाली, तेरी फ्लाइट क्रैश हुई क्या?' राम वेटर कहता रहता, 'राकेश ने उल्लू बनाया न?' एक वेटर जानबूझकर छाती को हाथ लगाकर जाता। इसी में एक कस्टमर ने दस का नोट छाती पर फेरकर दिया। मैं नोट लेने गयी तो नोट पकड़कर रखा। ऐसा कि नोट फट गया। मैं मारने ही दौड़ी उसे। इस काम से ही मुझे घिन आने लगी थी। दिलखुश छोड़ने पर काम माँगने पुराने मित्र के पास गयी तो कहने लगा, 'अरी, वह सबको कहते घूम रहा है कि मैंने उसे दो शॉट लगाये।' मैं अत्यधिक दुखी हुई।

मैं मन में भले ही कहती थी कि अपमान बेइज्जती से मिली मिठाई से तो मान-सम्मान से मिली चटनी-रोटी भली है। लेकिन जान गयी थी कि अपने देश में बेइज्जती के सिवा कुछ भी नहीं मिलता। अब देखना चाहती थी कि विदेश में वह मान-सम्मान मिलता है क्या! अब मैंने कमर कसी थी—विदेश जाने के लिए। देख रही थी विदेश होकर आये कलाकार कैसे इतराते हैं। पैसा मिलता है। मैं भी तब इत्मीनान से काम कर सकूँगी। भूखे पेट ऑडिशन देने जाने लगी। फोटो के लिए उफ् कितना खर्चा। एक-एक फोटो चालीस-साठ रुपये में! छोटे फोटो तो इतने लगते थे कि पूछो मत। कुछ भी हो। अब विदेश जाना ही था।

## चौंतीस

राजू ने मुझे जयेश का और जयेश को मेरा नाम सुझाया। मैं ऑडिशन के लिए दादर गयी। एक क्लासिकल और एक फास्ट गाना गवाया मुझसे। ऑडिशन में उत्तीर्ण हुई। जयेश बहुत अच्छी तरह से पेश आया। उसकी बहन मस्कत से आने वाली थी। उसके आने पर मुझे बोरीवली बुला लिया। मैं एक बजे पहुँची। वह तीन बजे आयी।

मैं बिलकुल मुरझा गयी थी, अच्छा ड्रेस पहनकर गयी थी फिर भी मुझे देखकर उसने नाक-भौं सिकोड़े और कहा, 'जरा कीमती कपड़े खरीदो।'

उस मैडम का नाम था सुनीता। कोंकणी-मराठी थी। उसने मुझे चालीस हजार रुपये दिये। तुरन्त उसके भाई ने पाँच हजार हथिया लिये। अरुण ने कहा, 'वहाँ जाने के लिए पाँच जोड़ी अच्छी ड्रेसेस लेना।' हजार रुपये का एक ड्रेस, ऐसे पाँच खरीदे। कर्जा चुकता किया। घर के खर्चे के लिए तीन महीनों के हिसाब से पैसे रखे। मेरी गैरहाजिरी में खाना पकाने और घर का काम करने के लिए दो औरतों को रखा। उन्हें तीन महीने की पेशगी तनख्वाह दी। मेकअप का सामान खरीदा। ज़िन्दगी में पहली बार लेन्सेस खरीदी। लगभग तेईस हजार रुपये खर्च हुए। दस हजार बैंक में रखे। रमज़ान के बाद की फ्लाइट थी।

मैं तैयारी में जुटी थी कि सहसा मेरी सहेली भगवान का रूप बनकर आयी। जाने के एक दिन पहले। उसने मेरी खूब मदद की। बैग में मेरा सामान कम ही था पर कैसेट और गानों की पुस्तकों का बैग बड़ा था। हवाई अड्डे पर जाने के लिए एक सुमो बुक किया था। ट्रैफिक पुलिस ने रोका। ट्रैफिक नियम समझाने लगा। विजय मोहन ने उसे रिश्वत दी और हम आगे बढ़े। हम साढ़े चार बजे सहारा अंतरराष्ट्रीय हवाई-अड्डे पर पहुँचे। ऑर्गनाइजर मैडम छह बजे आयी। उनके साथ और तीन लड़कियाँ थीं। उनमें से दो लड़कियों ने बॉलीवुड में 'बिग बी' के लड़के के साथ काम किया था। उनकी काफी ख़ातिर की जा रही थी। यह बात और है कि वे सभी फिल्में फ्लॉप हुई थीं।

मैं पहली बार हवाई जहाज में बैठ रही थी। जहाज शुरू होने के पहले बेल्ट लगाना आदि सारी बातें नयी थीं। शुरू-शुरू में चक्कर आने जैसा लगा लेकिन फिर अच्छा लगा। भूख लगी। मैंने पूछा, 'यहाँ खाना मिलता है?' तो वे बॉलीवुड वाली हँसने लगीं। मेरी भूख और गरीबी का प्रदर्शन हुआ था और ताने कसने के लिए उनको अच्छा मौका हाथ लगा था। मुझे रोना आने लगा लेकिन मैंने खुद को सँभाला। आँसुओं को बाहर आने नहीं दिया। एक तो अपने बच्चों से मैं इतनी दूर जा रही थी। खैर! खाना आया। मैंने खा लिया। उन दोनों ने अपने हिस्से का भी मुझे दिया। मैंने वह भी खाया बेशर्म बन! अब कहीं मेरी जान में जान आयी। ओमान ओमान की रट लगा रखी थी कब से। आ गया आख़िर ओमान। मस्कल के हवाई अड्डे पर हम उतर गए।

एकदम भागमभाग शुरू हुई। इधर जाँच, उधर जाँच। जाँच ही जाँच। मैं तो एक भी सिस्टम जानती न थी। पीने के पानी का नल कैसे खोलें, यह भी पता न था। साथ वाली लड़कियाँ ये सारी बातें जानती थीं। वे हँस रही थीं। रात काफी हो चुकी थी। वहाँ से हमें दो-ढाई घंटे यात्रा करनी थी। मस्कत से सोहार जाना था। ओमान की सीमा पर, समंदर किनारे बसा हुआ है 'सोहार'। यहाँ से दुबई का बॉर्डर

आरम्भ होता है। हमारी मैडम जी.एम.की गाड़ी में बैठी। हम पीछे वाली गाड़ी में। सुबह बड़े तड़के हम पहुँच गये। मैं रास्ते भर सोयी रही। अब भी लगता था जैसे मैं हवाई जहाज में ही बैठी हूँ।

जाते समय लग रहा था तीन ही महीनों का तो सवाल है। यूँ कट जाएँगे लेकिन यहाँ पहुँचने पर हर पल युग सरीखा लम्बा लगने लगा। समय कटते कटता न था। हमें एक कमरे में रखा गया था। चौबीस घंटे ए.सी. चालू। कमरे में एक ही छोटा-सा झरोखा था। दरवाज़े पर हमेशा ताला। इतना बंदोबस्त इसलिए था कि पहले की कुछ लड़कियाँ कस्टमर्स के साथ भाग गयी थीं। उन लड़कियों को जंगल में ले जाकर पाँच-पाँच लोगों ने उन पर बलात्कार किया था। और वे मुँह न खोलें इसलिए उनका खून कर फेंक दिया गया था। मैडम बता रही थी कि एक लड़की ने शेक-हैंड करने हाथ खिड़की से बाहर निकाला था और उसे ऐसा खरोंचा गया था कि बस! शॉपिंग के लिए बाहर जाने वाली लड़कियों के साथ भी कस्टमर्स गन्दा बर्ताव करते थे।

इन्हीं कारणों से मस्कत, बहरीन आदि जगहों पर लड़कियों के बाहर निकलने पर पाबंदी थी। वहाँ सिर्फ फोन पर बात करने की इजाजत थी और यह भी डर था कि फोन टेप किये जाते हैं। फोन पर अश्लील बातें सुननी पड़तीं। गल्फ कंट्री में रहने वाले, सालों-साल घर न गये हुए पुरुष भेड़िए की तरह बर्ताव करते थे। हाँ लेकिन यह बात ज़रूर थी कि यदि गायिका अच्छे गाने गाती हो, उसके पास विविध गाने हो, डान्सर उत्तम नृत्यांगना हो तो उसकी कला पर कलेक्शन खूब जमा होता था। तब सुन्दर होने की शर्त लागू न होती थी।

हमारा वह पहला दिन था—होटल का। होटल का नाम था 'होटल अलवादी'। वहाँ का सिस्टम भारत के होटलों से बहुत अच्छा था। कई गुना अच्छा। यहाँ स्टेज ऊँचाई पर था और कस्टमर्स की बैठने की जगह से काफी दूरी पर। यहाँ कस्टमर्स को 'गेस्ट' कहा जाता था। कलाकारों पर पैसे फेंकना मना था। गेस्ट यदि पैसे देना चाहे तो होटल में उपलब्ध विविध रंगों में से उसे माला चुननी पड़ती थी। पैसों के हिसाब से मालाओं के रंग थे। पैसों के प्रतीक रूप थीं ये मालाएँ। जैसे नीली माला याने दस रियाल, लाल यानी पचास रियाल, हरी यानी सौ रियाल। ये नॉयलॉन फूलों की मालाएँ लेकर घूमने वाला होटल कर्मचारी 'फ्लॉवर बॉय' कहलाता था।

एक साथ सिर्फ दो या तीन ही लड़कियाँ स्टेज पर नाच सकती थीं। भारत में लड़कियाँ चणियाचोली ही पहनती हैं। यहाँ कोई भी फिल्मी ड्रेस पहना जा सकता है। यहाँ रिकॉर्ड डान्स की अनुमति नहीं है। डान्स लाइव बैंड पर ही होता है। यहाँ के बॉडी गार्ड यानी अरबी साँड़। उन्हें देखकर ही भले-भलों की घिग्घी बँध जाती है। गेस्ट से शेक हैंड करना भी मना है। सिर्फ नाखून का स्पर्श भी हो तो काफी रियल फाइन भरनी पड़ती है। और इन देशों में सजाएँ तो ऐसी कि खुदा बचाये। इसका

मतलब यह नहीं कि गुनाह होते ही नहीं। शोषण होता रहता है लेकिन यदि सीमा में रहा जाए तो सुरक्षित रहा जा सकता है।

यहाँ के गेस्ट अलग-अलग देशों के लोग होते हैं। ट्रक ड्राइवर से लेकर डॉक्टर, इंजीनियर सभी स्तरों के लोग। घर, परिवार अपनी मातृभूमि से दूर पड़े ये लोग सिर्फ काम और काम की चक्की में पिसते रहते हैं। वे मनोरंजन चाहते हैं। मनोरंजन के साथ यदि किसी कलाकार ने उनकी मातृभाषा और मातृभूमि की याद दिलाने वाली कोई कला पेश की तो इनके लिए सोने पे सुहागा हो जाता है। फिल्मी गीतों, प्रेम गीतों के साथ हमें देश भक्ति के गीतों की भी फर्माइशें आती थीं। कई बार पाकिस्तानी, बांगलादेशी, पंजाबी, ओमानी गानों की फर्माइश आती रहतीं। तब मैं मुसीबत में आ जाती थी। मैं उन गानों के कैसेट सुना करती थी। होटल ने मुझे वॉकमैन दिया था।

'होटल अलवादी' एक मंजिला होटल था। तल मंजिल पर अरेबियन बैंड था और पहली मंज़िल पर इंडियन बैंड यानी हमारा बैंड! अरेबियन बैंड में जो लड़कियाँ थीं, वे काफी लंबी कद वाली, गोरी, सुन्दर थीं। हम जहाँ रहती थीं, उसी इमारत में निचली मंज़िल पर वे रहती थीं। लेकिन हमें उनके साथ बात करने की इजाजत न थी। और ऐसा मौका भी कभी नहीं आया।

अलवादी होटल में बड़े-बड़े हॉल थे। एक साथ सौ-दो सौ कस्टमर्स आराम से बैठ सकते थे। मुम्बई के होटलों में एक साथ पचास कस्टमर्स भी ठीक से बैठ नहीं पाते थे। एकदम ठेलमठेला! यहाँ ऐसा नहीं था। इतने बड़े हॉल देखकर ही मन में डर लगता था। सफाई और सुव्यवस्था इतनी सुन्दर कि मन बाग़-बाग़ हो जाता था। स्टेज की रचना भी अलग थी। स्टेज और कस्टमर्स के बीच करीबन पन्द्रह फीट से अधिक दूरी रहती थी। शुरुआत में मुझे थोड़ा अजीब लगा लेकिन बहुत अच्छा भी लगा। हमारी सुनीता मैडम का काम सिर्फ चीखना-चिल्लाना। हमें रुलाती थीं वह। एक निवाला आराम से निगलने न देती थीं। आज लिपस्टिक क्यों ठीक लगायी, कल कपड़ों को लेकर। उसे तो बस बहाना न भी मिले तो भी बहाना बनाकर डाँटना ही तो आता था। उसकी आवाज़ भी ठीक नहीं लगती थी। उसका क्वालिफिकेशन एक ही था—वह उन्नीस बार मस्कत आयी थी। इसी का घमण्ड था उसे। थी वह बीयालीस वर्ष की लेकिन खुद को तीस साल की समझती थी। हमें सिखाती रहती—कस्टमर्स को कैसे नज़रों से घायल किया जाता है। आँखों से अश्लील इशारे कर दिखाती। वहाँ कपड़े बहुत पहनने पड़ते लेकिन इस मैडम पर तो कपड़ों में से भी शरीर प्रदर्शन की धुन सवार रहती थी।

मुम्बई में वह सती-सावित्री बनने का ढोंग रचाती रहती। और यहाँ कस्टमर्स उसे माइक हटाकर नाचने के लिए कहते और यह नाचती रहती। उसमें खुद में काफी हीन ग्रन्थियाँ थीं, जिनके कारण वह दूसरी लड़कियों को तंग करती रहती थी।

कलेक्शन कम हुआ कि इसका बरसना शुरू। पहिले महीने के कलेक्शन में से हवाई जहाज के आने-जाने के टिकट के पैसे काट लिये जाते थे। पहले कहा जाता था कि सबको समान शेयर मिलेगा। लेकिन ऐसा कुछ न था। जिसका जो कलेक्शन होता था, उसी मात्रा में पैसे दिये जाते।

हमारे कमरे में दो फोन थे। उन पर कस्टमर्स के फोन आते। वे हमें लेने पड़ते। फोन पर कस्टमर्स वाहियात, अश्लील बातें करते। और चाहते रहते कि हम भी उनसे सेक्सी बातें करें। दिन भर और रात में लौटने पर ये फोन यानी जान के दुश्मन बन जाते! न नींद ठीक से आती न मन ठीक रहता। लगातार घंटी बजती रहती और कोई न कोई फोन पर बात करता ही रहता। चार लड़कियों में दो फोन थे। कोई न कोई फोन पर रहना ज़रूरी था। कस्टमर्स घंटों बोलते रहते। पहले वाली लड़कियों के नाम से भी फोन आते रहते।

शुरू में उत्सुकता थी बाद में बोरियत। रिसीवर निकालकर रखा कि तुरन्त जी. एम. सुनीता मैडम को फोन करता था। और वह आकर चिल्लाती 'फोन क्यों बंद किया है?' लड़कियाँ भी काफी बदमाशियाँ करती रहतीं। लगातार ए.सी. से मेरा गला खराब होने लगा था। बीमार होने पर डॉक्टर के पास लेकर नहीं जाती थी। वहीं के वहीं दवाइयाँ देती रहती। मैं तो एक्शन फाइव हंड्रेड खा-खाकर बेहाल हो चुकी थी। दिन में फोन! और रात में गोली खाने से नींद हराम।

यहाँ का भोजन बहुत स्वादिष्ट होता था। एकदम सादा लेकिन बढ़िया। सब्ज़ी, डबल रोटी, दाल-चावल, कचूमर। भोजन करने बैठे कि सुनीता मैडम आती थी, 'तू रोज हरी सब्जियाँ खा। रंग खुलेगा।' हमारे रूम में भी फ्रिज था। उसमें मस्का, ब्रेड, फ्रूट्स, पेप्सी रखा रहता। मैं एक्शन फाइव हंड्रेड खाकर पेप्सी पीती थी। इतना कि गला बैठ जाता था।

वैसे मुझे बरसों पहले माणिकचंद खाने की आदत पड़ी थी। वह छूटा तो सिगरेट पीने लगी फिर बीड़ी। वह छोड़ा और तम्बाकू खाने लगी। यहाँ भी लायी थी। और एक लड़की भी लायी थी। सब खत्म कर चुकीं हम! स्टेज पर जाते समय मैं तम्बाकू साथ ले जाती थी। खाती थी। गाते समय वह नैपकिन में निकालकर रखती थी। फिर वही खाती थी। इससे सुनीता मैडम चिल्लाती थी। जहाँ हम रहती थीं, वहाँ शराब, ड्रग्ज ले जाने की मनायी थी। ले गये भी, कि लाल बत्ती जल जाती थी। मैंने वहाँ के एक भारतीय रसोइए को पकड़ा। वह मुझे तम्बाकू ला देता था। मैंने उसे दो सौ रुपये देने की कोशिश की लेकिन उसने नहीं लिये।'

आरम्भ में मैं किचन में जाकर गाने की प्रैक्टिस करती थी। लड़कियाँ हँसती थीं। कहती थीं, 'स्टेज पर गा-गाकर मन भरा नहीं क्या अभी भी?' मैं उन्हें कैसे समझाती? फर्माइश पर गाना और खुद अपनी मर्ज़ी से अपने लिए गाना, रियाज़ के लिए गाना इनमें ज़मीन-आसमान का अंतर होता है। वे सारी लड़कियाँ खूब मेहनती

थीं। स्टेज पर खूब अच्छा परफॉर्म्स देती थीं। उनकी तुलना में वे दो वॉलीवुड वालियाँ ही कमज़ोर निकलीं। स्टेज पर एक साथ सिर्फ दो-तीन ही लड़कियाँ नाच सकती थीं। इससे वे बहुत थक जाती थीं। फिर भी वे जान हथेली पर लेकर नाचती थीं। बजाने वालों की कमियाँ भी दिखाती थीं। मैं उन्हें समझाती, 'ऐसे दोष मत निकालो। अपने दोष औरों के मत्थे मत मढ़ो।

विदेशों में ऑर्गन के सभी पीस ना भी बजें तो भी ढोलक वादक बढ़िया रहता है। बाद में वे मेरा कहना मानने लगीं। मैं उनके काम में भी हाथ बँटाती थी। वे लड़कियाँ मुझे अपनी ड्रेसेस पहनने देतीं। मेरे पास ड्रेसेस की कमी थी। मैं उनके ड्रेस पहनने के बाद धोकर, इस्त्री कर लौटाती थी। इससे वे और भी खुश हो जातीं। यहाँ ये सारे काम हमें खुद की करने पड़ते थे। लांड्रीवाला न था।

जब हम सब वहाँ नये थे तो मैं अपनी गरीबी, रंग-रूप के कारण मज़ाक का विषय बनी थी। अब वह सब खत्म हो चुका था। मैंने किसी बांग्लादेशी कस्टमर की फर्माइश पर नृत्य किया। वहाँ 'लागा चुनरी में दाग' और 'नगीना' फिल्म का नागिन नृत्य मशहूर है। मैं इन दोनों पर नाची। एक नाच एकदम शास्त्रीय नृत्य जैसा तो दूसरा एकदम प्राकृतिक-लोकनृत्य।

मैं जीन्स पहनकर नाच रही थी। शुरुआत में सभी हँसे और बाद में दिल खुलास दाद देने लगे। काफी कलेक्शन हुआ। कभी न देने वाला गेस्ट भी देकर गया।

मेरे गाने के साथ भी वही हुआ। वहाँ मराठी गाने की फर्माइश आयी। जो कस्टमर्स डोंबिवली, अम्बरनाथ से आये थे, वे मराठी गाने ही सुनना चाहते थे। वहाँ के उस गायक को वे मराठी गाने नहीं आते थे। मैं दादा कोंडके की आवाज़ की नकल उतारते हुए मराठी गाने गायी। मुम्बई में मैं बंगाली गीत गाती थी। यहाँ अब मैंने बांग्ला देशी गाने भी गाने लगी। ग़ज़ल भी गाती थी। अब यहाँ पाकिस्तानी ग़ज़ल गाने लगी। मस्कत में मैंने गुलाम अली, मेहँदी हसन की ग़ज़लें गायीं। बंगाली गानों से कमाल होता था। एक गाना था, 'रोमगीला रोमगीला रोमगीला रे ओ ऽऽ हो ऽऽ' दूसरा था, 'ऑमॉय भाषा इली रे, ऑमॉय डुबाई इली रे।' शब्द भले ही गलत हो लेकिन गाने से मैं लोगों को खुश करती थी।

वहाँ के 'गेस्ट' लोगों ने हिन्दी सिनेमा 'आनंद मठ' का आन मिलो आन मिलो शाम साँवरे' 'काबुलीवाला' का 'ओ गंगा आये कहाँ से गंगा जाये कहाँ रे' गाने खूब पसन्द किये। यहाँ एक बात अच्छी थी। मुझे डान्स करने वालों के लिए गाना होता था। इसलिए नॉन स्टॉप गाना नहीं पड़ता था। एक गाने का नृत्य खत्म होने पर दूसरा नृत्य शुरू होने तक आराम मिलता था। मैं दादा कोंडके से लेकर किशोर दा और एल्बम से लेकर शास्त्रीय संगीत तक सभी गाने गाती थी।

बीच-बीच में मैं नृत्य भी करती थी। गाने का कॉन्फिडेन्स पहले ही वृद्धिंगत हुआ था। अब नृत्य का भी कॉन्फिडेन्स बढ़ता गया। स्टेज पर जाने के पहले मैं

सुनीता मैडम के चरण छूती थी। मन से। उसे आरम्भ में संकोच हुआ लेकिन बाद में वह भी मन से आशीर्वाद देने लगी। वह मन में खुश भी होती होगी। उसका तंग करना कम हुआ था। कला के बल पर और स्वभाव के कारण मैं वहाँ के सभी लोगों का मन जीतने में शत-प्रतिशत सफल हुई थी।

यहाँ मेरे साथ शबनम, करीना, पूजा, रेशमा, मोना, डॉली, दीपा काम करती थीं। यहाँ का फ्लॉवर बॉय था नरेश नाम का मारवाड़ी लड़का। मेरे साथ शबनम, करीना, पूजा, रेशमा ही थीं। दूसरी लड़कियाँ हमारे वहाँ से विदा होने के समय आयीं। डॉली, रेशमा, दीपा मराठी लड़कियाँ थीं। करीना पंजाबी थी और शबनम गुजराती। दीपा गायिका थी। करीना जब आयी थी तब पेट से थी। जब उसका पाँचवाँ महीना चल रहा था तो पेट दिखने लगा। उसे वापस लौटना पड़ा। वह गर्दन से लेकर पेट तक एक साइड से पूरी जली थी। बाद में पता चला उसके जुड़वाँ बच्चे हुए। वहाँ थी तो खूब खाती थी। अब सोचती हूँ कि तब वह तीन जीवों को सँभाल रही थी। करीना बॉलीवुड में ग्रुप डान्स करती थी। रेशमा भी बॉलीवुड में नाचती थी। अदनान सामी के 'ऊँची शान है मौला' गाने में वह दिखी थी। 'छैयाँ छैयाँ' गाने में ट्रेन की छत पर बैठी लड़कियों में है वह। वह हमेशा बॉलीवुड की गप्पें ही लड़ाती रहती थी। साँवली थी लेकिन चेहरा बड़ा चिकना और बाल भी। मुझसे कहती थी, 'जब तू बुड्ढी हो जाएगी तो मेरे पास आना। मैं तुझे सँभालूँगी।'

तीन महीनों बाद लौटते हुए मुझे कुछ रियाल मिले। भारत में उसके तेरह हजार रुपये हुए। भारत आने पर मैं बेचैन हो गयी। मैं पुनः विदेश जाना चाहती थी। इस ऑर्गनाइज़र से उस ऑर्गनाइज़र तक चक्कर काटने लगी। पहले फोटो खींचने के लिए भी मेरे पास पैसे न होते थे अब वह स्थिति न थी। सोहार से लौटते समय मुझे सरकारी लेटर हेड पर सुलतान के दस्तखत, मुहर से प्रशंसा-पत्र मिला था। अब मेरे पास विदेश दौरे का अनुभव था। यह सही था कि वहाँ सबको सुन्दर देह, रूप, रंग चाहिए था। गुणों की कद्र न थी लेकिन मुझे गुणों पर विश्वास था और यह विश्वास मुझे संघर्ष करने की प्रेरणा देता रहा। मैं तरह-तरह के एजेंट्स को मिली। एक ने तो शबनम के लिए अस्सी हजार देने की तैयारी दिखायी और मुझसे कहा, 'बाद में मिलो।'

पन्द्रह अगस्त के दिन मैं माँ से मिलने गयी। खाली हाथ। माँ अचानक मुझसे कहने लगी, 'क्यों री? ये आजकल के छोकरे आंटी बगैरा कहते नहीं क्या?' मैं कुछ समझी नहीं। कुछ देर बैठकर चली आयी।

दूसरे दिन जयेश ने कहा, 'उमरगा में एक बार में काम है।' जाते समय मैं और शरद साथ निकले। सुख-दुःख की बातें की। होटल उमरगा के आगे हाई वे के किसी गाँव में था। शोलापुर से हम बस से गये। होटल में रहने की सुविधा थी। वहाँ काफी डान्सर्स थी। सिंगर मैं अकेली ही थी। खाना-पीना सब ठीक था। लेकिन

कस्टमर्स में राजनीतिक लोग, नगर-सेवक, आमदार, खासदार, नेता आदि की भीड़ रहती। मैनेजमेंट उडुपी लोगों का था। बैंड शरद का था। डान्सर लड़कियाँ बंगाली, राजस्थानी, मराठी, मुस्लिम थीं। सोलह-सत्रह लड़कियाँ थीं। एक-दो ही अच्छी डान्सर्स थीं। बाकी हालत की मारी लड़कियाँ थीं। कई लड़कियों के दलाल उनके पति, माँ-बाप ही थे। मेरे गानों पर जब खूब कलेक्शन होने लगा तो वे लड़कियाँ मुझसे कटी-कटी रहने लगीं। शरद भी लड़कियों का मज़ाक उड़ाता था। मैं गुस्सा होती थी। एक दिन गुस्से के मारे मैंने अपनी सारी कमाई उसके तकिये के नीचे रखी और वहाँ से चल पड़ी। सिर्फ दो ही हफ्तों बाद!

## पैंतीस

मैं लौट आयी। शुक्ला नाम के एक व्यक्ति ने मेरे सारे डिटेल्स लिये और वह मेरे लिये एक ऑफर लाया। बीस हजार एडवान्स देकर। मस्कत के 'हॉलिडे इन' में काम था वह।

वीजा आने पर हम निकले। दिन की यात्रा थी। अब हवाई जहाज यात्रा की कई बातों से मैं परिचित हो चुकी थी। दिन का यह सफर अच्छा लग रहा था। मैं निकलते समय ही ढंग से तैयार होकर चली थी। मस्कत हवाई अड्डे पर हमें लेने एक गाड़ी आयी।

वहाँ से हम 'घाला' शहर आये। इस होटल का नाम था 'हॉलिडे इन।' शाम के आठ बजे होटल पहुँचे। बहुत बड़ा होटल था। इसकी तुलना में सोहार का अलवादी बहुत ही छोटा था। पन्द्रह मिनट बाद हमें बुलाया गया। उन्हीं कपड़ों में। सिर्फ थोड़ा ठीक-ठाक मेकअप कर! हॉल में गये। स्टेज पर एक पाकिस्तानी लड़की गा रही थी। सामने 'गेस्ट' की भीड़!

दो मिनट में उस लड़की का गाना खत्म हुआ। मैं स्टेज पर गयी। अपना परिचय दिया। यह भी बताया कि हम लोग अभी पहुँचे। थकान न दर्शाते हुए जोश में गाना पेश किया। सभी के मनों पर छा जाने में मैं कामयाब हुई। मैं सुबह के तीन बजे तक गाती रही। तरह-तरह के गाने।

तीन बजे होटल बंद हुआ। कड़ी भूख लगी थी। थकान हावी हो गयी थे। पैर बेहद दर्द कर रहे थे। पेट में बल पड़े थे। भोजन कर रूम पर आये। सभी कलाकारों से परिचय करा दिया। यहाँ कबीर सर का बैंड था। उनसे भेंट नहीं हुई। मीना, प्रिया, मोना, दीपा, सिमरन, रितू, राखी लड़कियाँ थीं। अधिकतर खानदानी डान्सर्स।

इस होटल में तीन मंज़िलें थीं। तल मंज़िल पर अरेबियन बैंड। पहली मंजिल पर भारतीय बैंड और तीसरी मंज़िल पर पाकिस्तानी! हम 'ऐ मेरे वतन के लोगो' 'दमा

दम मस्त कलन्दर' गाने गाते थे। भारतीय 'गेस्ट' की आँखों में आँसू उभरते थे। मीना अच्छा गाती थी। मुझमें और उसमें मानो होड़ लगी रहती और उन लोगों का धन्धा अच्छा चल निकलता। उसे बहुत सारे गाने याद थे। गाते समय वह मेरा भी खयाल रखती थी।

यहाँ का मैनेजर कलेक्शन के मुद्दे पर तंग करता रहता। रहने-खाने की व्यवस्था बढ़िया थी। हम कलाकार भी आपस में मिल-जुलकर रहते थे। फिर भी दिल्ली वाले, मुम्बई वाले, पंजाब वाले भेद रहता ही था।

इस बार मैं सवा महीना रही। चलने के एक दिन पहले कबीर सर आये और उन्होंने पूरा हिसाब ठीक कर दिया। मुझसे कहा, 'तुम्हारे घर पहुँचने के बाद मैं तुम्हें फोन करूँगा। अपना बैंड लेकर आओ।' यह मेरे काम, लगन को मिली रसीद थी। आते समय अहमदाबाद से दिल्ली जाने वाला हवाई जहाज था। हम अहमदाबाद उतरे। वहाँ से सूरत और सूरत से लक्ज़री बस ये ठाणे पहुँचे।

घर पहुँची। यात्रा की थकान काफी थी। छोटा बेटा बताने लगा, 'हम दोनों भाई पिताजी से मिलकर आये। वे कह रहे थे मैंने तुम्हारी माँ को छोड़ दिया इसलिए मैं इतना सफल हुआ।' मैं गुस्से से काँप रही थी। सिर भारी हुआ था। मैं आश्चर्य करने लगी कि बच्चे यह सब सुन कैसे लेते हैं?

कुछ दिन घर में रही। कबीर सर के फोन की राह देखती रही। दिलीप के घर से कहलवा आया। 'वह बीमार है।' उसकी दूसरी पत्नी के दो बच्चे थे। वे अंधेरी में रहते थे। दिलीप इतना बीमार था लेकिन मेरे बेटों के मेरे खिलाफ कान भरना ज़ारी था। इसी का गुस्सा मुझ पर हावी था। मैं उसे मिलने गयी नहीं।

कबीर सर का फोन आया। तैयारी करो। दिसम्बर में बैंड लेकर आओ। वह जुलाई महीना था। काफी समय था लेकिन यह सब मेरे लिए नया था। मेरी दौड़-धूप शुरू हुई। मैं डर भी रही थी। इतनी भाग-दौड़ में भी मैं चार जुलाई के दिन माँ के पास गयी। उसके जन्म-दिन पर! बाकर वडी ले गयी थी। माँ ने मेरे लिए चाय बनायी, मुझे मेदूवडा खिलाया। उस दिन वह बहुत अच्छा, नया-नया बोल रही थी। मेरे चेहरे पर उसने हाथ फेरा। पिताजी को गुज़रे तीन साल हुए थे। माँ अभी भी उनकी कमी में अपने आपको झुलसा रही थी। सहसा मुझसे कहने लगी, 'अरी, बिल्डिंग का वॉचमैन मुझसे पूछता है कि आप में सेक्स नहीं है?' मुझे अजीब लगा। माँ के साथ यह क्या हो रहा है? वह किस दहशत में जी रही है? उसने कुछ कहा नहीं लेकिन मुझे चिंता होने लगी। वह मुझे ट्रेन तक छोड़ने आयी। ट्रेन के चलने तक प्लेटफॉर्म पर खड़ी रही। उसके बाद नागपंचमी का दिन था। (सावन का पाँचवाँ दिन) मैं पासपोर्ट लेकर मस्कत के काम के लिए दिन-भर दौड़ा-दौड़ी कर रही थी। ट्रेन में भीड़ थी। अंधेरी के ब्रिज पर सूरज की सुनहरी किरणें मुझे दिखीं और माँ की याद आयी। तीव्र याद! पाँच-साढ़े पाँच बजे थे। मैं ट्रेन से उतरी नहीं। सीधे घर चली

गयी और सुबह के सात बजे काशीमीरा पुलिस स्टेशन से फोन आया—'मैं सकपाक साहब बोल रहा हूँ। रात के ढाई बजे फोन किया था हमने लेकिन रात काफी हुई थी सो दुबारा नहीं किया। आपकी माँ की लाश का पोस्टमार्टम हुआ है। अब बॉडी नौ बजे तक आपको मिलेगी।' यह मेरे लिए हादसा था।

मैंने पूछा, 'कितना खर्च आयेगा?'

उन्होंने कहा, 'दो हजार।'

मैंने कहा, 'मेरे पास इतने पैसे नहीं हैं।'

सकपाक बोले, 'कुछ पैसे मैं दूँगा।'

थोड़ी देर बाद उनका फिर फोन आया। बोले, 'आपके भाई के पास पैसे हैं। आप सिर्फ आइए क्योंकि आपके आने पर ही हम बॉडी सिर्फ आपको देंगे।' मैंने मेरे घर में रहने वाली मेरी सहेली सुनीता से आठ सौ रुपये लिये। मेरे पास छह सौ रुपये थे। काशीमीरा पुलिस स्टेशन पहुँची। लक्ष्मीकान्त एकदम चुप बैठा था। साहब मुझे लेकर म्युनिसिपल हॉस्पिटल गये। जाते समय उन्होंने काफी पूछताछ की और माँ की मृत्यु का ब्यौरा सुनाया। कहा, 'ये महिला कल शाम से रास्ते पर मरी पड़ी थी। बदन पर चींटियाँ चिपकी थीं। आपके आस-पड़ोस वालों ने, बिल्डिंग के लोगों ने बॉडी को हाथ लगाने से इनकार किया। पुलिस स्टेशन में शिकायत की। आप के भाई की पूछताछ की। आपको अपने भाई के बारे में संशय है क्या?'

मुझे कुछ सूझ नहीं रहा था। मैं कुछ कहने की मनःस्थिति में न थी। मेरी माँ लावारिस की मौत मरी थी। मैं यदि कल आ जाती तो?

सकपाक साहब पूछ रहे थे, 'आपके पिताजी ने बैंक में छह लाख रुपये रखे हैं। इस कारण माँ और भाई में कुछ झगड़ा था क्या?'

मैंने कहा, 'उन लोगों के आर्थिक व्यवहार की मुझे कुछ खबर नहीं है।' मैं मन में सोच रही थी कि जब इनके पास इतने पैसे थे तो इन लोगों ने इस कदर अपना मन क्यों मारा? खाने-पीने के हाल किए। माँ मुझे साथ लेकर धाके कालोनी के सब्ज़ीवालों के पास जाती थी—नीचे गिरी सब्जी इकट्ठा कर लाने के लिए। उन्होंने मनीष नगर का घर नौ लाख में बेचा और मीरा रोड पर दो लाख अस्सी हजार में लिया। बाकी बचे पैसे बैंक में रखे। मेरी आँखों के सामने ऐसे कई दृश्य चलचित्र की तरह खिसकने लगे। सच में क्या हुआ था? मैंने तो उनसे एक पैसे की भी आस नहीं रखी थी। ना कभी पैसों को लेकर कुछ पूछा था। मैं उनसे सिर्फ प्रेम, स्नेह चाहती थी। जब वही नहीं मिला तो और बातें लेकर भी क्या करती?

म्युनिसिपल हॉस्पिटल में काग़ज़ातों पर हस्ताक्षर कर माँ की लाश कब्जे में ली। माँ ने एक बार बिल्डिंग में रहने वाली एक महिला से मेरा परिचय कराते हुए कहा था, 'यह मेरी बड़ी लड़की है। अम्बरनाथ में रहती है।' उस पड़ोसन ने पुलिस को मेरी जानकारी दी सो मुझसे वे सम्पर्क कर सके। वरना पिताजी की मृत्यु के समय

लक्ष्मीकान्त ने जैसे किया था वैसे इस बार भी करता।

माँ-पिताजी के पास जाते समय हमेशा मुझे संकोच लगता। मैं सोचती—मैं ही बेहया बन बार-बार आती हूँ। यहाँ किसी को मेरे आने से अच्छा लगता है? ना उन लोगों ने कभी प्यार से मुझे एकाध साड़ी दी ना कभी मायके आने का अहसास दिलाया। लेकिन आज लगने लगा। कम से कम माँ की मृत्यु का दाखिला मेरे ही दस्तखत से मिलना था सो मिला। नियति ने मुझे अपना हक अदा किया था।

यह भी लगने लगा मैं उनसे मिलने जाती रही—अच्छा ही हुआ। माँ की अंत्येष्टि तो मेरे हाथों हुई। उतने ही मेरे भाग। लक्ष्मीकान्त प्रेताग्नि देने का साहस जुटा नहीं पाया। मैंने ही सुनीता के सहारे हिम्मत की और अग्नि संस्कार किये। प्रदक्षिणा की। बाहर तूफान बारिश थी। तूफानी हवाएँ चल रही थीं। श्मशान में मेरे परिचित एक संन्यासी, मैं, सुनीता, लक्ष्मीकान्त और सकपाक साहब, बस इतने ही लोग थे।

अग्नि देने पर मैं जोर-जोर से हँसने लगी। जोर-जोर से कहने लगी, 'जाओ, अपने बुड्ढे के पास! हनीमून मनाओ आज की रात!' माँ की शव वाहिनी के पैसे मैंने चुकते किये। सोचा, ये लोग मेरे पैसे नहीं चाहते थे। आज लेने पड़े न! अन्तिम समय मेरे ही पैसे इनके काम आये।

श्मशान से निकले। लक्ष्मीकान्त का हाथ पकड़कर चली। ज़िन्दगी में पहली बार भाई का हाथ पकड़कर उसे चला पायी थी। भूख लगी थी। सबको लेकर होटल गयी। खूब नाश्ता किया-कराया। सब मुझे देखने लगे। स्नान किये बगैर नाश्ता जो कर रही थी। घर गयी। कहा, 'घर की सफाई किये देती हूँ।' लक्ष्मीकान्त मुझे वहाँ से जल्दी भेजने की ताक में था। कहने लगा, 'घर मैं साफ करूँगा।' पुलिस ने माँ के कानों में की सोने की बालियाँ मुझे दीं। मैंने लक्ष्मीकान्त को सौंपी। 'अम्बरनाथ आओगे?' मैंने पूछा। उसने 'नहीं' कहा। चलते समय मैंने कहा, 'तीसरे दिन माँ की अस्थियाँ लाना।' मैं सहज ही तीसरे दिन गयी तो ये जनाब अस्थियाँ लाए ही न थे। मैं पूरी तरह से अनाथ हो गयी थी।

मनःस्थिति काबू में रखकर मैं जैसे-तैसे अपने काम में लगी रही। कबीर सर, शुक्ला लगातार फोन कर रहे थे। मैं जो-जो तैयारी कर रही थी उसकी सारी रिपोर्ट मैं उन्हें देती रहती। ऑडिशन्स ले रही थी। इस दौड़धूप में घर थोड़ा बिखरा पड़ा रहा।

वृषाली प्रकरण के बाद सब शान्त था लेकिन सुनीता नाम की जो लड़की मेरे घर रहती थी, उसके कारण मेरे बेटों में कुछ परिवर्तन-सा दिख रहा था। माँ की मृत्यु के वक़्त भी वे मेरे साथ आये नहीं थे। उनकी शिक्षा अधूरी रह गयी थी। बड़ा श्रीधर सहनशील था। नौकरी ढूँढ़ने की कोशिश में था। श्रीकान्त भी सहनशील था। अब वे भी युवा बन चुके थे। घर में आने वालों के कारण, बार लाइन के लोगों के कारण वे गुस्सैल हुए थे। बचपन से उन पर प्रहार होते गये थे। मैं अपनी असुरक्षा के कारण

बेटों को उनके बाप से अलग नहीं करना चाह रही थी लेकिन दिलीप और मेरे ससुराल वाले इसका नाजायज फायदा उठाते रहे थे। बच्चों की आर्थिक जिम्मेदारी तो उनके बाप ने कभी नहीं उठायी और न ही ससुराल वालों ने लेकिन मेरे खिलाफ उनके मन में ज़हर घोलने का काम उन्होंने मन लगाकर किया। दिलीप मेरे बारे में बुरा तो कहता ही था लेकिन मेरे अश्लील वर्णन भी करता रहता। बचपन में भले ही वे कुछ समझे न हों लेकिन उनके मन में वे बातें बुरा असर कर चुकी ही होंगी। अब तो वे जवान बन रहे थे।

मेरे बड़े बेटे को बचपन से अस्थमा की बीमारी ने जकड़ा था। अब सिरदर्द भी उसमें जुड़ा था। उसने आठवीं से स्कूल छोड़ दिया था। तब तक वह क्लास में प्रथम आता रहा था। छोटू ने सातवीं में स्कूल को अलविदा कहा। वह भी हमेशा क्लास में प्रथम क्रमांक पाता रहा। घेरलू कामों में वे बचपन से मेरा हाथ बँटाते थे। उनका वह रूप याद कर-कर मेरा दिल भर आता। मजबूरन मुझे उन्हें बार-बार दादा-दादी के पास गाँव भेजना पड़ता। ननिहाल था लेकिन क्या फायदा? ना उन्हें कभी नाना-नानी का प्यार मिला ना मामा का! मैं जब मायकेवालों के गुणगान गाती तो वे सोचते रहते—हमें क्या लाभ हुआ उनके बड़प्पन से? हमसे वे लोग क्यों ऐसा बर्ताव करते? मैं उनसे कुछ भी कह नहीं पाती।

जब मैं अपने दोनों बेटों को घर लायी तब घर में टारज़न था। मैंने उसे पापा कहकर पुकारने के लिए कहा था और उन बच्चों ने मजबूरी में मान लिया था। टारज़न बड़े को 'घुमश्या' कहता था क्योंकि वह कभी मन से टारज़न से बात नहीं करता था। 'हाँ, हूँ' में जवाब देता था। टारज़न उसे 'हूँ हूँ' कहकर चिढ़ाता था।

मेरे संन्यास लेने पर संन्यासी घर आते। बच्चे उनका स्वागत करते। बच्चों ने भी संन्यास लेने की इच्छा दर्शायी। संन्यास ग्रहण करने पर बड़े बेटे श्रीधर का नाम रखा गया 'प्रेम कीर्ति' और छोटे श्रीकान्त का 'अमनो निसर्गम्'।

मेरे बच्चों को पड़ोसियों ने मारा था। खून बहा था काफी। तब बेटे ने अस्पताल में मुझसे कहा था, 'चलो माँ, अच्छा हुआ। बाप का गन्दा खून बह गया।' मुझे दुख हुआ। अच्छा भी लगा कि बच्चे मेरे दुख-दर्द को समझ पाएँगे।

इस मार-धाड़ के बाद मैं भयभीत हुई थी। सोचती रहती—घर में ना कोई पुरुष, ना किसी का सहारा। फिर से ऐसा कुछ हुआ तो? इससे मैं उन्हें घर में ही रखने लगी। बाहर भेजती ही नहीं। और वे घर में लगातार टी.वी. देखते रहते। डरे-डरे से रहने लगे थे। यह कम था इसलिए शायद मेरे कस्टमर उन्हें तंग करने आ जाते। शराब, सिगरेट लाने जबरदस्ती भेजते। नशे में बच्चों से ऊँची आवाज़ में बातें करते। डाँटते। उपदेश पिलाते। सोते समय 'बत्ती बुझाओ' के ऑर्डर देते। बच्चों पर क्या गुज़रती होगी, यह सोच-सोचकर मैं पागल हो जाती थी लेकिन क्या करती? उन्हें और खुद को पालने के लिए, घर चलाने के लिए पैसे चाहिए थे। गौरव, राकेश, राज

बच्चों से बदतमीजी से पेश आते। मैं अपनी गलतियों पर पछताती लेकिन क्या करती? बच्चों के खाने-पीने के हाल। रात में इन लोगों के कारण उन्हें नींद भी न आती। मेरे आने तक वे रात-रात भर जागते। डर के साये में जी रहे थे वे लेकिन मेरे बच्चे कभी दूसरी लड़कियों के साथ बदतमीजी या अश्लीलता से पेश नहीं आये थे। यह बात मुझे सन्तोष प्रदान करती रहती।

वृषाली प्रकरण से श्रीधर मुझसे कटा-कटा-सा रहने लगा था। उल्टे जवाब भी देता था। वृषाली उससे और मुझसे भी झगड़ती थी। श्रीधर में और उसमें शारीरिक नज़दीकी थी लेकिन सम्बन्ध न थे। उसके घर छोड़कर जाने के बाद उसकी पूछताछ करते हुए पुलिस ने फोन पर हमें धमकाया भी था। इसलिए मैंने एक बार श्रीधर के हाथ से उसका फोन छिन लिया। श्रीधर मुझ पर बरस पड़ा और ताने देने लगा, 'माँ, तुम अपने आपको टी.वी. की कुसुम सीरियल की कुसुम समझती हो क्या?' एक बार उसने कहा, 'माँ तुम मसकत से गन क्यों नहीं लायी? मैं उस दिलीप को जान से मारूँगा। बाप का मर्डर करूँगा।' घर में सुनीता और नौकरानी कोई भी घर ठीक नहीं रखती थी। पाँच-पाँच दिन गन्दे कपड़े वैसे ही बिखरे रहते। मेरा गुस्सा सीमा पार कर चुका था।

और एक दिन सब की हद हो गयी। श्रीधर खाना खा रहा था। मैंने थाली फेंक दी। उसे पकड़ा। खींचा और कहा, 'ये ले सात सौ रुपये। इतने दिनों मैं तेरी बकबक सुनती आयी हूँ। अब कुछ मत बोल। मुझे भी कुछ कहना नहीं है तुझसे। तुझे समझाकर मैं ही हार गयी हूँ। तू अभी का अभी निकल पड़ घर से या बुलाऊँ पुलिस को?' मैंने पुलिस को फोन किया। पुलिस नहीं आयी लेकिन श्रीधर चला गया। पाँचवें दिन गाँव से फोन आया कि 'वह वहाँ पहुँच गया है।' मैं अपनी तैयारी में लगी। मस्कत बैंड लेकर जाना था मुझे।

अगस्त महीना बीत रहा था। दिसम्बर में जाना था। कलाकारों से सम्पर्क, उनके ऑडिशन, पासपोर्ट, मेडिकल उनके डिटेल्स मस्कत भेजना, उनके एडवान्स यह सब करते-करते अम्बरनाथ से बोरीवली सांताक्रूज़ से खार यात्राएँ ही यात्राएँ—घुमक्कड़ी। सुबह आठ बजे घर से निकलती और रात ग्यारह बजे घर लौटती।

इसी दौरान दिलीप की तबीयत एकदम खराब हुई। उसे सायन हॉस्पिटल में एडमिट किया गया था। गर्दन से पानी निकालना था। मेरे तीन दिन वहीं गये।

एक दिन रास्ते में शुक्ला मिला। बोला, 'तूने मेरा काम खराब किया।' उसके बजाय कलाकार भेजने का काम मुझे मिला था। उसे गुस्सा आया था। कलाकारों की मेडिकल के लिए पैसे चाहिए थे। कबीर सर वेस्टर्न यूनियन से पैसे ट्रान्सफर करने वाले थे। वह बैंक ढूँढ़ने में एक दिन परवान चढ़ गया।

काफी लोग मेरी मदद भी कर रहे थे। राजेश था लेकिन बाद में पता चला कि लड़कियों को जो मैंने एडवान्स दिया था उसमें से उसने पैसे ऐंठे थे। मेडिकल

का भी वही हाल। हाथ-पाँव जोड़कर कम में निपटाया। हरीश आदि लोग मुझ पर नाराज़ थे क्योंकि मेरे कारण उनकी दलाली बंद हो गयी थी। रमज़ान का महीना था। कबीर सर का फोन तीन-तीन घंटे बंद आता रहता था। मेरे पास मोबाइल न था। घर से फोन करती वह आइ. एस. डी. कॉल होता। इन सभी अग्नि-परीक्षाओं में से कलाकारों का चुनाव हुआ। एडवान्स दिया गया। वीज़ा आया और हम निकल पड़े—मस्कत की ओर!

## छत्तीस

दिसम्बर की चौबीस तारीख थी। मुम्बई मुसीबतों-समस्याओं से घिरी थी। कलाकारों में से दो लड़कियाँ हवाई अड्डे पहुँच नहीं पायीं। हवाई जहाज हमारे बगैर चला गया। टिकट कैन्सल करने पड़े। रात हवाई अड्डे पर बितायी। दूसरे दिन भी वे आ नहीं पाये। तीसरे दिन सभी पहुँच गये। हम दिल्ली गये। टिकट कैन्सल, कलाकारों की होटल में रहने की व्यवस्था, सामान क्लॉक रूम में रखना इसमें पैसा बरबाद हुआ। दिल्ली से दूसरे दिन सुबह मस्कत की फ्लाइट थी। हम फ्रेश होने लगे तो पुलिस की पूछताछ शुरू हुई। पैसों की माँग करने लगी। हमने जैसे-तैसे उनकी चंगुल से अपने आपको छुड़ा लिया। और आखिर पहुँच गये मस्कत।

यह हवाई यात्रा बढ़िया रही। सुबह थी। हम खुला नज़ारा देख सके थे। हवाई जहाज भी अच्छा था। मस्कत हवाई अड्डे पर एक लड़की के बैग में नींद की गोलियाँ मिलीं। उसका बैग लटकाये रखा गया।

'घाला' में पहुँचने पर हमें होटल 'अलराह' और होटल 'हॉलिडे इन' में कलाकार भेजने थे। हमारे साथ पाँच डान्सर्स कबीर सर के साथ 'हॉलिडे इन' गयीं। दो डान्सर्स हमारे साथ होटल 'अलराह' में रहीं।

होटल पहुँचे। और तुरन्त दोपहर में ही स्टेज पर बुलाया गया। हमारे साथ का एक पुरुष गायक बीमार हो गया था। बासी ईद थी। होटल खचाखच भरा था। पाँच सौ के लगभग गेस्ट थे। साउण्ड सिस्टम गड़बड़ थी। सभी तनाव में थे। मैनेजर का चिल्लाना जारी था। वैसे वह दिल्ली का कोई ग्रुप लाना चाहता था। मुम्बई के ग्रुप का विरोध इसी कारण हो रहा था। अब तो उसे मौका ही मिला। वह रोहन को डाँटता था। रोहन ताहीर को और ताहीर मेरा सिर खाता था। मैं तंग आकर कलाकारों पर बरसती थी। हमारे यहाँ दो ही डान्सर्स थीं। क्लासिकल वाली एक ही थी और उसे बुखार चढ़ा था। ऐसे में भी वह एंट्री लेती थी। वह कमजोर हो गयी थी। उसको लेकर भी रोहन मुझे सुनाता था। कबीर सर कुछ कहते न थे। लेकिन वे रोहन का विरोध भी कर नहीं सकते थे। स्थितियाँ ही वैसी थीं। फिर वे और तीन डान्सर्स लाये।

स्थिति कुछ सँवर गयी।

हमें यहाँ आकर लगभग डेढ़ महीना हो गया था। फरवरी महीना था। बीस फरवरी को घर से फोन आया—दो तारीख को दिलीप की मृत्यु हुई थी। मैं तनाव में थी। उसी में स्टेज की तख्ती टूटकर मैं गिर गयी थी। पैर में गहरी चोट आयी थी।

घाला में गुरुवार और शुक्रवार की रात भीड़ काफी रहती थी। मैं भी इन दिनों डान्स करती थी। विशेष यह था कि मेरे डान्स पर कलेक्शन काफी होता था। लोग मुझे गानों पर नाचने के लिए कहते और दूसरी डान्सर्स को बैठने के लिए कहते। यहाँ सुबह के तीन बजे तक बैंड चलता था। रात के आठ बजे चाय आती थी और साढ़े दस बजे नाश्ता। मेरे गानों पर कलेक्शन अच्छा होता था। यहाँ के वादक खूब मेहनती थे। अब की बार होटल में रंगीन मालाओं के बजाय रंगीन कार्ड्स रखे गये थे। फोन के लिए भी कार्ड्स मिलते थे। मैंने वे कम ही लिये थे सिर्फ एक-दो बार ही घर फोन किया और वहाँ की बातें सुनकर दिल बैठ गया। वह मार्च महीना था।

मस्कत आने के पूर्व देवर ने गाँव से फोन कर बताया था कि श्रीधर काफी तंग करता है। गले में सुइयाँ चुभो लेता है। दवाइयाँ शुरू की हैं। मैंने ध्यान नहीं दिया। दिलीप की बीमारी का तनाव था। उसी में मस्कत की तैयारी। सब पीछे छोड़कर मैं चली थी। अब छोटू फोन पर कह रहा था कि बबलू को वह गाँव से ले आया है। रास्ते में उसने छोटू को काफी तंग किया। भाग जाता था। छोटू के पैर चाटता था। कहता था 'मत ले जाओ' और उधर गाँव में काका उसे रख लेने को तैयार न था।

मेरा वीजा एक साल का था। मैंने कैन्सल कराया और अप्रैल में ही लौट आयी। चलते समय कबीर सर के चरण छुए और कहा, 'ज़िन्दगी का सबसे बड़ा इम्तिहान देने जा रही हूँ।'

## सैंतीस

मैंने दो अप्रैल को मस्कत को विदा किया और चार अप्रैल को अम्बरनाथ पहुँची। इस बार मुझे अच्छे-खासे पैसे मिले थे।

मैं कई महीनों के बाद अपने बच्चों से मिल रही थी। रात में मैंने उसे पास लिया और कहा, 'मेरा बच्चा, इतने दिन अकेला रहा।' और उसने मेरे वात्सल्य पर कीचड़ उछाला। वह मेरे पास आया। उसके स्पर्श में अजीब-सा प्रेम था। उसने कोई हरकत नहीं की लेकिन झट् से उठा और अन्दर बाथरूम में गया।

दूसरे दिन मैंने काम ढूँढ़ने का सोचा। 'दिलखुश' में फोन किया। उसने कहा

'आ जाओ काम पर।' दोपहर में मैं चलने की तैयारी कर रही थी। छोटू कॉमन टॉयलेट में गया था। मैं स्नान कर रही थी। बबलू पानी पीने के बहाने अंदर आया। मैं कपड़े पहन रही थी। पीछे से आया और मेरे शरीर से खेलने लगा। मैं आग बबूला हुई। फिर भी वह हटा नहीं। फिर मैं चीख पड़ी, 'हट जाओ बबलू। पहले कामधन्धा कर। चार पैसे कमा!' मैं घर से निकल गयी। पास निकाला। वी.टी. पहुँची। मुझे लौटते-लौटते ग्यारह बजे।

घर आकर देखा तो सारा सामान तितर-बितर हो गया था। सामान टूटा था। छोटू एक कोने में बैठकर चक्कू से अंगूर का घौंद काट रहा था। बबलू ने उसके हाथ से चक्कू छीना और कहा, 'दिखाता हूँ तुम सब को।' मैंने चक्कू छीन लिया और घर की छत पर फेंक दिया। छोटू को बाहर बुलाया। राज को फोन करने गये। रात में कौन मदद करता? पी.सी.ओ. बंद थे। बबलू के डर से घर में जाने की हिम्मत नहीं हो रही थी। हम पुलिस स्टेशन गये। वहाँ एक घण्टा हमारी पूछताछ होती रही। तब कहीं जाकर दो हवलदार घर आये। उन्हें देखकर बबलू कहने लगा, 'घर की बातें दूसरों को बताती क्यों हो?' पुलिस उसे लेकर गयी। रात में उनके प्रश्नों के उत्तर देना थकान भरा चक्र था। चौकी से पुलिस स्टेशन। फिर वही प्रश्न! पुलिस उसे मेरे सामने ले आयी और बेल्ट से मारा। मेरा हृदय छलनी-छलनी हो गया। आँखों में पानी आया। मैंने कहा, 'छोड़ दीजिए।' पुलिस ने कहा, 'केस दबाना हो तो पैसे दीजिए। ढाई हजार।' मैंने दिये। मेंटल हॉस्पिटल ले जाने को भी तैयार न थे। बहाने बनाने लगे। वह दिन ऐसा ही बीत गया। मैं रात में पहचान वालों के पास गिड़गिड़ायी। एक नगर सेवक के पास गयी। उसने पहले मेरा नाजायज फायदा उठाया था। वह तब मुझे स्टेशन से रिक्शा में छोड़ने आया करता था और रिक्शा के पैसे बचाये कहकर वसूल करता था।

दूसरा दिन भी बीत गया। बबलू चौकी से बाहर आना चाहता था। मुझसे रहा नहीं गया। मुझसे कहने लगा, 'मुझे घर ले चलो। यहाँ मत रखो।' वह कुछ खाया भी न था। झुँझला गया था।

तीसरे दिन मैं तय करके गयी थी। मेरे साथ खुँटवली की आक्का भी आयी थी। अब पुलिस कहने लगी, 'गाड़ी करो।' यह वे पहले भी कह सकते थे। खर्चा मेरा ही था। मैंने गाड़ी तय की और पुलिस ने अपने मर्ज़ी से किसी और की बुलायी। मैंने तय की हुई गाड़ी कैन्सल की। उनकी गाड़ी से गये। बबलू के एक हाथ में हथकड़ी लगायी थी। ठाणे के पुलिस स्टेशन। वहाँ नाम दर्ज़ कर मेंटल हॉस्पिटल। वहाँ डॉक्टर मिले। सारा खर्चा बताया। बबलू को दाखिल करा लिया। उसे छह शॉक दिये। गोलियाँ देना चालू किया। मुझे आठ-दस दिन बाद मिलने आने के लिए कहा।

सभी कहते थे, 'देर से आइए।' मैं गयी। बबलू ने मेरे पाँव छुए। बोला, 'माँ, उस दिन तुमने मुझे क्यों नहीं मारा?' मैं उसे बार-बार मिलने जाती। उसकी हालत

ठीक नहीं थी। मैं चिन्तित हुई थी। पता नहीं चलता था वे कितने दिन उसे वहाँ रखने वाले थे।

मैं 'दिलखुश' में थी। वहाँ काम में कुछ नवीनता न थी। ट्रेन का सफर! ट्रेन में पुरुष कम्पार्टमेंट में कई परिचित कलाकार मिलते थे। मैं उनके साथ आती थी। उनकी फब्तियाँ कसना जारी रहता। स्त्रियों के डिब्बे में रहती तब छेड़छाड़! वह भी भयावह अनुभव था। रात की ट्रेन में महिलाएँ कम रहती थीं और जो रहतीं, उनमें अधिकांश बारबालाएँ या धन्धेवालियाँ होती थीं। हिजड़े रहते थे। उनकी घमण्डी बातें सुनकर मेरा सिर भिन्नाता रहता। मैं कुछ कहती थी तो वे मुझे पागल, शराबी कहती थीं।

एक दिन मेरे साथ मौसमी नाम की बंगाली गायिका सफर कर रही थी। उसके साथ उसकी बंगाली सहेली थी। उसने यूँ ही कहा, 'वैशाली, मुझे फास्ट गानों की लिस्ट बना दे।' बातों-बातों में उसके पास के कुछ ऑड कलेक्शन की बात निकली। वह मुझे एक गाने का अंतरा पूछ रही थी। मैं उसे कई गाने बता रही थी। अंतरा गाकर दिखा रही थी। वे गाने कैसे गाए, उसके संगीतकार कौन, ये गाने सुनने वाले कस्टमर्स कैसे होते हैं, यह सब मैं उसे बता रही थी। कभी-कभी संगीत को लेकर दिल खुलास बातें करने का मूड बनता था मेरा। उस रात भी मैं संगीत की दुनिया में खो गयी थी—उसके साथ बातें करते-करते संगीतमय हो गयी थी।

## अड़तीस

और ट्रेन में एक मोटी-सी महिला चढ़ गयी। उसने लालधारी वाली सफेद साड़ी पहनी थी। वह मुझे देखे जा रही थी। मैंने मन में सोचा होगी कांग्रेस की लीडर या किसी और पार्टी की सोशल वर्कर! मुझे राजनीतिवालों से सख़्त नफ़रत थी। बीच-बीच में हमारी नज़रें मिल जाती थीं। स्टेशन आते ही लड़कियाँ उतर जाती थीं।

उस महिला ने मुझे पास बुलाया। मैं उठकर उनके पास गयी। उन्होंने पूछा, 'तुम बार में काम करती हो?' मैं डर गयी। मुझे डर लगा। मैं चौंक गयी। मैंने कहा, 'हाँ, मैं बार में गाती हूँ।' उन्होंने मेरा नंबर लिया और अपना कार्ड दिया। उस कार्ड पर डब्ल्यू. पी. आइ. लिखा था। मैं घर पहुँची तो छोटू ने कहा, 'उनका फोन आया था। और उन्होंने तुम्हें फोन करने के लिए कहा है।' मैंने फोन किया। उन्होंने मिलने का समय पूछा। हम डोंबिवली स्टेशन पर मिलीं। दादर गयीं। वहाँ छबीलदास स्कूल में जा बैठीं। वहाँ एक मोटी-सी गोरी-चिट्टी महिला आयी। वह भी इनके साथ काम कर रही थी। उन्हें मिलने एक आदमी आया। कुछ समस्या थी। उन्होंने किसी मंत्री को फोन किया। बातें हुईं।

उसके बाद हम वी.टी. गयीं और प्रेस क्लब में जा बैठीं। नाश्तापानी हुआ। खूब गप्पें लड़ायीं। मैं अपनी ड्यूटी की शायनिंग मारने में मग्न थी क्योंकि मुझे लगा वे बहुत अमीर हैं। मैं दिखाना चाहती थी कि मैं भी गरीब नहीं हूँ। इस मुलाकात में मुझे उनका नाम पता चला। वर्षा काळे नाम था उनका। फिर एक बार हम प्रेस क्लब में मिलीं। वहाँ उनके साथ और भी स्त्रियाँ थीं। वे सब शिक्षित और अमीर थीं। वे स्त्रियों के संदर्भ में कुछ बातें कर रही थीं। मैं ठीक से समझ नहीं पायी। मेरी धारणा थी कि ये पार्टियाँ, राजनीति यानी पैसे वाले लोग। बीच में ही वे बारगर्ल्स, मेरा काम आदि विषयों पर बातें करती थीं। उसके बाद फिर वर्षा काळे। मुझे डोंबिवली स्टेशन पर मिलीं। उन्होंने फोन पर मेरी ट्रेन का समय पूछा और मेरे डिब्बे में चढ़ीं। वे मुझसे गप्पें लड़ा रही थी। ठाणे स्टेशन पर उनकी कोई सहेली डिब्बे में चढ़ी। उन्होंने मुझे अपने पास बिठा लिया था और वे सहेली से बातें कर रही थीं। सहेली ने मेरे बारे में जब पूछा तो उन्होंने कहा, 'मेरी सहेली है।' मैं वी.टी. तक चुप बैठी रही।

उनकी सहेली दादर में उतर गयी। वी.टी. स्टेशन पर चलते समय वे मेरी पीठ पर हाथ रखती थीं। हाथ में हाथ लेती थीं। मुझे उनके स्पर्श में सहारा लगा। इन्सानियत भरा स्पर्श था वह। मन में विचार आया साला अपने साथ तो लोग बात करने से कतराते हैं। और यह महिला साथ चलती है। बातें कर रही है।

कुछ दिनों बाद पुनः प्रेस क्लब में ड्यूटी के पहले मिलना तय हुआ था। और चार-पाँच महिलाएँ आने वाली थीं। मैं गयी नहीं। मेरी राह देख उन्होंने घर पर फोन किया। छोटू से होटल का नाम पूछा। वे सभी होटल पहुँच गये। मेरा नाम पूछा। मैं मेकअप रूम में थी। मुझे आनन्द हुआ। मैं दौड़ते हुए बाहर आयी। उन्होंने मैनेजर को अपना कार्ड दिया था। मैनेजर उनसे झगड़ रहा था। मुझे गुस्सा आया। मैं खीज गयी। उस दिन मुझे अपनी बेबसी का अहसास हुआ। मैं मैनेजर पर गुस्सा नहीं हो सकती थी। मैंने वर्षा मैडम पर गुस्सा निकाला। कहा, 'कार्ड क्यों दिया। ये लोग उस लायक ही नहीं हैं। इन लोगों को कार्ड दिखाने की क्या जरूरत थी?' उन्होंने मुझे समझाया।

मैनेजर उन्हें भीतर ले गया। वे लोग थोड़ी देर बैठकर, दो गाने सुनकर चले गये। मैनेजर ने सेठ को फोन किया। कलाकार भी भवें ताने बैठे थे। एक तो उस दिन बार में लालबत्ती की गाड़ी वाले आये थे। वह वी.आई.पी. में बैठे थे। वर्षा मैडम ने उन्हें देखा था।

बार बंद होने पर सब मुझ पर बरस पड़े। सेठ, मैनेजर, मुझे धमका रहा था। दरअसल वे सब के सब डर गये थे। मुझे वर्षा मैडम को फोन करने के लिए कहा। रात का एक बज चुका था। वे जाग रही थीं। मैनेजर ने फोन कर लिया। फिर से फोन किया। वर्षा मैडम उनसे बातें कर रही थीं। सेठ मुझसे कह रहा था, 'तुम कलाकार लोगों का कुछ नहीं बिगड़ेगा। लेकिन दूसरों का क्या?' उसका एक दोस्त धमका रहा था, 'कहाँ रहती हैं वह? मैं यूँ करूँगा, त्यूँ करूँगा।' मुझे हँसी आ रही

थी। 'साला इसे फोकट में लड़कियाँ इस्तेमाल करने चाहिए होती थीं। अब कैसा डर गया है। वर्षा मैडम से।' मैं मन में सोचकर खुश हो रही थी। उन लोगों ने मुझे तीन बजे छोड़ा। मेरी आखिरी ट्रेन चली गयी थी। अब सुबह तक ट्रेन नहीं थी। मैं टैक्सी से सहेली के यहाँ गयी।

उसके बाद वर्षा मैडम ने मुझे घर बुलाया। मैं उनके घर गयी। वे बोलीं, 'मुझे मैडम मत कह। वर्षा कहो। मुझे अपनी दोस्त समझो।' उन्होंने मुझे गले लगाया। घर में वर्षा मैडम के पति अंकुश सर भी थे। हमारा परिचय प्रेस क्लब में हुआ था। उस दिन वर्षा के साथ वे होटल भी आये थे। उनसे मिलकर मुझे बहुत अच्छा लगा। उनके घर के दरवाजे पर लिखा था, 'प्रेम से कहो हम इन्सान हैं।' पढ़कर मेरा मन बाग़-बाग़ हो गया। मैंने सोचा जब इतने अच्छे लोग मुझे मिलने वाले हैं तो दुनिया गयी भाड़ में।

हम सब मिलकर कई संस्थाओं में गये। सांगली की उनकी सहेली की संस्था में भी गये। चारों ओर चर्चा थी कि बारबालाओं की संस्था स्थापन की जाए या यूनियन! मैं यूनियन बनाने के पक्ष में थी। वर्षा भी इससे सहमत थी। मुझे उसकी वे सहेलियाँ बिल्कुल अच्छी नहीं लगती थीं। उन सहेलियों के पास वर्षा से अधिक पैसा तो था। लेकिन हमारे लिए कुछ करने की इच्छा न थी। वे वर्षा की तरह कतई न थीं।

हमारे इंडस्ट्री की लड़कियों को अपनत्व से समझ लेने की आवश्यकता थी। इस व्यवसाय की कई बारीकियाँ, कई पहलू थे। हमारा एक रुटीन या ढाँचा न था। यह सब समझना आसान न था। वर्षा के साथ वाले धीरे-धीरे खिसक गये। वह अकेली पुलिस स्टेशन, कोर्ट, होटल्स, ट्रेन में घूमती रही। जान की बाजी लगाकर। तनाव झेलते हुए। हर एक का परिवार था वैसा वर्षा का भी परिवार था। लेकिन वह रात-दिन काम कर रही थी। यात्राएँ कर रही थी। उसका अपना मामूली ऑफिस तक न था। मुझे एक बात पक्की पता चली थी कि वर्षा के मन में हम लड़कियों के प्रति आदर, ममत्व था। वह हम पर स्नेह-वर्षा करती रही। उसके राजनीतिज्ञ गुरु शोलापुर के कमळे गुरु जी गुज़र गये। उसी दिन वह मुझसे मिलने आने वाली थी। वह आयी और वहीं से शोलापुर के लिए रवाना हुई। वह दुखी थी लेकिन उसने अपना वादा निभाया था।

यूनियन रजिस्टर हुई। मैं जब आरम्भ में फॉर्म भरने जाती थी, तब लोग कहते थे, 'वर्षा काळे जी को भेजिए।' अब बड़े-बड़े सेठ लोग उसे आदर देने लगे थे। लेकिन आरम्भ में कितने कष्ट हुए थे। हम होटलों में, झोंपड़पट्टियों में जाती थीं। ट्रेन में लड़कियों से फॉर्म भरवा लेती थीं। यूनियन की मुझसे अपेक्षाएँ बढ़ती गयी लेकिन मेरे घर की स्थितियाँ इतनी अजीबो-गरीब थीं कि मैं पूरी तरह से यूनियन का काम कर नहीं पा रही थी। कोई भी बारबाला पूरा समय दे नहीं पाने वाली थी।

एक तो काम करे तभी खाना मिले वाली हमारी हालत। धीरे-धीरे यूनियन ने अपना स्टाफ रखा। हम मीटिंग, चर्चा के लिए जाती थीं।

जनवरी 2005 में मेरे घर ऐसी घटना घटी कि मैं यूनियन का काम करने में असमर्थ रही। उन्हीं दिनों बबलू को घर लाया गया था। यूनियन का काम बहुत बढ़ गया था। हजारों लड़कियाँ यूनियन में दाखिल हो चुकी थीं। कहीं रेड पड़ने पर या लड़कियों को पकड़ा जाने पर यूनियन के लोग पहुँच जाते थे। गीता शेट्टी, सुमन मंडल, माला, पिंकी आदि बारबालाएँ सोशल वर्कर के रूप में उभर रही थीं। सविता कोंगे, संजीवनी नांगरे, श्याम सुन्दर लछिया आदि बार लाइन के बाहर वाले लोग बिनधास्त बार में आकर यूनियन का प्रचार करने लगे थे। अब वक़्त ने ऐसी करवट ली थी कि 'वर्षा काळे का स्टाफ' इन शब्दों में परिचय देते ही अलीबाबा की गुफा की चट्टान खिसकने-सा बार का दरवाज़ा यूनियन के लिए खुल जाने लगा था।

## उनतालीस

अप्रैल 2004 में मेरा वर्षा से परिचय हुआ। और 'भारतीय बारगर्ल्स यूनियन' की स्थापना हुई। यूनियन ने काम शुरू किया। एक साल बीत गया लेकिन इंडस्ट्री की बाहर की दुनिया को इसकी खबर भी न थी। यूनियन की स्थापना यदि न होती तो आने वाले बैन का मुकाबला हमने कैसे किया होता? यह सोचकर ही मन थर्रा उठता है। सच यूनियन ने हमें बाल-बाल बचाया। मार्च के अंत में पाबंदी घोषित की गयी लेकिन तब तक किसी न किसी रूप में यूनियन और उसके कार्य-उद्देश्यों की जानकारी बारबालाओं को एवं बार ओनर्स को मिली थी। पुलिस रेड का तो आये दिन सामना करना पड़ता था और यह बिल्कुल ही सहन करने योग्य प्रकार न था। लड़कियों को मोहरा बनाकर रेड्स पड़ती थीं। इन रेड्स में कैसे कानून हैं? लड़कियों के साथ कैसा अमानुष व्यवहार किया जाता है, हमारे अधिकार क्या हैं? इन सबके बारे में अब हम यूनियन के कारण सजग हो रही थीं। यूनियन की मीटिंग्स, प्रशिक्षण शिविरों में इन सबकी जानकारी मिलती थी। वहाँ चर्चाएँ चलती थीं। मैं अपनी घरेलू परेशानियों के कारण एक भी प्रशिक्षण शिविर में नहीं गयी थी। हाँ, मीटिंग के लिए जाती थी। बार ऑनर्स के सामने खड़े रहकर बोलने का साहस हो रहा था। अपनी जिन्दगी में पहली बार हम बार मालिकों के साथ चर्चाएँ कर रही थीं। और हमारे मुद्दे उन्हें सुनने पड़ रहे थे। रात के भोजन में क्या दिया जाता है? ऑडियो के पैसे कितने काटे जाते हैं? आदि मामूली दिखने वाले मुद्दों पर यूनियन बार ऑनर्स के साथ चर्चा कर उन पर दबाव डालती थी। हमें संबल मिला था—पुलिस रेड में लड़कियों के साथ कोई तो है, इस बात का। इसीलिए हमें सहारे की ज्यादा

आवश्यकता होती थी। इन रेड्स को लेकर यूनियन ने हाईकोर्ट में लड़ने की ठान ली। होईकोर्ट में यूनियन का पक्ष प्रस्तुत करने हेतु महिला एडवोकेट्स की संस्था 'मजलिस' कार्यरत हुई। हमने बारबालाओं के प्रश्न-समस्याएँ उन्हें समझा दीं। उन महिला वकीलों को बार में ले गयीं। बारबालाओं को 'मजलिस' के कार्यालय ले गये।

मुझे तो हर मीटिंग में रोना आता था। मैं अति भावना विवश हो गयी थी। बारबालाओं के संदर्भ में बोलने के लिए वर्षा को जब कॉलेज में, विद्यापीठ में बुलाया जाता, हम भी उसके साथ जाती थीं। इतने ज्ञानी लोगों से दिन के उजाले में मिलना, उनसे चर्चा करना एक नया अनुभव था—जीवन में पहली बार यह सब हो रहा था। टाइम्स फाउंडेशन की मीटिंग के लिए टाइम्स ऑफ इंडिया की बिल्डिंग में प्रवेश करते समय मैं रोमांचित और संवेदनशील हो जाया करती थी। वहाँ बड़े-बड़े लोग आदर से पेश आते थे। उनके बोलने-व्यवहार में आदर, मान-सम्मान को मैंने महसूस किया है। मैं बारबाला हूँ यह जानते हुए भी वे लोग बिना किसी अपेक्षा से मुझसे बात करते थे, मुझे इन्सान समझकर। मेरा 'बारबाला' परिचय मेरी ओर देखने के उनके नज़रिये में कोई खोट पैदा नहीं करता था। इससे मुझे मन की बातें कहने में बल प्राप्त हुआ। बात करने, जानने में मेरा मन व्याकुल हो उठता था। मन में उमंग जागती थी, अब इसके बाद सब बहुत अच्छा, सुन्दर, मानवीय होगा और यह विचार कौंधते ही मन अनाहूत भय से आक्रांत भी हो उठता था। पता नहीं क्यों? क्या मुझे अपना भूतकाल डरा रहा था? या मेरे नाम पर आने वाले भविष्य ने क्या लिख रखा है, इसे सोचकर मैं भयभीत होती थी? परिणाम यह होता था कि मैं वर्षा के साथ चर्चा करते समय शब्द-शब्द की परतें उघारने पर तुल जाती थी। चारों ओर अविश्वास, असुरक्षा, अस्थिरता, निराशा का वातावरण घना बनता जा रहा था और ऐसे में वर्षा की बातों पर यकीन करना मुश्किल हो गया था। स्त्रियों का संगठन, बारबालाओं की यूनियन, ये बातें दूर की कौड़ी लगती थीं। मैं हर रोज समाचार-पत्र पढ़ने लगी। आज तक जो समझी न थी वह सब मेरी समझ में आने लगा था। मैं पेपर के कटिंग्ज रखने लगी। कोई समाचार या लेख पढ़ती थी तो तुरन्त वर्षा को फोन करती थी। बार के संदर्भ में मामूली बात भी उठती थी तो वर्षा को ख़बर कर देती थी।

बबलू के घर आने पर अब मैं वर्षा से सिर्फ फोन पर ही बात कर पाती थी। मैं काम पर जा रही थी लेकिन बार में किसी के साथ चर्चा करना असंभव था। ट्रेन में आते-जाते लड़कियों के साथ बातें करती थी। मैं जानती थी कि यूनियन के कारण मेरी ज़िन्दगी में खूब तब्दीलियाँ आयी हैं लेकिन इस बात को दूसरी लड़कियाँ समझती न थीं। कई लड़कियाँ लापरवाही से बातें करती थीं। मुझे गुस्सा आ जाता था। लेकिन उन लड़कियों की ऐसी-ऐसी बदतर स्थितियाँ देखती थी तो सोचती थी, ऐसे में कोई कैसे विश्वास कर सकता है परिवर्तन पर? मरी मुर्गी आग से थोड़े ही डरती है? इन सबका यही हाल था। हर तरह के बुरे अनुभवों की आग की लपटों में

झुलस-झुलस कर इनके मन अब ख़ाक बन गये थे। अब इन्हें किसी भी आग से कोई डर नहीं लगता था। कई लड़कियाँ कहती थीं, 'देख, अपुन को तो भुनी हुई मुर्गी खाने से मतलब! किस आग में, क्यों जली क्या करना है सोचके?' मैं खुद यूनियन के लिए कुछ ज्यादा नहीं कर रही थी लेकिन यूनियन को लेकर आशान्वित ज़रूर थी।

बबलू का स्वास्थ्य ठीक हो जाए, इसके लिए मैं जी-जान से कोशिश कर रही थी। वह बीच में इतना अधिक शान्त हो जाता था कि बस! उसे अच्छा खिलाने-पिलाने लगी थी। उसका वजन बढ़ाने के प्रयत्न करती थी। वह एक साल मेंटल हॉस्पिटल में रहा था। वहां बेहाल हुआ था। कमजोर बना था। दवाइयाँ थीं ही। कुछ भी करने पर उसकी मनःस्थिति का ज्वार-भाटा स्थिर नहीं हो पा रहा था। पूरे बदन पर खारिश हुई थी। दूसरी बीमारियाँ भी थीं। उसकी सफाई, भोजन, दवाइयाँ, देखभाल आदि में मेरी सारी सामर्थ्य खर्च हो रही थी। खर्च बढ़ गया था। दो-तीन महीनों में उसका स्वास्थ्य अच्छा होने लगा। वजन बढ़ने लगा। उसने नौकरी करने की इच्छा भी प्रदर्शित की। मुझे संतोष होने लगा। लेकिन सहसा वह अटैक आने-सा करने लगता। दवाइयाँ नकारता। फेंक देता।

30 मार्च 2005 की दोपहर थी। सरकार ने डान्सबार पाबंदी घोषित की। टी. वी. पर समाचार आने लगे। समूची इंडस्ट्री में उथल-पुथल, हड़बड़ी मची। हर कोई एक-दूसरे को फोन कर पूछ रहा था। बार मालिक संगठन, भारतीय बारगर्ल्स यूनियन इस बंदी के खिलाफ थे। अप्रैल दो सप्ताह सिर्फ इसी विषय की चर्चा को समर्पित हुए थे।

अब तक इंडस्ट्री की बाहरी दुनिया को भी बार गर्ल्स यूनियन और वर्षा काळे नाम परिचित हो गया था। तरह-तरह की प्रतिक्रियाएँ आ रही थीं। बार इंडस्ट्री यूनियन से साथ हो ली। क्यों और कैसे यह हम जानते थे। अनुभव किया था। हमारा यूनियन पर पूरा भरोसा था। यूनियन की भूमिका हमारी भूमिका थी। बारबालाओं के काम, बार के प्रकार इस सबके बारे में यूनियन जानती थी। डान्सबार पर पाबंदी आने से उसके दुष्परिणाम सभी को भुगतने पड़ने वाले थे इसलिए इंडस्ट्री एक हुई थी। बारबालाएँ इस पाबंदी के कारण रास्तों पर आने वाली थीं और यह सोचकर वे आतंकित थीं।

यदि यह पाबंदी स्त्री-शोषण को न्याय देने वाली है तो यूनियन सरकार का समर्थन करने वाली थी। सरकार की भूमिका समझ लेना, अपनी भूमिका सरकार के सामने रखना अनिवार्य था। यूनियन ने एकमात्र माँग की—इस पाबंदी के कारण जो भी बारबालाएँ बेरोजगार बनने वाली हैं, उनका प्रथम पुनर्वसन सरकार करे और फिर पाबंदी कानून लागू करे। मेरे जैसी कई लड़कियाँ इस इंडस्ट्री में थीं। जिनको अन्यत्र काम करने का अनुभव था और जिन्होंने इस इंडस्ट्री से अपने आपको छुड़ाने की कोशिशें की थीं। डान्सबार पाबंदी के पहले हम काम की आश्वस्ति चाह रही थीं। लेकिन पाबंदी

का यह नाट्य अलग ही मोड़ अख़्तियार करने लगा था। धीरे-धीरे असली चित्र साफ होने लगा। बार बंद नहीं होने वाले थे। बार मालिकों की 'एंटरटेनमेंट लाइसेन्स फी' तक माफ करने के पक्ष में सरकार थी। इन सबमें बार बालाओं को किसी तरह का कोई संरक्षण मिलने वाला न था। बार मालिकों का मुनाफा भले ही कम हो जाय लेकिन उनकी आमदनी में कोई कमी आने वाली न थी। सवाल है बारबालाओं के जीवित रहने का—हमेशा की तरह। बार मालिकों की मीटिंग्ज जारी थीं। उनकी एक दिन की हड़ताल रोक दी गयी थी। अब आन्दोलन करने की ज़रूरत थी सिर्फ बार बालाओं को और यूनियन को। पुनर्वसन के मुद्दे को लेकर यूनियन ने धरना-आन्दोलन का निर्णय किया। हजारों की संख्या में बारबालाएँ इस आन्दोलन में उत्स्फूर्त रूप में शामिल हुईं। सभाएँ, मीटिंग्ज आदि चलती रहीं। आन्दोलन चरम सीमा पर था। पाबंदी और पुनर्वसन इन दो मुद्दों पर हवाएँ गर्म हुईं और इसी से बारबालाओं के बुनियादी प्रश्न और समस्याएँ सबके सामने आये। बारबाला यूनियन अब राष्ट्रीय महिला आयोग, राष्ट्रीय मानव संसाधन अधिकार आयोग, कांग्रेस अध्यक्ष सोनिया गांधी तक अपने अधिकारों की माँग करते हुए पहुँचीं। गोविंदा, सुनील दत्त, महेश भट्ट, सोनी राज़दान, प्रहलाद कक्कड़, डॉली ठाकुर आदि ने बार पाबंदी के विरोध में मत प्रदर्शन किया। महेश भट्ट और सोनी राज़दान ने आन्दोलन को आर्थिक सहायता देने की इच्छा प्रदर्शित की। आन्दोलन कर्ताओं के साथ रास्ते पर उतर आने के लिए भी ये तैयार थे। मैं समाचार-पत्र पढ़ती रहती, टी.वी. समाचार देखती रहती। मन दुविधा में फँसा रहता था। खीज उठने भर तक ही मेरे हाथ में था। मैं यूनियन स्टाफ, कार्यकर्ताओं से फोन पर सम्पर्क स्थापित करती रहती थी। किसी ने भी मुझे दोष न लगाया और न ही मेरे प्रति शिकायत की थी। मैं स्वयं ही अपराधी महसूस कर रही थी। वर्षा का फोन अक्सर एंगेज रहता था। या और किसी के पास। उससे बात भी मुश्किल से हो पाती थी। तब भी वह मुझसे नाराज़ न थी और न ही मुझसे कुछ भला-बुरा कहती थी। मैं जानती थी कि वर्षा को मेरा साथ रहना कितना आवश्यक प्रतीत हो रहा था लेकिन वह इस बात को लेकर कभी मुझे धर्मसंकट में डालना न चाहती थी। इतने बड़े आन्दोलन के दौर में भी उसकी आवाज़ स्थिर, शान्त रहती थी। जब मैं उसे 'मदर टेरेसा' कहती तब वह पहले जैसी खिलखिलाकर हँस देती। उसका चाहे लाख विरोध करे कोई, या साथ निभाए वह दोनों पक्षों के साथ बातें किया करती थी उतनी ही आत्मीयता और लगन से। सभी उसमें सहेली, माँ, बहन को देखती थीं। वह हर एक से व्यक्तिगत बात करती थी। पत्रकार, बार मालिक, नेता, सरकार सभी से। इस संघर्ष के दौर में मुझे उसके साथ होना चाहिए था। काश! मैं उसका साथ निभा पाती इस जटिल समय में।

# चालीस

इधर अचानक बबलू ने घर में हंगामा मचाना शुरू किया। मेरा वर्षा के साथ सम्पर्क खत्म हुआ। मेरी मनःस्थिति बदतर होने लगी। बबलू को भी काफी तकलीफ होती थी। वह शान्त था यानी आक्रामक न था लेकिन गन्दी-गन्दी बातें बकता था। टी. वी. देखते-देखते सीरियल्स की स्त्रियों को गन्दी गालियाँ देने लगता। मैं उसकी दवाइयाँ, खान-पान पर पानी-सा पैसा बहाती थी लेकिन वह ठीक नहीं हो रहा था। मैं उसे दिखाने सतारा, पुणे भी गयी। आयुर्वेदिक, होमियोपैथिक सभी पैथीज की दवाइयाँ। थककर दर्गा आदि जगहों पर भी ले गयी।

हमारे घर कोई पुरुष आता तो यह चीज़ें फेंकना शुरू कर देता। मैंने उससे पूछा, 'तुम ऐसा क्यों करते हो?' तो उसने जवाब दिया 'तुम उनके साथ जाओगी इसलिए।' मन में आता था मैं इसका गला दबाऊँ। मैंने वर्षा को फोन किया। जानती थी कि वर्षा हजारों लड़कियों के साथ धूप में आन्दोलन कर रही है। फोन अंकुश सर ने लिया। मैंने कहा, 'सर, एक खून करने की सज़ा क्या है?' वे मुझे समझाते रहे, 'वैशाली तुम ऐसा कुछ भी नहीं करोगी।'

उन दिनों वर्षा की काफी बदनामी की जा रही थी। टी.वी., समाचार-पत्रों में। मेरे दिमाग में खून के विचार मँडराने लगे थे। सोचती थी—इस लड़के को मार दूँ। वर्षा को बदनाम करने वालों को मार दूँ और आन्दोलन की मदद करूँ। अंकुश सर शान्त आवाज़ में कहते रहते, 'वैशाली, तुम ऐसा कुछ भी नहीं करोगी।' आन्दोलन का पन्द्रहवाँ दिन था। बीस, बाईस दिन। बाईसवें दिन सोनिया गाँधी से आश्वासन पाकर आन्दोलन समाप्त किया गया। अब दौड़धूप अलग किस्म की। इतना होने पर इंडस्ट्री यूनियन के साथ खड़ी हो गयी।

और मैं, मैं और श्यामभाऊ बबलू के अत्याचारों से बचने के लिए रात-दिन रास्ते के किनारे बैठ बिताते थे। घर होकर भी मैं बेघर थी। छोटू भी खीजने लगा था। झगड़ने लगा था। घर का माहौल ऐसा था कि क्या कहूँ। बबलू कुछ भी काम न करता था। मुझे काम करना था। मैंने 'दिलखुश' छोड़ दिया।

कुछ दिन घाटकोपर के 'विराज' में काम किया। फिर डोंबिवली के 'मनाली' में। बरसात शुरू हुई थी। टी.वी., समाचार-पत्रों में बारबालाओं के आन्दोलन के बारे में सब रिपोर्ट मिल जाती थी। यूनियन के बारे में, उसके काम के बारे में पता चलता था। 'डान्सबार' पर की बंदी अटल थी। अब आर्केस्ट्रावाले, वेटर सर्विस वाले भी डर गये थे। सभी वर्षा के पूछते रहते, 'हमारा क्या होगा?' वह उन्हें धीरज बँधाती। कहती, 'ऑर्केस्ट्रा वेटर सर्विस कभी बंद नहीं होगी। उस पर पाबंदी लाना असम्भव है।' फिर क्या था। ऑर्केस्ट्रा और वेटर सर्विस वालों ने आन्दोलन से अपना नाता

तोड़ा। ऑर्केस्ट्रावालों के अब अच्छे दिन आने वाले थे। डान्स बन्द होने से उनकी चाँदी ही चाँदी थी।

मैं जिस बार में काम कर रही थी वहाँ डान्स था नहीं। इसलिए वे आन्दोलन में शामिल न थे। ऑर्केस्ट्रा और वेटर सर्विस वैसे ही रहने वाली थी। इसलिए वे बेफ़िक्र थे। वे आन्दोलनकर्ताओं से इस बात की पुष्टि करा लेते थे और फिर आन्दोलन की खिल्ली उड़ाते रहते। मैं भी यदि उस वक़्त आन्दोलन में शामिल रहती तो मेरे सह-कलाकारों ने मेरा भी मज़ाक उड़ाया होता। वे सोच रहे थे अब डान्सर्स का घमण्ड चकनाचूर हो जाएगा। सभी के मन में डान्सर्स के प्रति ईर्ष्या थी। मुझे भी उनकी स्वार्थी प्रवृत्ति के कारण क्रोध आता रहता।

बबलू का बर्ताव अनियंत्रित हो गया था। रात-बिरात खाने को माँगता। लाइट चालू रखने के लिए कहता। सोने नहीं देता था। गन्दी-गन्दी बातें करता रहता। बदन से चिपक जाता। पूछता रहता, 'माँ, तुम्हें टारज़न क्यों अच्छा लगता है?' मैं क्या कहती? कैसे कहती कि किन-किन लोगों ने मुझे कैसे-कैसे तंग किया है। उससे बात करने का कोई मतलब न था। मैं चुप रहती। मैं काम पर निकलती तो मेरी पीठ पर हाथ फेरता और कहता, 'क्या फिगर है।' मैं उसे ठाणे ले गयी—मेंटल हॉस्पिटल! उनसे बात की। वे उसे एडमिट करने को तैयार न थे। बबलू रात-भर हमें जगाता रहता और दिन में खुद सो जाता। उसके सो जाने पर हम घर के काम निबटाते थे। रात-भर जागने से हर कोई तंग आ चुका था। उठते ही उसके गन्दे इशारे करना चालू हो जाता। मैं दुर्लक्ष करती लेकिन उसका यह बर्ताव कम होने के बजाय बढ़ता ही गया।

और छब्बीस जुलाई को मेरे बेटे ने मेरा बलात्कार किया। बलात्कार क्या था वह मैं इतनी हतबल हो गयी थी कि उसकी शरण गयी। मैंने उसके बर्ताव को लेकर कइयों के साथ चर्चा की थी। इस हेतु कि शायद इस समस्या का कोई हल निकले। लेकिन लोगों की समझ में ही नहीं आया था कि क्या घट रहा है। और शायद मैं भी जान नहीं पायी थी उस घटने तक कि ऐसा कुछ घटित होगा। मैं सोच ही नहीं सकी थी कि ऐसा हो सकता है। मैं कल्पना कर-कर थक गयी थी। मेरे मन ने शायद तय कर रखा था कि यदि ऐसा कुछ हो तो सीधे शरणागति स्वीकारने का।

छब्बीस जुलाई के पहले भी उसने एक-दो बार ऐसा प्रयत्न किया था। मैंने सोचा था उसे शर्म महसूस होगी। वह बदलेगा! अंतर्बाह्य बदल जाएगा। मेरी यह आशा धरी की धरी रह गयी थी। ऐसा कुछ होना बदा न था। वह मुझे चाहता न था। वह मुझसे दूर जाना चाहता था और इसीलिए शायद उसने यह क्रूर कर्म किया था। और मैं पल-पल उसकी मृत्यु की राह देखने लगी।

मैं कितने ही पहचानवालों से कहने की कोशिश कर रही थी। लेकिन मेरे प्रश्नों का हल किसी के पास न था। मेरे मन के झुलसने पर शीतल हवा का एकाध झोंका भेजने की सामर्थ्य किसी में न थी। मेरी बातें सुनने वाले या तो मुझे या उसे

दोषी ठहराते या भानामती, जादूटोना जैसी बातें करते। मुझे और वेदनाएँ होतीं। मन का सारा कुआँ इन वेदनाओं से ठसमठस भर गया था। सारा बदन टीस रहा था और पेड़ू में असहनीय यातनाएँ। मैं, मैं क्या थी बल्कि यातनाओं-पीड़ओं का खत्म न होने वाला अँधियारा बन गयी थी।

मैं काम पर जाती ही रही। मुझे वर्षा की याद आयी। मैंने उसे फोन किया। वह अभी-अभी कलकत्ता से आयी थी। मैंने उसे रात के एक बजे प्लेटफॉर्म पर बुलाया। वह यात्रा का सामान वैसे ही घर में फेंककर डोंबिवली स्टेशन आयी। पानी बरस रहा था। मुम्बई में उस रात बारिश का तांडव शुरू था। मैंने उसे घटित घटना बतायी। मैं क्या कह रही थी, वह क्या समझ रही थी, मैं यह भी जान नहीं पा रही थी। मैं रो रही थी। मेरा पेडू दुख रहा था। मैं बके जा रही थी कि मुझे गर्भाशय का कैन्सर हुआ है। आखिरी ट्रेन के आने तक मेरा बड़बड़ाना जारी था। वह सुन रही थी। मेरी ट्रेन आयी। मैं चल पड़ी।

दूसरे दिन रात के बारह बजे वह पुनः फ्लेटफॉर्म पर आयी। अब मैं सँभल-सँभलकर बोल रही थी। बीच में उठकर हम चाय पीने स्टॉल पर गयीं। फिर एक जगह पर आ बैठीं। उस रात भी ट्रेन के आने तक हम बोल रही थीं। वह तीसरे दिन भी रात में आयी। उसी प्लेटफॉर्म पर। उस दिन उसके हाथ में किताब थी। महाश्वेता देवी की 'आफ्टर कुरुक्षेत्र।'

वर्षा मुझे उस किताब में लिखी कहानियाँ बता रही थी। तीन कहानियाँ। वे कहानियाँ कहने पर उसने कहा—असंख्य अत्याचार, विनाश, आगजनी संहार के बाद, 'महाभारत' घटित होने पर कुरुक्षेत्र की उस भूमि पर उस धधकती, तप्त ज़मीन पर बरसात हुई। अंकुर फूटे। आभिजात्य वर्ग के और दबे, उपेक्षित समाज के मूल्यों में बेहद अन्तर होता है। आभिजात्य वर्ग स्वार्थ, हिंसा, प्रतिशोध, सत्ता को धर्मयुद्ध का नाम देता है। और हम उसमें बेवजह मारे-झुलसे जाते हैं। लेकिन हमारा प्रकृति से अटूट नाता होता है। हमारे और प्रकृति के नियम एक हैं। जीवन शाश्वत मूल्य है। प्रतिशोध, हिंसा, स्वार्थ चाहे जितना ऊधम मचाये, तहस-नहस करे, जमीन तब भी अकुराती है। हम स्त्रियाँ हैं। प्रकृति को हमसे ज्यादा कोई नहीं जान सकता। इसलिए ध्वंस के बाद भी अंकुर उगाता ही रहता हैं।

वह कहती गयी और मैं सुनती गयी। वर्षा के मन में मेरे प्रति आज भी आदर था। उसने मुझे या बबलू को दोष नहीं दिया। मैंने जो बताया वह सुनकर भी उस पर कोई विपरीत परिणाम नहीं हुआ था। उसका कहना सुनते-सुनते मैंने कई निर्णय किये थे। मेरी ट्रेन आयी। हम दोनों अपने-अपने घर गयीं।

दूसरे दिन मैंने छोटू को गाँव भेज दिया। दो लड़कों को साथ लिया और बबलू को लेकर शिर्डी गयी। वहाँ उसे मन्दिर के खम्बे के पास बिठाया और आहिस्ता मैं वहाँ से चल पड़ी। एक बार मुड़कर देखा। वह पीठ किये वैसे ही बैठा था। रात का

समय था। मैं गाड़ी में आ बैठी। हम अम्बरनाथ पहुँचे।

वह कमरा मैंने किराये पर दिया और पन्द्रह दिन काम से लौटने पर वर्षा के घर रही। सुबह उठकर जगह की तलाश करती रही। डोंबिवली में किराये पर जगह ली और वहाँ रहने गयी। बीच-बीच में अम्बरनाथ जाकर पूछताछ करती रही। बबलू वहाँ आया नहीं था।

उन पन्द्रह दिनों में रात में वर्षा मेरी राह देखती रहती। हम रात में खूब बातें करती थीं। वह कहने लगी, 'मैंने कई बार तुमसे कहा है कि अपनी पूरी दास्ताँ लिख डालो। अब तो लिखना शुरू करो। औरतें बोलती हैं पर लिखतीं नहीं। लिखने से सारे दुःख अपने से अलग हो जाते हैं।'

मैंने लिखना शुरू किया। किराये के नये मकान में रहने गयी। छोटू लौट आया। वर्षा कभी दिन में, कभी रात में मेरे यहाँ मिलने आती थी। जब हाईकोर्ट जाती थी, तब उसे समय न मिलता। मैंने लिखना आरम्भ किया और मैं लिखती ही गयी।

इन्हीं दिनों मुझे नागपुर में बार में काम मिला। मैं गयी वहाँ भी। रूम पर आते ही लिखती रहती। रात-भर सुबह तक। लिखते समय यादें परेशान करने लगतीं। मैं वर्षा के साथ बोलती। कई तार जुड़ते चले गये। माँ-पिताजी, दिलीप, टारज़न, आशु. ...मैं लिखती रही, रोती रही। वर्षा ने नागपुर के बार ऑनर को फोन कर कहा था कि वह मुझे लेखन की सारी सामग्री देता रहे। मेरा लेखन अखंड रूप में चल रहा था।

नागपुर से लौटने पर हमने और कई निर्णय किये। छोटू भी हमारी चर्चाओं में शामिल होता रहता। वह भी कई बातें जानता न था। इसलिए झगड़े भी होते। अब वर्षा और अंकुश सर ने शिक्षा को लेकर छोटू को समझाना, डाँटना शुरू किया। उसने मुक्त विद्यापीठ की प्रवेश परीक्षा देना तय किया। तैयारी करने लगा। परीक्षा दी। साठ अंकों से पास हुआ। मैंने भी पढ़ने का तय किया। प्रवेश परीक्षा में पचास अंक मिले। हम दोनों ने प्रथम वर्ष में प्रवेश लिया। मेरा लिखना ज़ारी था ही।

एक बार मीरा रोड गयी तो पता चला कि डेढ़ साल से भाई गायब है। घर बन्द था। मैंने भाई को तलाशना आरम्भ किया। तीन महीनों बाद वह मुझे रास्ते पर बेहद बुरे हाल में मिला। कई तरह के व्यसन जड़े थे। रास्तों पर रहता था। महीनों तक वह नहाया तक न था। दाढ़ी, बाल बढ़े थे। मैं उसे मीरा रोड के घर ले आयी।

मैंने डोंबिवली में बी.ए. प्रथम वर्ष की परीक्षा दी। 55% अंकों के साथ उत्तीर्ण हुई। बी.ए. द्वितीय वर्ष में प्रवेश पाया। कॉलेज के समारोहों में गायन, वक्तृत्व, मिमिक्री में पुरस्कार पाये।

14 अगस्त, 2005 की रात महाराष्ट्र में बार में होने वाले डान्स पर पाबंदी ज़ारी की गयी। अंतिम क्षण तक कोई नहीं जानता था कि क्या होने वाला है? लोग तो डान्सबार पर बंदी कह रहे थे। पता नहीं वे क्यों नहीं समझ रहे थे कि यह बंदी डान्सबार पर नहीं है डान्स पर है। अचरज भरी बातें आये दिन घट रही थीं। लड़कियाँ

आपस में चर्चाएँ करती नज़र आती थीं। इंडस्ट्री का हर व्यक्ति न्यूज चैनल देखता रहता था। टपोरी लड़कियाँ भी पिक्चर, सीरियल छोड़कर न्यूज देखने लगी थीं। डान्सर्स नाराज़ थीं। हर लड़की प्रश्न पूछती थी, 'पिक-अप-प्वाइंट और सायलेन्स सर्विस चलेगा? डान्स नहीं चलेगा? ऐसा क्यों?' मैं तो आज भी नहीं जान पायी कि यह गेम किसने और क्यों खेला?

पहले नया पुलिस अधिकारी आता था तो उस एरिया के बारे में सभी कहते थे 'सेक्शन गर्म हैं।' सेठ, मैनेजर, वेटर, डान्सर्स सभी जानते थे। 'सेक्शन गर्म है' का मतलब! फिर कुछ एडजस्टमेंट हो जाता था। सब पहले जैसा होता था। इस बंदी के समय भी लगा 'सेक्शन गर्म' होगा, बाद में सब ठण्डा पड़ जाएगा लेकिन हुआ उल्टा। डान्स बंद हो गया और इस लाइन की लड़कियाँ भी जिस पिक-अप-प्वाइंट और सायलेन्स सर्विस को बुरा समझती थीं वह खुलेआम चलते रहे।

एक बात अच्छी यह हुई कि ऑर्केस्ट्रा के दिन अच्छे आये। 2004 तक ऑर्केस्ट्रा की बड़ी बुरी हालत थी अब हर बार में ऑर्केस्ट्रा आने से संख्या बढ़ गयी। आरम्भ के एक-डेढ़ साल पुराने कलाकार बड़े खुश थे लेकिन वर्षा का कहना सच निकला। ताजा, चिकनी डान्सर्स अब ऑर्केस्ट्रा में आयीं। वेटर सर्विस में भी नयी, जवान, लड़कियाँ आयीं। गायिका के रूप में भी जवान, सुन्दर लड़कियाँ। कला पीछे छूटी और सुन्दरता का बाज़ार गर्म हुआ। ऐसे में मुझ जैसों को कौन पूछता है?

वर्षा कहती थी, 'बैन के साइड इफेक्ट्स बैन से भी खतरनाक होते हैं।' उसकी यह बात भी सच निकली। मेरे जैसे कई इन 'साइड इफेक्ट्स' के शिकार होने लगे थे। ऑर्केस्ट्रा बार धड़ल्ले से शुरू है लेकिन हम कलाकार बेरोजगार हैं। किससे कहें? पुरानी वेटर सर्विस की लड़कियों पर भीख माँगने की नौबत आयी। आयु बढ़ती गयी थी। सौन्दर्य नहीं। गरीबी तो दामन से लिपटी हुई। पारिवारिक स्थितियाँ? कोई विधवा, कोई परित्यक्ता, किसी का पति बेरोजगार या अपाहिज! बार की मुहर लगी हुई। इस आयु में और कहाँ काम मिलता? कैसा काम मिलता?

डान्सर्स युवा थीं। कमाकर बैठी थीं। लेकिन जो अभी-अभी आयी थीं, उनको तो कुछ कमाने का मौका भी न मिला था और डान्सबार की मुहर लग गयी। जिनके पास जवानी है, रूप है वे कमाएँगी लेकिन बाकी लड़कियों का क्या? डान्सर्स के हाथ में अब ओपनर आये इसलिए वे दुखी हैं लेकिन कम से कम उनके पास वेटर सर्विस का काम तो है।

परंपरागत डान्सर्स लड़कियों ने झट से गाने की कला अवगत की। उनके लिए यह आसान भी था। घर में कला का वातावरण भी था और मान्यता भी।

उत्तर भारत की कोठे पर नाचने वाली, गाने वाली लड़कियों का मुम्बई के डान्सबार के कारण फायदा हुआ था। उनकी भी समस्याएँ होंगी लेकिन वे खानदानी कलाकार कहलाती थीं। एक-एक घर से चार-पाँच लड़कियाँ इस धन्धे में थीं। माँ,

मौसी, नानी सभी। ये मुजरा करती थीं और लड़कियाँ डान्सबार में डान्स। डान्स पर बंदी आयी तो इन्होंने गाना सीखा। नौटंकी, मुजरे में गयीं।

हमारी जैसी न इस पर न उस पर।

मैंने अपनी लड़ाई खुद लड़ना शुरू कर दिया है। किसी से मदद न मिली तो बुरा लगता है लेकिन मैं वह काम करके ही रहती हूँ।

लिखने की इस प्रक्रिया में मुझे अपना बचपन, युवावस्था मिलते रहे। मैं उन्हें निहार रही हूँ।

वर्षा ठीक ही कहती है, 'एक रात में सब कुछ ठीक नहीं हो जाता। परिवर्तन एक प्रक्रिया है। पुराने तार छेड़े जाते हैं। गुस्सा, दुख सब भाव भीड़ लगाते रहते हैं। स्थितियाँ सँभलने के परे जाती हैं' लेकिन मैंने तय किया है अब कुछ दिन अपने लिए जीकर देखूँगी। अपनी शर्तों पर जीऊँगी। मैं सबसे कहती हूँ कि मैं एल. एल. बी. करूँगी। सभी हँसते हैं। मैं जानती हूँ। लेकिन मैं पढ़ूँगी। दो सालों में मैं बी. ए. हो जाऊँगी। शायद तब तक बबलू घर आयेगा। मेरा भाई सुधर जाएगा। छोटू पढ़-लिखकर काम-धन्धे को देखेगा।

हर बार मैं जवाब दे सकती थी लेकिन मुझे चुप रहना पड़ता था। मेरे जैसी कई लड़कियाँ ऐसे दौर से गुज़री होंगी। हमारी भावनाओं की कोई कद्र करता, मनुष्य के रूप में हमें देखता, जीने का अवसर देता तो किसी भी पल, चाहे कितना भी ध्वंस हो, हम बदल सकती हैं। परिवर्तित हो सकती हैं।

मुझे आज भी बार में काम करने की इच्छा है। लगता है यह समूची बार इंडस्ट्री ही स्त्रियों के हाथ आये। इसका मतलब यह नहीं कि तब सब कुछ अच्छा होगा लेकिन परिवर्तन का आरम्भ होगा। कभी बैठे-बैठे सोचती हूँ—बार में डान्स शुरू हुआ है। डान्सर्स की मेकअप रूम में दौड़-धूप आरम्भ हुई है। हास्य-विनोद करते-करते सभी ने अपना-अपना मेकअप करना शुरू है। वेटर आकर मुझसे कहता है, 'वैशाली, चल, तेरी फर्माइश है।' और हाथ का लिप लाइनर नीचे रखते हुए मैं स्टेज पर दौड़ी-दौड़ी जा रही हूँ। हाथ में माइक लेती हूँ और गाना शुरू करती हूँ—

**दिल की आवाज भी सुन मेरे फसाने पे न जा।**
**मेरी नज रों की तरफ देख ज माने पे न जा॥**
**वक़्त इन्सान पे ऐसा भी कभी आता है।**
**राह में छोड़ के साया भी चला जाता है॥**
**दिन निकलेगा कभी रात के आने पे न जा।**
**मेरी नज रों की तरफ देख ज माने पे न जा॥**

❑❑❑